정오표
『우리가 모르는 김정은』(초판 1쇄)

작성일: 2025년 5월 14일

쪽수/행	현행	수정
8/19	1988년	1998년
15/20	1988년	1998년
281/3	2021년	2022년

• 좋은 책을 만들기 위해 최선을 다했으나, 편집 과정에 실수가 있었습니다.
  더욱 노력하여 오류 없는 책을 만들겠습니다.
• 정오표의 내용은 『우리가 모르는 김정은』 초판 2쇄 때 모두 반영할 예정입니다.

우리가 모르는 김정은

일러두기

1. 도서는 『 』, 단문은 「 」, 신문·잡지는 ≪ ≫, 강조한 부분은 ' ', 인용한 부분은 " "로 표기했다.

2. 북한의 인명·지명, 기관, 법령 등의 표기는 수정 없이 그대로 썼다.

3. ≪로동신문≫ 등 북한 언론매체에서 보도한 내용을 인용문 형식이나 큰따옴표를 써서 직접 인용할 때에는 띄어쓰기나 오자를 고려하지 않고 원문 그대로 옮겼다. 그 외 간접인용이나 설명 글에서는 자사 지침에 맞추어 어문 규정에 따라 표기하거나, 한국에서 더 널리 쓰이는 표현을 사용했다. 예를 들면 북한의 유일당을 지칭할 때, 인용문에서는 북한에서 부르는 정식 명칭인 '조선로동당'을, 저자가 설명하는 부분에서는 한국에서 주로 쓰는 표현인 '북한 노동당'을 썼다.

세종연구소 세종정책총서 2024-1

우리가 모르는 김정은

정성장 지음

그의 정치와 전략

한울
아카데미

차 례

머리말

북한은 최고지도자와 그의 후계자 지위를 절대시하는 '군주제적(君主制的) 스탈린주의 체제'이다. 이러한 체제의 북한에서 '수령(首領)'이라고 불리는 최고지도자는 마음에 들지 않는 간부들을 즉흥적으로 강등하거나 해임, 심지어 사형까지도 시킬 수 있는 '절대권력'을 가지고 있다. 다시 말해 수령은 권력 행사에 있어서 그 어떤 제한도 받지 않는다. 그리고 '수령의 후계자'는 수령 다음가는 이인자(二人者) 위상을 차지하면서 수령에 버금가는 '절대적 지위'를 가진다. 북한체제의 이러한 특징은 해방 직후 수립된 스탈린주의 체제에 봉건적 권력승계를 정당화하는 유교문화가 결합된 데 기인한다.

북한체제의 이와 같은 특성 때문에 북한정치 연구에서 최고지도자와 그의 후계자에 관한 연구는 매우 중요한 부분을 차지한다. 그런데 한국과 국제사회는 북한의 최고지도자와 그의 후계자에 대해 얼마나 정확하게 파악하고 있을까? 그에 대한 답변은 매우 회의적이다.

오랫동안 우리 사회에서는 북한의 현재 지도자 이름이 '김정운'으로 잘못 알려져 있었다. 그의 이름이 '김정운'이 아니라 '김정은'이라는 사실은 대만의 한 사진작가가 2009년 9월 원산 근교에서 찍어 인터넷의 사진 공유 사이트에 올린 북한 벽보 사진을 통해 처음으로 알려지게 되었다.

통일부에서 발간한 「북한 주요 인물정보 2023」 책자는 김정은의 출생 연도에 대해 "1984. 1. 8(1982년생·1983년생說 존재)"이라고 아직도 애매하게 소개하고 있다. 그의 출생 연도를 명확하게 파악하지 못하고 있다는 증거이다. 그리고 통일부 발간 책자는 김정은의 출생 장소에 대해서는 아예 언급조차 못하고 있다. 그에 대해서는 이 책에서 필자가 처음으로 공개할 것이다.

필자는 2013년부터 김정은의 모친 이름이 '고영희(高英姬)'가 아니고 '고용희(高容姬)'라는 것을 명확하게 파악하고 언론 기고문 등을 통해 그러한 사실을 구체적으로 밝혔다. 그런데 통일부는 「2018 북한 주요인사 인물정보」 책자에까지 김정은의 모친 이름을 '고영희'라고 표기하면서 작은 글씨로 "'고용희'라는 판단도 있음"이라고 기술했다. 통일부가 가장 최근에 발간한 북한 인물정보 책자인 「북한 주요 인물정보 2023」은 김정은의 모친 이름에 대해 '고용희(1953~ 2004, 일명 고영희)'라고 표기하고 있다. 마치 그녀의 이름이 북한에서 '고영희'로도 불린 것처럼 애매하게 기술하고 있는 것이다. 김정은의 이름에 대해 한국 사회에서 오랫동안 '김정운'으로 잘못 알려졌지만 김정은으로 확인된 후 통일부 발간 책자에서 '일명 김정운'으로 표기하지 않는 것처럼, 고용희의 이름에 대해서도 과거에 잘못 표기한 것은 바로잡는 것이 필요하다.

「북한 주요 인물정보 2023」 책자는 또한 김정은의 친형 김정철의 출생 연도에 대해서도 1981년생으로 표기하고 있는데, 김정철의 출생 연도는 1980년이다. 이 같은 사실은 스위스에서 김정철과 김정은, 김여정을 데리고 있다가 1988년에 미국으로 망명한 김정은의 이모 고용숙과 이모부 리강 부부를 필자가 2021년에 직접 만나 확인한 것이다.

한편 김정은에 대한 찬양 가요인 <발걸음>이 처음으로 연주된 것은 그의 만 8세 생일 때인 1992년 1월 8일이었다. 김정일의 스시 요리사로 북한에서 11년간(1988년부터 1996년까지, 그리고 1998년부터 2001년까지) 일했던 후지모토 겐지는 그의 수기 『북한의 후계자 왜 김정은인가?』에서 이 같은 사실을 상세하게 소개하고 있다. 김정일은 이때부터 소수의 핵심 측근들에게 김정은이 자신의 후계자가 될 것이라고 밝혔다. 이 같은 후계자 '내정(內定)' 사실도 필자가 미국에 망명해 살고 있던 김정은의 이모부 리강을 2021년 3월에 직접 만나 처음으로 확인한 것이다.

2004년부터 필자는 고용희에 대한 북한군 내부 학습자료 및 대북 사업가의 증언, 김정남의 이모 성혜랑의 수기 등을 토대로 김정남이 김정일의 후계자로 선택될 가능성은 희박하고, 김정일과 고용희 사이에서 태어난 김정철이나 김정은이 후계자가 될 가능성이 높다고 주장했다. 그러나 우리 사회에서는 2009년 초 국내의 한 통신사를 통해 김정은이 김정일의 후계자로 공식 결정된 사실이 알려지기 전까지 다수의 언론과 전문가들은 김정일이 '절대로 3대 세습을 하지 않을 것'이라고 말했다고 실제와 다른 주장을 했다. 특히 진보적인 성향의 전문가들은 '21세기에 무슨 3대 세습이냐?'며 필자의 분석에 대해 매우 부정적인 태도를 보였다. 그러나 북한은 결국 3대 세습을 택했다.

한편 다수의 탈북자와 주로 보수 성향의 전문가들은 김정일의 '장남' 김정남이 후계자가 될 것이라고 전망했다. 그러나 김정남의 이모인 성혜랑이 수기 『등나무집』에서 밝히고 있는 것처럼 김정일과 고용희 사이에서 김정철과 김정은이 태어나면서 김정일이 "그토록 사랑하던 정남이마저 버리고 마는 단계"에 이르렀기 때문에 이 같은 전망은 전혀 현실성이 없는 것이었다. 상당수의 언론은 김정남이 2001년 5월 위조 여권을 가지고 일본에 밀입국하려다가 발각되어 추방된 후 후계자의 길에서 멀어졌다고 주장했는데, 성혜랑의 수기와 김정은의 이모부 증언에 비추어 볼 때 이러한 주장도 전혀 근거가 없는 것이다.

2009년 상반기부터 한국의 정보 당국은 김정은이 북한 내부에서 후계자로 공식 결정된 사실을 국회 정보위를 통해 공개하기 시작했다. 그러나 여전히 상당수 전문가들은 정보 당국의 발표조차 불신했다. 그 결과 2010년 9월 북한 노동당 제3차 대표자회를 통해 김정은이 공식적으로 모습을 드러내기 직전까지 대부분의 전문가들과 언론은 "김정은의 나이와 경력(공식 직책을 맡은 사실이 알려진 바 없음), 인맥 등을 감안하면 당대표자회에서 후계자로 공식 등장한다는 것 자체가 비현실적이다"라고 주장했다. 그리고 당대표자회에서 최고지도기관 선거가 이루어지더라도 김정은의 이름이 공개되지 않을 수 있다고도 전망했다. 그러나 필자는 김정은의 후계체계 구축이 2009년부터 급속도로 진전되었고, 제3차 당대표자회가 김정은의 후계자 지위를 대외적으로 공식화하기 위해 개최되는 것인 만큼 김정은의 이름이 대회 첫날부터 언급될 가능성이 높다고 주장했었다.

필자의 예상대로, 북한은 당대표자회 개최일인 2010년 9월 28일 새벽, 김정은에게 전날 인민군 대장 칭호를 수여한 사실을 공식적으로 발표함으로써 '후계체계의 대외적 공식화'에 대해 회의적이었던 외부 세계의 시각들을 일소(一掃)했다. 그리고 29일 새벽, 김정은을 전날 당중앙군사위원회 부위원장이라는 군사 분야의 제2인자 직책에 임명한 사실을 공개함으로써 김정은이 김정일의 명실상부한 후계자임을 국제사회에 명확하게 드러냈다.

그런데 그 이후에도 다수의 전문가들은 김정은이 나이가 어리고 경험이 부족해 그의 고모부인 장성택이 김정일 사망 전까지 실질적으로 제2인자 역할을 하고 있었다고 주장했다. 그리고 2011년 12월 김정일이 심장쇼크로 갑자기 사망하자 다수의 언론과 전문가들은 김정은이 '아직 어리고 경험이 부족해' 과연 북한을 안정적으로 통치할 수 있을지 의문시되며 "힘이 커질 대로 커진 장성택이 손에 쥔 권력을 김정은에게 순순히 넘겨줄지는 미지수"라고 주장했다. 또한 일부 전문가들은 '장성택이 섭정하는 집단지도체제' 또는 '국방위원회 중심의 집단지도체제'가 출범할 것이라고 전망하기도 했다.

김일성의 항일무장투쟁에 대한 연구로 유명한 와다 하루키(和田春樹) 도쿄대 명예교수도 당시 "한동안 국방위원회를 중심으로 한 집단지도체제가 이어지지 않겠느냐"라고 예상했다. 그리고 크리스토퍼 힐 전(前) 미 국무부 동아태차관보 또한 "김정은은 독립적으로 지시를 내리고 결정할 권리를 아직 갖고 있지 않다"라며 "장성택이 멘토 역할을 하지만 동시에 경쟁자이기도 하다. 아직 김정은이 독립적으로 결정을 내리는 것을 보고 싶지 않을 것"이라고 분석했다.

워싱턴 D.C.의 대표적인 한반도 전문가인 빅터 차 국제전략문제연구소(CSIS) 한국 석좌도 당시 "김정일은 그의 아버지 김일성이 1994년에 사망했을 때 김일성의 권력을 승계하기 위해 14년 동안 준비했다. 김정은은 겨우 3년을 준비했다. 그는 자신의 추종자들을 만드는 데 거의 준비가 되어 있지 않다. 그는 권력 부상을 정당화할 어떠한 새로운 이데올로기도 없다. 나는 북한의 맥락에서 그가 정권을 물려받을 수 있는 덜 이상적인 조건을 생각할 수 없다"라고 평가했다. 그리고 한국과 미국은 중국과 함께 북한체제의 급변사태에 대비해야 한다고 주장했다.

그러나 김정은은 2011년 12월 김정일이 사망한 지 채 2주가 지나지 않아 인민군 최고사령관직에 취임하여 먼저 군권부터 확고하게 장악했다. 그리고 그로부터 4개월이 지나지 않아 당규약과 헌법을 개정하여 당의 새로운 최고직책인 '당 제1비서'직과 국가의 새로운 최고직책인 '국방위원회 제1위원장'직에 취임하여 권력승계를 조기에 완료했다. 김정일 사망 직후 다수의 전문가들은 장성택 당중앙위원회 행정부장이 섭정할 것이라고 예상했지만, 그는 김정은 집권 후 2년도 지나지 않은 2013년 12월에 '반당반혁명(反黨反革命)' 혐의로 처형되었다.

김정은 집권 초기 국내의 상당수 언론들은 "거듭된 숙청으로 김정일 사망 당시 김정은의 후견인으로 점쳐졌던 총참모장 리영호, 인민무력부장 김영춘 등 이른바 '운구차 7인방'은 모두 권력의 자리에서 물러나게 됐다"라고 보도했다. 김정은의 1인 지배체제 강화 차원에서 '운구차 7인방'이 모두 숙청된 듯이 보도한 셈이다. 김정은과 함께 영구차를 호위했던 7인은 장성택 당중앙위원회 행정부장, 김기남 당중앙위원회 비서, 최태복 당중앙위원회 비서, 리영호 총참모장, 김영춘 인민무력부장, 김정각 총정치국 제1부국장, 우동측 국가안전보위부 제1부부장이었다.

그런데 '운구차 7인방'의 운명을 구체적으로 분석해 보면 김정은의 고모부 장성택과 리영호 총참모장을 제외하고는 김정은의 1인 지배체제 강화를 위해 숙청된 인물은 없다. 김정은이 공포정치에 크게 의존하고 있는 것은 분명하지만, 그에 대한 국내 언론의 보도 중에는 사실과 다른 부분이 많은 것이다.

김정일 시대에는 다수의 고위 간부들이 최고지도자에 대한 그들의 충성심만 인정받으면 중병으로 장기간 업무를 수행할 수 없어도 그들의 직책을 유지할 수 있었다. 반면에 김정은은 특정 간부가 기대했던 성과를 달성하지 못하면 그 간부에게 책임을 물어 곧바로 강등시키거나 해임함으로써 그의 집권 이후 북한 지도부에서는 수시로 인사 변동이 발생했다. 그런데 우리 사회의 다수 전문가들과 당국자들은 김정은의 이 같은 인사 스타일을 정확하게 파악하지 못하고, 김정은이 즉흥적으로 인사를 단행하고 있으며, 그로 인해 북한 지도부 내에서 반발이 확산될 것으로 성급하게 평가했다. 그리고 그들은 북한과 같은 '유일체제'에서 '권력의 위임'은 있을 수 없는 일이라고 선입견을 가지고 바라봄으로써 김정은이 일부 고위 간부들에게 상당한 권한을 위임하여 군부개혁과 경제개혁 그리고 급속한 핵·미사일 능력 고도화 등을 이끌어낸 것도 제대로 이해하지 못했다.

또한 김정일의 독단적인 리더십에 익숙해져 있던 다수의 전문가들과 언론들은 김정은 집권 초기에 그의 리더십을 정확히 파악하는 데 많은 어려움을 겪었다. 그들은 대체로 김정은이 집권 이후 그의 부친 김정일과는 다르게 매우 미숙하게 북한을 통치하고 있다고 평가했다. 권위주의적이었고 집체적 토론을 싫어했던 김정일은 간부들이 대거 참여하는 회의를 드물게 개최했고, 회의 개최 사실도 한참 지난 후에 방송 등을 통해 공개했다.

반면에 김정은은 당중앙위원회 정치국 상무위원회, 정치국 회의, 전원회의, 당중앙군사위원회 같은 중요한 회의들을 수시로 개최해 그의 할아버지 김일성처럼 중요한 정책결정을 내리기 전에 주요 간부들의 의견을 청취했다. 이는 김정은이 김정일보다 더욱 똑똑하게 정책결정을 내리고 있고, 그 결정에 간부들을 효과적으로 동원하고 있음을 보여주는 것이다.

김정은은 집권 첫해인 2012년부터 당중앙위원회 정치국과 당중앙군사위원회 회의를 자주 소집하고 대중 앞에서 연설도 하는 등 김정일과 차별화된 리더십을 보여주었다. 이는 김정은이 권력을 확고하게 장악하지 못했었다면 생각하기 어려운 것이다.

한국 정부가 북한의 최고지도자와 그의 가족에 대한 기본적인 정보조차 제대로 파악하지 못하고 있다는 것은 김정은의 자녀 김주애 위에 아들이 있을 것이라는 정보기관 발표에서 다시 확인된다. 2011년 말 김정은의 권력승계 이후 북한을 방문해 그를 직접 만난 많은 해외 인사들이 있다. 본문에서 지적하겠지만 그들의 증언을 종합해 보면 김주애가 김정은의 첫째 자녀이고, 그에게 딸만 둘이 있다는 것은 명확하다. 그럼에도 정부가 김정은에게 마치 아들이 있는 것처럼 국회와 언론에 밝힘으로써 우리 사회에 혼란을 불러일으키고 있는 것은 정부의 북한 분석 수준이 어느 정도인지 그 민낯을 잘 보여주는 것이다.

한국 정부와 사회는 유감스럽게도 김정은의 리더십과 통치 능력 등에 대해 끊임없이 오판을 계속해 왔다. 보수 정부는 김정은의 권력 장악력을 과소평가하면서 계속 '희망적 사고'에 기초해 '급변사태 대비'나 '통일 준비' 같은 신기루를 좇아왔고, 진보 정부는 김정은의 핵과 미사일에 대한 집착 및 대남 불신과 적대적 태도를 직시하지 못하고 실현 불가능한 '비핵화'와 '종전선언' 등에 집착하는 편향성을 보여왔다.

한국 정부가 이와 같은 양극단의 편향성에서 벗어나지 못하면, 우리의 대북정책은 정권이 바뀔 때마다 180도로 바뀌는 등 혼란이 지속되고, 북한에 대한 일관성 있고 효과적인 대응은 불가능해질 것이다. 그리고 북한은 남한을 공격할 수 있는 핵탄두를 기하급수적으로 늘리고 있는데, 한국 정부가 이처럼 '북한 붕괴'라는 달콤한 꿈에 빠져 있거나 '비핵·평화'라는 실현 불가능한 목표를 계속 추구한다면, 한국의 안보 상황은 가까운 미래에 더욱 심각한 위기에 직면하게 될 것이다. 대한민국이 이 같은 심각한 당파적 분열을 극복하고 북한의 위협에 효과적으로 대응하며 김정은을 다시 대화와 협상의 테이블에 불러오기 위해서는 무엇보다도 먼저 그의 정치와 전략을 정확하게 파악해야 한다. 아무쪼록 이 책이 한국과 국제사회의 현실성 있는 대북정책 수립과 한반도의 평화 및 안정에 미력하게나마 기여할 수 있게 되기를 희망해 본다.

한편 한국 정부는 북한에 대한 많은 '고급 정보'를 가지고 있다. 그런데 이 같은 정보는 출처를 밝힐 수 없다는 문제가 있다. 그리고 이들 중에는 나중에 사실과 다른 것으로 드러나는 것도 있다. 이들 정보의 일부는 북한이 공개한 사진들과 동영상들을 통해 나중에 사실로 확인되는 경우도 있다. 예를 들어 김정일 사망 전에 김정은이 김정일의 공개활동에 동행만 한 것이 아니라 단독지도도 하고 있었다는 정보는 김정일 사망 직후 북한이 공개한 김정은 개인숭배 동영상을 통해 사실로 입증되었다. 그러므로 필자는 이 책에서 북한의 사진과 동영상 자료들을 캡처해 필자가 다양한 경로로 파악한 정보들을 뒷받침하는 자료들로 활용할 것이다.

학계에서는 주로 활자화된 자료들에 의존하는 경향이 있지만, 정부의 북한 분석가들은 김정은이나 북한의 파워 엘리트들을 분석하기 위해 북한 방송과 사진들을 자주 활용한다. 북한 당국은 그들이 보여주고 싶은 것만 보여주려 하겠지만, 외부의 분석가들은 북한이 공개하는 사진과 동영상을 통해 유용한 정보들을 날카롭게 포착해 낼 수 있기 때문이다. 특히 김정은 시대에는 김정일 시대에 비해 북한이 ≪로동신문≫ 지면과 온라인 사이트들을 통해 많은 행사 사진들을 공개하고 있고, 동영상들을 유튜브에도 올리고 있기 때문에 이들 자료의 활용이 더욱 수월해졌다. 북한에서 대내용으로 제작되었지만, 외부에서 입수해 공개된 고용희 개인숭배 동영상도 김정은이 후계자로 결정된 배경을 이해하는 데 매우 큰 도움이 된다.

필자가 20년 넘게 몸담아 온 세종연구소가 집필을 위해 집중할 수 있는 충분한 시간을 주지 않았다면 이 책을 완성하기 어려웠을 것이다. 이에 무엇보다도 세종연구소의 지도부에 깊은 감사를 드린다. 그리고 필자에게 '2020~2021년도 윌슨센터 연구위원' 자격으로 2020년 10월부터 2021년 2월까지 5개월간 워싱턴 D.C.에 체류하면서 미국의 북한 연구 현황을 파악할 수 있도록 재정적 지원을 해준 윌슨센터에도 감사드린다. D.C.에 체류하는 동안 미국에 망명해 사는 김정은의 이모부와 이모도 만날 수 있었기 때문에 윌슨센터의 지원은 필자의 북한 지도자 연구에 상당히 큰 도움이 되었다.

이 책의 집필에 필요한 인터뷰 및 자료 수집과 관련해 큰 도움을 준 일본 겐다이 비즈니스의 곤도 다이스케(近藤大介) 부편집장, 지금은 고인이 되었지만 2008년과 2013년에 도쿄에서 필자를 만나 김정은과 북한의 핵심 엘리트들에 대해 귀중한 증언을 해준 김정일의 전 스시 요리사 후지모토 겐지(藤本健二), 그리고 김정은의 출생 시기와 장소 및 그의 후계자 내정 시기 및 자질 등에 대해 매우 귀중한 증언을 해준 김정은의 이모부 리강 선생과 이모 고용숙 여사에게도 깊은 감사를 드린다. 리강 선생은 1988년에 미국으로 망명했지만, 미국과 북한의 관계 개선에 기여할 수 있기를 소망했다. 하지만 그 뜻을 이루지 못하고 2022년 11월에 지병으로 세상을 떠난 것에 대해 매우 안타깝게 생각한다.

마지막으로 이 책의 원고를 꼼꼼하게 읽으면서 오타와 어색한 부분들을 찾아준 사랑하는 아내와 이수원 박사에게 고마움을 전한다. 그리고 어려운 출

판 환경에도 불구하고 이 책의 출간을 기꺼이 수락해 주신 한울엠플러스의
관계자 분들과 편집을 위해 수고해 주신 정은선 편집자에게도 깊은 감사를
드린다.

2024년 12월
정 성 장

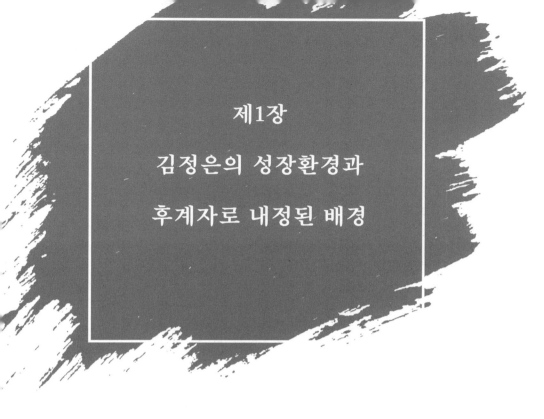

제1장

김정은의 성장환경과

후계자로 내정된 배경

1. 김정은의 가족관계

김정은이 어떤 인물인지 정확하게 파악하기 위해서는 먼저 그의 복잡한 가족
관계와 성장 과정부터 이해할 필요가 있다. 김정은이 자신의 아버지 김정일
을 반면교사(反面敎士)로 삼아 통치 방식에 있어서 김정일과의 차별성을 추구
한 데에는 김정일의 복잡한 여성 관계 등에 대한 반감이 작용했던 것으로 판
단되기 때문이다. 또한 김정은의 스위스 유학과 김일성군사종합대학 수학(修
學)은 그의 개혁적인 경제정책과 호전적인 태도에 지대한 영향을 미쳤기 때
문이다.

　김정일은 다섯 살 연상인 성혜림이라는 배우와 동거하면서 아들 김정남을
가졌고, 정식 결혼한 김영숙과의 관계에서는 딸만 둘을 두었다. 이후 김정일

은 고용희(高容姬)와 동거하면서 두 아들 김정철과 김정은 그리고 딸 김여정을 얻게 된다. 김정일의 이 같은 복잡한 여성 관계와 자녀 문제로 인해 김정은은 어린 나이에 일찍이 후계자로 내정(內定)되었지만, 그것이 대외적으로 알려지기까지에는 상당한 시간이 걸렸다.

김정일과 성혜림의 동거 및 김정남의 위상

김정일의 첫 번째 여성은 배우 성혜림이다. 성혜림은 김정일과 동거를 시작하기 전에 이미, 1920년대 카프(조선프롤레타리아예술가동맹: 사회주의혁명을 실현하기 위해 모인 문학가들의 단체) 작가로서 소설 「땅」과 「두만강」 등으로 유명한 월북작가 리기영(당시 조소문화협회 위원장 및 작가동맹위원장)의 맏아들인 리평과 19살에 결혼하여 딸까지 둔 상황이었다. 성혜림은 연극영화대학에서 연출을 전공했고, 졸업반 때 예술영화 〈분계선 마을에서〉의 주인공으로 뽑혔다. 당시 김일성 수상이 이 영화를 높이 평가했고 북한에서 처음으로 '인민상'을 수여받으면서부터 성혜림은 조선예술영화촬영소의 주인공 배우로, 북한 인민들이 다 아는 유명 배우가 되었다. 김정일이 그 같은 성혜림에게 반해 그녀를 강제 이혼시킨 후 1970년부터 '극비'로 동거하게 되었고, 그들 사이에서 1971년 5월 10일 김정남이 태어났다(성혜랑, 2000: 356~370, 375 참조).[1]

성혜림의 언니인 성혜랑은 한국에서 2000년에 발간된 수기 『등나무집』에서 김정일이 김정남을 얼마나 사랑했는지는 "이루 말로 다 할 수 없는 정도다"라고 회상했다(성혜랑, 2000: 370). 그러나 당시 북한에는 유교적·보수적 문화 전통이 강하게 남아 있었기 때문에 김일성은 이미 결혼한 경력이 있고 김

---

1 김정남의 이모 성혜랑은 수기에서 "김정일 비서와 내 동생이 살고 있다는 것은 북조선 최대의 극비사건으로 간주되었다"라고 적고 있다.

정일보다 다섯 살 연상인 성혜림을 북한 최대 명문가의 며느리로 받아들일 수 없었을 것이다. 그래서 김정일은 자신과 성혜림과의 동거 사실을 아버지 김일성에게 공개하지 못하고 성혜림과의 관계에서 아들을 가진 것도 알리지 못했다. 결국 김정남은 철저하게 김정일의 숨겨진 아들로 성장할 수밖에 없었고 결국은 후계자로 지명될 수 없었다.

성혜랑의 아들이며 김정일의 처조카인 이한영(본명 리일남)은 김정남이 두세 살 정도 되었을 때, 김정일의 여동생 김경희가 성혜림에게 "언니는 우리 오빠보다 나이도 많고 한 번 결혼해서 애도 딸린 여자니까, 정남이는 내가 키울 테니 나가시오. 노후는 잘 보장해 주겠소"라고 폭탄선언을 했었다고 증언했다. 그래서 성혜림은 그때부터 김정남을 빼앗길지 모른다는 강박관념에 사로잡혀 신경성 질환과 불안으로 건강이 악화되기 시작했다고 덧붙였다(이한영, 1996: 84~86 참조).

김정남의 이모인 성혜랑은 김정일과 고용희 사이에서 아들이 태어나자 김정일이 "그토록 사랑하던 정남이마저 버리고 마는 단계"에 이르렀다고 술회했다. 그리고 "정남에 대한 그 비정상적인 '눈물의 애정'을 새 아이들[2]에게 옮겼다"라고 증언했다(성혜랑, 2000: 485).

봉건시대의 군주제적(君主制的)인 문화가 여전히 남아 있던 당시 북한의 상황에서 김정남은 통상적인 의미의 '장남(長男)'이 아니라 왕조시대의 '서장자(庶長子)'에, 김정은은 '적자(嫡子)'에 비유될 수 있다. 과거 왕조시대의 역사에서 서장자는 적자가 태어나기 전까지는 왕의 사랑을 받으나, 적자가 태어나면 지위가 위태로워졌었다. 유럽으로 망명한 성혜랑은 2000년에 ≪여성중앙21≫ 특별취재팀과 만나 김정남의 후계자설에 대해 "웃기는 소리다. 후계자

---

2 김정철과 김정은

라는 말을 지금 할 단계도 아니고 내 동생(성혜림)도 원하지 않는다"라고 밝힌 바 있다(고수석, 2000. 11. 23).

김정일과 김영숙의 결혼 및 형식적인 부부관계

김정일은 아버지 김일성의 권유를 거부하지 못하고 1974년에 두 번째 여성 김영숙과 결혼하게 된다. 그들 사이에서는 김설송과 김춘송이라는 이름의 딸만 둘 태어났다. 그런데 매우 가부장제적(家父長制的)인 당시의 북한 문화에서 딸이 최고지도자의 후계자가 될 수는 없었기 때문에 김영숙은 실질적인 '퍼스트레이디'가 될 수 없었다. 그리고 김정일과 김영숙은 형식적인 부부관계만을 유지한 것으로 보인다. 김영숙에 대한 김정남의 이모 성혜랑의 평가는 다음과 같다.

> 아버지 김일성이 정해준 여자는 어느 초대소에서나 볼 수 있는 관리인 정도라고 해도 과언이 아닐 것이다. 나는 그 여자의 인격이나 인간 레벨을 말하는 것이 아니라(알지도 못한다) 정일 비서의 그 여자에 대한 평가(그것이 옳고 그른 것에 대한 평가를 떠나서), 관계를 말한다. 그 여자가 있으나 마나 한 존재이며 여성으로 얼마나 괴로운 처지인가 하는 것은 그의 존재를 아는 사람은 다 안다. … 김영숙은 지금까지 김 비서의 시야 밖에 있는 여인이었다. … 외부에서 김영숙을 정실이라고 하는 것은 그의 아버지 앞에서 합법화된 여자라는 의미 외에는 없다. … 누구를 아내로 인정하는가는 법 위에 군림한 최고 수반 자신의 인정 외에는 없다(성혜랑, 2000: 416~418).

성혜림의 요양 생활과 김정남의 기형적 성장

김정일이 김영숙과 결혼한 후 이에 충격을 받은 성혜림은 불면증, 신경쇠약증, 불안 발작 등의 병을 얻어(성혜랑, 2000: 376) 사망할 때까지 모스크바에서 장기간 요양 생활을 했다. 성혜림이 모스크바로 떠난 후 김정남을 맡아 키운 이는 성혜림의 어머니 김원주와 언니 성혜랑이었고, 김정남은 "울타리 바깥 세상과 철저히 격리된 상태에서 단 한 명의 친구도 없이 어울려 뛰어노는 즐거움을 모르고 기형적으로" 키워졌다(성혜랑, 2000: 387).

1980년에 김정남이 스위스 제네바의 국제학교에 입학하게 된 것은 김정일이 그를 국제 감각이 있는 지도자로 키우고자 하는 의도에서 결정된 것이 결코 아니었다. 그것은 김정남이 바깥세상과 철저히 격리된 상태에서 단 한 명의 친구도 없이 기형적으로 성장하고 있는 것을 안타깝게 생각한 그의 외할머니가 김정남을 정규교육에 넣기 위해 김정일을 겨우 설득해 얻어낸 것이었다. 그러나 김정남은 제네바 체류 1년 반 만에 당시 주 제네바 북한 공사가 남한에 의한 납치 가능성을 집요하게 제기해 모스크바의 프랑스 학교로 전학을 가게 된다. 그 후 1985년 3월 소련공산당 총서기로 선출된 고르바초프가 페레스트로이카를 추진하자 김정남의 외할머니는 '너절한 달러 거지' 소련보다는 차라리 '도덕률이 높은 중립국' 스위스가 낫다는 판단을 하고 김정남을 다시 제네바 국제학교로 옮겼다. 그런데 사춘기의 김정남이 밤에 바(bar)에 나가기 시작하자 겁을 먹은 성혜림의 어머니가 김정남을 평양으로 데리고 들어감으로써 10대 후반에 김정남의 유학 생활은 끝나게 된다(성혜랑, 2000: 387~465). 그러므로 김정남이 제네바대학에 진학해서 정치학을 전공했다는 일부의 주장은 전혀 근거 없는 것이다.

김정남은 귀국 후 극도로 통제된 생활을 다시 하게 된다. 그래서 성혜랑은 수기에서 김정남에게 "아 정남아, 너는 어떻게 하고 어떻게 살고 있니. 아직도 그 울타리에 갇히어 청춘이 묶인 채냐? 다 떠난 그 집에서… 너 홀로 정남아. 어째서 이 순간 죽은 일남이보다 살아 있는 네가 더 불쌍하냐"라고 적었다(성혜랑, 2000: 516). 김정남을 직접 키웠기 때문에 그에 대해 누구보다도 잘 아는 성혜랑이 한국에서 암살당한 자신의 아들 일남이보다 북한에서 갇힌 생활을 해야 했던 김정남이 더 불쌍하다고 적은 이 수기를 읽어본 전문가라면 김정남이 후계자가 될 것이라는 주장을 하기는 어려웠을 것이다.

그러므로 김정남이 10대 중반에 북한 컴퓨터위원회 위원장을 맡아 공적 생활을 시작했다는 주장이나 1980년대 중반 국가안전보위부와 당중앙위원회 선전선동부에서 일했다는 '첩보'(송봉선, 2008: 123) 모두 전혀 근거가 없는 것이다. 그리고 김정남이 2001년 5월 위조 여권을 가지고 일본에 밀입국하려다가 발각되어 추방된 후 후계자의 길에서 멀어졌다는 상당수 언론들의 주장도 실제와 괴리된 것이다.

김정남은 북한에서 김정일의 '장남'으로 대우받지 못했을 뿐만 아니라 '후계 수업'도 제대로 받은 적이 없다. 당과 군대에 대한 지도 경험을 쌓아야 진정한 의미에서 '후계 수업'을 받았다고 할 수 있지만, 2004년 고용희 사망 이후에도 김정남이 이 같은 수업을 받았다는 증거는 전혀 발견되지 않는다.

재일교포 고용희의 북송과 김정일과의 동거

성혜림이 모스크바로 떠난 후 그 공백을 메운 여성이 고용희(高容姬)였다. 그런데 김정은의 모친 고용희의 이름은 오랫동안 '고영희(高英姬)'로 잘못 알려져 있었다. 하지만 1972년 12월 31일 자 ≪로동신문≫ 기사에는 만수대예술단 배우로 김일성에게 공훈배우 칭호를 받은 '고용희'의 이름이 명확하게 나와 있다(≪로동신문≫, 1972.12.31). 당시 중앙인민위원회는 "불후의 고전적 명작 '꽃파는 처녀'를 잘 살리면서 훌륭하게 각색함으로써 예술영화 '꽃파는 처녀'를 가장 혁명적이며 인민적이며 사실주의적인 기념비적 영화로 만드는 데서와 혁명가극 '꽃파는 처녀'를 '피바다'식 혁명가극 창작의 제원칙과 형상 방도를 더욱 심화발전시킨 걸출한 대작으로 만드는 데서 특출한 공훈을 세운 예술인들에게" 공훈배우 칭호를 수여한다고 밝혔다. 고용희는 1952년생이니

사진 1-1　고용희에 대한 '공훈배우' 칭호 수여 기사

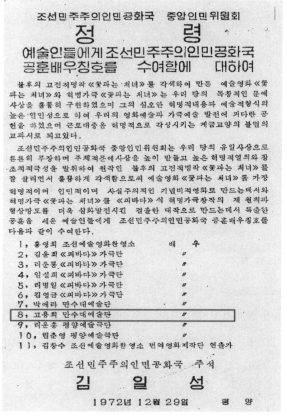

자료: 《로동신문》(1972.12.31)

까 만 20세의 매우 젊은 나이에 김일성에게 공훈배우 칭호를 받은 것이다. 그
만큼 그녀는 만수대예술단 배우로서 매우 뛰어난 무용 실력을 인정받고 있었
던 것이다.

　한편 김정일의 스시 요리사로 북한에서 11년간(1988~1996년 그리고 1998~
2001년) 일했던 후지모토 겐지(藤本健二)는 2012년 7월에 다시 방북해 김정은
의 모친 묘소를 세 차례나 찾아간 후 그린 그림을 2013년 4월 도쿄에서 필자

그림 1-1 후지모토 겐지가 그린 고용희 묘소

자료: 2013년 4월 필자에게 제공

에게 주었다. 그 그림의 묘비에 그녀의 이름은 '고용희'로, 그녀의 출생일은 1952년 6월 26일로 새겨져 있었다(정성장, 2013: 80~84 참조). 이와 관련해 ≪산케이신문≫은 2012년에 고용희의 묘지가 그의 탄생 60주년인 2012년 6월 26일 전후 평양 북동부의 '혁명열사' 부근에 조성되었다고 보도했다(김종현, 2012. 8.2).

또한 북한 전문 매체인 데일리NK의 도쿄지국에서는 2012년에 흥미 있는 사실을 찾아냈는데, 고용희의 일본에서의 이름은 '고희훈'이었고, 일본명으로는 '다카다(高田) 히메(姫)'였다는 점이다. 당시 데일리NK가 찾아낸 '고희훈'의 생년월일은 1952년 6월 26일로 고용희의 묘비에 적혀 있는 날짜와 일치한다(≪데일리NK≫, 2012.6.25). 일본 정부의 기록에 의하면, 고희훈의 국적 주소는 '제주도 북제주군 조천면 북촌리'로, 출생지는 '大阪市天王寺区舟橋町75(오사카시 텐노지구 후나바시초 75)'로 되어 있다.

데일리NK의 취재 결과에 의하면, 고용희의 부친 고경택은 일제 식민지 시

사진 1-2   고경택의 수기

자료: ≪조선≫(1973년 4월호)

대 일본 육군이 직할하는 히로타(廣田)재봉소에서 근무했다. 그리고 그는 한국과 일본을 왕래하는 밀항 선박을 운영했던 것이 탄로 나 일본에서 강제퇴거 명령을 받았고, 결국 1962년 10월에 북한으로 넘어갔다(≪데일리NK≫, 2012. 6. 25; ≪노컷뉴스≫, 2012. 2. 10). 그런데 그의 딸 고용희가 평양음악무용대학에서 무용을 전공한 후 1971년부터 만수대예술단에서 무용수로 활동하다가 1972년에 공훈배우 칭호를 받았으니 고경택은 성공한 '귀국자'에 해당하는 셈이다.

북한 당국은 귀국자인 고경택이 북송 후 보다 나은 삶을 살고 있다고 선전하기 위해 대외 선전용 잡지인 ≪조선≫에 고경택의 수기를 게재했다. 데일리NK가 입수한 화보집 ≪조선≫의 일어판 1973년 3월호에 게재된 수기에서 고경택은 "어버이 수령님의 품에 안긴 영자는 원하는 대로 공짜로, 그리고 장학금까지 받으면서 음악무용대학을 졸업했으며 이제는 공훈배우로서 훌륭히 활약하고 있다"(≪데일리NK≫, 2012. 2. 13에서 재인용)라고 적었다. 고경택의 수기에 고용희의 이름이 '영자'로 표기된 것에 대해 데일리NK는 '고희훈(고전희)'이 나중에 이름을 바꾸어 북송 시에는 '고영자'라는 이름을 사용한 것으로 분석하고 있다. 그런데 '영자'가 일본식 이름이기 때문에 김일성·김정일 지시에 의해 '고희훈(고전희)'은 다시 '고용희'로 개명한 것이다.

그런데 필자가 입수한 ≪조선≫ 국문판 1973년 4월호에 게재된 고경택의 수기에는 '고영자'나 '고용희'의 이름은 등장하지 않는다. 그리고 고경택의 다른 자녀들 이름은 다 공개하고 있지만, 고용희에 대해서는 다음과 같이 '둘째딸'로 묘사하고 있다.

1929년 어느날 나는 사랑하는 부모 형제와 눈물로 헤여져 쪽배에 몸을 싣고 살길을 찾아 현해탄을 건너 낯설은 일본땅으로 갔다.

일본 오사까에 들어선 첫날부터 나는 인간이하의 모욕과 천대, 갖은 민족적 멸시를 받으며 일본놈이 경영하는 <광전재봉소>에서 일하였다.

워낙 조선사람에 대한 민족적 차별이 심한 일본땅에서 나의 일자리가 오래 갈수는 없었다.

내가 실업자가 되다보니 우리 가정형편은 말이 아니었다.

굶기가 례상사로 살아오던 어느날 온 가정이 더욱 침울한 분위기에 휩싸였다.

나어린 둘째딸이 ≪어머니 무용옷을 사주어요≫하며 졸라댔다.

나는 철부지 딸의 말을 듣자 가난에 시달리던 의분을 참지 못하여 딸에게 화풀이를 했다.

≪춤추면 밥이 나오니 죽이 나오니 너도 일해야 밥을 먹어...≫

이때 놀란 눈으로 나를 바라보며 애타게 흐느껴 울던 딸의 울음소리는 나의 가슴을 얼마나 쓰리게 하였는지 모른다.

일본땅에서 우리의 처지는 이처럼 나라없고 주권없는 민족의 설음을 영영지울수 없게 참혹하였다.

그러나 조국에 돌아와 어버이수령님의 품에 안긴 나의 아들딸들이 다 무료교

육의 혜택아래 마음껏 배웠다(≪조선≫, 1973: 30~31).

이 수기에 나오는 고경택의 첫째 딸 이름은 순영, 셋째 딸 이름은 용숙, 넷째 딸 이름은 용순이다. 그러므로 딸들 이름이 기본적으로 '용'자 돌림이지만, 첫째 딸 이름만 다르다. 이는 고경택의 첫째 부인 양명녀(고용희의 모친)가 1966년에 길주에서 열차 사고로 사망한 후 고경택이 이맹인이라는 이름의 여성과 재혼했는데, '순영'은 재혼한 여성이 데리고 온 딸이었기 때문이다. 그러므로 고용희는 사실상 고경택의 첫째 부인과의 사이에서 태어난 맏딸이었다(≪주간동아≫, 2012. 4. 16 참조). 그리고 김정일과 동거하게 된 고경택의 딸 이름이 '고영희'가 아니라 '고용희'라는 사실은 미국으로 망명한 김정은의 이모 고용숙이 2015년 12월 국내 탈북자들을 대상으로 소송을 제기하는 과정에서 재확인되었다(≪YTN≫, 2015. 12. 5 참조).

고용희의 아버지인 재일동포 고경택의 수기가 ≪조선≫ 1973년 4월호에 게재된 점에 비추어 볼 때(≪조선≫, 1973: 30~31), 이미 1970년대 초에 예술 분야를 지도하던 김정일의 눈에 든 것으로 판단된다. 그러나 김정일이 고용희와 동거하기 시작한 시점은 성혜림이 모스크바로 떠난 후인 1976년경으로 추정된다(김정은의 이모부 리강, 이모 고용숙과의 인터뷰, 2021. 3).

데일리NK 보도에 의하면, ≪조선≫ 1973년 하반기 호에 고용희로 추정되는 인물이 그해 8, 9월 사이 일본을 방문해 공연한 사실이 사진과 함께 소개되어 있다. 이 화보에는 고용희가 '귀국자'라는 점을 알리기 위해 그가 북송되기 전 사용했던 '고영자'라는 이름을 사용했다(≪데일리NK≫, 2011. 5. 30; 조종익, 2012. 2. 13에서 재인용). 이와 관련 당시 조총련 예술 관련 분야에서 일하며 만수대예술단 공연을 추진했던 한 관계자(조총련 산하 금강산 가극단 소속)는 데일리NK와 만나 "중앙에서 부채를 높이 드는 여성이 고영희[고용희]가 분명하다"라면서 "우리는 당시 이 여성을 '고영희 선생님'이라고 불렀는데 <조국

자료: ≪로동신문≫(1977.10.21)

의 진달래>, <부채춤>, <목동과 처녀> 등의 공연에서 주연으로 활약했다"
라고 확인했다. 이 관계자는 또한 "(1973년 고영희[고용희]가 일본에서 공연을 갖기)
1년 전 박애라라는 북한 여배우에게서 '내년 일본에 가는 여성 중에는 다음
지도자(김정일)가 가장 아끼는 여성이 속해 있다'라는 말을 들었다"라고 말했
다(≪데일리NK≫, 2011.5.30). 이 같은 증언과 고용희가 만 20세의 매우 젊은
나이에 파격적으로 '공훈배우' 칭호를 받은 사실을 고려할 때 예술 분야를 지
도하던 김정일이 1970년대 초부터 고용희를 특별히 아끼고 있었던 것은 분명
해 보인다.

한편 1977년 10월 고경택도 중앙인민위원회 정령에 의해 김일성 주석에게
서 '노력영웅' 칭호를 받는다. 딸은 '공훈배우' 칭호를 받고 아버지는 '노력영
웅' 칭호를 받았으니 고용희 집안은 귀국자 중에서도 대표적인 성공 케이스에
해당하는 셈이다.

2. 김정은의 출생 연도와 장소

김정일과 고용회 사이에서 1980년에 김정철이, 그리고 1984년에 김정은이 태어났다. 그동안 후지모토 겐지의 수기에 근거해 김정철은 1981년생으로 잘못 알려졌고(후지모토 겐지, 2003: 261),[3] 통일부 발간 「북한 주요 인물정보 2020」 책자에도 1981년생으로 표기되어 있는데(통일부, 2020: 1,083), 이는 사실과 다르다. 김정은의 이모부 리강과 이모 고용숙의 증언에 의하면 김정철은 1980년 9월 25일생이다. 리강·고용숙 부부는 김정철이 1980년 10월의 제6차 노동당대회 개최 전에 태어났고, 1984년생인 그들의 아들과 네 살 차이라고 지적했다(김정은의 이모부 리강, 이모 고용숙과의 인터뷰, 2021. 3).

김정남의 이모 성혜랑의 증언에 의하면 고용회에게서 김정철이 태어나면서 김정남에 대한 김정일의 애정이 고용회의 아들들에게로 옮겨졌다(성혜랑, 2000: 485). 그 후 고용회가 서서히 김정일의 사실상의 정식 부인 자리를 차지하게 되었다.

김정은은 김정일과 고용회 사이에서 1984년 1월 8일 태어났다. 김정은의 출생 연도와 관련해 우리 사회에서는 1982년생설, 1983년생설 등 다양한 추측이 있었다.[4] 그런데 김정은의 이모 고용숙은 2016년 5월 ≪워싱턴포스트≫와의 인터뷰에서 그가 1984년생이며 "김정은과 내 아들이 (같은 해에 태어나) 태

3　후지모토 겐지가 김정일 가계와 관련해 매우 유용한 정보를 제공한 것은 맞지만, 그의 서투른 한국어 실력과 부정확한 기억 때문에 부분적으로 잘못 전달된 부분들이 있다. 김정은의 이름이 김정운으로, '고용회'의 이름이 '고영희'로 잘못 알려진 것도 기본적으로 그의 초보적인 한국어 실력 때문이다. 그러나 만약 후지모토 겐지의 한국어 실력이 유창했다면 김정일이 그를 경계하고 가까이 하지 않았을 것이다.

4　통일부에서 발간한 「북한 주요 인물정보 2023」 책자는 김정은의 출생 날짜에 대해서도 "1984. 1. 8(1982년생·1983년생説 존재)"라고 애매하게 지적하고 있다(통일부, 2023: 253).

자료: 2013년 4월 후지모토 겐지 제공

어날 때부터 놀이 친구였다"라며 "내가 그 둘 기저귀를 갈아줬다"라고 증언함
으로써 논란에 종지부를 찍었다(김세진, 2016. 5. 28 참조).

북한은 지금까지 단 한 번도 김정은의 생일을 기념하는 공식적인 행사를 개
최한 적이 없다. 미국 프로농구(NBA) 선수 출신 데니스 로드먼(Dennis Keith
Rodman)이 2014년 1월 8일 평양체육관에서 친선경기를 앞두고 "최고의 친
구"에게 바친다며 "해피 버스데이" 노래를 불러준 것이 외부에 공개된 김 위
원장의 생일과 관련된 행사의 전부다. 그리고 2015년 1월 8일 31회 생일을
맞은 김정은 국방위원회 제1위원장에게 중국 정부는 축하 메시지를 보냈다
고 밝혔다. 당시 홍레이(洪磊) 중국 외교부 대변인은 정례브리핑에서 "김정은
에게 발송한 축전이 있느냐"라는 질문에 "중조(중북)는 전통 우호의 관계를
유지하고 있다"라며 생일 축전 발송을 공개했다(현혜란·정성조, 2019. 1. 8. 참조).

김정은의 출생 장소에 대해 통일부 발간 「북한 주요 인물정보」 책자는 아
예 언급하지 못하고 있고, 일부 언론들은 김정은이 원산 초대소에서 태어났

그림 1-2 김정은이 태어난 평양시 삼석구역 지도

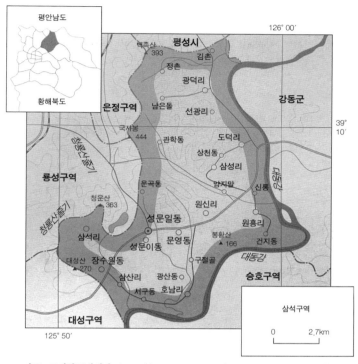

자료: 조선향토대백과, https://terms.naver.com/entry.naver?docId=328600
0&cid=57630&categoryId=57667(검색일: 2024. 10. 5)

다고 주장하고 있다(신은서, 2013. 4. 28). 그러나 필자가 2021년 김정은의 이모
부 리강과 이모 고용숙에게 확인한 바에 의하면, 김정은의 출생지는 대동강
북안(北岸)의 평양시 북동쪽에 위치한 삼석구역 초대소(2호집)이고, 초대소에
진료실과 분만실이 있었다고 한다. 김정남의 이모 성혜랑이 수기에서 고용희
에 대해 '철봉리 여자'라고 표현하고 있고(성혜랑, 2000: 395), 삼석구역에 '철
봉리초대소'가 있으므로 리강 선생이 말한 삼석구역 초대소(2호집)는 '철봉리
초대소'[5]를 지칭하는 것으로 분석된다. '북한지역정보넷'에 의하면 삼석구역
'철봉리'는 행정구역 개편으로 삼석구역 '문영동'에 통합되었다.[6]

김정은은 1984년에 '2호집'(김정일의 저택 다음으로 중요한 집을 의미하는 것으로 추정됨)에서 태어나 살다가 1986년경에 평양 중심부의 '1호집'(김정일의 저택을 의미하는 것으로 추정됨)으로 옮겨 살았다. 고용희가 아버지 고경택에게 김정일과 결혼해 산다고 말한 것은 김정은이 3~4살 된 후였다. 그때까지 아버지 고경택조차 딸 고용희가 시집도 안 간 줄 알고 있었으니 김정일과 고용희의 동거가 얼마나 철저하게 베일에 가려져 있었는지 짐작하게 된다(김정은의 이모부 리강, 이모 고용숙과의 인터뷰, 2021. 3).

3. 김정은이 후계자로 내정된 시기와 배경

김정은이 1986년경에 평양 중심부의 '1호집'으로 옮기게 된 것은 김정일이 그 시점에 고용희와의 동거에 대해 북한 간부들을 크게 의식하지 않아도 될 정도로 지도부 내에서 확고한 위상을 차지하게 된 것과 밀접한 관련이 있는 것으로 보인다. 한국에 망명한 최고위급 탈북자인 황장엽 전 조선로동당 중앙위원회 비서는 1974~1985년이 '김일성·김정일 공동정권'이었다면, 이후 1994년까지는 김정일의 권한이 한층 강화된 '김정일·김일성 공동정권'이라고 간주할 수 있다고 주장했다(≪중앙일보≫, 1999. 9. 14).

---

5 김정일은 김일성이 중학생 시절 중국 길림에서 손정도 목사의 도움으로 길림육문중학교에 다니면서 가까이 지냈던 재미교포 손원태 박사를 1994년 김일성의 장례식에 초청했고, 평양시 삼석구역의 대동강변에 있는 '철봉리초대소'를 그가 사는 집으로 제공해 주기도 했다. 김주원(2019. 1. 15) 참조.

6 북한지역정보넷, http://www.cybernk.net/infoText/InfoAdminstDetail.aspx?mc=AD04&sc=&viewflag=1&subac=&subsc=&acall=0&scall=1&schword=&cp=0&tid=AD0400049720&order=0&direct=1&viewflag2=0(검색일: 2024. 10. 9)

사진 1-5 **김정일, 고용희와 김정은**

주: 고용희와 김정은   주: 고용희와 김정일
자료: 〈위대한 선군조선의 어머님〉(2011년 제작 고용희 우상화 기록영화)에서 캡처

　1987년경에는 김정일 당중앙위원회 조직비서가 군통수권을 제외하고는 당(黨)·군(軍)·정(政)을 실질적으로 장악하고 김일성과 동일한 절대권력을 행사하게 되었다. 김정일은 김일성의 시력이 나쁘다는 이유로 특별한 경우를 제외하고는 김일성에게 문서로 보고하는 것을 금지시켰다. 대신 필요한 내용만을 녹음하여 김일성에게 보고하도록 했다. 이 무렵에 간부들의 얼굴이 김정일의 말 한 마디에 '흙빛'이 될 정도로 김정일의 권력은 절대적인 것으로 변해 있었다(김현식·손광주, 1997: 165~169).

　한편 김정은은 외부 세계에서 막연하게 추정하는 것보다 훨씬 이른 시기부터 김정일에 의해 후계자로 내정되었다. 필자가 2021년 3월 워싱턴 D.C.에서 만난 리강과 고용숙의 증언에 의하면, 김정은의 8세 생일날(1992년, 김정일이 50세 때, 고용희가 40세 때) 그의 찬양 가요인 〈발걸음〉이 김정일의 술자리에 참석한 핵심 측근들(중앙당의 간부들) 앞에서 공연되었다. 그때 리강은 김정일이 "앞으로 내 후계자는 정은이다"라고 말하는 것을 직접 들었고, 이후에도 여러 차례 들었다. '김정은을 후계자로 내세우기에는 너무 이르지 않느냐'는 김정은 이모부의 지적에 대해 김정일은 "나를 닮아서"라고 대답했다. 그리고 김정일은 김정은의 배짱을 계속 강조했고, 김정철은 온순해서 후계자감이 아니라고 언급했다(김정은의 이모부 리강, 이모 고용숙과의 인터뷰, 2021.3).

〈발걸음〉의 노래 가사는 다음과 같다(신석호, 2009.9.22).

1. 척척척척척 발걸음
   우리 김대장 발걸음
   이월의 정기 뿌리며
   앞으로 척척척
   발걸음 발걸음 힘차게 한번 구르면
   온나라 강산이 반기며 척척척

2. 척척척척척 발걸음
   우리 김대장 발걸음
   이월의 기상 떨치며
   앞으로 척척척
   발걸음 발걸음 힘차게 한번 구르면
   온나라 인민이 따라서 척척척

3. 척척척척척 발걸음
   우리 김대장 발걸음
   이월의 위업 받들어
   앞으로 척척척
   발걸음 발걸음 더 높이 울려 퍼져라
   찬란한 미래를 앞당겨 척척척

노래 〈발걸음〉의 가사가 전하는 메시지는 명확했다. 김정은이 '이월(김정일의 생일이 있는 달)의 위업'을 받들어 김정일의 후계자가 될 것임을 시사하는 것이었다. 한국 언론에 보도된 고용숙의 증언에 의하면 김정은은 8세 생일잔치 때 계급장이 달린 장군 제복을 선물로 받았고, 군 장성들이 그때부터 어린 김정은에게 경례하는 등 진짜로 경의를 표했다고 한다. 고용숙은 "주변 사람들이 김정은을 그렇게 (권력자처럼) 대하는 상태에서 그가 보통 사람으로 성

사진 1-6 군복을 입은 김정은

자료: 〈위대한 선군조선의 어머님〉(2011년 제작 고용희 우상화 기록영화)에서 캡처

장하기는 불가능했다"라고 지적했다(≪연합뉴스≫, 2016.5.28 참조). 그렇게 해서 김정은은 점차 명령을 내리는 데 익숙해져 갔다(애나 파이필드, 2019: 59).

북한에는 '초대소'라고 불리는 최고지도자나 국빈 또는 당 고위 간부들을 위한 호화 별장이 곳곳에 있다. 김정일의 요리사로 11년간 일했던 후지모토 겐지의 증언에 의하면, 그중 평양 근처에 위치한 강동(별칭 '32호')초대소에는 김정일 전용의 '장군 건물', 고용희와 그녀의 자녀들을 위한 '1호 건물', 김정일의 여동생 김경희와 남편 장성택 부부를 위한 '2호 건물' 그리고 초대소 내부를 총괄하는 '본관 건물'이 있었다.

후지모토 겐지가 김정은을 처음 만난 곳은 신천초대소였는데, 그때에도 김정은은 어린 나이임에도 불구하고 군복을 입고 있었다(후지모토 겐지, 2003: 136). 이것은 김정일이 김정은을 미래의 '대장'으로 키우고자 하는 의지를 가지고 있었음을 짐작하게 하는 대목이다.

그런데 후지모토 겐지는 김정일이 고용희의 첫째 아들 김정철에 대해 "그 애는 안 돼. 여자아이 같아"라고 이야기하면서 자주 부정적인 평가를 내렸다고 증언했다. 그리고 그는 김정일이 가장 마음에 들어 했던 자식은 고용희의 둘째 아들인 김정은이었다고 주장했다. 또한 후지모토 겐지는 2008년 12월 필자에게 김정은은 어려서부터 강한 리더십과 승부욕을 보여왔으나 김정철은 어렸을 때부터 화내는 것을 거의 본 적이 없고 야망이 없기 때문에 북한을 통치할 능력이 없다고 말했다. 예를 들어 정철 팀과 정은 팀이 농구 시합을 한 후 정철은 팀원들에게 "수고했다"라고 말하는 것으로 그치는 데 비해 정은은 오랜 시간 반성회를 가지면서 팀원들에게 "네가 왜 그쪽으로 패스했느냐? 더 연습하라!"라고 지시했다고 한다(후지모토 겐지, 2003: 136; 후지모토 겐지와의 인터뷰, 2008.12.9).

김정은은 최고지도자의 아들답게 상당한 특권을 누리며 성장했다. 2009년 하반기에 북한 내부에서 중앙당 간부들을 대상으로 작성된 선전 문건인 「청년대장 김정은 동지에 대한 위대성 자료」는 "청년대장 동지는 이미 3살 때부터 총을 잡고 명중사격을 하시였다"라고 주장하고 있다(≪열린북한통신≫ 2010. 10.10). 이 같은 주장은 신뢰하기 어렵지만, 김정일이 여러 초대소에 사격장을 설치하고 자주 사격 연습을 했던 점에 비추어 볼 때 김정은도 어렸을 때부터 사격을 했을 가능성은 충분히 있다. 후지모토 겐지는 북한 군대에서 1년에 1인당 세 발의 실탄밖에 사용하지 못한다고 수기에 적고 있는데(후지모토 겐지, 2003: 116~122), 만약 그것이 사실이라면 김정은은 김정일의 아들로서 어려서부터 군인이나 같은 또래의 아이들이 상상할 수 없는 특권을 누린 셈이다.

또한 리강의 증언에 의하면, 1995년경에 이미 중앙당의 비서급 간부들 대부분은 김정은이 김정일의 후계자가 될 것으로 알고 있었다. 다만 1997년에 한국에 망명한 황장엽 비서가 그 같은 사실을 모르고 있었던 것은 그가 성격이 차가워서 친한 사람이 별로 없었고, 김정일이 측근들과 가지는 파티 행사에 한 번도 초대받지 못했기 때문이라고 한다(김정은의 이모부 리강, 이모 고용숙과의 인터뷰, 2021.3).

한편 후지모토 겐지는 1992년 김정일이 부인 고용희 및 비서와 함께 책상에 산더미처럼 쌓인 보고용 팩스 용지를 하나씩 검토하는 것을 목격했다고 수기에 적고 있다. 이는 김일성이 사망한 1994년 이전에 이미 김정일이 고용희와 함께 국사를 논의하고 있었음을 짐작케 하는 대목이다. 그리고 김정일은 고용희를 매우 신뢰했고 고용희가 상당히 자유롭게 활동할 수 있도록 특권을 부여했다. 그녀는 아이들을 데리고 유럽 여행을 가거나 도쿄 디즈니랜드에 간 적도 있다. 고용희와 그의 두 아들이 유럽 여행을 갈 때 김정일의 전용기 '216호'를 이용해 모스크바에 도착한 후 다른 지역으로 이동했다.

4. 김정은의 스위스 유학과 김일성군사종합대학 졸업

스위스 유학

김정은은 북한에서 정규 인민학교나 중학교를 다니는 대신 과외수업을 받았다.[7] 그리고 김정철이 1993년부터 1998년까지 '박철(Pak Chol)'이라는 이름으로 스위스의 수도 베른의 국제학교(International School of Berne)에 다녔던 것처럼, 김정은도 1996년 여름부터 2001년 1월까지 약 4년 반 동안 베른에서 '박은(Pak Un)'이라는 이름으로 유학했다. 그런데 많은 언론과 전문가들은 '박철'이라는 가명으로 베른의 국제학교에 다닌 김정철을 김정은으로 오해해 스위스 유학 시절의 김정은에 대해 부정확하게 기술하고 있다.

---

7 과외 교사를 선정하는 임무는 그의 고모부 장성택이 맡았다(후지모토 겐지와의 인터뷰, 2008.12.9).

김정철과 김정은의 유학 배경과 관련해 김정남은 "아버지[김정일]는 모든 자식이 국제적인 견해를 가져야 한다고 생각했기에 이복동생들도 유학을 보냈다"(이정훈, 2012. 4. 16)라고 설명하고 있다. 김정은은 처음 1년간 외국어교육학생반에 있다가 6학년 때 정규반으로 옮겼으며, 그 후 리베펠트-슈타인휠츨리 공립학교에서 7학년과 8학년을 이수하고 고등학교 단계인 9학년에도 일정 기간 재학하다가 2000년 말에 학교를 그만두었다.[8]

김정은이 다녔던 베른의 슈타인휠츨리 공립학교 측은 "북한 외교관 자녀의 신분으로 1998년 8월부터 2000년 가을까지 북한 출신의 한 학생이 재학했다"라고 2009년 6월 15일 공식 기자회견을 통해 밝힌 바 있다. 이 기자회견에서 베른 칸톤주(州) 쾨니츠 게마인데구(區)의 윌리 슈투더 구청장은 "이 학생은 (다른 학생들과도) 잘 어울렸으며 부지런하고 야심에 차 있었다"라면서 "그의 취미는 농구"라고 말했다. 김정은이 다녔던 학교의 당시 수학 교사였던 페타 부리 씨(52)도 김정은에 대해 같은 의견을 보였다(≪연합뉴스≫, 2009. 6. 16).

김정은은 농구를 매우 좋아했는데, 이는 친형인 김정철의 영향을 받은 것으로 추정된다. 스위스 유학 시절 김정철은 특히 미국 프로농구(NBA) 선수로 7년 연속 리바운드 왕이라는 대기록을 세운 데니스 로드먼을 좋아했으며, 언제나 로드먼의 등번호가 새겨진 시카고 불스(Chicago Bulls) 티셔츠를 입고 농구를 했다. 후지모토 겐지는 김정은도 김정철처럼 농구를 좋아해 고용희의 여동생(고용숙) 아들과 농구를 할 때 자주 심판을 봐주기도 했다고 수기에 적고 있다. 그리고 후지모토는 1996년에 일본에 귀국했다가 1998년 북한에 돌아와서는 과거 김정철과 김정은이 사용하던 체육관이 멋진 농구코트로 변해 있었으며, 각종 기구도 미 NBA와 같은 용품들을 사용하는 것을 발견하게 된

---

8 필자와의 인터뷰에서 후지모토 겐지는 1998년에 김정은이 여동생인 김여정과 같이 일시 귀국했고, 영어 공부를 열심히 했다고 증언했다(후지모토 겐지와의 인터뷰, 2008. 12. 9).

사진 1-7 김정일의 현지지도에 동행한 고용희

자료: 〈위대한 선군조선의 어머님〉(2011년 제작 고용희 우상화 기록영화)에서 캡처

다 그리고 김정철과 김정은이 여성 팀을 상대로 농구 시합을 하면서 멋진 슛을 쏘는 것도 목격했다. 오랜만에 김정철과 김정은을 다시 보게 된 후지모토 겐지는 "2년 사이에 두 사람 다 몰라볼 정도로 키가 자랐으며 근육도 붙어 있었다"라고 회고했다. 당시 김정철과 김정은은 농구 게임을 하면서 국가대표 팀의 심판을 불렀다(후지모토 겐지, 2003: 173~175).

김정은은 스위스에서 자신의 여동생 김여정과 함께 유학하면서 자본주의 경제를 직접 눈으로 목격하고 체험했다. 김정은은 2000년 여름방학 때 북한에 들어가 김정일에게 중국의 발전된 모습에 대해 듣고 후지모토 겐지에게 북한도 중국을 본받아야겠다고 이야기했다. 김정은은 이미 이때 외국 경제와 북한 경제를 비교하면서 북한 경제의 낙후성에 대해 고민하는 모습을 보였다.

김정은의 김일성군사종합대학 수학과 고용희 사망

김정은은 2001년에 귀국한 후 2002년부터 2006년 12월까지 북한군 고위 지휘관 양성 기관인 김일성군사종합대학에서 군사학을 전공했다. 김정은이 김일성군사종합대학에서 공부한 것은 고용희가 생전에 김정철과 김정은이 김정일의 선군정치를 이어받아야 한다며 김 총비서에게 강력히 요청해 이뤄졌고, 이에 따라 그들만을 위한 특설반이 마련된 것으로 보인다.

한편 2002년에는 북한 군부대에서 고용희에 대한 개인숭배 선전이 매우 활발하게 진행되었다. 당시 발간된 북한군 내부 자료들은 고용희를 "항일의 여성영웅 김정숙(김일성의 부인) 동지와 꼭 같으신 분", "인민군 장병들을 충성과 위훈의 한길로 손잡아 이끌어주시는 자애로운 스승" 등으로 치켜세웠다. 이 같은 고용희에 대한 개인숭배는 고용희를 북한의 '퍼스트레이디'로 내세우고 고용희에게서 태어난 아들이 김정일의 후계자가 될 것임을 시사하는 것이었다.

그러나 2003년부터 고용희의 건강상태가 악화되면서 군대 내에서 고용희에 대한 개인숭배 선전이 줄어들다가 중단되었다. 그리고 고용희는 2004년 5월 프랑스의 병원에서 유선암으로 치료받다가 사망했다. 김정은이 만 20세였을 때 그는 어머니를 여읜 것이다.

김일성군사종합대학 졸업과 후계자로의 부상

북한 군대에서 2009년 5~6월경 작성되어 배포된 것으로 추정되는 대외비 문건인 「존경하는 김정은 대장 동지의 위대성 교양자료」(이하 「위대성 교양자료」로 약칭)[9]는 "의미 깊은 2006년 12월 24일, 존경하는 김정은 대장 동지는 김일성군사종합대학 졸업증서와 기장(紀章, 기념으로 삼는 휘장)이 수여된 자리에서 주체의 선군혁명위업을 빛나게 이으실 것을 바라시었다"라고 언급하고 있

---

9 http://mainichi.jp/select/world/news/20091004mog00m030018000c.html(검색일: 2009. 10. 8).

다. 북한이 김정은의 졸업식 날과 '주체의 선군혁명위업 계승' 의지를 연결시키고 있는 것은 이때가 김정은이 김정일의 선군영도 계승을 시작하는 중요한 순간이었음을 시사하는 것이다.

「위대성 교양자료」는 2006년 12월 24일 인민군 지휘성원 모두가 김정은이 북한에서 최초로 인공위성 자료와 GPS 수신기 좌표를 이용해 만든 작전지도를 보고 "위대한 수령님과 경애하는 장군님의 군사전략사상이 빛나게 구현된 기상천외하고 천별만화하는 만점 계획에 경탄을 금할 수 없었다"라고 주장하고 있다. 이 문건은 또한 김정일도 이 작전지도를 보고 "작전계획이 아주 창조적이고 착상이 기발하여 1~2번 감복한 것이 아니라고 의미 있게 말씀하셨다"라고 언급하고 있다.

북한의 일반 대학생이 인공위성 자료와 GPS 수신기 좌표를 가지고 작전지도를 만든다는 것은 생각하기 힘든 일이다. 김정은이 이처럼 첨단정보를 가지고 작전지도를 만들 수 있었던 것은 그가 김정일의 아들로서 특권적 지위를 누리고 있었음을 보여주는 것이다. 그리고 김정은이 이 같은 '작품'을 만들어냈다는 것은 그가 김정일에게 인정받기 위해 관련 분야 최고 전문가들의 도움을 받을 수 있는 위치에 있었음을 시사하는 것이다. 김정일이 대학 시절에 썼다고 발표된 논문들도 대체로 관련 분야의 최고 실력자들로 구성된 김정일의 개인 교사들이 내준 과제물들을 후에 다시 정리한 것으로 알려져 있다(김현식·손광주, 1997: 42 참조). 즉, 김정은은 김정일처럼 최고 전문가들의 조력을 받으며 후계 수업을 받은 것이다. 북한군 내부 자료는 또한 김정은이 김일성군사종합대학 시절에 보병지휘관 3년제와 연구원 2년제를 전 과목 최우등으로 졸업했다고 주장하고 있는데, 김정일이 절대권력을 가지고 있는 북한에서 대학이 김정일의 삼남에게 그보다 낮은 성적을 줄 수는 없었을 것으로 판단된다(정성장, 2010: 21~22 참조).

한편 고용희 생존 시에 김정일의 군부대 시찰에 자주 동행했던 김정은은

2004년 고용희 사망 후 한동안 이 같은 수업을 중단했다가 2007년부터는 다시 김정일의 공식활동에 동행하기 시작했다. 2007년 3월 당시 김만복 국정원장은 북한 문제 담당 기자들을 서울 내곡동 국정원 청사로 불러 오찬 간담회를 하는 자리에서 "김정일의 셋째 아들이 후계자가 될 가능성이 크다"라고 언급했다(이영종, 2010: 96). 이는 이미 이 시기에 한국 정부도 대북 감청 등을 통해 김정은이 후계자로 내정된 사실을 어느 정도 감지하고 있었음을 시사하는 것이다.

참고문헌

고수석. 2000. 11. 23. "여성중앙 김정일 전 처형 성혜랑 단독 인터뷰". ≪중앙일보≫.
김세진. 2016. 5. 28. "김정은 이모 고용숙≪김정은 1984년생…8세부터 권력승계 조짐≫(종합)". ≪연합뉴스≫.
김종현. 2012. 8. 2. "北 김정은 어머니 고영희 묘비명은 '고용희'". ≪연합뉴스≫.
김주원. 2019. 1. 15. "북한의 종교-김일성과 손원태 박사". ≪자유아시아방송≫.
김현식·손광주. 1997. 『다큐멘터리 김정일』. 서울: 천지미디어.
≪데일리NK≫. 2011. 5. 30. "김정은 생모 미공개 사진…" 본명은 고영자"".
_____. 2012. 6. 25. "고영희 日이름 '다카다 히메'…백두혈통 없다".
≪로동신문≫. 1972. 12. 31.
성혜랑. 2000. 『등나무집』. 서울: 지식나라.
송봉선. 2008. 『김정일과 후계』. 서울: 한국교육문화원.
신석호. 2009. 9. 22. "北, 김정운 찬양노래 '발걸음'". ≪동아일보≫.
신은서. 2013. 4. 28. "[단독]김정은 출생지는 원산 초대소". ≪조선일보≫.
안윤석. 2012. 2. 10. "北 김정은 외할아버지, "제주 고씨 31세손"". ≪노컷뉴스≫.
≪연합뉴스≫. 2009. 6. 16; 2016. 5. 28.
≪열린북한통신≫. 2010. 10. 10. 「청년대장 김정은동지에 대한 위대성자료」.
이영종. 2010. 『후계자 김정은』. 서울: 늘품플러스.
이정훈. 2012. 4. 16. "[안보] 외갓집 '배신의 상처' 김정은 아킬레스건 되나". ≪주간동아≫.
이한영. 1996. 『대동강 로열패밀리 서울잠행 14년』. 서울: 동아일보사.

정성장. 2010. 「북한 김정은의 군부 장악 실태와 전망」. ≪합참≫, 제44호(2010.6).

_____. 2013. "['김정일의 요리사' 후지모토 겐지의 재방북 후 첫 인터뷰] 김정은의 어머니 이름은 고영희 아닌 '고용희' 확인". ≪월간중앙≫, 2013년 8월호.

≪조선≫. 1973. "복받은 우리 가정 – 함경북도 명간화학공장생필직장 고경택동무의 일가 –" 1973년 4월호.

조종익. 2012.2.13. "김정은 생모가 노동신문에 공훈배우로 소개?" ≪데일리NK≫.

≪중앙일보≫. 1999.9.14.

통일부. 2020. 「북한 주요 인물정보 2020」. 서울: 통일부.

파이필드, 애나. 2019. 『마지막 계승자: 김정은 평전』. 이기동 옮김. 서울: 프리뷰.

현혜란·정성조. 2019.1.8. "中에서 35살 생일 맞은 김정은…성대한 만찬 연회 열릴까(종합)". ≪연합뉴스≫.

후지모토 겐지. 2003. 『金正日의 요리사』. 신현호 옮김. 서울: 월간조선사.

≪YTN≫. 2015.12.5. "김정은 생모는 '고용희' 이모는 '고용숙'".

인터뷰

김정은의 이모부 리강과의 인터뷰(2021.3)

김정은의 이모부 리강, 이모 고용숙과의 인터뷰(2021.3)

후지모토 겐지와의 인터뷰(2008.12.9)

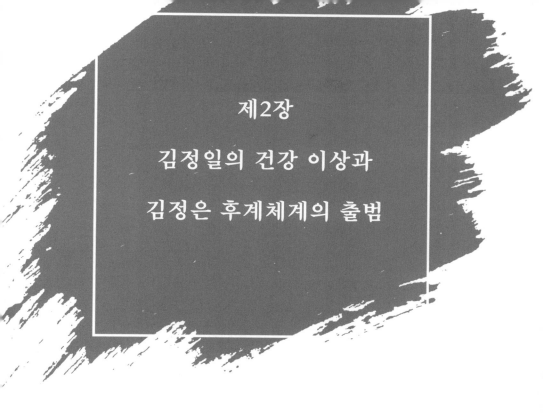

제2장

김정일의 건강 이상과

김정은 후계체계의 출범

1. 2008년 김정일의 건강 이상과 후계자 조기 결정

김정일은 2008년 8월 14일 뇌졸중 또는 뇌혈종으로 보이는 뇌혈관 이상 증세로 쓰러져 수술을 받았다. 당시 김정일의 건강 관련 정보를 입수한 미국 CIA는 그가 앞으로 3년 정도밖에 못 살 것으로 예상했고, 김정일은 뇌혈관계 이상 발생 이후 3년 3개월 만에 사망했다.

2008년 9월 10일 국회 정보위원회에서 국가정보원으로부터 현안 보고를 받은 한 국회의원은 김 총비서의 건강 문제에 대해 "8월 중순 수술 이후 재활 치료를 꾸준히 받아 상태가 많이 좋아진 상태이지만 일부 언어장애가 있고, 신체 일부 부위도 아직까진 마비 증상이 남아 있다"라고 밝혔다. 그리고 다른 국회의원은 "아주 불안정한 상태가 아니기 때문에 상황을 컨트롤할 수 있는 것으로 파악하고 있다고 국정원이 설명했다"라고 말했다(≪연합뉴스≫, 2008. 9.10). 한 정부 당국자는 김 총비서가 "양치질을 할 수 있을 정도로" 회복되었다고 말했다(≪연합뉴스≫, 2008.9.12).

김정일 총비서의 이 같은 건강 이상이 외부 세계에 알려지기 시작한 것은 2008년 9월 9일 정권 수립 60주년 행사에 그가 불참하면서부터였다. 김 총비서는 1991년 12월 조선인민군 최고사령관에 취임한 이래 이듬해 4월 군 창건 60주년 열병식부터 1998년 정권 수립 50주년, 2002년 군 창건 70주년 열병식까지 모두 10차례 열병식에 빠짐없이 참석해 왔다. 북한은 각종 기념일의 5주년이나 10주년이 되는 해를 '꺾어지는 해'라 부르며 성대하게 기념해 왔으므로, 와병이 아니라면 김 총비서가 정권 수립 60주년 기념행사와 같이 중요한 자리에 불참할 다른 이유를 생각하기 힘든 것이었다.

이로 인해 외부에서 김정일 건강 이상설이 본격적으로 제기되자 북한은 2008년 9월 10일 제43회 생일을 맞은 시리아 대통령에게 축전을 보냈고, 9월 중순에는 러시아 대통령의 생일을 축하하는 전문을 보냄으로써 건강 이상설을 불식시키려 했다. 그리고 10월 4일 ≪조선중앙통신≫은 김 총비서가 김일성종합대학 창립 62주년을 맞아 김일성종합대학 팀과 평양철도대학 팀 간 축구 경기를 관람했다고 보도했지만(≪조선중앙통신≫, 2008.10.4), 북한 방송은 그와 관련된 동영상을 내놓지 못했다. 또한 북한은 10월 11일에 조선중앙TV로 김 총비서의 군부대 시찰 사진을 공개했으나 사진 속의 풀과 나무 색으로 미루어 보아 촬영 시점이 10월이 아니라 7~8월께로 추정되면서 오히려 외부세계에 김정일 중병설 의혹을 고조시키는 역효과를 불러왔다.

그러자 북한은 국내외의 관심을 외부로 돌리기 위해 대남 강경 태도를 보였다. 북한은 2008년 10월 16일 ≪로동신문≫ 논평원의 글을 통해 "우리의 존엄을 훼손하며 무분별한 반공화국 대결의 길로 나간다면 부득불 북남관계의 전면 차단을 포함한 중대결단을 내리지 않을 수 없게 될 것"이라고 경고했다(≪문화일보≫, 2008.10.16에서 재인용). 이후 개성 관광이 중단되고, 남측 주민의 군사분계선 통과가 엄격하게 제한되었으며, 2009년 1월 30일에는 북한의 조국평화통일위원회(조평통)가 성명을 통해 "북남 사이의 정치군사적 대결상태 해소와 관련한 모든 합의사항들을 무효화"하고, 남북기본합의서의 "서해해상군사경계선에 관한 조항들을 폐기한다"라고 발표하기에 이르렀다(≪연합뉴스≫, 2009.1.30).

또한 2008년 11월 2일 ≪조선중앙통신≫은 김정일 총비서가 북한군 '만경봉' 팀과 '제비' 팀 간 축구 경기를 관람했다고 보도하면서 관련 사진을 공개했다. 김정일의 사진 중 가장 자연스러운 것을 북측이 선택했을 것임에도 불구하고, 사진 속의 김 총비서는 붓기가 아직 빠지지 않은 얼굴을 하고 있었고 왼손은 힘없이 무릎 위에 늘어뜨려져 있었으며, 평소 신던 키높이 구두가 아닌 '컴퍼트' 신발을 착용하고 있었다(≪연합뉴스≫, 2008.11.2). 이어서 11월 24일 ≪조선중앙통신≫은 김 총비서가 중국과 국경지대인 평안북도 신의주의 락원기계련합기업소와 신의주화장품공장 비누직장(職場)을 시찰했다고 보도했다(≪조선중앙통신≫, 2008.11.24). 이후 김 총비서는 연말까지 비교적 활발한 대외 행보를 보였다.

김정일이 2008년 11월에 공개활동을 재개할 때 김정은은 그를 수행하면서 북한에서 최고지도자나 그의 후계자만이 할 수 있는 '현지지도'를 시작했다. 이는 2009년 북한 고위급 탈북자의 증언과 북한이 나중에 공개한 사진 등을 통해 확인되는 바이다. 그러므로 김정일이 뇌혈관계 이상으로 쓰러졌다가 회복하는 중에 이미 2008년 11월경에 김정은이 북한 지도부 내에서 김정일의 후계자 지위를 공식적으로 차지하게 되었다고 볼 수 있다. 앞 장에서는 1992년에 김정일이 김정은을 자신의 후계자로 '내정(內定)'했다고 밝혔는데, 당시 그같은 사실을 아는 인사들은 김정일의 소수 핵심 측근들 10여 명 정도에 불과했고, 김정은이 아직 어린 나이여서 '현지지도'까지 할 수 있는 단계는 아니었

사진 2-1 **2008년 12월 김정은의 희천청년전기련합기업소 현지지도 소개 현판(오른쪽)**

주: 인물들 뒤편으로 두 개의 현판이 있는데, 그중 오른쪽에 김정은의 현지지도를 소개하는 현판이 있다
자료: ≪조선중앙통신≫(2010.12.22)

다. 그러나 2008년에는 김정일이 당과 군대의 고위 간부들에게 김정은이 자신의 후계자라고 공식적으로 소개했고, 김정은이 체제의 2인자가 되어 '지도'까지 실시하게 되었다는 점에서 중요한 차이가 있다.

김정은은 2008년 11월 자강도 군수공업 부문에 대한 김정일의 현지지도에 동행하여 군수공장과 군부대를 시찰했고, 12월에는 김정일의 자강도 희천청년련합기업소 차조립장 현지지도와 사리원 미곡협동농장 현지지도에 동행했다. 북한 ≪조선중앙통신≫이 김정일 생시인 2010년 12월 22일 공개한 희천청년전기련합기업소 시찰 사진에는 "존경하는 김정은 대장동지께서 현지지도하신 차조립장. 주체97(2008년) 12월 20일"이라고 적혀 있는 현판도 있어 김정은이 2008년 말부터 '현지지도'를 시작했다는 정보를 뒷받침해 주고 있다.

2016년에 ≪김일성종합대학학보≫에 게재된 한 논문은 "위대한 장군님[김정일]께서는 주체97(2008)년 12월 경애하는 원수님[김정은]께서 전연(前緣)사단장들을 만나주시도록 뜻깊은 좌석을 마련해주시였다. 이날 전연사단장들

사진 2-2   2009년 5월 김정은의 희천련하기계종합공장 방문 소개 현판(오른쪽)

자료: ≪로동신문≫(2010. 12. 22)

을 비롯한 인민군 지휘성원들은 경애하는 원수님을 받들어 백두에서 총대로 개척한 주체의 혁명위업을 기어이 총대로 완성해나갈 불타는 맹세를 다지고 또 다졌다"라고 소개하고 있다(오룡성, 2016: 35 참조). 이처럼 김정일이 군간 부들에게 김정은에 대한 충성을 유도하면서 2008년 12월부터 군부에서 김정 은을 후계자로 지지하는 궐기 모임이 비공개로 개최되었다.

2. 후계자 결정 사실의 대내적 공개와 김정은의 정책 관여

앞서 이야기한 바와 같이 2009년 1월 ≪연합뉴스≫는 김정일이 자신의 후계 자로 '25세'에 불과한 삼남 김정은을 낙점하고, 1월 8일경 이러한 결정을 담은 '교시'를 당중앙위원회 조직지도부에 하달했다고 보도했다. 그리고 리제강 당 중앙위원회 조직지도부 제1부부장이 조직지도부의 과장급 이상 간부들을 긴 급 소집하여 김 총비서의 결정 사항을 전달한 데 이어 각 도당으로까지 후계 관련 지시를 하달하고 있으며, 고위층을 중심으로 후계자 결정에 관한 소식 이 빠르게 확산되고 있다고 덧붙였다(최선영·장용훈, 2009. 1. 15). 후계자 결정 사실은 동시에 당중앙위원회 조직지도부의 지도하에 군대 내에서 당사업을 진행하는 조선인민군 총정치국을 통해 북한군 대좌(대령급) 수준까지도 전달되었다(≪연합뉴스≫, 2009. 2. 17; 2009. 3. 9).

동년 1월~2월 당중앙위원회, 군대, 국가안전보위부, 인민보안성에서는 김정은에 대한 충성맹세 모임이 개최되었다. 김정은은 곧 당중앙위원회 조직지도부와 군 총정치국을 통해 당과 군대의 장악에 착수했고, 이미 2009년 상반기에 당중앙위원회 조직지도부를 통해 파워 엘리트 인사에 관여하기 시작했다.

북한은 대내적으로 중간 간부들에게 김정은을 후계자로 통보하기 시작한 지 약 한 달 후인 2009년 2월 6일, ≪로동신문≫에서 '만경대 가문'에 대해 언급했고, 2월 26일 자 ≪로동신문≫에서 다시 "김형직 선생님으로부터 어버이수령님(김일성)과 위대한 장군님(김정일)의 대에 이르는 만경대혁명일가의 숭고한 지향과 포부는 무궁번영할 강성대국"이라고 주장했다(≪연합뉴스≫, 2009. 2. 6; 2009. 2. 28). '만경대 가문'에 대한 이 같은 강조는 당중앙위원회 선전선동부가 김정일의 삼남 김정은을 후계자로 내세우기 위한 분위기 조성 차원에서 진행된 것으로 보인다.

김정은은 2009년 2월과 4월에는 김정일의 원산농업종합대학 현지지도에도 동행했다. 후일에 북한 ≪로동신문≫은 김정은이 이때 김정일과 함께 '현지지도'를 했다고 선전하고 있다(≪로동신문≫, 2019. 4. 26).

김정은이 후계자로 통보된 후 북한의 각종 공식 행사에도 중요한 변화가 나타났다. 김정은은 김일성의 97회 생일(2009년 4월 15일) '축포야회(祝砲夜會)' 아이디어를 내고 이를 치밀하게 준비해 김정일의 생일인 2월 16일에 그의 앞에서 시험발사를 선보였다. 김정일은 이에 크게 감동받았다고 전해진다. 김일성 생일 전날인 2009년 4월 14일 김정은은 '강성대국의 불보라'라는 이름으로 김정일도 참석한 가운데 중국·타이완 등에서 여는 춘제 불꽃 축제를 본떠 성대하게 '축포야회'를 개최했다. 「위대성 교양자료」는 태양절(김일성 생일)

축포야회와 관련하여 "존경하는 장군님(김정일)은 의미 깊은 4월 명절[김일성 생일]을 맞이하여 추진하신 축포야회를 보시고 최대의 만족을 표하시고, 자신은 김정은 대장 동무가 당과 인민을 위해 헌신적인 것을 했다고 알았을 때마다 감동을 금할 수 없었다고 뜨겁게 말씀하시었다"라고 선전하고 있다. 김정은은 또한 5·1절(국제노동절) 날에는 북한 전역에서 금속공업과 연관 부문의 노동자 1만 5,000여 명을 평양에 불러들여 김정일과 함께 축포야회를 비롯해 다양한 경축 공연을 관람토록 하는 성대한 행사를 기획·조직했다.

북한은 2009년 1월 8일경 당중앙위원회 조직지도부를 통해 핵심 엘리트들에게는 김정은의 이름을 언급하며 후계자 결정 사실을 통보했으나, 일반 당원들에게는 1~4월까지만 해도 이름은 거명하지 않은 채 후계자 결정 사실만 통보했다. 그러다가 5월 25일 제2차 핵실험 이후에는 일반 당원들에게까지도 후계자 김정은의 이름을 공식적으로 통보한 것으로 알려졌다.

조선로동당 지도부는 2009년 5월 말에서 6월 초부터 본격적으로 군대와 국가안전보위부 내에서부터 김정은의 이름을 공개하면서 그의 '위대성'을 선전하기 시작했다. 6월 3일에는 북·중 접경지역에 위치한 함경북도 회령의 군 장병들을 대상으로 김정은이 후계자로 결정되었다는 사실이 공개되었다. 그리고 김정은의 '위대성'과 '혁명업적'에 대한 강연들도 진행되었다. 양강도 혜산시 주변에 주둔해 있는 병사들은 "위대한 김정일 장군님의 사상과 영도를 온몸으로 구현하고 계시는 젊은 장군이신 김정은 동지가 우리 혁명무력을 이끌고 계시기에 우리는 백전백승한다"라는 식의 강연을 들었다. 군 병사들 사이에서는 김정은에 대한 노래도 보급되어 대열을 지어 행진할 때마다 합창곡으로 부르고 있는 것이 파악되었다(≪열린북한방송≫, 2009.7.14).

6월 중순경부터는 북한 지도부가 일반 공장, 기업소의 당원들에 대해서도 매우 활발하게 김정은에 대한 '위대성' 학습 강연을 진행했다. 6월 11~13일 함경북도 회령과 평안북도 신의주, 평안남도 평성, 자강도 성간, 양강도 혜산 등에서는 당원들을 대상으로 "김정은 동지의 영도따라 당의 유일사상체계를 확고히 세우고 강성대국 건설의 대문을 활짝 열어제끼자"라는 제목으로 김정은에 대한 '위대성' 학습 강연이 진행되었다.[1] 그런데 이때까지만 해도 내각 간부들과 일반 주민들은 '김 대장'의 이름은 잘 모르고 있었던 것으로 확인되었다(≪열린북한통신≫ 2009.6.8; 2009.6.22).

북한은 6월 하순경에 가서야 인민반에서 주민들을 대상으로 김정은에 대한 '위대성' 학습을 진행하고, 김정은 찬양 가요인 〈발걸음〉 노래를 암송하게 했다. 그리하여 6월 말에는 북한 내부에서 김정은의 후계자 결정 사실이 사회 전반에 알려지게 되었다. 한 대북 소식통에 의하면 북한 당국은 각 가정에 설치된 유선 라디오 방송인 '제3방송'을 통해 6월경까지 김정일 총비서의 후계자를 '김 대장'으로만 호칭하다가 7월경부터 평양의 제3방송을 통해 김정은의 이름을 직접 언급해 가며 그를 찬양하는 개인숭배를 진행했다고 한다. 평양에서는 이 방송을 통해 김정은의 '혁명일화'도 전파한 것으로 알려졌다(≪연합뉴스≫, 2009.9.13). 그러나 북한은 6월 말경 재외공관에 보낸 전문에서 "우리의 영도의 중심은 어디까지나 김정일 장군님이시다"라며 김정은 후계체제 구축 사실을 너무 부각시키지 말라는 취지의 훈령을 내린 것으로 알려졌다(≪연합뉴스≫, 2009.9.13).

이런 가운데 ≪아사히신문≫은 7월 24일 자 기사에서, 같은 달 11일부터 14일까지 북한을 방문했던 일본 후쿠오카(福岡)현 북일우호협회 소속 회원들이 방북 기간 여러 차례 김정은을 칭송하는 노래 〈발걸음〉을 직접 들었다고 보도했다(≪월간 북한동향≫, 2009: 52). 그리고 8월에 북한을 방문했던 남측의 한 인사가 한 참관지에서 해설원이 "이곳은 김정일 장군님과 김정은 청년대

---

1 학습 강연의 내용에 대해서는 ≪열린북한통신≫(2009.6.25); 하태경(2009.7.13) 참조.

사진 2-3   대만 사진작가가 방북해 우연히 찍은 김정은 개인숭배 벽보(2009.9.18)

자료: http://www.flickr.com/photos/29868194@N08/3944502627/

장 동지께서 다녀가신 곳"이라고 설명하는 것을 직접 들은 것으로 전해졌다
(≪연합뉴스≫, 2009.9.13). 또한 8월 말 방북한 한국의 한 시민단체 관계자는
북한 여성 봉사원이 김정은 개인숭배 가요인 ＜발걸음＞을 활기차게 부르는
것을 직접 보았다고 했다(≪중앙SUNDAY≫, 2009.9.6).

그런데 2009년 9월 중순까지만 해도 외부 세계에서 김정일의 삼남 이름
은 '김정운'으로 잘못 알려져 있었다. 그러나 대만의 사진작가 후앙 한밍
(Hanming Huang) 씨가 9월 18일 원산 근교에서 찍어 인터넷 포털 '야후'의 사
진 공유 사이트(www.flickr.com)에 9월 22일 올린 북한 벽보 사진에는 후계
자의 이름이 '김정은'으로 표기되어 있었다. 이후 북한 내부 자료에도 '김정은'
으로 표기되어 있는 것이 확인되었다. 이 같은 사실은 한국의 정보 당국도 그
때까지 김정일의 삼남 이름을 정확히 파악하지 못하고 있었음을 드러내는 것
이다.

북한 벽보 사진을 보면 '김정은'의 이름이 선명하게 표기되어 있다. 그리고 김일성과 김정은 이름 모두 빨간색으로 다른 글자들보다 큰 활자를 사용하고 있다. 이 같은 사실은 이미 2009년도에 북한에서 김정은이 김정일처럼 '수령의 후계자'로 대우받고 있었음을 보여주는 것이다. 벽보에는 또한 김정은을 찬양하는 가요인 〈발걸음〉의 가사가 적혀 있었다.

2009년 10월 9일 북한 조선중앙TV는 김정일과 주민들이 관람한 황해북도 예술극장 개관 공연에서 김정은에 대한 찬양 가요인 〈발걸음〉이 합창 공연되는 장면을 보여주었다. 이는 김정일의 적극적인 지원하에 김정은의 후계체계 구축이 추진되고 있다는 사실을 확인시켜 주는 것이었다.

3. 김정은의 군부와 공안 기관 장악

일본 ≪마이니치(毎日)신문≫은 2009년 2월 17일 베이징발 기사에서 북한 정권소식통을 인용, "북한군 중추기관인 조선인민군 총정치국이 1월 상순 김정은을 김정일 국방위원장의 후계자로 결정했다는 내용의 내부 통달을 내렸다"라고 말했다. 그리고 김정은이 노동당이 아닌 군에 배속되어 당의 부부장직에 상당하는 군간부직에 취임한 것으로 알려졌다고 보도했다(≪연합뉴스≫, 2009. 2. 17).

김정은의 군부 장악은 2009년 2월부터 본격화된다. 그해 여름 북한군 내부에서 배포된 문건 「위대성 교양자료」는 간부들이 김정은의 영도를 충직히 받들 것을 강조하면서 "경애하는 장군님[김정일]은 올해(2009년) 2월 11일과 작년(2008년) 3월 27일 당중앙군사위원회에서 일군들의 혁명화와 전투준비에 속도를 가하는 데 대한 문제, 부대 지휘관리를 개선하고 군기를 확립하기 위한 사업, 중대를 강화하기 위한 사업에서 나타난 결함을 시급히 대처하는데 대한 강령적인 과제를 제시하시었다"라고 선전하고 있다.[2] 이는 김정일이 김정은의 군 장악을 위해 이미 2008년부터 당중앙군사위원회에서 모종의 조치를 내렸음을 시사하는 것이다.

「위대성 교양자료」에 의하면 당중앙군사위원회 회의가 소집되었던 2009년 2월 11일 김정일은 국방위원회 결정으로 김영춘 국방위원회 부위원장을 인민무력부장에 임명했다. 그리고 김정일은 당중앙군사위원회 결정으로 리영호 평양방어사령관을 군 총참모장에 임명하는 군 상층부의 중대 개편을 단행했다. 군 총정치국장, 군 총참모장, 인민무력부장이라는 군대의 최고간부 세 명 중 두 명을 교체한 것이다. 이때 당중앙군사위원회 결정으로 군 총참모장에 임명된 리영호가 2010년 9월 개최된 당대표자회에서 김정은과 함께 당중앙군사위원회 부위원장직에 임명된 것은 리영호가 군대에 대한 김정은의 명령지휘체계 확립을 위해 발탁되었음을 시사하는 것이다.

북한군 총정치국 선전부에서 작성한 것으로 판단되는 「위대성 교양자료」에서는 김일성과 김정일, 김정은을 동일시하며, 김정은을 "누구도 따라올 수 없는 천재적 영지와 지략을 지닌 군사의 영재", "현대군사과학과 기술에 정통한 천재"로 선전했다. 그리고 김정은의 군 지도체계를 의미하는 김정은의 '영군체계(領軍體系)' 수립을 강조했고, "경애하는 장군님과 꼭 빼닮은 존경하는 김정은 대장 동지에게 운명도 미래도 모두 위임"할 것을 군 장병들에게 요구했다.

김정일이 후계자로 결정된 후 1975년경부터 북한군 병영과 사무실에 일제히 김정일의 초상화가 내걸리고, '수령(김일성)의 군대'가 '수령(김일성)과 수령의 후계자(김정일)의 군대'로 바뀌기 시작했다(유영구, 1997: 86~87 참조). 이

---

2   http://mainichi.jp/select/world/news/20091004mog00m030018000c.html(검색일: 2009.10.8).

처럼 김정은이 후계자로 결정된 후 북한군은 다시 '김정일의 군대'에서 '김정일과 김정은의 군대'로 바뀌게 된 것이다.[3]

김정은은 2009년 상반기부터 '북한판 KGB'라고 할 수 있는 국가안전보위부를 통해 북한의 모든 간부들을 감시·통제할 수 있게 되었다.[4] 대북소식통에 의하면 국가안전보위부는 김정일 총비서에게 김일성-김정일-김정은으로 이어지는 대를 이은 충성을 다짐하며 올린 '충성의 편지'에서 "김정은 대장동지께서 보위사업을 20년간 지도하시어 … 보위사업의 영재"라고 말해 김정은의 경력을 부풀린 것으로 알려졌다(≪월간 북한동향≫, 2009: 15). 그리고 북한 국가안전보위부는 같은 해 8월 4일 빌 클린턴 전 미국 대통령이 미국 국적 여기자 석방을 위해 방북하여 김정일을 만난 것과 관련, 내부 강연회를 통해 "김정은 대장의 지략으로 클린턴 전 미국 대통령이 태평양을 건너와 장군님(김정일)에게 사죄했다"라고 선전한 것으로 알려졌다. 국가안전보위부 내부 강연회는 또한 "이는 모두 김정은 대장의 비범한 예지와 탁월한 전술에 의해 마련된 것"이라고 주장한 것으로 전해졌다(≪월간 북한동향≫, 2009: 93). 김정일의 후계체계 구축이 당중앙위원회를 기반으로 하여 정무원과 군대로까지 확대되어 갔다면, 김정은의 후계체계 구축은 이처럼 군대, 공안 기관 장악에 집중되었다는 점에서 일정한 차이점이 발견된다.

또한 김정은은 2009년 5월경부터 조선인민군 총정치국에서 본격적으로 군대를 장악하기 위한 활동을 시작한 것으로 보인다. 그는 총정치국 통보과와 당위원회 조직의 보고를 통해 김정일이 주요 군간부들에 대한 인사 단행

---

3 http://mainichi.jp/select/world/news/20091004mog00m030018000c.html(검색일: 2009.10.8) 참조.

4 김정은이 2009년 4월에 국가안전보위부장(소련의 KGB 의장에 해당)직에 임명되어 북한의 모든 파워 엘리트들을 감시할 수 있게 되었다는 주장도 있다.

그림 2-1 김정은 후계체계의 군부 조직과 엘리트

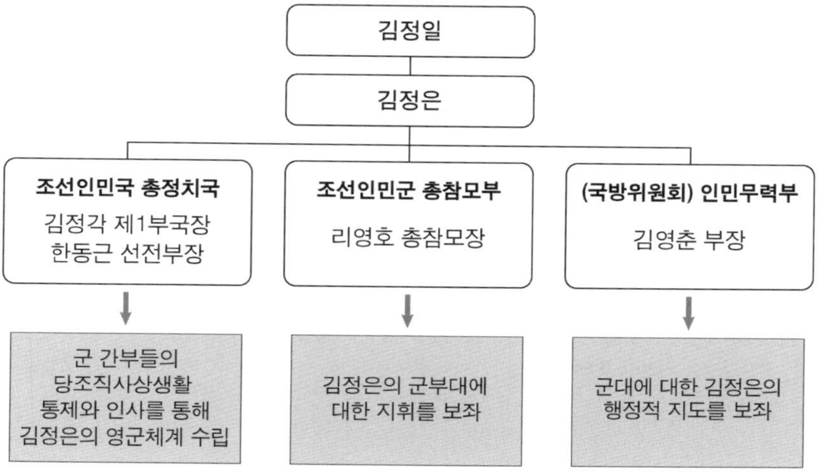

자료: 정성장(2010a: 23)

시 참고할 내부 간부사업 문건(인사 평가서) 작성을 총괄했던 것으로 전해졌다. 그리고 김정은은 김영춘 부장을 포함한 인민무력부 주요 간부들의 조직사상생활 등을 보고받은 후 그 내용을 김정일에게 직보한 것으로 알려졌다. 이때부터 김정은은 김정일의 군부대 시찰도 사전 조직한 것으로 알려지고 있다(≪열린북한통신≫, 2009.6.8).

북한군 총정치국에서 김정은의 군부 장악을 위해 핵심 역할을 한 인물들로 김정각 총정치국 제1부국장과 김원홍 조직 담당 부국장의 역할에 특별히 주목할 필요가 있다. 김정각 대장은 김일성군사종합대학 출신으로 1992년에 인민무력부 부부장에 임명되었으며, 2007년 10월경 군 총정치국 제1부국장 직에 임명되어 병으로 업무를 보지 못하는 조명록 총정치국장의 역할을 대신했다. 김정각은 2007년 김정일의 공식활동에 6회 수행하였으며, 2008년에는 11회, 2009년에는 30회, 2010년에는 40회 수행함으로써 군부 인사들 중에서는 현철해 대장(국방위원회 국장)과 리명수 대장(국방위원회 행정국장)에 이어

사진 2-4 김정은에게 대장 칭호를 수여한 최고사령관 명령

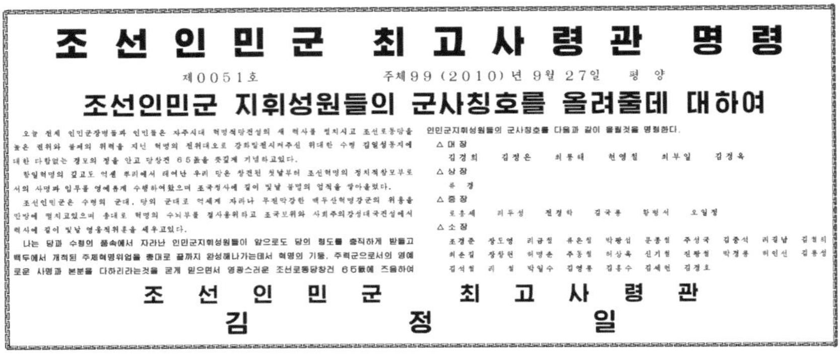

조선인민군 최고사령관 명령

제0051호 주체99(2010)년 9월 27일 평양

조선인민군 지휘성원들의 군사칭호를 올려줄데 대하여

오늘 전체 인민군장병들과 인민들은 자주시대 혁명적당건설의 새 력사를 펼치시고 조선로동당을 높은 권위와 불패의 위력을 지닌 혁명의 전위대오로 강화발전시켜주신 위대한 수령 김일성동지에 대한 다함없는 경모의 정을 안고 당창건 65돐을 뜻깊게 기념하고있다.

항일혁명의 길고도 억센 뿌리에서 태어난 우리 당은 창건된 첫날부터 조선혁명의 정치적참모부로서의 사명과 임무를 영예롭게 수행하여왔으며 조국청사에 길이 빛날 불멸의 업적을 쌓아올렸다.

조선인민군은 수령의 군대, 당의 군대로 억세게 자라나 무적막강한 백두산혁명강군의 위용을 만방에 떨치고있으며 총대로 혁명의 수뇌부를 결사옹위하고 조국보위와 사회주의강성대국건설에서 력사에 길이 빛날 영웅적위훈을 세우고있다.

나는 당과 수령의 품속에서 자라난 인민군지휘성원들이 앞으로도 당의 령도를 충직하게 받들고 백두에서 개척된 주체혁명위업을 총대로 끝까지 완성해나가는데서 혁명의 기둥, 주력군으로서의 영예로운 사명과 본분을 다하리라는것을 굳게 믿으면서 영광스러운 조선로동당창건 65돐에 즈음하여

인민군지휘성원들의 군사칭호를 다음과 같이 올릴것을 명령한다.

△대장

김경희 김정은 최룡해 현영철 최부일 김경옥

△상장

류경

△중장

로흥세 리두성 전경학 김국룡 황병서 오일정

△소장

조경준 장도영 리금철 류은철 박광섭 문종철 주성국 김충서 리길남 김철희
최순길 장창현 허명순 주동철 허상옥 신기철 진광철 박경룡 허인선 김룡성
김석철 리철 박일수 김영룡 김홍수 김세현 김경호

조선인민군 최고사령관
김정일

자료: ≪로동신문≫(2010.9.28)

수행 횟수 3위를 차지했다.

한편 김원홍은 2003년 7월부터 보위사령관직을 수행해 오다가 2009년 2월 리영호가 군 총참모장으로 승진할 때 김정은의 군부 장악을 지원하기 위한 조치로 당중앙위원회의 조직지도부장처럼 군부에서 막강한 자리인 군 총정치국 조직 담당 부국장에 임명된 것으로 파악되고 있다(≪연합뉴스≫, 2011.2.27 참조). 이처럼 김정은의 군부 장악을 위한 군 지휘부 개편에 이어 2009년 하반기에는 군 총정치국의 김정은에 대한 직보체계도 수립되어 김정은은 보다 확고하게 군대를 통제할 수 있게 되었다.

김원홍은 2009년 4월 14일 인민군 대장으로 진급한 데 이어 2010년 9월 28일 제3차 당대표자회에서는 당중앙군사위원회 위원직에도 임명되었다(≪조선중앙통신≫, 2009.4.14; 2010.9.28 참조). 당중앙군사위원회에서 그의 이름이 김경옥 당중앙위원회 조직지도부 군사 담당 제1부부장 바로 다음에 호명된 것은 그가 김경옥의 지도하에 군 총정치국에서 군부 엘리트들의 조직과 인사 문제를 담당하고 있는 점을 반영하는 것이었다.

김정일과 김정은의 정치적 부상 과정을 종합적으로 비교하면, 김정일은 당

중앙위원회를 주된 기반으로 했던 데 비해, 김정은은 군 총정치국과 당중앙 군사위원회 그리고 국가안전보위부를 주된 권력 기반으로 삼았다. 이는 김정 일이 당과 국가, 사회의 주요 간부들을 양성하는 김일성종합대학을 졸업한 데 비해, 김정은은 군간부들을 양성하는 김일성군사종합대학을 졸업하는 등 김정일과 김정은의 경력 차이가 반영된 것으로 보인다. 또한 김정일은 북한 의 대내외 환경이 안정적인 시기에 권력을 승계하였으나, 김정은은 사회주의 권이 몰락해 북한이 안보 위기 의식을 느낄 수밖에 없었던 환경에서, 그리고 김정일의 건강이 불안정한 상태에서 권력을 승계해야 했던 것과 관련이 있는 것으로 판단된다(정성장, 2011a: 34~44 참조).

4. 제3차 당대표자회와 '후계자 김정은'의 대외 공개

북한은 1980년 제6차 당대회 개최 후 30년 만인 2010년 9월 28일 당대회에 준하는 제3차 당대표자회를 평양에서 개최했다. 그런데 노동당 제3차 대표자 회 개최 전날까지만 해도 국내 다수의 전문가들은 김정은의 '나이'와 '경험'에 대한 선입견을 가지고 "현재 김정은의 나이와 경력, 인맥 등을 감안하면 이번 당대표자회에서 후계자로 공식 등장한다는 것 자체가 비현실적"이라고까지 주장했다. 당시 상당수의 전문가들은 당대표자회에서 최고지도기관 선거가 이루어지더라도 김정은의 이름이 공개되지 않을 수 있다고 전망했다. 그리고 김정은이 기껏해야 당중앙위원회 위원직에만 선출되고 그 이상의 핵심 요직 에는 선출되지 않을 것이라고 예상했다. 조지아대학(UGA) 박한식 교수 또한 당대표자회에서 "김정은이 눈에 띌 정도로 전면에 나타나지 않을 개연성도 있다"라고 분석하면서 오히려 경제성장과 발전에 초점을 맞춘 새로운 경제계 획을 발표하고 공식화하는 자리가 될 수 있다고 전망했다(≪연합뉴스≫, 2010.

9. 26; 2010. 9. 27 참조). 그러나 필자는 김정은의 후계체계 구축이 2009년 1월 부터 급속도로 진전되었고, 제3차 당대표자회가 김정은의 후계자 지위를 대외적으로 공식화하기 위해 개최되는 것인 만큼 김정은의 이름이 대회 첫날부터 언급될 가능성이 높다고 주장해 왔다.

그런데 필자가 예측했던 것보다 조금 더 빠르게, 즉 당대표자회 개최 직전인 9월 28일 새벽에 북한은 김정은에게 전날인 27일 인민군 대장 칭호를 수여한 사실을 공식적으로 발표함으로써 후계체계의 대외적 공식화에 대해 회의적이었던 외부 세계의 시각들을 일거에 일소했다. 그리고 28일 김정은을 당중앙군사위원회 부위원장이라는 군사 분야의 제2인자 직책에 임명하고, 이를 29일 새벽에 발표함으로써 김정은이 김정일의 명실상부한 후계자임을 국제사회에 명확히 드러냈다. 북한은 더 나아가 9월 30일 ≪로동신문≫을 통해 김정은의 사진을 공개하고, 조선중앙TV를 통해 김정은의 영상까지 공개했다. 당대표자회에서 다른 참가자들이 양손을 얼굴 높이까지 올려 힘껏 박수를 칠 때 김정은은 김정일처럼 가슴 정도 높이에서 왼 손바닥에 오른 손바닥으로 박수를 쳐 김정일과 같은 수령 행세를 했다. 이로써 김정은은 2008년 말 김정일에 의해 후계자로 공식 결정된 지 약 22개월 만에 대외적으로도 후계자 지위를 공식화했다. 북한의 3대 권력세습 가능성에 대해 외부 세계에서는 회의적인 시각도 많았지만, 이러한 후계체계의 대외적 공식화는 북한체제가 일반적인 사회주의 체제와는 구별되는 '군주제적(君主制的) 사회주의 체제' 임을 분명하게 드러낸 것이다.

김정은의 후계체계 구축은 '내정 및 후계 수업 단계' → '대내적 공식화 단계'를 거쳐 마침내 '대외적 공식화 단계'로 접어든 것이다. 김정은의 후계체계 구축이 이처럼 급속도로 진전될 수 있었던 데에는 국정 전반을 관장하기 어려운 김정일의 불안정한 건강상태, 김정일의 적극적인 후원 그리고 '후계자론'이라는 후계자의 지도체계 구축 매뉴얼의 존재, 북한의 봉건적인 정치문화, 김

표 2-1 김정은의 후계체계 구축 과정(1984~2011)

단계	내용
내정 및 후계 수업 단계 (1984~2008년 말)	• 김정은은 김정일과 어머니 고용희에 의해 후계자로 키워짐. 김정일은 세 아들 중 특히 김정은을 총애함 • 김정은의 만 8세 생일 때부터 김정일은 핵심 측근들에게 "앞으로 내 후계자는 정은이다"라고 말하기 시작함 • 스위스 유학(1996년 여름~2001.1) • 김일성군사종합대학 보병지휘관 3년제와 연구년 2년제 수학(2002~2006) (김정일의 선군정치 계승에 필요한 자질 습득) • 2006년 12월 김정은이 김일성군사종합대학을 졸업하면서 군사 지도자로서의 자질을 김정일에게 인정받음
대내적 공식화 단계 (2008년 말~2010.9)	1) 김정일이 김정은을 후계자로 대내적으로 통보(2008년 말~2009년 상반기) • 2008년 11월부터 김정은이 김정일의 공개활동에 동행하면서 시찰과 현지지도 시작 • 2008년 말 김정일이 고위 간부들에게 김정은을 후계자로 소개 • 2009년 1월 김정은을 후계자로 내세우는 김정일의 교시가 당중앙위원회 조직지도부를 통해 중간 간부들에게 전달됨 • 군이 '김정일의 군대'에서 '김정일과 김정은의 군대'로 변화 • 각 조직의 상층부에서 하층부로 단계적으로 후계자 결정 사실 통보 • 김정은에 의한 권력승계 정당화 문건 및 찬양 가요 배포 2) 김정은의 정책적 지도체계 구축(2009년 하반기) • 김정일이 직접 챙겨야 할 핵심적 사안을 제외하고는 장성택 중앙당 행정부장, 리제강 조직지도부 제1부부장과 합의하여 군대와 당의 중요 정책결정 • 군 총정치국과 공안 기관들의 김정은에 대한 직보체계 수립 3) 정책결정과 인사에의 적극적 개입(2010.1~2010.9) • 박남기 중앙당 계획재정부장 해임 주도 • 김정은을 거쳐 김정일에게로 올라가는 보고체계 수립 • 당대표자회 개최 준비 작업 지휘
대외적 공식화 단계 (2010.9~2011.12)	• 김정은에게 인민군 대장의 군사 칭호 수여 • 당대표자회에서 당중앙위원회 위원과 당중앙군사위원회 부위원장이라는 당의 핵심 요직에 임명 • 방북한 저우융캉(周永康) 중국공산당 정치국 상무위원을 아리랑 공연 전에 만남으로써 외교무대에 데뷔(2010.10.9) • 당 창건 65주년 경축 열병식 주석단에 올라 군부대의 열병 신고를 받음(2010.10.10) • 김정일과 궈보슝(郭伯雄) 중국공산당 중앙군사위원회 부주석을 단장으로 하는 중국 고위군사대표단과의 면담에 배석(2010.10.25) • 김정일의 국가안전보위부 지휘부에 대한 현지지도에 동행하여 전투기술 훈련 상황 참관(2010.10.26 보도) • 김정은의 파워가 김정일의 파워를 넘어섰다는 평가가 나올 정도로 김정은의 영향력 확대

자료: 김정은의 이모부와 후지모토 겐지와의 면담 및 국내외 언론 기사 등을 토대로 필자가 작성

정일의 정치력을 물려받은 김정은의 권력 장악력 등이 주요 배경으로 작용했다.

김정은은 자신의 후계자 지위를 대외적으로 공식화하고 군부 전반을 효율적으로 관장하기 위해 당중앙군사위원회를 적극적으로 활용했다. 제3차 당대표자회에서 개정된 새 당규약에서 당중앙군사위원회의 높아진 위상은, 당중앙위원회가 "당대회와 당대회 사이에 당의 모든 사업을 조직지도"하는 것처럼, 당중앙군사위원회도 "당대회와 당대회 사이에 군사 분야에서 나서는 모든 사업을 당적으로 조직지도"하게 됨으로써 분명하게 드러났다. 즉, 당중앙위원회와 당중앙군사위원회에 모두 당의 상설 최고지도기관 지위를 보장하고 있는 것이다. 두 권력기관 간에 차이점이 있다면, 당중앙위원회가 당의 사업을 전반적으로 조직·지도하는 데 비해, 당중앙군사위원회는 특히 군사 분야의 사업을 중점적으로 조직·지도한다는 데 있다.

과거에 당중앙군사위원회는 '비상설 협의기구'의 성격이 강했는데, 새 당규약에 의해 상설 최고군사지도기관으로 격상되고, 이 권력기관의 부위원장직을 후계자 김정은이 맡음으로써 김정은은 군사 분야에서 제2인자의 지위를 차지하게 되었다. 당중앙군사위원회에는 군 총참모장(리영호)을 비롯하여 총참모부 작전국장(김명국), 당중앙위원회 조직지도부의 군사 담당 제1부부장(김경옥), 군 총정치국 조직 담당 부국장(김원홍), 해군사령관(정명도), 공군사령관(리병철), 군 총참모부 부총참모장(최부일), 호위사령관(윤정린), 정찰총국장(김영철) 등 군부 핵심 지휘관들이 포함되어 있어 이들이 포함되어 있지 않은 국방위원회보다 군대를 효과적으로 지휘·통제할 수 있게 인적 구성이 이루어졌다.

국방위원회에서 제1부위원장직을 맡고 있던 조명록, 부위원장직을 맡고 있던 오극렬과 리용무, 위원직을 맡고 있던 주상성 인민보안부장은 제3차 당대표자회에서 당중앙군사위원회에 포함되지 못했다. 그리고 국방위원회 부

그림 2-2 북한의 군사·국방 지도체계(2010)

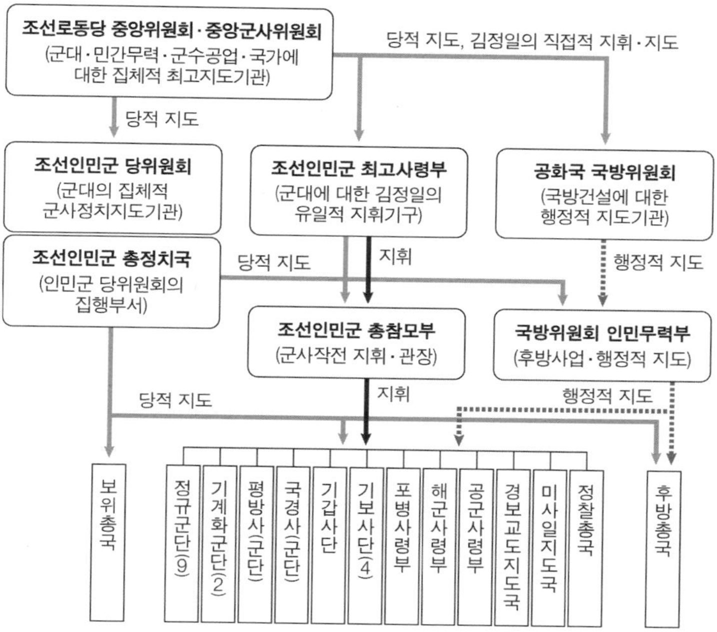

조선로동당 중앙위원회·중앙군사위원회
(군대·민간무력·군수공업·국가에 대한 집체적 최고지도기관)
— 당적 지도, 김정일의 직접적 지휘·지도

조선인민군 당위원회
(군대의 집체적 군사정치지도기관)
— 당적 지도

조선인민군 최고사령부
(군대에 대한 김정일의 유일적 지휘기구)

공화국 국방위원회
(국방건설에 대한 행정적 지도기관)

조선인민군 총정치국
(인민군 당위원회의 집행부서)
— 당적 지도 / 지휘 / 행정적 지도

조선인민군 총참모부
(군사작전 지휘·관장)

국방위원회 인민무력부
(후방사업·행정적 지도)

당적 지도 / 지휘 / 행정적 지도

보위총국

정규군단(9)
기계화군단(2)
평방사(군단)
국경사(군단)
기갑사단
기보사단(4)
포병사령부
해군사령부
공군사령부
경보교도지도국
미사일지도국
정찰총국
후방총국

자료: 정성장(2011b: 46)

위원장직을 맡고 있는 김영춘 인민무력부장과 장성택 행정부장은 당중앙군사위원회에서 단지 위원직에 머무르게 되었다.

이 같은 국방위원회 파워 엘리트의 '수모'는 소련과 중국에서처럼 사회주의 체제에서 군대는 곧 '당의 군대'이기 때문에 '국가기구'인 국방위원회는 군대의 지휘와 관련해서는 실권이 없는 기구라는 점을 보여주는 것이었다(이대근, 2004: 149~172; 정성장, 2010b: 223~280 참조).

김정일은 1980년 10월 제6차 당대회에서 당중앙위원회 정치국 상무위원회, 당중앙위원회 비서국, 당중앙군사위원회에 고루 선출됨으로써 대외적으로 후계자임을 공식화했다. 그런데 김정은은 2010년 9월에 개최된 제3차 당대표자회에서 정치국 상무위원회와 비서국의 직책을 부여받지는 못했다. 하

지만 1980년 김정일이 맡게 된 '당중앙군사위원회 위원'직보다 높은 '당중앙
군사위원회 부위원장'직에 임명됨으로써 사실상 제6차 당대회에서 김정일이
가지게 되었던 것에 상응하는 정도의 공식적 위상을 가지게 되었고, 후계체
계를 대외적으로 공식화했다.

2010년 제3차 당대표자회에서 김정은이 당중앙위원회 정치국 상무위원과
비서직에 선출되지 않은 것은 당의 양대 최고지도기관인 당중앙위원회와 당
중앙군사위원회를 동시에 관장하는 것보다는 김정일의 건강이 불안정한 상
황에서 '집중과 선택'의 전략에 따라 당중앙군사위원회를 먼저 장악하고 이를
통해 군부를 확고하게 통제한 후 당중앙위원회의 장악에 순차적으로 나서는
것이 권력의 안정적 승계에 유리하다고 판단했기 때문으로 보인다. 김정은에
게 당중앙군사위원회의 2인자 직책부터 먼저 맡김으로써 북한은 김정은이
'김정일의 선군정치의 계승자'라는 이미지를 주민들에게 각인시키는 효과를
기대할 수 있었을 것이다.

김정은은 제3차 당대표자회가 끝난 직후 김정일과 제일 앞줄에 앉아 당대
표자회 참가자들과 함께 기념사진을 찍었다. 그리고 10월 10일 당 창건 65주
년 기념 열병식을 개최하기 전날 김정은은 김정일과 함께 방북한 저우융캉
(周永康) 중국공산당 정치국 상무위원을 만남으로써 외교무대에도 데뷔했다.
김정은은 이어서 당 창건 65주년 기념 열병식 주석단에도 등장하는 등 북한
정치무대의 전면에 나서기 시작했다. 10월 10일의 열병식 때 김정은이 바로
오른편에 있던 김영춘 인민무력부장에게 뭔가를 물어보자 김영춘이 김정은
쪽으로 완전히 몸을 돌려 공손하게 설명하는 장면이 화면에 잡혔다. 이 같은
장면은 김정은이 이미 군부를 확고하게 장악한 사실을 보여주는 것이다.

이후 2011년 4월에 최고인민회의 제12기 제4차 회의가 개최되었지만, 김
정은은 국방위원회 제1부위원장직에 선출되지 않은 채 당중앙군사위원회 부
위원장직책을 가지고 제2인자로서 김정일과 함께 북한을 공동통치하는 모습

사진 2-5 당 창건 65주년 기념 열병식 주석단

자료: ≪조선중앙통신≫(2010, 10, 10)

을 보였다. 이는 '국가기구'(국방위원회, 최고인민회의 상임위원회, 내각)에 대한
외부 세계의 과대평가와는 다르게 북한에서 국가기구는 '당과 대중을 연결하
는 가장 포괄적인 인전대(引傳帶: 동력을 전달하는 피대)'로서 당의 영도하에 놓
여 있기 때문에 김정은이 처음부터 국가기구인 국방위원회의 요직을 맡을 필
요성을 느끼지 못했던 것과 밀접한 관련이 있다.

5. 김정은 영향력의 급속한 확대

북한의 '후계자론'은 최고지도자의 후계자에게도 '절대적 지위'를 부여하기 때
문에 김정은은 2008년 말에 김정일에 의해 그의 후계자로 북한 내부에서 공
식화되면서 사실상 2인자에 해당하는 권력을 가지게 되었다. 김정일 사망 직
후인 2012년 1월 8일 공개된 북한의 김정은 개인숭배 동영상을 보면 2009년
4월 5일 김정은이 김정일의 위성관제 조종 종합지휘소 방문에 동행해 주규창

사진 2-6　인공위성 발사 관계자들과 악수하는 김정은(2009.4)

자료: 〈주체의 선군혁명위업을 계승하시여〉(2012년 1월 8일 방영된 김정은 우상화 기록영화)

당중앙위원회 군수공업부 제1부부장과 한 손으로 악수하는 모습을 보여주고 있다. 북한에서 고위 간부는 한 손으로 악수하지만 하위 간부는 두 손으로 악수한다. 이것은 이미 2009년에 김정은이 김정일의 후계자로서 핵심 간부들보다 우월적인 지위를 가지고 있었음을 시사하는 것이다.

2009년 하반기에 들어 김정은은 당의 과장급(한국 정부의 국장급) 이하 중간 간부에 대한 인사권을 장악했고, 부부장급(한국의 차관급) 이상 고위급 간부들 인사는 김정일에게 직접 건의하여 비준받은 것으로 알려졌다. 그리고 김정일이 직접 챙겨야 할 핵심적 사안을 제외하고는 당중앙위원회의 장성택 행정부장, 리제강 조직지도부 제1부부장과 합의하여 군대와 당의 중요 정책들을 결정함으로써 '당중앙위원회 조직비서'에 해당하는 위상을 가지게 되었다. 이 시기에 군 총정치국과 공안 기관들의 김정은에 대한 직보체계도 수립되어 김정은은 군대와 공안 기관을 보다 확고하게 장악할 수 있게 되었다. 그리하여 2009년 말 북한의 권력을 김정일이 60%, 김정은이 30%, 장성택, 김영춘, 오극렬, 리제강 등 김정일의 최측근들이 나머지 10%를 나누어 가지고 있다는 평가가 북한 내부에서 나올 정도로 김정은은 단기간에 큰 영향력을 가지게 되었다(≪열린북한통신≫ 2009.7.17; 2009.9.14; 2009.11.30).

사진 2-7 김정일 생시 김정은의 단독지도 모습

자료: 〈주체의 선군혁명위업을 계승하시여〉(2012년 1월 8일 방영된 김정은 우상화 기록영화)

  2010년도에 들어서는 마침내 대부분의 보고가 김정은을 거쳐 김정일에게
로 올라가는 체계, 즉 '당중앙의 유일적 지도체제'가 확립되어 김정은은 제2
인자로서 국정 전반을 장악하는 단계에까지 이르게 되었다. 그 결과 김정은
이 당대표자회에서 당중앙군사위원회 부위원장직에 공식 임명되기 한 달 전
인 2010년 8월경 "북한 권력의 중심이 김정은에게 쏠리기 시작하여 당시 북
한 권력은 김정일 : 김정은 : 장성택(김경희)+기타(김영춘과 오극렬 등) = 30 :
60 : 5+5 정도로 평가할 수 있다"(≪열린북한통신≫, 2010.8.5)라는 주장이 북
한 내부에서 나올 정도로 권력이 급속도로 김정은에게 이양되었다.

  김정은을 거쳐 김정일에게로 올라가는 보고체계 수립은 당중앙위원회 비
서국의 기능 강화를 필요로 하게 되었고, 2010년 9월 당대표자회에서 마침내
북한의 핵심 엘리트들로 비서국이 채워지게 되었다. 1980년 제6차 당대회에
서 김일성 총비서를 포함해 총 10명에 달했던 비서국 구성원 수는 김일성 사
망 직후에 11명으로 늘어난 적도 있었다. 이는 당중앙위원회의 정치국 위원
과 후보위원이 제6차 당대회 이후 지속적으로 감소해 온 것과는 대조적인 현
상으로 김정일이 비서국을 중심으로 당중앙위원회를 운영해 온 데 따른 것이
다. 그런데 2000년대 후반기에 당중앙위원회 비서들이 지속적으로 감소한
것은 김정일이 공석이 발생한 비서직에 새로운 인물을 임명하지 않고, 관련

사진 2-8　김정일과 김정은이 한 손으로 악수하는 모습

자료: <주체의 선군혁명위업을 계승하시여>(2012년 1월 8일 방영된 김정은 우상화 기록영화)

전문 부서의 부장 또는 부부장에게 직접 지시를 내리는 방식으로 통치했기 때문이었다. 그 결과 2010년 9월 당대표자회 개최 직전 비서국 구성원은 5명만 남게 되었다. 그러나 당대표자회에서 10명의 비서가 선출되어 비서국은 군대와 공안 기관 등 몇몇 분야를 제외하고는 김정일과 김정은의 국정 전반에 대한 관리를 보좌할 수 있는 인물들로 구성되었다.

한편 2011년 7월 2일 북한 조선중앙TV는 김기남과 최태복 당중앙위원회 비서가 김정은에게 허리를 굽혀 인사하는 모습을 보여주었다. 이는 김정은이 당중앙위원회 비서들에게 지시를 내릴 수 있는 위치에 있었음을 확인시켜 주는 것이다.

김정일 사망 직후인 2012년 1월 8일 김정은의 생일날 북한은 처음으로 김정은 우상화 기록영화를 공개했는데, 이 기록영화를 보면 2011년 5월 김정은이 외국을 방문하고 귀국한 김정일과 놀랍게도 한 손으로 악수하는 모습이

나온다. 이는 이미 김정일 생시에 김정은이 '수령의 후계자'로서 김정일과 같은 절대적 지위를 가지고 있었음을 보여주는 것이다.

2011년 12월 김정일 사망 전까지 북한은 김정은이 김정일의 공개활동에 동행하는 모습만 공개했다. 그러나 김정일 사후 북한은 김정일 생시에 김정은이 단독으로 간부들에게 지시를 내리고 현지지도하는 모습을 기록영화로 공개했다. 이는 김정일이 갑자기 사망했지만 이미 그 전에 김정은이 군부와 공안 기관을 확고하게 장악했으므로 그의 권력 기반은 매우 확고함을 보여주는 것이다.

또한 북한은 군주제 국가에서처럼 최고지도자의 아들이 후계자가 되는 것을 당연시하는 정치문화를 가지고 있다. 그래서 김정은이 20대 중반의 나이에 김정일의 권력을 승계했지만 파워 엘리트 그룹에서 그에 대한 강력한 저항이 나타나지 않았다.

참고문헌

≪로동신문≫. 2019.4.26. "위대한 령도자 김정일동지께서와 경애하는 최고령도자 김정은 동지께서 원산농업종합대학을 현지지도하신 10돐 기념보고회 진행".
≪문화일보≫. 2008.10.16.
≪연합뉴스≫. 2008.9.10; 2008.9.12; 2008.11.2; 2009.1.30; 2009.2.6; 2009.2.17; 2009.2.28; 2009.3.9; 2009.9.13; 2010.9.26; 2010.9.27; 2011.2.27.
≪열린북한방송≫. 2009.6.8; 2009.6.22; 2009.7.14; 2009.7.17; 2009.9.14; 2009.11.30; 2010.8.5.
오룡성. 2016. 「혁명위업계승문제해결의 세계적 모범을 창조한 조선로동당」. ≪김일성종합대학학보≫, 제62권 4호.
≪월간 북한동향≫. 2009. 제3권 4호(2009년 7·8월호).
유영구. 1997. 「북한의 정치·군사관계의 변천과 군내의 정치조직 운영에 관한 연구」. ≪계간 전략연구≫, 제4권 3호.

이대근. 2004. 「북한 국방위원회의 기능: 소련, 중국과의 비교를 통한 시사」. ≪국방연구≫, 제47권 2호.

정성장. 2010a. 「북한 김정은의 군부 장악 실태와 전망」. ≪합참≫, 제44호(2010.6).

_____. 2010b. 「김정일 시대 북한 국방위원회의 위상·역할·엘리트」. ≪세종정책연구≫, 제6권 1호.

_____. 2011a. 「김정은 후계체계의 공식화와 북한 권력의 변동」. 현대북한연구회 편. 『기로에 선 북한, 김정일의 선택』. 파주: 한울엠플러스(주).

_____. 2011b. 「중국과 북한의 당중앙군사위원회 비교 연구」. 성남: 세종연구소.

≪조선중앙통신≫. 2008.10.4; 2008.11.24; 2009.4.14; 2010.9.28.

<주체의 선군혁명위업을 계승하시여>. 2012년 1월 8일 방영된 김정은 우상화 기록영화.

≪중앙SUNDAY≫. 2009.9.6. 제130호.

최선영·장용훈. 2009.1.15. "소식통 "北김정일, 3남 정운 후계자 지명"". ≪연합뉴스≫.

하태경. 2009.7.13. 「[북한] 열린북한방송이 분석한 北 후계작업」. ≪주간조선≫, 2063호.

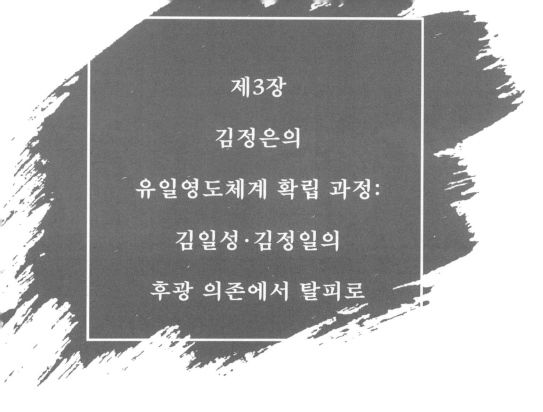

제3장

김정은의

유일영도체계 확립 과정:

김일성·김정일의

후광 의존에서 탈피로

김정은의 권력승계와 유일영도체계 구축 과정은 크게 2017년 11월 '국가핵무력 완성' 선포 이전과 이후의 두 단계로 구분할 수 있다. 제1단계는 2011년 12월 김정일 사망 시부터 2017년 11월 이전까지로, 김정은이 '선대 수령(首領)들'(김일성과 김정일)의 후광을 이용하면서도 그들과 부분적으로 차별화해 유일영도체계를 구축했던 단계이다. 그리고 제2단계는 2017년 11월부터 현재까지로, 김정은이 '국가핵무력 완성'에 대한 자신감과 정상외교 성과를 바탕으로 자신의 독자적인 사상과 노선을 보다 구체화하면서 김일성과 같은 '위대한 수령'의 반열에 오르는 단계이다.

1. '선대 수령들'의 후광을 이용한 유일영도체계 구축(2011~ 2017)

2011년 12월 17일 김정일이 갑작스럽게 사망하자 김정은은 동월 30일 개최된 노동당 중앙위원회 정치국 회의에서 김정일의 동년 '10월 8일 유훈'에 따라 '조선인민군 최고사령관'직에 추대되어 먼저 군의 최고직책부터 공식적으로 승계했다(≪로동신문≫, 2011.12.31 참조). 그런데 김정일 사망 직후부터 이미 ≪로동신문≫은 김정은에 대해 '조선인민의 최고영도자', '조선민주주의인민공화국 영도자', '우리 혁명무력의 최고영도자', '위대한 계승자', '우리 민족의 탁월한 영도자이며 해외동포들의 자애로운 어버이' 등과 같은 표현을 사용함으로써 김정은이 북한의 당과 인민의 최고지도자인 '수령'의 지위에 올랐음을 간접적으로 시사했다(≪로동신문≫, 2011.12.26; 2011.12.29; 2011.12.31 참조). 그리고 2012년부터는 김정은에 대해 '당과 국가, 군대의 최고영도자'라는 표현을 자주 사용했다.

북한 사전은 '수령'이라는 용어에 대해 "인민대중의 최고뇌수, 통일단결의 중심으로서 역사발전과 노동계급의 혁명투쟁에서 결정적 역할을 수행하는 당과 혁명의 최고영도자"(백과사전출판사, 1983: 796)라고 설명하고 있다. 이를 쉽게 풀이하면 '절대적 권위와 권력을 가진 당과 노동계급, 인민의 최고지도자'라는 의미이다. 북한에서 '수령'은 최고지도자를 절대화해서 부르는 표현인데, 김정일 사망과 함께 김정은이 그의 절대권력을 물려받은 것이다.

김정일 생시에 김정은은 이미 군대와 공안 기관을 확고하게 장악하고 있었기 때문에 김정일 사후 그의 권력에 도전할 수 있는 세력은 없었다. 그런데 김정은의 권력 정당성은 기본적으로 김정일이 그를 '수령의 후계자'로 결정한 데로부터 나오는 것이었기 때문에 김정은은 집권 이후에도 오랫동안 김일성과 김정일의 '후광(後光)'을 이용하지 않을 수 없었다. 그래서 김정일이 1974년에 김일성의 후계자로 결정된 후 김일성의 사상과 노선을 '김일성주의'로 격상시킨 것처럼(김정일, 1987: 1~58 참조), 김정은도 집권 직후 김정일의 사상을 '김일성주의'와 같은 수준으로 격상시키면서 김일성과 김정일의 사상을 '김일성-김정일주의'로 선포했다.

김정은은 2012년 4월 6일 당중앙위원회 고위 간부들과 한 담화에서 김정일이 김일성의 혁명사상을 '김일성주의'로 정식화하고 김일성의 총대중시사상을 선군혁명사상(先軍革命思想), 선군정치이론(先軍政治理論)으로 심화·발전시키고 사회주의강성국가건설이론(社會主義强盛國家建設理論)을 제시함으로써 김일성주의의 견인력과 생활력을 비상히 높였다고 주장했다.[1] 따라서 '김일성-김정일주의'는 '김일성주의'에 김정일의 선군혁명사상, 선군정치이론, 사회주의강성국가건설이론을 합한 것이라고 정의할 수 있다.

김정은은 위의 담화에서 북한의 노동당원들과 인민들은 김일성과 김정일의 혁명사상을 결부시켜 '김일성-김정일주의'로 불러왔고, '김일성-김정일주의'를 노동당의 지도사상으로 인정해 왔다고 주장했다. 그러나 "한없이 겸허하신" 김정일이 **"김정일주의**는 아무리 파고들어야 김일성주의밖에 없다고 하시면서 우리 당의 지도사상을 자신의 존함과 결부시키는 것을 극력 만류" 했다고 지적했다(강조는 필자). 그러면서 오늘 우리 당과 혁명은 '김일성-김정일주의'를 영원한 지도사상으로 확고히 틀어쥐고 나갈 것을 요구하고 있다고 주장했다.[2] 그 결과 동년 4월 11일 개최된 제4차 당대표자회에서 북한은 '김일성-김정일주의'를 조선로동당의 유일한 지도사상으로 채택하고, '온 사회

---

1 김정은, "위대한 김정일동지를 우리 당의 영원한 총비서로 높이 모시고 주체혁명위업을 빛나게 완성해나가자(조선로동당 중앙위원회 책임일군들과 한 담화, 주체101(2012)년 4월 6일)", ≪로동신문≫(2012. 4. 19).
2 김정은, 앞의 담화.

의 김일성-김정일주의화'를 당의 최고강령으로 제시했다.

김정은은 또한 제4차 당대표자회에서 김정일을 '조선로동당 총비서'로 영원히 모시기로 결정하고, 자신은 신설된 '조선로동당 제1비서'직에 취임함으로써 김정일에 대한 충성심을 과시했다(≪로동신문≫, 2012.4.12 참조). 그리고 김정은은 4월 13일 개최된 최고인민회의 회의에서는 김정일을 '공화국의 영원한 국방위원회 위원장'으로 추대하면서 자신은 신설된 '국방위원회 제1위원장'에 취임함으로써 김정일에 대한 충성심을 재차 입증하고자 했다(≪로동신문≫, 2012.4.14 참조).

2016년 5월에 개최된 노동당 제7차 대회에서 개정한 당규약도 김일성과 김정일의 '업적'을 매우 장황하게 칭송하고 있어 김일성과 김정일의 후광을 최대한 활용하고자 하는 김정은의 의도를 잘 보여주었다. 당규약은 '김일성'에 대해 34회('김일성-김정일주의'에서의 '김일성' 언급 제외), '김정일'에 대해 26회('김일성-김정일주의'에서의 '김정일' 언급 제외), 김정은에 대해 15회 언급했다(정성장, 2021.7.5: 8 참조).

그런데 이 시기에 김정은은 과거 김정일의 리더십과 일정하게 차별화도 시도했다. 김정일은 집권 이후 단 한 번도 대중 앞에서 공개적으로 연설한 적이 없다. 하지만 김정은은 공식적인 권력승계 완료 직후인 2012년 4월 15일 김일성 생일 100주년을 맞이하여 평양에서 진행한 열병식에서 첫 공개연설을 함으로써 대중들에게 직접 국정 목표를 설명하고 주민들의 협력을 호소하는 '김일성식 연설정치'를 시작했다. 이때 김정은은 인민들에게 "다시는 허리띠를 조이지 않게 하며 사회주의 부귀영화를 마음껏 누리게" 하겠다는 결심을 천명함으로써 외부 세계의 큰 관심을 끌었다(≪로동신문≫, 2012.4.16 참조).

1994년 김일성 사망 후 김정일은 그의 부친처럼 매년 1월 1일 신년사를 직접 발표하는 대신 당보, 군보, 청년보 공동명의의 신년공동사설을 통해 한 해의 국정 방향을 제시했다. 그러나 김정은은 2013년부터 2019년까지 그의 조

사진 3-1　김정은의 김일성 탄생 100주년 기념 열병식에서의 연설과 신년사 발표

주: 김정은의 김일성 탄생 100주년 열병식에서의　　주: 김정은의 2015년 신년사 발표
　　연설　　　　　　　　　　　　　　　　　　　　　　자료: ≪로동신문≫(2015. 1. 1)
자료: ≪로동신문≫(2012. 4. 16)

부 김일성처럼 매년 신년사를 발표해 한 해의 국정 목표를 제시했다. 김정은
의 신년사 낭독은 2015년까지만 해도 서투른 느낌을 주었으나 2016년에는
상당히 능숙한 모습을 보여주었다. 특히 2015년 10월 10일 당 창건 70주년을
기념해 김정은이 한 연설은 매우 힘 있고 자신감이 넘치는 것이었다. 그리고
그 자신감은 2016년 5월 북한이 36년 만에 노동당대회를 개최하는 것으로 연
결되었다.

　과거 권위주의적인 리더십을 가졌던 김정일은 자신에 대한 신비화를 추구
하면서 대중들에게 연설을 통해 직접 국정 상황을 설명하고 협력을 호소하는
소통 정치를 소홀히 했다. 그리고 당조직에 대한 지시를 통해 주민들을 국가
목표에 동원하는 데 그침으로써 김정일은 주민들에게 숭배의 대상은 되었지
만, 대중이 친근하게 느끼고 진정으로 좋아하는 그런 대중적인 지도자는 되
지 못했다.

　물론 대중의 직접적인 의사 표출을 두려워하는 북한식 위민정치(爲民政治)
에 명백한 한계가 있지만, 김정은은 매우 권위주의적이었던 김정일에 비해
상대적으로 대중에게 더욱 친근하게 접근하고 직접적으로 호소하는 새로운

모습을 보여주었다. 2012년 4월 다소 앳된 목소리에 원고를 처음부터 끝까지 토씨 하나 틀리지 않게 하나하나 읽어간 김정은의 연설은 김일성이 1945년 10월 14일 평양공설운동장에서 해방 후 귀국해서 처음으로 한 연설을 상기시키는 것이다. 김일성은 1945년 처음 대중 앞에 등장했을 때는 물론이고 이후에도 약 2년 동안 앳된 모습에 약간은 부자연스러운 제스처를 보였지만, 약 3년이 지난 후에는 상대적으로 세련되고 자신 있는 모습을 보였다.

김정은은 또한 2012년 7월 리영호 총참모장을 공개적으로 해임하면서 김정일 시대에 비대해지고 고령화된 군부의 개혁에 본격적으로 착수했다. 김일성은 1962년에 최고의 군사정책결정기구인 '당중앙위원회 군사위원회'를 신설한 후 국방력 강화를 위해 수시로 군사위원회를 개최하면서도 생시에 이를 비밀에 부쳤다. 하지만 김정은은 당중앙군사위원회를 개최하고서는 대체로 그다음 날에 주요 논의 사항을 추상적·총론적으로나마 사진과 함께 공개했다. 그리고 김정은은 2016년에 헌법을 개정해 김정일의 선군정치를 상징했던 최고국가기관인 '국방위원회'를 폐지하고, 내각 총리와 외교 엘리트도 포함된 새로운 최고국가기구인 '국무위원회'를 신설해 김정일 시대의 국가기구 유산으로부터도 탈피했다.

2. 독자적 정통성 구축 및 '수령 김정은' 본격 강조(2017~현재)

김정은은 집권 초기부터 김정일과는 상당히 다른 국정 목표와 운영 방식을 추구했지만, 처음부터 공개적으로 그의 부친과 차별화할 수는 없었다. 그러므로 김정은은 2017년 10월경까지는 김정일의 유훈 관철 등을 강조하면서 '김정일애국주의'와 '인민대중제일주의' 및 경제·핵 병진 노선 등 김정일 시대와는 다른 통치 담론과 노선을 제시하는 데 만족해야 했다.

사진 3-2 인민군 창건일 변경을 공지하는 당중앙위원회 정치국 결정서

조선로동당 중앙위원회 정치국
결   정   서

2월 8일을 조선인민군창건일로 의의있게 기념할데 대하여

주체37(1948)년 2월 8일은 조선인민혁명군을 정규적혁명무력으로 강화발전시켜 조선인민군의 탄생을 선포한 력사적인 날이다.

위대한 수령 김일성동지께서는 해방후 강력한 정규군대의 창설을 자주독립국가 건설의 필수적요구로 내세우시고 탁월한 군건설사상과 정력적인 령도로 3년도 안되는 짧은 기간에 항일의 전통을 계승한 주체형의 혁명적정규무력인 조선인민군을 창건하시였다.

정규적혁명무력건설위업이 실현됨으로써 우리 군대와 인민은 미제의 무력침공을 물리치고 조국해방전쟁의 위대한 승리를 이룩할수 있었으며 자주, 자립, 자위의 사회주의강국건설을 힘있게 다그쳐올수 있었다.

조선로동당 중앙위원회 정치국은 영웅적조선인민군의 창건자, 건설자이신 위대한 수령 김일성동지의 불멸의 혁명업적을 길이 빛내이기 위하여 다음과 같이 결정한다.

1. 위대한 수령 김일성동지께서 조선인민혁명군을 정규적혁명무력으로 강화발전시키신 주체37(1948)년 2월 8일을 조선인민군창건일로 확정한다.

이와 관련하여 위대한 수령님께서 첫 혁명적무장력을 창건하신 주체21(1932)년 4월 25일을 조선인민혁명군창건일로 확정한다.

2. 2월 8일을 2.8(건군절)로 확정한다.

3. 각급 당조직들은 해마다 2월 8일을 계기로 인민군군인들과 당원들과 근로자들에게 위대한 수령 김일성동지의 정규적혁명무력건설업적을 깊이 체득시키기 위한 정치사상교양사업과 다채로운 행사를 의의있게 조직 활동한다.

4. 내각을 비롯한 해당 기관들은 조선인민군창건일을 의의있게 기념하기 위한 실무적조치들을 취할것이다.

조 선 로 동 당   중 앙 위 원 회   정 치 국

주체107(2018)년 1월 22일

자료: 《로동신문》(2018. 1. 23)

그러나 2017년 11월 대륙간탄도미사일(ICBM) '화성-15호' 시험발사 성공 이후 '국가핵무력 완성의 역사적 대업 실현'을 선포한 이후부터는 '군사대국' 건설에 대한 자신감을 바탕으로 김정은이 북중, 남북한, 북미정상회담에도 나섬으로써 김정은의 북한 지도부 내 권위가 실질적으로 더욱 높아졌다. 탈 북민을 대상으로 한 서울대학교 통일평화연구원의 북한 의식 조사에서도 2018년과 2019년 김정은에 대한 북한 주민의 지지율이 50% 이상이라고 답한 사람은 각기 73.4%와 71.6%로 그 이전보다 높게 나왔다(서울대학교 통일평화 연구원, 2020: 108~110 참조).

2018년 1월 북한은 노동당 중앙위원회 정치국 결정서를 발표해 인민군 창 건일을 4월 25일에서 2월 8일로 변경했다(《로동신문》, 2018. 1. 23). 북한에서 정규군인 조선인민군이 창건된 것은 1948년 2월 8일이지만, 1978년부터는 김일성이 항일유격대(抗日遊擊隊)를 조직했다는 1932년 4월 25일을 군 창건 일로 정하고 건군절로 불러왔다(《KBS NEWS》, 2018. 1. 23). 그런 북한이 갑 자기 인민군 창건일을 다시 2월 8일로 바꾼 배경으로는 다음과 같은 두 가지 를 생각할 수 있다.

사진 3-3 북한의 ICBM '화성-15호' 시험발사(2017.11)

자료: ≪로동신문≫(2017.11.29)

첫째, 스위스에서 유학했고 김일성군사종합대학을 졸업한 김정은은 '현대전은 포병전'이라는 입장을 가지고 있었고 핵과 미사일과 같은 전략무기들을 중시하고 있다. 따라서 그런 김정은의 군사관에 비추어 볼 때 현대적인 무기로 무장하지 못한 유격대의 창건일을 인민군 창건일로 간주하는 것은 매우 부적절한 것으로 인식했을 가능성이 크다.

둘째, 김정은은 집권 초기에는 김일성과 김정일의 후광에 크게 의존했으나 시간이 경과할수록 자신에 대한 주민들의 높은 지지도를 바탕으로 부친과의 차별화를 모색해 왔고 창군일 변경도 그와 같은 맥락에서 이해할 수 있다. 특히 2017년에 수소폭탄 실험과 ICBM 시험발사에서 성공하고 '국가핵무력 완성'을 선언했던 김정은이 그 같은 성과에 대한 자신감을 바탕으로 인민군 창건일도 다시 2월 8일로 변경한 것으로 판단된다.

한편 2018년 4월 11일 최룡해 당중앙위원회 정치국 상무위원은 김정은의 당과 국가 수위(首位: 최고직책) 추대 6주년 경축 중앙보고대회에서 북한을 '세계적인 군사대국'으로 빛내고 '전략국가'의 지위에 올려놓은 것은 김정은의 '영구불멸의 업적'이라고 김정은을 칭송했다. 그리고 '우리국가제일주의' 사상을 비롯하여 김정은이 밝힌 '독창적이며 과학적인 사상이론들'은 최악의 역경 속에서도 북한의 국력을 튼튼히 다져나갈 수 있는 불멸의 지침으로 되었다고 주장했다(≪로동신문≫, 2018. 4. 12 참조).

김정은은 2018년과 2019년에 모두 세 차례 트럼프 미국 대통령과 정상회담을 가짐으로써 단 한 번도 북미정상회담을 개최하지 못했던 김일성, 김정일의 이루지 못한 꿈을 실현했다. 비록 하노이 북미정상회담이 '노딜'로 끝났고 판문점 북미정상회동에서 특별한 성과를 거두지 못했지만 북한은 세 차례의 북미정상회담을 김정은의 중요한 외교적 성과로 간주하고 있다.[3] 김정은은 또한 2018년과 2019년에 시진핑 중국공산당 중앙위원회 총서기와 총 다섯 차례 정상회담을 개최함으로써 북중 관계도 복원했다. 그리고 2018년에 문재인 대통령과 세 차례 남북정상회담을 개최했다.

김정은은 이처럼 북한을 '전략국가'의 지위에 올려놓고 중요한 외교적 성과도 거둠으로써 2017년 11월 이후부터는 자신의 통치를 정당화하기 위해 더는 김일성, 김정일의 후광에 의존하지 않아도 되는 상황에 놓이게 되었다. 그래서 김정은은 2019년에 헌법을 개정하면서 서문과 본문에서 '선군사상'과 '선군혁명노선'이라는 용어를 모두 삭제함으로써 김정일 시대의 선군통치 담론에서 탈피하겠다는 의지를 분명하게 드러냈다.[4]

2021년 1월 제8차 당대회에서 개정된 당규약에서 '김일성-김정일주의'라

---

3 북한 ≪로동신문≫은 2019년 6월 30일 김정은이 트럼프와 '상봉'을 하고 '단독환담'과 '회담'이 진행되었다고 보도했다(≪로동신문≫, 2019. 7. 1 참조).
4 2019년 개정 헌법에서 '선군정치'라는 용어는 서문에서 김정일의 '업적'을 설명할 때 단 한 차례 등장했다.

는 지도 이념에 대해 언급한 경우를 제외하고는 '김일성'과 '김정일' 지도자 개인에 대한 언급이 사라진 것도 흥미로운 현상이다(정성장, 2021: 8 참조). 2016년 개정 당규약에서 15차례 등장한 '수령'이라는 표현이 2021년 개정 당규약에선 8회로 줄고, 2016년 개정 당규약에서는 한 번도 언급되지 않은 '당중앙'이라는 표현이 2021년 개정 당규약에서는 16차례나 등장했다. 당규약에서 '당중앙'은 김정은을 간접적으로 지칭하는 표현이기 때문에 '당중앙'이라는 표현이 새 당규약에 16차례나 들어감으로써 김정은의 유일적 영도체계가 더욱 강화되었다고 볼 수 있다(앞의 글 참조). 예를 들어 북한은 "조중[북중] 두 당, 두 나라 인민들 사이의 형제적 우정과 단결을 계속 이어가야 할 시대적 요구로부터 **당중앙**은 5차례의 조중수뇌회담을 통하여 전략적 의사소통과 호상이해[상호이해]를 깊이하고 두 당 사이의 동지적 신뢰를 두터이 했다"라는 식으로 김정은에 대해 '당중앙'이라는 표현을 사용하고 있다(≪로동신문≫, 2021. 1. 9 참조, 강조는 필자).

제8차 당대회에서는 당규약 개정을 통해 김정일의 '선군정치' 대신 김정은의 '인민대중제일주의정치'를 사회주의 기본정치방식으로 채택했다(≪로동신문≫, 2021. 1. 10 참조). 또한 북한은 제8차 당대회에서 '우리국가제일주의시대'라는 표현을 처음으로 사용함으로써 새로운 시대의 개막을 대내외에 선포했다(≪로동신문≫, 2021. 1. 9 참조).

2016년 개정 당규약은 서문에서 김일성과 김정일의 업적을 길게 예찬하면서 노동당이 그들의 '유훈'을 끝까지 관철하며 그들의 '혁명사상과 업적'을 견결히 옹호 고수하고 있다고 주장했다(정성장, 2021: 9 참조). 그런데 김일성과 김정일의 '혁명사상' 중에는 김정은의 노선 및 정책과 모순되는 부분들이 있다. 가장 대표적인 것이 인민대중보다 군대를 더 중시한 김정일의 '선군혁명사상'이다. 김일성 사후 김정일은 체제 유지를 위해 당과 군대에 주로 의존하면서 인민들의 희생을 정당화했지만, 김정은은 집권 직후 인민들에게 다시는 허리띠를 조이지 않게 하겠다고 약속하면서 경제건설과 핵무력 건설의 병진을 추진했다(앞의 글, 8쪽 참조).

김일성이 1955년에 처음으로 사상사업에서의 '주체' 확립을 강조했을 때에는 소련과 중국에서의 사회주의 건설 경험을 무조건 모방하지 말고 북한의 현실에 맞게 수용해야 한다는 '열린 주체'의 입장을 가지고 있었다(김일성, 1970: 29~56 참조). 그러나 1970년대 중반 김정일이 주체사상을 정식화하면서 김일성주의가 마르크스-레닌주의보다 우월한 사상이라고 주장해 '닫힌 주체'의 입장으로 개악되었다(김정일, 1987 참조). 그런데 김정은은 경제발전을 위해 자본주의사회의 선진 과학기술을 적극적으로 수용하고 국제사회와 경쟁해야 한다는 입장이기 때문에 김일성보다도 자본주의경제에 더욱 열린 입장이다. 물론 김정은이 자본주의사회, 특히 한국의 문화적 영향을 극도로 경계하고 있지만 그의 집권 이후 여성들의 지위가 상대적으로 높아지고 옷차림과 소비생활이 상당한 정도로 서구화되는 등 문화와 경제 분야에서 매우 많은 변화가 발생했다(정성장, 2021: 9 참조).

김정은 시대에 특히 경제 분야에서는 합리적 경영관리와 경쟁, '선질후량(先質後量)'의 원칙(≪로동신문≫, 2018.10.28; 2020.1.9 참조), 성과에 따른 분배[5] 등을 강조하고 있어 김일성과 김정일 시대의 '혁명사상'을 계속 강조할 경우, 김정은의 개혁정책과 충돌이 발생할 수밖에 없다. 김정은은 2019년 10월 금강산을 방문해 "손쉽게 관광지나 내여주고 앉아서 득을 보려고 했던 선임자들의 잘못된 정책으로 하여 금강산이 10여 년간 방치되어 흠이 남았다고,

---

5 김정은은 2014년 2월 전국 농업부문 분조장(分組長) 대회 참가자들에게 보낸 서한에서 "분배에서 평균주의는 사회주의분배원칙과 인연이 없으며 농장원들의 생산의욕을 떨어뜨리는 해로운 작용을 합니다"라고 지적하면서 노동의 양과 질에 따른 분배를 강조했다(≪로동신문≫, 2014.2.7 참조).

땅이 아깝다고, 국력이 여릴 적에 남에게 의존하려 했던 선임자들의 의존정책이 매우 잘못되었다"(≪로동신문≫, 2019.10.23)라고 김정일 시대의 남북경협에 대해서도 간접적으로 비판했다. 따라서 2021년 당규약에서는 김일성과 김정일의 '혁명사상과 업적'에 대한 기존 당규약에서의 장황한 설명을 모두 삭제하고, '김일성-김정일주의'를 '당의 최고강령'으로 내세우면서도 사실상 추상화하며, '당중앙'(김정은)의 유일적 영도체계를 중심에 놓았다(정성장, 2021: 9 참조).

2011년 12월 김정일이 사망한 후 그의 후계자 김정은이 북한의 새로운 '수령'이 되는 것은 당연했지만, 북한 매체들은 2020년까지 일부 예외적 사례를 제외하고는 김정은이 '수령'의 지위에 있다는 사실을 간접적으로 표현하는 데 그쳤다. 그러면서 관례적으로 김일성에 대해서는 '수령님', 김정일에 대해서는 '장군님', 김정은에 대해서는 '원수님'으로 불러왔다(사회과학출판사, 2017: 1,479; ≪로동신문≫, 2016.6.30; 2021.1.11 참조). 다만 2019년 북한 외무성 홈페이지에서는 김일성, 김정일, 김정은을 모두 '현대조선의 수령들'로 소개했다.

북한이 김정은에 대해 공개적으로 그리고 본격적으로 '수령'이라는 호칭을 사용하기 시작한 것은 2021년 1월 노동당 제8차 대회부터이다. 제8차 당대회에서 리일환 당중앙위원회 비서는 김정은을 '당의 수반'인 총비서직에 추대하면서 "당의 수반은 전당의 조직적 의사를 체현하고 대표하는 혁명의 최고뇌수, 영도의 중심, 단결의 중심으로서 **수령**의 지위를 차지"한다고 지적했다(강조는 필자). 그리고 김정은은 "영도자로서뿐아니라 혁명가로서, 인간으로서 지녀야 할 풍모를 가장 숭고한 높이에서 체현하고 계시는 **인민적 수령**"이라고 예찬했다(≪로동신문≫, 2021.1.11; 정성장, 2021: 7~8 참조, 강조는 필자).

북한은 2021년 5월 14일 자 ≪로동신문≫에 실린 동태관의 정론「인민의 심부름꾼당」에서부터 과거에 김일성에게 주로 사용되었던 '위대한 수령'이라는 표현을 김정은에게도 본격적으로 사용하기 시작했다. 북한의 대표적인 이론가 중 한 명인 동태관은 정론에서 "인민의 심부름꾼당! 이는 위대한 수령님들을 모시듯이 우리 인민을 정히 받들어야 한다는 숭고한 인민관을 내세우시고 인민에 대한 멸사복무를 필생의 일편단심으로 간직하신 **인민적 수령이신 경애하는 총비서 동지**께서만이 천명하실 수 있는 고귀한 부름이다"라고 주장했다(강조는 필자). 그리고 "**우리 당과 인민의 위대한 수령이신 경애하는 김정은 동지**의 혁명사상, 정치철학은 시대와 력사, 혁명과 건설의 모든 분야에 전면적이고도 세부적이며 심오하면서도 독창적인 해답을 주는 진리와 승리의 대백과전서, 현대인류지성의 최고정수를 이루고 있다"라고 김정은을 예찬하면서 그에 대해 '위대한 수령'이라는 표현을 사용했다(≪로동신문≫, 2021.5. 14 참조, 강조는 필자).

이후 북한은 6월 29일 자 ≪로동신문≫을 통해 "경애하는 총비서 동지는 우리 당과 혁명, 조국과 인민을 승리와 영광에로 이끄시는 **위대한 수령**이시다"라고 주장했다(강조는 필자). 그리고 6월 30일 자 ≪로동신문≫에서는 "오늘 우리 인민은 **또 한 분의 위대한 수령이신 경애하는 김정은 동지**를 우리 당과 국가의 최고수위에 높이 모시여 강국인민의 존엄과 위상을 만방에 더 높이 떨쳐가고 있다"라고 김정은을 칭송했다(강조는 필자). 특히 10월 22일 자 ≪로동신문≫ 논설에서는 김정은에 대해 '혁명의 걸출한 수령', '또 한 분의 위대한 수령', '혁명의 위대한 수령' 등 김정은이 북한의 '수령'이라는 점을 적극적으로 강조했다(≪로동신문≫, 2021.10.22 참조). 북한이 이처럼 제8차 당대회부터 김정은에 대해 '수령'이라는 용어를 본격적으로 사용하고 있는 것은 그에 대한 개인숭배가 과거 김일성에 대한 개인숭배와 같은 수준으로까지 높아졌음을 시사하는 것이다.

북한은 2012년 4월 노동당 제4차 대표자회를 개최해 김정일을 '조선로동당 총비서'로 '영원히' 모시는 결정서를 채택하고 김정은을 '조선로동당 제1비서'라는 당의 새로운 최고직책에 추대했다(≪로동신문≫, 2012. 4. 12). 2015년 2월 18일 개최된 당중앙위원회 정치국 확대회의에서도 "우리 당은 천만년 세월이 흘러도 **조선로동당 총비서의 직함은 오직 위대한 장군님**[김정일]**께서만이 지니셔야 한다**는 투철한 신념으로 당 제4차 대표자회에서 **위대한 장군님을 우리 당의 영원한 총비서로**, 영원한 수령으로 높이 모시고 조선로동당이 김일성, 김정일 동지의 당이라는 것을 내외에 엄숙히 선포"했다고 밝혔다(≪로동신문≫, 2015. 2. 19, 강조는 필자).

2016년 5월에는 북한이 노동당 제7차 대회를 개최해 당의 최고직책명을 '조선로동당 제1비서'에서 '조선로동당 위원장'으로 변경하고 김정은을 '조선로동당 위원장'직에 추대했다(≪로동신문≫, 2016. 5. 10). 그런데 북한은 2021년 1월에 노동당 제8차 대회를 개최해 김정일을 '조선로동당 총비서'로 영원히 모시기로 한 제4차 당대표자회 결정서를 무시하고 김정은을 '조선로동당 총비서'직에 추대했다. 그리고 북한은 제7차 당대회에서 당중앙위원회 '비서국'의 명칭을 '정무국'으로 바꾸었는데, 제8차 당대회에서 '정무국'의 명칭을 다시 김일성과 김정일 시대의 '비서국'으로 변경했다.

북한이 이처럼 2021년 노동당 제8차 대회에서 과거의 '총비서'와 '비서국' 체제로 복귀한 것은 2016년 노동당 제7차 대회에서 수립한 '조선로동당 위원장' 체제에서 당조직의 각급별로 너무 많은 '위원장' 직책이 만들어졌고, 국가기구에도 '최고인민회의 상임위원회 위원장' 등 위원장 직책들이 있어 '김정은 위원장'의 권위가 충분히 서지 않는다고 보았기 때문으로 판단된다.[6] 북한

---

6 북한은 새 당규약에서 "당기관뿐아니라 정권기관, 근로단체, 사회단체를 비롯한 정치조직들의 책임자 직제가 모두 위원장으로 되어 있는 것과 관련하여 최고형태의 정치조직으로서의 당의 권위를 철저히 보장할 수 있게 각급 당위원회 위원장, 부위원장직제를 책임비서, 비서, 부비서로 하고 정무국을 비서국으로, 정무처를 비서처로 고치었다"라고 밝혔다(≪로동신문≫, 2021. 1. 10).

이 총비서와 비서국 명칭을 다시 사용함으로써 '총비서' 직책은 오직 김정은에게만 사용되고, 지방당 조직의 최고책임자 직책명은 '위원장'에서 '책임비서'로 바뀌게 되어 김정은의 직책과 명확하게 구별되었다(정성장, 2021b).

2016년 노동당 제7차 대회에서 당중앙위원회 '비서'의 명칭을 '부위원장'으로 바꿈으로써 정무국 내에는 약 10명 내외의 너무나 많은 '부위원장들'이 존재하는 기현상도 발생했다. 그런데 2021년 노동당 제8차 대회에서 '2인자' 인상을 주는 '부위원장' 이름이 분야별 실무 책임자의 이미지를 주는 '비서'로 바뀜으로써 그 이전에 비해 김정은의 권위는 상대적으로 높아지고 핵심 간부들의 위상은 상대적으로 낮아졌다. 결국 김정은이 집권 이후 '조선로동당 제1비서'와 '조선로동당 위원장' 체제를 시험했다가 김일성과 김정일 시대의 '총비서' 체제로 복귀한 것은 총비서 체제가 최고지도자의 직책을 당과 국가의 다른 간부들의 직책과 명확하게 차별화하면서 최고지도자의 권위를 절대화하는 데 유리하다고 보았기 때문으로 판단된다(앞의 글 참조).

3. 김일성·김정일과의 차별성 확대 및 '수령 김정은' 강조

북한은 2016년 6월 최고인민회의 제13기 제4차 회의에서 헌법을 개정해 기존의 국가 최고직책인 '국방위원회 제1위원장'직을 폐지하고 김정은을 국가의 새로운 최고직책인 '국무위원회 위원장'직에 추대했다. 북한은 또한 주로 군부, 공안 기관, 군수공업 최고책임자들로 구성되었던 기존의 국가최고지도기관인 국방위원회를 폐지하고 경제와 외교까지 포함한 국정 전반을 관장할 수 있는 새로운 국가최고지도기관으로 '국무위원회'를 신설했다(≪로동신문≫, 2020.6.30 참조). 경제 문제는 관료에게 맡기고 당과 군대를 중심으로 통치하고자 했던 김정일과는 다르게 김정은은 그의 할아버지 김일성처럼 국정 전반을 직접 관장하겠다는 의도를 보인 것이다. 그런데 2016년에 신설된 '국무위원회 위원장'직은 김일성이 1972년에 사회주의헌법 제정을 통해 선출한 '공화국 주석'직과는 다르게 정령의 공포와 대외적으로 '국가를 대표'하는 역할 (외국 대사의 신임장, 소환장 접수 등)은 가지고 있지 않았다(정성장, 2016: 14~17 참조).

하지만 북한은 2019년 4월에 최고인민회의 제14기 제1차 회의를 개최해 헌법을 개정하고 국무위원회 위원장에게 "국가를 대표"하는 지위를 부여했다.[7] 2019년 헌법 개정 이전까지만 해도 북한에서 최고인민회의 상임위원회 위원장이 공식적으로 "국가를 대표"하는 권한을 가지고 있었다. 그런데 북한은 헌법을 개정해 국무위원회 위원장을 "국가를 대표하는 조선민주주의인민공화국의 최고영도자"로 규정했다(≪연합뉴스≫, 2019.7.11 참조). 그 결과 "국가를 대표하며 다른 나라 사신의 신임장, 소환장을 접수"하는 최고인민회의 상임위원회 위원장과 함께 두 명의 지도자가 공식적으로 "국가를 대표"하게 되었다. 물론 헌법 개정 이전에도 김정은이 북한을 대표해 시진핑 중국공산당 중앙위원회 총서기, 문재인 대통령, 도널드 트럼프 대통령과의 정상회담에 나섰기 때문에 헌법 개정으로 국무위원회 위원장이 "국가를 대표하는" 권한을 새롭게 가지게 되었다기보다는 국무위원회 위원장의 국가 대표 권한을 사후적으로 헌법에 명문화했다고 해석하는 것이 적절하다(세종연구소, 2020: 45~46 참조).

북한은 2019년 8월 최고인민회의 제14기 제2차 회의를 개최해 다시 헌법을 개정하고 국무위원회 위원장과 국무위원회의 권한을 더욱 확대했다. 개정헌법은 최고인민회의 상임위원장의 역할에 대해 "국가를 대표하여[8] 다른 나

---

7 그런데 북한은 헌법 개정 내용을 곧바로 공개하지 않아 국내에서는 동년 7월에 가서야 헌법 개정 내용을 파악할 수 있게 되었다(≪연합뉴스≫, 2019.7.11).

라 사신의 신임장, 소환장을 접수한다"라고 수정함으로써 최고인민회의 상임위원장의 '국가 대표' 역할을 외국 대사의 신임장과 소환장을 접수하는 것으로 제한했다.[9] 그리고 국무위원회 위원장에게 "최고인민회의 법령, 국무위원회 중요 정령과 결정을 공포"하는 권한과 "다른 나라에 주재하는 외교대표를 임명 또는 소환"하는 권한을 새롭게 부여했다. 이는 1972년 헌법이 공화국 주석에게 "최고인민회의 법령, 중앙인민위원회 정령, 최고인민회의 상설회의 결정을 공포"하는 권한을 부여한 것과 유사하다(김일성, 2003: 239 참조). 그러므로 2019년 8월 헌법 개정으로 '국무위원회 위원장'의 권한이 김일성 시대 '공화국 주석'의 권한에 더욱 가까워졌다(세종연구소, 2020: 46~47 참조). 북한은 헌법 개정을 통해 1972년 헌법도 공화국 주석에게 부여하지 않았던 "외교대표(대사와 공사)의 임명 및 소환" 권한을 국무위원회 위원장에게 부여함으로써 김정은이 외국에 주재하는 북한 대표의 임명까지 직접 챙기겠다는 의지를 보여주었다(세종연구소, 2020: 46~47 참조).

2019년 8월 개정 헌법은 "국무위원회 위원장은 전체 조선인민의 총의에 따라 최고인민회의에서 선거"하며 "최고인민회의 대의원으로는 선거하지 않는다"라는 조항(제101조)을 추가했다(≪로동신문≫, 2019.8.30 참조). 같은 해 3월 10일에 실시된 최고인민회의 대의원 선거에서 김정은은 그의 조부 김일성 및 부친 김정일과 다르게 대의원으로 추대되지 않았다. 북한 정권 수립 이후 최고지도자가 최고인민회의 대의원직을 맡지 않은 것은 이때가 처음이었다. 2019년 8월 개정 헌법 제101조는 김정은이 대의원으로 추대되지 않은 것을 사후적으로 헌법에 반영한 것이다. 김정은이 노동당 위원장, 국무위원회 위

---

8 '대표하며'가 '대표하여'로 바뀌었다.

9 그런데 1972년 개정 헌법은 "다른 나라 사신의 신임장, 소환장을 접수"하는 권한을 공화국 주석에게 부여했다.

사진 3-5　　노동당 창건 76주년 기념강연회

자료: ≪로동신문≫(2021. 10. 11)

원장, 인민군 최고사령관 등 당과 국가, 군대의 핵심 직책을 이미 맡고 있으므로 명예적 성격이 강한 최고인민회의 대의원직을 굳이 겸직할 필요가 없다는 그의 실용주의적 태도가 대의원직을 맡지 않은 배경이 된 것으로 분석된다 (정성장, 2019 참조).

　북한은 2021년 10월 10일 노동당 창건 76주년 기념일을 맞이해 종전의 딱딱하고 틀에 박힌 중앙보고대회를 개최하는 대신 김정은의 기념강연회를 개최했다. 북한은 이전까지 당 창건 기념일 전날 주로 중앙보고대회를 개최해 당중앙위원회 정치국 상무위원 중 한 명이 노동당의 역사를 회고하면서 김일성과 김정일 및 김정은의 영도를 칭송했다. 그리고 꺾어지는 해에는 대규모 열병식을 개최했다. 그런데 이번에는 처음으로 당 창건 기념강연회를 개최해 김정은이 직접 당과 국가, 군대의 핵심 간부들을 대상으로 연설한 것이다. 대한민국에서 광복절이나 3·1절 등 주요 기념일에 대통령이 정부와 사회의 주요 인사들 앞에서 직접 연설하는 것과 같은 형식을 취한 것으로 볼 수 있다.

김정은의 연설 내용은 딱딱하고 기존의 연설과 특별히 다르지 않았다. 김정은은 '당의 유일적 영도체계' 확립, 사상사업의 개선 강화, 사회주의신념교양 강화, 행정경제사업에 대한 당적 지도 개선 강화, 근로단체들에 대한 당적 지도, '인민대중제일주의'와 당 간부들의 청렴결백과 낮은 자세, 중앙당 부서들의 역할 강화 등을 강조했다.

김정은이 '자본주의의 반동성과 멸망의 불가피성'과 같은 낡은 마르크스-레닌주의 논리들을 간부들로 하여금 대중들에게 원리적으로 해설·선전할 것을 강조한 점에 비추어 볼 때 적어도 가까운 미래에 이데올로기 분야에서 덩샤오핑식 '사상해방'은 기대하기 어려울 것으로 전망된다. 김정은은 또한 노동당 제8차 대회가 설정한 5개년계획 기간을 "나라의 경제를 추켜세우고 인민들의 식의주[의식주] 문제를 해결하는 데서 효과적인 5년, 세월을 앞당겨 강산을 또 한 번 크게 변모시키는 대변혁의 5년"으로 되게끔 하겠다는 결심과 의지를 천명했다(《로동신문》, 2021.10.11 참조).

그러나 북한은 김정은의 기념강연회를 개최하면서 간부들로 하여금 과거처럼 딱딱한 분위기의 주석단에 앉아 있게 하는 대신 편안한 쇼파에 앉아 청중들을 바라보게 했다. 이는 한국이나 서구 국가들에서 강사가 강연을 할 때 토론자들이 편안한 의자에 앉아 경청하는 것과 같은 분위기를 연출한 것이다.

2021년 10월 11일 개최된 국방발전전람회에서도 북한은 간부들을 편안한 쇼파에 앉게 하고 김정은이 간부들과 맞담배를 피우는 모습을 보여줌으로써 의도적으로 편안한 분위기를 연출했다. 그리고 이 행사 개막식에서 애국가 연주 지휘자가 김정은 얼굴 사진이 프린트된 티셔츠를 입고 등장하는 파격을 보여주었다. 이는 쿠바혁명의 아이콘으로 여겨지는 체 게바라의 흑백 사진이 프린트된 티셔츠를 연상시키는 것이었다. 이 같은 사실은 현재의 북한 지도 부가 외부 세계의 동향과 추세를 어느 정도 파악하고 있으며, 북한의 대외적 이미지를 개선하기 위해 노력하고 있음을 시사하는 것이다.

참고문헌

김일성. 1970. 「사상사업에서 교조주의와 형식주의를 퇴치하고 주체를 확립할데 대하여 (당선전선동일군들앞에서 한 연설, 1955년 12월 28일)」『우리 혁명에서의 주체에 대하 여』. 평양: 조선로동당출판사.
_____. 2003. 「조선민주주의인민공화국 사회주의헌법(1972년 12월 27일)」. 『김일성전집 50』. 평양: 조선로동당출판사.
김정일. 1987. 「온 사회를 김일성주의화하기 위한 당사상사업의 당면한 몇 가지 과업에 대 하여(전국당선전일군강습회에서 한 결론, 1974년 2월 19일)」. 『주체혁명위업의 완성을 위하여 3(1974-1977)』. 평양: 조선로동당출판사.
≪로동신문≫. 2011. 12. 26; 2011. 12. 29; 2011. 12. 31; 2012. 4. 12; 2012. 4. 14. ; 2012. 4. 16; 2012. 4. 19; 2014. 2. 7; 2015. 2. 19; 2016. 5. 10; 2016. 6. 30; 2018. 1. 23; 2018. 4. 12; 2018. 10. 28; 2019. 7. 1; 2019. 8. 30; 2019. 10. 23; 2020. 1. 9; 2020. 6. 30; 2021. 1. 9; 2021. 1. 10; 2021. 1. 11; 2021. 5. 14; 2021. 10. 11; 2021. 10. 22.
백과사전출판사. 1983. 『백과전서 3』. 평양: 과학, 백과사전출판사.
사회과학출판사. 2017. 『조선말대사전(증보판) 2』. 평양: 사회과학출판사.
서울대학교 통일평화연구원. 2020. 「북한주민 통일의식 2019」.
세종연구소. 2020. 「2019 북한 동향과 분석」. 성남: 세종연구소.
≪연합뉴스≫. 2019. 7. 11.

정성장. 2016. 「북한의 국무위원장직과 국무위원회 신설 의도 평가」. ≪정세와 정책≫, 2016년 8월호.

_____. 2019. 「북한 최고인민회의 제14기 제2차 회의와 국무위원회 위원장의 위상 변화 평가」. ≪세종논평≫, No. 2019-24(2019. 8. 30).

_____. 2021a. 「북한의 노동당 규약 개정 내용과 대내외 정책 변화 평가: 주요 쟁점을 중심으로」. ≪세종정책브리프≫, No. 2021-13(2021. 7. 5).

_____. 2021b. 「북한의 노동당 규약 개정과 김정은의 위상 변화 평가」. ≪세종논평≫, No. 2021-02(2021. 1. 13).

≪KBS NEWS≫. 2018. 1. 23.

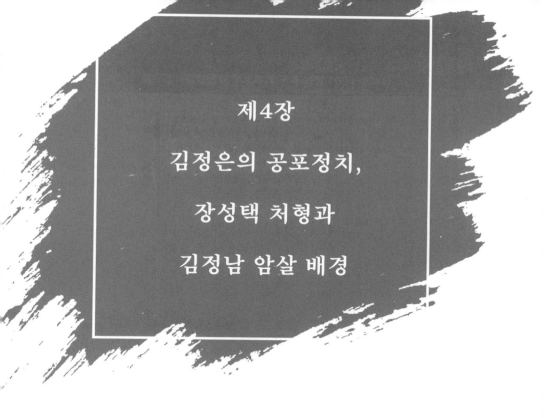

제4장

김정은의 공포정치,

장성택 처형과

김정남 암살 배경

1. 김정은이 김정일보다 공포정치에 더 의존하고 있는가?

김정은은 21세기에 거의 유일한 스탈린식 지도자이다. 푸틴 러시아 대통령의
경우도 장기 집권을 위해 언론통제와 정치적 테러에 크게 의존하지만, 김정
은은 아예 야당과 자유언론의 존재를 인정하지 않는 전체주의적 독재자이다.
현재의 중국은 국민들이 공산당과 최고지도자를 정치적으로 비판하지 못하
지만 경제와 사회 분야에서는 상당한 자유를 허용하고 있다. 그리고 중국 국
민들의 해외여행과 유학도 허용하고 있다. 그런데 대부분의 동유럽 구사회주
의국가들과는 다르게 탈(脫)스탈린화의 과정을 겪지 않은 북한에서는 스탈린
시대의 소련에서처럼 여전히 최고지도자의 권위를 절대화하고 있고, 모든 간
부와 주민들은 최고지도자의 지시와 결정에 무조건 복종할 것을 강요받고 있

다. 그리고 주민들의 해외여행도 중국에 친척이 있는 경우 등 매우 특별한 경우에 한해서만 허용하고 있다.

김정일은 1974년에 '수령의 후계자'로 결정된 후 김일성과 자신의 지위를 절대화하기 위해 「당의 유일사상체계확립의 10대 원칙」을 발표했다. 이 '10대 원칙'은 이후 북한에서 당규약이나 헌법보다 더 중시되어 왔다. 1994년 김일성의 사망으로 이 '10대 원칙'의 개정이 불가피해졌지만, 법과 제도를 무시하고 초법적 권력에 의해 통치하고자 했던 김정일은 사망 시까지 이 문건을 개정하지 않았다. 그런데 북한은 2013년 6월 이 원칙을 개정하여 「당의 유일적 령도체계 확립의 10대 원칙」을 발표함으로써 기존의 '10대 원칙'과 변화된 현실 간의 괴리를 좁히고 김정은의 지위도 절대화하기에 이르렀다. 그 결과 최고지도자의 권력을 절대화하는 스탈린식 정치문화가 김정은 시대에도 고착되었다.

그런데 그렇다고 해서 김정은이 자신의 부친 김정일보다 공포정치에 더 의존하고 있는 것은 아니다. 박근혜 정부 시기 한 국책연구기관은 "김정은의 집권 초 그가 유럽 유학을 경험했고 20대 후반의 젊은 지도자라는 점에서 그에 대해 희망 섞인 전망도 나왔지만 그는 오직 3대 세습권력을 공고히 하기 위해 자신의 고모부를 비롯한 많은 고위 간부와 주민들을 공개 총살하고 숙청하는 반인륜적인 행위를 자행했다"(국가안보전략연구원, 2016: 발간사 참조)고 평가했다. 우리 사회의 다수 언론도 정확한 사실 확인 없이 국책연구기관의 이 같은 '김정은 깎아내리기'에 무비판적으로 동조했다.

당시 언론들이 김정은의 '포악성'을 설명하기 위해 자주 언급했던 것이 2011년 12월 김정일 영결식에서 영구차를 호위했던 '운구차 7인방'의 운명이다. 국내의 상당수 언론들은 "거듭된 숙청으로 김정일 사망 당시 김정은의 후견인으로 점쳐졌던 총참모장 리영호, 인민무력부장 김영춘 등 이른바 '운구차 7인방'은 모두 권력의 자리에서 물러나게 됐다"[1]라고 보도했다. 김정은의

사진 4-1 김정일 영결식

자료: ≪로동신문≫(2011.12.29)

1인 지배체제 강화 차원에서 '운구차 7인방'이 모두 숙청된 듯이 보도한 셈이
다.

　김정은과 함께 영구차를 호위했던 7인은 장성택 당중앙위원회 행정부장,
김기남 당중앙위원회 비서, 최태복 당중앙위원회 비서, 리영호 총참모장, 김
영춘 인민무력부장, 김정각 총정치국 제1부국장, 우동측 국가안전보위부 제1
부부장이었다.

　이 중에서 리영호 총참모장은 과거 군부가 관장하던 외화벌이 사업을 당과
내각으로 이전하는 데 반발하다가 2012년 7월에 해임되었다는 것이 대체적
인 분석이다. 김정은은 같은 해 5월 14일 "군대가 너무 돈맛을 들었다. 총과
총알은 당과 국가가 만들어 주겠으니 군대는 싸움만 잘하면 된다"고 지적한
것으로 알려졌다(정성장, 2012: 70~71 참조). 그렇다면 리영호의 해임은 김정

1　신승민, "核의 폭주와 숙청의 시대, 김정은 6년의 '공포정치'", ≪월간조선≫, http://mon
　thly.chosun.com/client/mdaily/daily_view.asp?idx=2416&Newsnumb=2017122416
　참조(검색일: 2018.4.8)

사진 4-2　제2차 전국당초급선전일군대회에서 김정은의 서한을 전달하는 김기남

자료: ≪로동신문≫(2019. 3. 9)

은의 1인 지배체제 강화와는 무관한 군부 개혁 과정에서 이루어진 숙청이라고 보는 것이 적절하다.

　둘째, 장성택 당중앙위원회 행정부장은 2013년 12월 '반당·반혁명적 종파행위'와 "권력을 남용하여 부정부패 행위를 일삼고 여러 여성들과 부당한 관계를 가지였으며 고급식당의 뒷골방들에서 술놀이와 먹자판을 벌렸다"(≪로동신문≫, 2013. 12. 9)라는 혐의 등으로 숙청되었다. 북한과 같은 스탈린주의적 권력체계에서 '종파행위'는 가장 심각한 '반당·반혁명' 행위에 해당하므로 처형을 면하기 어렵다.

　셋째, 김기남과 최태복 당중앙위원회 부위원장은 2017년 10월 당중앙위원회 제7기 제2차 전원회의를 계기로 당의 고위직에서 물러났다. 당시 그들의 나이는 각기 88세와 87세였으므로 퇴장 이유는 고령 때문이라고 보아야 할 것이다.[2] 김기남과 최태복은 이후에도 2020년 10월 10일 노동당 창건 75주

---

2 최태복은 2024년 1월 급성심근경색으로 93세의 나이에 사망했다. 김기남은 은퇴 이후에도 '당중앙위원회 고문' 자격으로 2019년 3월에 개최된 제2차 전국당초급선전일군대회에서 김정은의 서한을 전달하고, 당중앙위원회 전원회의 등에도 참석하는 등 원로로서 계속 활동하는 모습을 보여주었다. 그러다가 2022년 4월부터 노환과 다장기기능부전으

년 기념 열병식과 2021년 9월 9일 정권 수립 73주년 기념 열병식의 주석단에 초대되는 등 원로로서 계속 예우를 받았기 때문에 그들의 은퇴를 숙청과 연결 짓는 것은 부적절하다(≪로동신문≫, 2020. 10. 10; 2021. 9. 9 참조).

넷째, 김영춘은 2013년 4월 인민무력부장직에서 해임되었는데, 그때 그의 나이가 77세였으므로 그의 해임도 고령에 의한 것으로 해석된다. 김영춘은 그 후 당중앙위원회 군사부장, 인민무력성 총고문직을 맡았고, 2016년 4월에는 인민군 원수 칭호까지 받았다. 김영춘은 이처럼 계속 군 관련 중요한 직책을 맡았고, 2018년 8월에 사망했을 때에는 김정은이 비가 내리는 궂은 날씨에도 그의 영결식에 직접 참석했으므로 그의 숙청설은 전혀 근거 없는 것이다(≪로동신문≫, 2018. 8. 21).

다섯째, 1941년생인 김정각은 2012년 4월 총정치국 제1부국장에서 인민무력부장으로 승진했다가 같은 해 11월에 그 직책에서 해임되고, 2013년 7월 김일성군사종합대학 총장직으로 이동해 일선에서 물러나는 듯한 모습을 보여주었다. 그러나 그 후 김정각은 인민무력성 제1부상직을 맡아 다시 요직으로 복귀했다가 2018년 2월에는 인민군 총정치국장이라는 당시 군부 1인자 직책에까지 올랐고, 같은 해 4월에는 국무위원회 위원직과 당중앙위원회 정치국 위원직에도 보선되었다가 은퇴했으므로 그의 직책 이동도 숙청과는 전혀 관련이 없다(≪로동신문≫, 2018. 4. 12; 2018. 4. 21; 통일부, 2022: 221~222 참조).

마지막으로 신뢰할 만한 대북 소식통에 의하면, 우동측 전 국가안전보위부 제1부부장은 2012년 3월 뇌출혈로 쓰러진 것으로 파악되고 있다. 그러므로 그의 퇴장도 정치적인 숙청과는 관련이 없다.

이처럼 '운구차 7인방'의 운명을 분석해 보면 장성택을 제외하고는 김정은

로 병상에서 치료를 받아오다가 2024년 5월 7일 만 90살의 나이로 세상을 떠났다(≪로동신문≫, 2024. 1. 21; 2024. 5. 8).

사진 4-3　김영춘의 영결식에 참석한 김정은

자료: ≪로동신문≫(2018. 8. 21)

사진 4-4 2018년 4월 최고인민회의 회의에서 보선된 국무위원들 사진과 김정각

보 선 된 국 무 위 원 회 위 원 들

국무위원회 위원 김정각동지   국무위원회 위원 박광호동지   국무위원회 위원 태종수동지   국무위원회 위원 정경택동지

자료: ≪로동신문≫(2018. 4. 12)

의 1인 지배체제 강화를 위해 숙청된 인물은 없다.

　다수의 전문가들은 김정은의 '즉흥적'인 결정에 의해 김정일 시대보다 더 많은 간부들이 숙청되고 있는 것처럼 주장했지만, 이 같은 주장은 사실과 일정한 차이가 있다. 2015년에 한국의 국가정보원은 김정은 집권 이후 3년 6개월 동안 약 70여 명의 간부가 숙청되었다고 밝혔다(≪연합뉴스≫, 2015. 8. 12 참조). 그리고 국가정보원 산하 국가안보전략연구원이 2016년에 발간한 『김정은 집권 5년 실정 백서』에 따르면 김정은 집권 이후 총살·처형된 간부들은 2016년 기준 총 140여 명으로 2012년 3명, 2013년 30여 명, 2014년 40여 명, 2015년 60여 명이었다. 김정은 집권 이후 5년간 140여 명의 간부가 숙청되었다면 그 숫자가 적은 것은 아니지만, 이는 김정일 시대 '심화조사건'으로 3년간 숙청된 간부들의 약 7% 정도이다.

　김일성 사망 후인 1997년부터 1999년까지 약 3년 동안 이른바 '심화조사건'을 통해 숙청된 간부들은 적어도 2,000명 정도로 추산된다. 1997년부터 주민재등록사업 과정에서 일부 간부들의 6·25전쟁 당시 행적이 불분명한 점이 노출되자 김정일은 사회안전부 정치국장 채문덕에게 전 주민의 행적 조사를 심화할 것을 지시했다. 그 결과 1997년 당중앙위원회의 농업 담당 비서 서관히, 평남도당 책임비서 서윤석, 당중앙위원회 조직지도부 본부당 책임비서

문성술 등 고위 간부들이 간첩죄의 죄명을 쓰고 숙청되었다(한기범, 2009: 34~37 참조). 이 '심화조사사건'으로 핵심 실세였던 문성술 당중앙위원회 조직지도부 본부당 책임비서까지 처형되었으므로 김정일 시대에도 핵심 간부들이 결코 숙청에서 자유로운 것은 아니었다.

게다가 한국 정보 당국이 김정은 집권 이후 '숙청'되었다고 발표한 북한 간부들 중 일부는 얼마 후 복권되거나 다른 직책으로 이동한 것이 확인되고 있어 실제 숙청 규모는 당국이 발표한 것보다 훨씬 적을 수도 있다. 실례로 2016년 2월 한국의 정보 당국은 리영길 당시 북한군 총참모장이 비리 혐의로 전격 처형되었다고 밝혔었다(김호준, 2016.2.10). 그러나 리영길은 같은 해 5월 노동당 제7차 대회에서 정치국 후보위원과 당중앙군사위원회 위원에 선출되어 살아 있음이 확인되었고(≪로동신문≫, 2016.5.10; 문관현, 2016.5.10), 총참모부 제1부총참모장 겸 작전총국장으로 한 단계 강등된 직책으로 활동하다가 다시 총참모장으로 승진했으며, 이후 사회안전상, 국방상, 총참모장 등 주요 요직을 돌아가면서 맡고 있다(통일부, 2022: 422~423 참조).

이 외에도 마원춘 국무위원회 설계국장과 박태성 당중앙위원회 비서 등 한때 공식석상에서 사라져 사망설 또는 처형설이 돌기도 했던 간부들이 이후 다시 모습을 드러내 다시 요직에까지 오른 사례들이 여러 건 있다(신지홍, 2015.9.4; 임은진, 2015.10.8; 정래원, 2022.2.15 참조). 그러므로 공식 석상에서 사라진 간부들의 일부는 숙청을 당했을 수 있지만, 그들 모두가 숙청되거나 처형된 것처럼 성급하게 간주하는 것은 부적절하다.

한편 2014년 10월 20일 일본 ≪아시아프레스≫는 같은 달 6일 노동당 중앙당 과장 3명과 부하 7명 등 10명이 김정은의 지시·방침을 관철하는 사업을 소홀히 했고 비밀 사조직을 만들었다는 이유로 평양 교외의 강건종합군관학교에서 총살되었다고 밝혔다. 그리고 이 매체는 2013년 12월 숙청된 장성택 당중앙위원회 행정부장과 결탁한 혐의로 노동당 중앙당 과장과 해주시 노동당 최고 책임서기가 이달 11일 같은 장소에서 총살당했다고 덧붙였다(이세원, 2014.10.21). 그런데 미국 북한인권위원회가 2015년 4월 공개한 강건종합군관학교에서의 북한 간부 처형 위성사진 촬영 시점은 2014년 10월 일본의 ≪아시아프레스≫가 보도한 같은 학교에서의 공개 총살 시점과 대체로 일치한다. 북한의 당과 국가기관 간부들에 대한 총살이 주로 강건종합군관학교에서 이루어졌기 때문에 미국 민간단체가 2015년에 공개한 위성사진은 북한 간부들에 대한 공개 총살 집행 장면일 가능성이 높다(차지연, 2015.4.30; 안윤석, 2015. 5.1 참조).

장성택과 관련된 인사들에 대한 처형은 대체로 2014년에 마무리되고 2015년에는 지시에 무조건적으로 복종하지 않는 간부들의 기강을 잡기 위해 김정은은 공개 처형이라는 극단적인 방식에 의존했다. 산림녹화사업에 불만을 토로한 임업성 간부와 과학기술전당의 지붕 모양 설계와 관련해 이의를 제기한 국가계획위원회 부위원장 등을 처형한 것은 김정은의 권위주의적이고 폭군적인 성격을 잘 보여주는 사례이다(김동선, 2015.5.13).

북한은 지금까지 마약 밀매자, 살인자 등 흉악한 범죄자, 한국 드라마와 영화 CD 불법 복제 판매자 그리고 김일성 동상 훼손자들에 대해서는 시장에 주민들을 모아놓고 공개 처형을 해왔다. 그러나 당과 국가기관 간부들에 대해서는 주민들 앞에서 공개 총살을 하면 오히려 부정적인 영향이 크다고 보고 이들에 대해서는 주로 평양시 순안구역에 있는 강건종합군관학교 사격장에서 총살 대상자와 관련이 있는 부문의 간부들 참석하에 사형을 집행하거나 비공개로 진행해 온 것으로 알려지고 있다. 이때는 특별재판소에서 나와 김정일이나 김정은의 정치적 신임에 의해 간부로 임명되었으나 그 신임을 배반했기 때문에 '반당·반혁명 분자'로서 사형에 처한다고 공포를 하고 대체로 보위부가 사형을 집행한다. 일반적으로는 사수가 자동 보총[보병용 소총]에 1인당 15발씩 장전해서 3번에 걸쳐 발사하기 때문에 처형을 당한 사람의 시신은 형체를 알아볼 수 없을 정도로 갈기갈기 찢어진다.[3] 이 같은 잔인한 처형 방식은 개인보다 집단을 더 중시하고, 개인의 생명보다 최고지도자에 대한 절대적이고 무조건적인 복종을 더 중시하는 북한의 심각한 인권 상황을 잘 보여주는 것이다.

김정은이 그의 지시에 무조건적으로 복종하지 않는 간부들에 대해 처형이라는 극단적인 방식으로 대응하고 있는 것은 그가 매우 권위주의적이고 제왕적·폭군적인 사고를 가지고 있는 데다가 포용력이 부족하기 때문일 것이다. 북한 ≪로동신문≫ 사진을 면밀히 분석해 보면 그는 인민들에 대해서는 따뜻한 지도자 이미지를 연출하면서도 간부들에 대해서는 매우 권위주의적인 모습을 보여주고 있다. 김정은의 이 같은 상반된 이미지 연출은 간부들의 세도에 불만을 갖고 있는 일반 주민들에게는 상당한 만족감을 줄 것이다.

2. 장성택 숙청의 배경과 평가[4]

2013년 12월 8일 북한은 노동당 중앙위원회 정치국 확대회의를 개최해 장성택 국방위원회 부위원장의 '반당·반혁명적 종파행위와 관련한 문제'를 토의한 후 그를 모든 직무에서 해임하고 출당, 제명을 결정했다(≪로동신문≫, 2013. 12.9). 그리고 4일 후인 동년 12월 12일 국가안전보위부 특별군사재판소에서 장성택에게 '국가전복음모행위' 혐의로 사형 판결을 내리고 이를 곧바로 집행했다.[5] 그때까지 한국의 다수의 전문가들과 언론이 '북한의 명실상부한 제2

---

3 공안 기관 간부 출신의 탈북자 J 씨와의 인터뷰(2015. 1. 28; 2015. 7. 28).

4 보다 상세한 분석은 정성장(2014: 1~25) 참조.

5 ≪로동신문≫(2013. 12. 13). 2009년 화폐개혁을 주도했던 박남기 전 당중앙위원회 계획

인자'로 간주해 온 장성택이 하루아침에 형장의 이슬로 사라진 것이다.

그러나 장성택의 처형은 갑자기 결정된 것이 아니라 오래전부터 준비된 것이었다. 국가정보원은 2013년 12월 3일 "금년 들어 보위부(국가안전보위부)에서 장성택 심복에 대한 비리 혐의를 포착하고 내사에 들어가는 등 일부에서 견제 분위기가 나타나면서 장성택은 공개활동을 자제"해 왔다고 밝혔다(≪프레시안≫, 2013.12.3).

북한은 먼저 장성택의 핵심 측근부터 공개 처형하고, 그다음에 장성택을 처형하는 순서를 택했다. 국정원 발표에 의하면, 장성택 국방위원회 부위원장의 핵심 측근들인 리룡하 당중앙위원회 행정부 제1부부장과 장수길 행정부 부부장은 2013년 11월 하순 공개 처형되었다. 북한 내부 사정에 밝은 소식통에 의하면, 인민무력부가 11월 초 평안남도 남포의 수산물기지 사업권을 장악하기 위해 군 인사들을 현지에 보냈고, 이에 저항하는 승리무역 관계자들과 총격전이 벌어지면서 군인 세 명이 사망하는 사건이 발생했다. 이 사건이 김정은에게 보고되면서 승리무역의 운영에 깊숙이 개입한 것으로 알려진 장성택의 측근 장수길 당중앙위원회 행정부 부부장 등이 처형되었다. 특히 문제의 사건이 벌어졌을 당시 승리무역 관계자들이 "우리는 장성택 행정부장의 명령이 아니면 안 듣는다"라는 식으로 이야기한 것이 큰 문제가 되었다. 한 소식통은 "군부 인사들이 '최고사령관 명령으로 나왔다'고 했는데도 현장에서 '최고사령관이 누구냐. 그 따위는 모른다'고 이야기한 사람들이 있었다"라고 전했다(조숭호·김정안, 2013.12.20 참조).

리룡하와 장수길의 죄명은 '월권'과 '분파 행위', '당의 유일적 영도체계 거부' 등이다(정성장, 2013b; 정창현, 2014: 46 참조). 리룡하와 장수길 모두 당중

재정부장도 국가안전부 특별군사재판소에서 사형 판결을 받았다(정창현, 2014: 55).

앙위원회의 간부들이고 이들의 혐의가 '반당·종파행위'이므로 군부가 아니라 국가안전보위부에 의해 재판이 이루어진 것으로 판단된다. 국정원에 의하면, 이후 북한은 내부적으로 장성택 측근들을 비리 등 '반당' 혐의로 공개 처형한 사실을 전파하고, 김정은에 대한 절대 충성을 강조하는 사상교육을 실시하는 등 내부 동요 차단을 위해 노력했다(≪데일리NK≫, 2013.12.3).

  그런데 북한이 2013년 12월 8일 당중앙위원회 정치국 확대회의에서 지적한 장성택의 죄명과 12월 12일 국가안전보위부 특별군사재판소가 내린 죄명 간에는 매우 큰 차이가 있다. 당중앙위원회 정치국 확대회의에서는 장성택의 '반당·반혁명적 종파행위'에 대해서만 지적했는데, 4일 만에 갑자기 죄명이 '국가전복음모행위'로까지 확대된다. 이는 북한이 장성택의 '반당·반혁명적 종파행위' 혐의만 가지고 사형 판결을 내리는 것을 대외적으로 정당화하는 데 한계가 있다고 판단해 장성택에게 '국가전복음모행위'라는 용납하기 어려운 죄명을 뒤집어씌운 것으로 분석된다.

  북한 국가안전보위부가 장성택에게서 '국가전복음모행위'를 했다는 '자백'을 이끌어내기 위해 그를 고문하고 구타했다는 사실은 북한이 공개한 사진을 통해서도 간접적으로 확인된다. 그러므로 북한이 2013년 12월 8일 당중앙위원회 정치국 확대회의를 통해 지적한 죄명이 장성택의 진짜 숙청 이유에 가깝다고 볼 수 있을 것이다.

  한편 북한은 당중앙위원회 정치국 확대회의에서 장성택의 해임 사유와 관련, 그가 "앞에서는 당과 수령을 받드는 척하고 뒤에 돌아앉아서는 동상이몽, 양봉음위[6]하는 종파적 행위를 일삼았다"라고 밝혔다. 장성택이 "정치적 야심으로부터 출발하여 지난 시기 엄중한 과오를 범하여 처벌을 받은 자들을 당

---

6 북한 사전에 따르면 "겉으로는 지지하고 받드는 체하면서 속으로는 반대하고 뒤로 돌아서서 딴짓을 하는 것"을 의미한다(사회과학출판사, 1992: 1,409).

중앙위원회 부서와 산하 단위 간부대열에 박아 넣으면서 세력을 넓히고 지반을 꾸리려고 획책"했다는 것이다(≪로동신문≫, 2013.12.9).

장성택이 스탈린주의 체제에서는 용납이 되지 않는 '종파행위'를 했다는 것은 그의 과거 경험에 비추어 볼 때 충분히 있을 법한 일이다. 이미 김일성 시대에 장성택은 김정일의 '피로회복관' 건설, 1989년 제13차 평양 세계청년학생축전 준비, 1990년대 초 평양의 '통일거리 건설' 등 김정일의 특별 지시를 집행하면서 그의 말은 곧 김정일의 말로 인식되었었고, 그는 김일성·김정일 다음가는 위상과 영향력을 가지게 되었다. 북한에서 1호 행사(김일성 부자가 참석하는 회의)가 진행되는 경우 모든 간부들은 직급에 관계없이 최소한 30분 전에 대기실에서 기다리고 있어야 하지만 장성택만은 예외였다. 그는 김일성 부자가 나오기 10분 전에 나왔고 먼저 나온 모든 간부들은 그에게 90도로 정중히 인사를 올리는 것이 '관례'가 되었다. 또한 북한 간부들은 장성택을 '장부장 동지'라고 부르면서 '친애하는 지도자 동지'(김정일)를 부를 때만큼이나 존경과 아부의 정을 담아 불렀다. 장성택은 그야말로 김정일의 '분신(分身)'과 같은 대우를 받은 것이다. 이처럼 장성택이 막강한 영향력을 행사하게 되자 장성택 측근들의 영향력도 커졌고, 장성택에게 줄을 서려는 간부들이 늘어나게 되었다(고영환, 1992: 11~154 참조).

그러나 '김정일의 분신' 행세를 하던 장성택에게도 시련의 시기가 있었다. 당중앙위원회 조직지도부 제1부부장이었던 그는 2003년 7월 초 김정일의 자강도 강계시내 산업시설 및 교육기관 시찰 수행 이후 공식 석상에서 사라졌다. 흥미롭게도 장성택이 공식 석상에서 사라진 시점은 황장엽 전 조선로동당 중앙위원회 비서가 한국 국회 의원회관에서 열린 '탈북자·북한 인권 문제 토론회'에 참석해 "김정일 체제가 무너질 경우, 그래도 다음을 이을 사람들이 있는데, 지금으로서는 장성택이 제일 가깝다"라고 지적하고, 장성택이 "노동당 조직지도부 제1부부장으로 사방에 자기 사람을 박아놓았다"(≪조선일보≫,

2003.7.5)라고 말한 2003년 7월 4일 직후이다(정성장, 2011: 138).

장성택은 당중앙위원회 조직지도부의 다른 제1부부장들과 함께 김정일 다음으로 영향력 있는 직책에 있었고, 공안 기관 및 사법·검찰 기관에 대한 당 생활 및 정책적 지도를 담당했었다(현성일, 1999: 43; ≪연합뉴스≫, 2003.7.27). 또한 당시 장성택의 큰형 장성우가 평양 방어를 책임진 차수(원수와 대장 사이) 계급의 3군단장이었고, 둘째 형 장성길도 인민군 중장으로 군단 정치위원이었기 때문에 장성택은 김정일의 갑작스러운 유고 시 정권을 장악하기에 가장 유리한 위치에 놓여 있는 인물로 외부 세계에서 주목받아 왔다. 그런데 김정일이 장성택에게 크게 의존하기는 했지만 그를 자신의 후계자로 내세울 생각은 전혀 없었을 것이다. 따라서 황장엽의 발언 이후 김정일과 고용희는 그들 사이에서 태어난 김정은을 후계자로 내세우는 데 장애가 될 수 있는 장성택의 영향력을 서둘러 축소시킬 필요성을 느끼게 된 것으로 보인다(정성장, 2011: 138~139).

장성택은 공식 석상에서 사라진 후 '종파(파벌)행위'와 '권력남용' 등으로 당으로부터 집중 검열을 받았다. 북한은 '수령'과 '수령의 후계자' 이외의 당 간부 주위에 사람이 모이는 것을 '종파행위'로 간주해 왔기 때문에 주변에 다수 측근 세력을 형성한 장성택이 '종파행위'를 해왔다고 볼 수 있다. 과거에는 그가 김정일의 여동생 김경희의 남편이고 김정일이 그에게 크게 의존했기 때문에 그러한 행위가 크게 문제되지 않았다. 그러나 김정일이 환갑이 지남에 따라 후계자 문제에 대해 진지하게 고려하게 되고, 그의 부인 고용희가 유선암으로 사망하기 전에 김정은을 후계자로 내세우기 위해 서두르게 됨에 따라 장성택의 '종파행위'는 김 총비서에게 더 이상 용납할 수 없는 것으로 받아들여졌다(정성장, 2011: 139).

장성택의 직무 정지는 그의 측근들의 해임 또는 좌천으로 연결되었다. 장성택의 측근 중 최춘황 당중앙위원회 선전선동부 제1부부장, 리광근 무역상,

박명철 체육지도위원장 등은 해임되어 김일성고급당학교에서 재교육을 받거나 농촌으로 추방된 것으로 알려졌다. 그리고 2003년 7월에 임명된 최룡수 인민보안상은 만 1년 만에 해임되었으며, 지재룡 당중앙위원회 국제부 부부장도 지방의 노동자로 좌천된 것으로 파악되었다. 장성택 파벌이던 군 장성급 7~8명도 지휘관 등의 자리에서 물러난 것으로 알려졌다. 또한 약 80여 명의 장성택 계열 고위 간부들을 대상으로 집중 조사가 진행되었다는 보도도 나왔다(≪연합뉴스≫, 2003. 7. 27; 2004. 7. 11; 2004. 11. 26; ≪조선일보≫, 2004. 7. 12; 2004. 11. 25). 장성택의 형 장성우는 2004년 상반기에 평양 방어를 책임진 3군단장직에서 물러나 민간무력을 관장하는 당중앙위원회 민방위부장을 맡게 되었는데, 이는 유사시 장성우가 장성택의 권력 장악을 돕기 위해 군대를 동원할 가능성을 원천적으로 차단하기 위한 인사 조치로 해석된다(정성장, 2011: 139~140).

장성택은 고용희가 유선암으로 사망한 후인 2006년 1월 28일 국방위원회가 주최한 설 연회에 김정일 총비서와 함께 참석, 정치무대에 복귀했으며 '당중앙위원회 근로단체 및 수도건설부 제1부부장'을 맡게 되었다. 그리고 2007년 10월경 장성택은 당중앙위원회 행정부장으로 승진하면서 2004년 직무 정지 당하기 전 조직지도부의 행정 담당 제1부부장으로서 맡았던 업무를 다시 관장하게 되었다(정성장, 2011: 140). 이처럼 장성택은 외형적으로는 과거의 지위를 되찾게 되었지만, '종파행위'로 인해 다시 낙마하지 않도록 보다 신중하게 처신해야 하는 상황에 놓이게 되었다.

그런데 2008년 8월 김정일의 뇌혈관계 이상은 장성택에게 김정은의 후계 체계 구축을 지원해야 하는 새로운 과제를 안겨주면서 그의 영향력이 다시 커지게 되었다. 그러나 장성택이 "김정일 국방위원장 와병 이후 김정은 후계체제 구축 과정과 김정은 정권 공식 출범까지 전 과정에서 사실상 북한을 실질적으로 통치하는 1인자나 다름없이 권력을 행사"해 왔다는 일부 언론인의 주장(최선영, 2013.12.13)은 명백히 사실과 다르다. 2009년부터 2011년 김정일 사망 시까지 김정은의 군부 장악을 지원했던 엘리트들은 당시 김정각 군 총정치국 제1부국장, 김원홍 총정치국 조직부국장, 리영호 총참모장 등이었고, 장성택은 김정은의 군부 장악과 관련해서는 거의 기여하지 못했다(정성장, 2013a: 48 참조). 그리고 김정은이 2009년 4월경부터 국가안전보위부를 통해 북한의 모든 파워 엘리트들을 감시·통제하는 위치에 놓이게 되었으므로 장성택의 직접 휘하에 있는 인사들이나 경제적 이권과 관련된 인물들을 제외하고는 장성택의 '측근'이 되어 그에게 '줄을 섰던' 최고위급 인사들은 드물었을 것이다.

또한 김정은은 2012년 10월 29일 김일성군사종합대학에서 열린 김일성·김정일 동상 제막식에서 한 연설에서 "당과 수령에게 충실하지 못한 사람은 아무리 군사가다운 기질이 있고 작전전술에 능하다고 해도 우리에겐 필요 없다"(≪연합뉴스≫, 2012.11.2)라고 강조하면서 김정은의 군사명령지휘체계 수립을 보좌했던 리영호 총참모장의 해임을 정당화했다. 이 같은 논리를 장성택에게 적용한다면, 장 부위원장이 김정은의 고모부이고 과거 김정은의 후계체계 구축과 김정일 사후 김정은의 국정 장악에 큰 기여를 했다고 하더라도 그와 그의 측근이 '당과 수령'에게 충실하지 못하면 필요 없다는 결론이 나오게 된다.

한편 2013년 6월 19일 김정은은 당, 국가, 군대 등의 핵심 간부들에게 한 연설을 통해 1974년 김정일에 의해 발표된 「당의 유일사상체계확립의 10대 원칙」을 대체하는 「당의 유일적 령도체계 확립의 10대 원칙」을 제시함으로써 자신의 유일영도체계 강화를 본격적으로 추진했다. 김정은은 이 연설에서 "당과 수령에 대한 충실성을 척도로 하여 모든 사람들을 평가하고 원칙적으로 대하며 당에 불충실하고 당의 유일적 영도체계와 어긋나게 행동하는 사람에 대해서는 직위와 공로에 관계없이 날카롭게 투쟁을 벌려야 한다"라고 주장했다. 그리고 "당의 통일단결을 파괴하고 좀먹는 종파주의, 지방주의, 가족주의를 비롯한 온갖 반당적 요소와 동상이몽, **양봉음위**하는 현상을 반대하여 견결히 투쟁하여야 한다"라고 강조했다(김정은, 2013: 18, 강조는 필자). 이 같은 새로운 '10대 원칙'의 제시를 통해 김정은의 유일적 영도체계 수립이 본격적으로 추진되면서 과거에 크게 문제되지 않았던 장성택의 '종파행위'가 심각한 문제로 부각되었을 가능성이 크다.

그래서 북한은 2013년 12월 8일 당중앙위원회 정치국 확대회의 보도를 통해 "당에서는 장성택 일당의 반당반혁명적 종파행위에 대하여 오래전부터 알고 주시해오면서 여러 차례 경고도 하고 타격도 주었지만 응하지 않고 도수를 넘었기 때문에 더 이상 수수방관할 수 없어 장성택을 제거하고 그 일당을 숙청함으로써 당 안에 새로 싹트는 위험천만한 분파적 행동에 결정적인 타격을 안기였다"라고 주장했다(≪로동신문≫, 2013. 12. 9).

12월 8일 당중앙위원회 정치국 확대회의 보도는 또한 장성택이 "권력을 남용하여 부정부패 행위를 일삼고 여러 여성들과 부당한 관계를 가지였으며 고급식당의 뒷골방들에서 술놀이와 먹자판을 벌렸다"(≪로동신문≫, 2013. 12. 9)라고 공격함으로써 그를 정치적으로뿐만 아니라 인간적으로도 완전히 매장시키겠다는 의도를 노골적으로 드러냈다. 북한이 당중앙위원회 정치국 확대회의를 개최하고 장성택 숙청을 대내외에 공개한 것은 차제에 이 문제를 '비상사건화'함으로써 유사한 권력누수 현상이 발생할 가능성을 원천적으로 차단하겠다는 의지를 보인 것으로 해석할 수 있다.

여기서 2003년과는 다르게 2013년에는 '여러 여성들과의 부당한 관계'가 새로운 죄명으로 추가된 점에 주목할 필요가 있다. 북한과 같은 스탈린주의적 권력체계에서 '종파행위'는 가장 심각한 '반혁명' 범죄로 처형을 면하기 어렵지만, 장성택은 김정일이 가장 아끼는 여동생 김경희의 남편이었기 때문에 2003년에 처형을 면하고 나중에 복권까지 될 수 있었다. 그러나 장성택이 부

사진 4-5 김정은의 '고모부' 장성택에게 사형 판결을 내린 국가안전보위부 특별군사재판

자료: ≪로동신문≫(2013.12.13)

인 김경희 외의 많은 여성들과 부당한 관계를 가진 것이 확인되었다면 사정은 달라진다. 북한 내부 사정에 밝은 일부 탈북자들은 장성택이 많은 여성들과 부적절한 관계를 통해 가진 자식들이 15명도 넘는다고 주장하고 있다. 인민보안성 출신 고위 탈북자에 의하면 장성택이 '부적절한 관계'를 통해 낳은 20여 명의 아이들이 모두 처형되었다고 한다.[7]

과거에 김정일의 요리사로서 장성택을 여러 차례 만났던 후지모토 겐지는 필자와의 2008년과 2013년 인터뷰에서 장성택이 기쁨조를 관리했으며 그가 관계하지 않은 기쁨조 여성이 거의 없을 것이라고 주장한 바 있다. 또한 북한 내부 사정에 밝은 일본 소식통에 의하면 김경희의 지속적인 요청에 의해 2011년 사망 전 김정일은 김경희와 장성택의 이혼을 승인했다고 한다. 만약 이 같은 정보가 사실이라면 장성택은 김정은의 2013년 숙청 당시 김정은의 '고모부'가 아닌 셈이다.

김정은이 아무리 절대권력자라고 해도 '백두혈통'인 고모 김경희의 반대에

7　공안 기관 간부 출신의 탈북자 J 씨와의 인터뷰(2014.10.22)

도 불구하고 '고모부' 장성택을 처형할 수는 없는 것이기 때문에 장성택 처형 결정은 김경희의 결단 또는 동의하에 이루어졌을 가능성이 크다.[8] 어쨌든 당 내 다양한 세력의 존재를 부정하고 잠재적 경쟁자를 처형까지 하는 것은 북한체제의 억압적 성격을 잘 보여주는 것이다.

김정은 시대 장성택에 대한 숙청과 공개 처형은 김일성 시대 박헌영 등 남로당계 지도자에 대한 재판 및 공개 처형과 유사하다. 김일성이 박헌영과 그의 측근들을 숙청했을 때에도 명백한 증거보다 그들의 자백을 중요한 재판 근거로 삼았는데, 이는 스탈린식 정치재판의 매우 전형적인 특징이다. 1956년의 소위 '8월종파사건' 이후 소련파와 연안파 간부들에 대한 대대적인 숙청을 단행하면서 북한에서 공포정치가 확고하게 자리 잡았던 것처럼 김정은 시대에도 장성택을 '현대판 종파'로 간주하면서 공포정치가 다시 굳게 뿌리내렸다.

3. 현영철 인민무력부장의 처형 배경[9]

2015년 5월 13일 국가정보원은 국회 정보위원회 보고와 국정원을 방문한 기자들과의 접촉을 통해 북한 군부 내 서열 2위인 현영철 인민무력부장이 4월 30일경 반역죄로 수백 명의 장령급[북한군 소장에서 대장 계급까지의] 군간부들이 지켜보는 가운데 강건종합군관학교에서 고사총으로 공개 총살당했다는 첩보를 입수했다고 밝혔다. 당시 국정원의 고위 간부는 기자들에게 북한의

---

8 북한은 장성택을 '처형'했다고 발표했지만, 북한 내부 사정에 밝은 복수의 소식통들은 처형을 목격한 고위 간부가 없고 그가 가택연금 상태로 여전히 생존해 있다고 주장하고 있어 '처형' 여부는 불확실하다.

9 상세한 분석은 정성장(2015) 참조.

사진 4-6　김정은이 주재한 인민군 제5차 훈련일군대회에서 졸고 있는 현영철

자료: ≪로동신문≫(2015. 4. 26)

현영철 '숙청' 사유로 김정은에 대한 불만 표출 및 그의 지시에 대한 수차례 불이행 확인, 김정은이 주재한 인민군 제5차 훈련일군대회에서 졸고 있는 불충스러운 모습 등을 들었다.

그런데 국정원은 현영철 '공개 총살' 관련 첩보를 공개하면서도 그의 '처형'을 단정하지 않는다는 애매한 태도를 보였다. 현영철 '처형'을 단정하지 않는 것은 그가 핵심 고위 간부임에도 북한의 공식 숙청 발표가 없다는 점, 북한 TV가 방영하는 김정은 기록영화에 그의 모습이 삭제되지 않은 채 계속 등장하고 있다는 점 때문이라고 밝혔다(김호준, 2015. 5. 13).

북한은 과거 처형 또는 숙청한 인물들의 모습을 기록영화에서 삭제하고 ≪로동신문≫ 등 관영 매체의 웹사이트에서도 그들의 이름과 사진들을 삭제해 왔다. 그러나 국정원의 발표 이후에도 한동안 현영철의 모습은 북한 TV에 계속 나왔고, 5월 말까지도 북한 ≪로동신문≫ 웹사이트에 현영철 관련 기사와 사진이 그대로 남아 있었다.

이와 관련 북한 전문 인터넷 매체인 데일리NK는 5월 15일 평안남도 소식통이 전날의 통화에서 "상급부대 정치부가 조직한 군관 강연에서 인민무력부장(현영철)을 '수령(김정은)의 영도를 거부하고 독단과 전횡의 군벌주의자'로

언급됐다"라면서 "강연한 간부는 이번 사건을 두고 40여 년 전에 숙청된 '반당, 반혁명분자 김창봉사건'과 동일한 종파행위로 간주했다"라고 밝혔다고 보도했다(≪데일리NK≫, 2015.5.15).

김창봉은 1962년 10월부터 1968년 12월까지 민족보위상(현재의 국방상직에 해당)을 지내다가 '군벌관료주의'로 숙청된 인물이다. 1969년 1월 19일 김정일은 당중앙위원회 조직지도부 및 인민군 총정치국 간부들과 한 담화에서 그 전에 개최된 "인민군당위원회 전원회의에서는 지난 기간 **민족보위성의 책임적 위치에 들어앉아있던 군벌관료주의자들**이 저지른 죄행과 그 엄중성이 심각하게 폭로 비판되었다"라고 지적함으로써 김창봉을 '군벌관료주의자'로 묘사했다(강조는 필자). 그리고 "지난 기간 군벌관료주의자들이 저지른 죄행 가운데서 가장 엄중한 것은 인민군대 안에서 당조직과 정치기관들의 기능을 마비시키고 **인민군대에 대한 당의 영도를 약화시킨 것**"이라고 지적함으로써 당의 영도 거부를 군벌관료주의자들의 가장 큰 '죄행'으로 간주했다(강조는 필자).

고위 탈북자 J 씨도 북측 인사와의 통화에서 현영철이 '군벌관료주의'와 '소총명'[10]으로 극형에 처해졌으며 이를 상좌(한국의 중령과 대령의 중간 단계에 해당하는 계급) 이상에게만 알리고 대내외에 발표하지는 말라고 들었다고 필자에게 말했다. 그리고 김정은이 '총정치국장'에게만 힘을 실어주고 '군사가(軍事家)들'(정치 간부가 아니라 군사 간부를 지칭하는 표현)에게 힘을 실어주지 않는다고 현영철이 불평을 한 적이 있었다고 전했다. 그런데 '당의 영도'를 '수령(김정은)의 영도'와 동일시하는 북한체제에서 군대에 대한 당의 영도를 보장하는 '총정치국장'보다 총참모장이나 인민무력부장 같은 '군사가들'을 더 중시해야 한다는 발언은 '군벌관료주의적' 입장으로 간주될 수 있는 매우 위험

---

10 북한 사전에 의하면 소총명(小聰明)은 "잔재간이나 좀 안다는 것을 내걸고 잘난 체하는 태도나 행동"을 의미한다(사회과학출판사, 2017: 1,406).

한 것이다. 북한의 거의 모든 지휘관들이 현영철과 같은 불만을 가지고 있겠지만 그것을 외부로 드러내는 경우에는 비상사건화되는 것이다.

고위 탈북자 J 씨에 의하면 현영철이 그렇지 않아도 이 같은 발언으로 관찰의 대상이 되고 있었는데, 처형에까지 이르게 된 결정적인 이유는 그의 김정은 비하 발언 때문이었다고 한다. 현영철 인민무력부장은 2015년 4월 중순 모스크바에서 열린 제4차 국제안보회의와 북·러 국방장관회담 참석을 위해 러시아를 방문했다. 탈북자 J 씨에 의하면 현영철은 러시아 국방장관과의 회담을 통해 러시아로부터 폭격기 등 무장 장비를 지원받기로 이야기가 되어 있었으나, 막상 회담에서는 러시아 측이 '북한이 발전된 무장 장비를 가지고 있다고 TV로 선전하는데 국제여론도 있어 무장 장비를 제공하기 어렵다'는 대답을 들었다고 한다. 이에 크게 실망한 현영철은 귀국 후 동행했던 대표단에게 '다 된 밥을 못 먹게 되었다'고 불평하면서 '젊은 사람(김정은)이 정치를 잘 못한다'고 말했고, 이 말이 김정은에게 들어가 그가 현영철을 '가차 없이 극형에 처하라'고 지시했다고 한다. 만약 탈북자 J 씨의 주장처럼 인민무력부장이 김정은 비하 발언을 했다면 김정은의 제왕적인 사고와 다혈질적인 성격에 비추어 볼 때 그가 현영철에 대해 처형 지시를 내렸을 가능성이 충분히 있다고 본다.

4. 김정남 암살 이유

김정은의 이복형 김정남이 2017년 2월 13일 오전 말레이시아 수도 쿠알라룸푸르에서 'VX'라는 맹독성 신경작용제에 의해 피살되었다. 동남아 국적 여성 두 명이 살해 혐의로 체포되었으나 이들은 하수인에 불과하고, 북한 공관원을 포함한 많은 북한 요원들이 사건을 주도하고 개입한 것으로 드러났다(강근택, 2017).

이와 관련해 이병호 당시 국가정보원장은 2017년 2월 15일 국회 정보위원회 간담회에서 "김정남 암살은 김정은 집권 이후 '스탠딩 오더'(취소할 때까지 계속 유효한 명령)였다"라면서 "2012년 본격적인 시도가 한 번 있었고 이후 2012년 4월 김정남이 김정은에게 '저와 제 가족을 살려달라'는 서신을 발송한 바 있다"라고 말했다. 김정남은 서신에서 "저와 제 가족에 대한 응징명령을 취소하기 바란다. 저희는 갈 곳도 피할 곳도 없다. 도망갈 길은 자살뿐임을 잘 알고 있다"라고 하소연한 것으로 전해졌다. 그럼에도 북한 정찰총국 등은 지속적으로 암살 기회를 엿보면서 준비해 온 것으로 국정원은 평가했다. 이 원장은 "오랜 노력의 결과 실행된 것이지 암살의 타이밍에는 특별한 의미가 없다. 오랜 스탠딩 오더가 집행된 것"이라며 "김정남이 자신의 통치에 위협이 된다는 계산적 행동이라기보다는 김정은의 편집광적 성향이 반영된 것으로 평가된다"라고 말했다(강건택 외, 2017.2.15).

2012년 북한의 김정남 암살 시도와 2017년 암살에는 김정남의 3대 권력세습에 대한 불만 표출과 김정남을 '망명정부의 수반'으로 내세우려 했던 해외 반북 단체의 시도 등이 중요하게 작용한 것으로도 분석된다. 김정남은 그가 김정일의 '장남'임에도 불구하고 후계자로 결정되지 못한 것에 대해 불만을 품고 오랫동안 다양한 경로를 통해 '3대 세습'과 북한체제에 대해 부정적인 입장을 표출해 왔다. 그는 2011년 1월 마카오에서 ≪도쿄신문≫의 고미 요지(五味洋治) 편집위원을 만나 "중국의 마오쩌둥 주석조차도 세습은 하지 않았다. 그렇기 때문에 중국은 발전했다고 말해도 과언이 아니다. … 3대 세습은 사회주의 이념에 맞지 않는다고 나는 이전에도 지적했다. 아버지도 그렇게 말하며 반대했다. 왜 세습이 되었는지 모르겠다"라고 말하기도 했다(고미 요지, 2014: 46). 그리고 김정일 사망 직후에는 김정은이 자신에게 충분한 생활비를 보내지 않는 것을 지적하면서 자신을 '형'으로 대우하지 않는다고 비난하는 편지를 보내기도 한 것으로 알려지고 있다.

2012년에는 김정남이 고미 요지와 주고받은 이메일 내용이 한 언론인에 의해 『안녕하세요 김정남입니다』라는 제목으로 한국에서도 출간되어 3대 세습에 대한 김정남의 부정적인 시각이 다시 국제사회에 노출되었다. 이 책에는 "봉건왕조를 떠나 근래의 권력세습은 희대의 웃음거리가 아닐 수 없습니다. 사회주의 이념에도 부합하지 않습니다"라는 김정남의 이메일 내용이 그대로 소개되어 있다(고미 요지, 2012: 67). 2012년에 김정남의 아들 김한솔도 핀란드 공영방송 'Yle'에 출연해 "삼촌(김정은)이 어떻게 독재자가 됐는지 모른다. 그건 우선 할아버지(김정일)와 그분 사이의 일"이라며 "두 분 다 만나보지 못한 나로서는 궁금할 뿐"이라고 말했다(최경호, 2017). 김정남과 그의 아들의 북한 3대 세습과 독재에 대한 부정적인 언급은 북한 지도부에게 용납할 수 없는 행위로 간주되었을 가능성이 크다.

북한이 김정남 암살을 시도하기 시작한 시점으로 알려진 2012년도에는 한국에서 대통령 선거가 있었다. 이 대선 직전에 한국 및 미국 정보 당국과 김정남 간에 망명에 대한 협의가 있었던 것으로 알려지고 있다. 당시 김정남이 가장 선호한 망명지는 유럽이었지만 북한 지도부나 군수 분야에 대해 깊이 있는 정보를 갖고 있지 않은 그에게 호화스러운 생활을 보장해 줄 유럽 국가는 없었다(이세형, 2017.8.16 참조). 미국 또한 정보 가치가 별로 없는 김정남의 지나치게 높은 요구를 충족시켜 줄 수 없었다. 그래서 김정남은 한국 망명도 고려했지만 한국으로 망명할 경우 김정일의 처조카 이한영처럼 피살될 가능성을 우려해 결국 포기한 것으로 알려지고 있다(마키노 요시히로, 2022: 99~103; 조숭호·김정안, 2013.12.20; 정용인, 2017.2.11; 온라인뉴스부, 2017.2.15; 정환보, 2017.2.15; 조성은, 2017.2.16).

이렇게 김정은과 북한체제에 대해 비판적인 입장을 노골적으로 드러냈던 김정남은 2013년 12월 장성택의 숙청 이후에는 외국 언론과의 접촉을 피하면서 김정은을 자극하는 행동을 자제했다. 그런데 서구인들이 보기에도 매우 호화스러운 생활을 영위하며 김정은이나 김경희에게 고액의 생활비를 요구하는 김정남은 북한 지도부에게 눈엣가시 같은 존재였다. 2017년 암살되기 전 김정남의 본처와 아들 한 명은 중국 베이징에, 후처와 1남 1녀는 마카오에 살고 있었다. 언론을 통해 잘 알려진 김한솔은 후처의 자식이다.

그런데 2016년에 북한 지도부로 하여금 김정남 소환 또는 제거의 필요성을 더욱 느끼게 하는 사건이 발생한다. 그해 4월에 서울에서 전 세계 탈북자들의 결속을 호소하는 집회가 열려 '북한 망명정부' 구상이 부상한 것이다. 그리고 망명정부의 지도자로서 김정은의 삼촌 김평일 전 체코 주재 대사와 김정남의 이름이 거론되었다. 영국의 탈북자 단체 '국제탈북민연대'는 2016년 6월까지 모두 3차에 걸려 사람을 보내 김정남과 접촉했다. 김정남은 "망명정부도 세습인 자신이 지도자라면 의미가 없다"라고 참가를 거부했지만, 북한은 이 같은 움직임을 좌시하지 않았다. 그래서 북한은 김정남에게 아들 김한솔의 대학 졸업을 계기로 2017년 1월까지 평양에 돌아오라고 요구했지만, 김정남이 이 같은 요구를 거부함으로써 북한 지도부가 '암살'이라는 극단적인 선택을 했을 가능성이 크다(마키노 요시히로, 2022: 76~77 참조).

2017년 5월 13일 일본 ≪아사히(朝日)신문≫은 김정남이 2월 13일 말레이시아에서 살해되기 전 미국 정보기관과 연계된 것으로 보이는 한국계 미국인과 접촉했다고 보도했다. 보도에 따르면 김정남은 2월 6일 오후 가족과 살던 마카오를 떠나 혼자 말레이시아 쿠알라룸푸르를 방문했다. 이어 8일에는 주변에 행선지를 알리지 않은 채 말레이시아 북부 휴양지 랑카위 군도로 이동했고, 다음 날 호텔에서 문제의 한 남자와 합류했다. 쿠알라룸푸르 공항 청사에서 암살되기 5일 전이다. 김정남과 합류한 이 남자는 태국 방콕을 거점으로 활동하는 중년의 한국계 미국인으로 말레이시아 수사 당국이 미국 정보기관과 연계된 것으로 보고 입국할 때마다 감시해 온 인물이었다. 그의 말레이시아 입국 시점도 김정남과 같은 2월 6일이었다. 김정남은 이 남자와 과거에도 여러 차례 만난 것으로 알려졌다. 두 사람은 같은 달 9일에도 오후 1시께 호텔 스위트룸에 들어가 약 2시간 뒤에야 나왔다. 김정남은 사망하기 하루 전인 12일 밤 휴양지 랑카위를 떠나 쿠알라룸푸르로 돌아왔고, 다음 날 오전 공항에서 출국 수속을 하다가 얼굴에 독극물 공격을 받았다. 문제의 남자도 같은 날 말레이시아를 출국했다. 당시 남북한과 미국의 정보기관 모두가 김정남의 일거수일투족을 감시하고 있었기 때문에 북한의 정보기관이 이 같은 사실을 몰랐을 가능성은 희박하다(박석원, 2017. 5. 14). 따라서 북한은 김정남의 이 같은 수상한 접촉을 망명 시도로 간주하고 '스탠딩 오더'에 따라 김정남 암살을 실행에 옮겼을 수 있다.

북한 내부 사정에 밝은 고위 탈북자에 의하면, 해외 반북(反北) 단체 인사들이 김정남을 만나 북한 '망명정부의 수반'을 맡아달라고 제안한 것이 북한이 김정남 암살을 시급히 실행에 옮긴 중요한 배경이었다고 한다. ≪워싱턴 포스트(WP)≫와 일본 ≪산케이신문≫ 보도에 의하면, 해외 반북 단체인 '자유조선'(옛 천리마민방위)의 리더 에이드리언 홍창(활동명 '에이드리언 홍')은 2008년 미국에서 북한 인권 문제를 다루는 시민단체 대표로 활동하면서 북한에서 한국으로 망명한 황장엽 전 북한 노동당 비서를 만나 망명정부 주석직에 올라달라는 요청을 했으나 황 전 비서는 이를 거절했다. 그로부터 6년 후인 2016년에 에이드리언 홍은 김정남을 직접 만나 '망명정부의 수반'이 되어 달라는 의사를 타진했으나 김정남은 "그런 것은 하지 않는다"라며 거절했다고 한다. 김정남이 '망명정부의 수반'직을 거절했다고 해도 이 같은 제의를 받았다는 사실만으로도 북한 지도부는 김정남을 시급히 제거해야 할 필요성을 느꼈을 수 있을 것이다(김예진, 2019. 3. 30; 김남희, 2019. 5. 16 참조).

또한 정황상 김정남이 말레이시아에서 살해되기 전에 만났던 한국계 미국인은 에이드리언 홍이거나 그와 가까운 인사일 가능성이 크다. 김정남 살해 직후 에이드리언 홍이 김한솔과 그의 어머니 이혜경 씨와 여동생 솔희를 싱가포르와 네덜란드를 경유해 미국에 데리고 왔고,[11] 2017년 3월 '천리마민방위'가 김한솔의 영상 메시지를 공개했기 때문이다. 만약 에이드리언 홍이 2월 13일 말레이시아를 출국한 직후 김정남의 피살 사실을 접했다면, 김정남의 가족을 신속하게 대피시켜야 할 필요성을 크게 느꼈을 것이다. 반북 단체 '천리마민방위'는 김한솔 동영상을 공개해 유명해졌다. 김한솔은 3월 8일 'KHS Video'라는 제목의 유튜브 영상에서 "내 이름은 김한솔로 북한 김 씨 가문의 일원"이라며 "내 아버지는 며칠 전에 피살됐다"라고 말했다. 김정남이 암살된 지 23일 만이다. 그는 40초 분량의 짧은 영상에서 영어로 자신을 소개하면서 "현재 어머니, 누이와 함께 있다"라며 "빨리 이 상황이 나아지기를 바란다"라고 말했다(전종선, 2017.3.9).

에이드리언 홍은 2019년 2월엔 천리마민방위 조직원들과 함께 스페인 주재 북한 대사관을 습격했다. 그리고 3월 1일 '천리마민방위'의 이름을 '자유조선(FREE JOSEON)'으로 바꾸면서, "자유조선 임시정부는 북조선 인민을 대표하는 단일하고 정당한 조직임을 선언한다"라고 밝혔다(김남희, 2019.5.16; 유병훈, 2019.3.1). 이후 '자유조선'은 김정은 체제 타도 활동을 계속하고 있다.

한편 2017년 11월 도널드 트럼프 행정부는 북한을 '살인 정권'이라고 명명하며 테러지원국에 재지정했다. 김정은의 이복형 김정남이 말레이시아에서 맹독성 신경작용제 'VX'에 피살된 것이 결정적인 계기였다. 김정은은 김정남을 암살함으로써 '눈엣가시'를 제거했을지는 모르지만 북한은 서방세계로부

---

11 2018년 6월 한국의 탈북자 단체 '북한인권단체총연합'의 박상학 상임대표가 미국 당국의 초청으로 방미했을 때 김한솔과 관련해 에이드리언 홍은 "김한솔의 어머니와 여동생을 싱가포르와 네덜란드를 경유해 데려왔으며 내가 처음부터 끝까지 함께했다"라고 말했다. 그리고 김한솔이 미국 워싱턴에서 가까운 곳에 살고 있으며 미 연방수사국(FBI)의 보호 아래 미국 대학에 다니고 있다고 말했다(김남희, 2019.5.16 참조).

터 더욱 심각한 고립에 직면하게 되었다.

김정남 암살 사건은 북한체제가 최고지도자의 개인 절대권력을 정당화하는 스탈린주의의 유산에서 아직도 벗어나지 못하고 있고, 김정은이 전체주의적이고 폭군적인 사고를 가지고 있음을 잘 보여주는 것이다. 김정은이 공포정치에 계속 의존하고 있는 데에는 남한에 의한 흡수통일에 대한 두려움, 파워 엘리트들의 충성심에 대한 불신 외에도 군대식으로 명령에 대한 무조건적인 복종을 좋아하는 그의 권위주의적이고 제왕적인 사고가 매우 중요하게 작용하고 있는 것으로 판단된다. 김정은은 간부들과 자주 호탕하게 웃으면서도 화가 나면 태도를 급변하는 다혈질적인 기질이 있고 간부들의 성과를 인사에 즉각적으로 반영하는 즉흥적인 성격도 가지고 있는 것으로 추정된다.

김정은이 20대의 젊은 나이에 권력을 잡았음에도 불구하고 현재까지 북한에서 안정적으로 권력을 유지하고 있는 것은 바로 이와 같은 공포정치가 중요하게 작용하고 있기 때문이다. 현재 김정은의 나이는 40대이지만 북한에서 그는 단순한 최고지도자가 아니라 "인민 모두가 심장으로 우러러 따르는 자애로운 어버이, 혁명의 대성인(大聖人)"으로 선전되고 있다. 북한의 관영 매체들은 김정은을 "인민을 하늘로 여기시는 분"이라고 선전하면서 그에 대한 무조건적인 충성을 정당화하고 있다.

참고문헌

강건택·류미나·박수윤. 2017.2.15. "국정원 "5년전부터 김정남 암살시도…김정은에 '살려달라' 서신"(종합)". ≪연합뉴스≫.
강근택. 2017. 「김정남 피살사건의 여파와 파장」. ≪외교광장≫, XVII-2(2017.3.22).
고미 요지. 2012. 『안녕하세요 김정남입니다』. 이용택 옮김. 서울: 중앙m&b.
_____. 2014. 『장성택 사형! 김정은 누가 조종하는가?』. 조병희 옮김. 서울: 모닝에듀.

고영환. 1992. 『(북한외교관 고영환이 밝히는) 평양 25시』. 서울: 고려원.

국가안보전략연구원. 2016. 『김정은 집권 5년 실정 백서』. 서울: 국가안보전략연구원.

김남희. 2019. 5. 16. "산케이 "김정남, 살해 전 '조용히 살겠다'며 北 망명정부 수반 거절"". ≪조선일보≫.

김동선. 2015. 5. 13. "김정은式 '공포정치'…핵심 간부들 줄줄이 숙청·처형". ≪아시아경제≫.

김예진. 2019. 3. 30. "WP "북한대사관 습격범, 김정남에 망명정부지도자 부탁"". ≪세계일보≫.

김정은. 2013. 『혁명발전의 요구에 맞게 당의 유일적 령도체계를 더욱 철저히 세울데 대하여(당, 국가, 군대, 근로단체, 출판보도부문 책임일군들 앞에서 한 연설, 주체102(2013)년 6월 19일)』. 평양: 조선로동당출판사.

김호준. 2015. 5. 13. "국정원 "北 간부 사이 김정은 지도력 회의적 시각 확산"". ≪연합뉴스≫.

_____. 2016. 2. 10. ""리영길 북한 총참모장, 비리혐의로 이달 초 전격 처형"(종합)". ≪연합뉴스≫.

≪데일리NK≫. 2013. 12. 3.

_____. 2015. 5. 15. "北, '현영철 수령영도 거부로 처형' 내부강연 진행".

≪로동신문≫. 2013. 12. 9; 2013. 12. 13; 2016. 5. 10; 2018. 4. 12; 2018. 4. 21; 2018. 8. 21; 2020. 10. 10; 2021. 9. 9; 2024. 1. 21; 2024. 5. 8.

마키노 요시히로. 2022. 『김정은과 김여정: 북한 권력의 전면에 나선 김여정은 김정은의 후계자인가 Top 스페어인가?』. 한기홍 옮김. 서울: 글통.

문관현. 2016. 5. 10. "'처형설' 나돌던 北 리영길 건재…정치국 후보위원 선출". ≪연합뉴스≫.

박석원. 2017. 5. 14. "김정남 피살 전 美 정보기관과 접촉… 망명 시도한 듯". ≪한국일보≫.

사회과학출판사. 1992. 『조선말대사전(2)』. 평양: 사회과학출판사.

_____. 2017. 『조선말대사전(증보판)②』.

신승민. 2017. 12. 20. "核의 폭주와 숙청의 시대, 김정은 6년의 '공포정치'". ≪월간조선≫

신지홍. 2015. 9. 4. "숙청된 마원춘 '김정은 복귀 지시'에 쇼크사". ≪연합뉴스≫.

안윤석. 2015. 5. 1. "北, 대공포 동원 장성택 일당 공개처형…어떻게 진행됐나?" ≪노컷뉴스≫.

≪연합뉴스≫. 2003. 7. 27; 2004. 7. 11; 2004. 11. 26; 2012. 11. 2; 2013. 6. 21; 2015. 8. 12.

온라인뉴스부. 2017. 2. 15. "김정남, 이명박 정부 망명 제안 거절…가족 때문에". ≪서울신문≫.

유병훈. 2019. 3. 1. "'김한솔 보호' 천리마민방위 "자유조선 임시정부 선포"". ≪조선일보≫.

유욱. 2013. 「북한 경제개발구법의 평가와 전망: 개성공업지구법 및 라선경제무역지대법과 비교를 중심으로」. 북한법연구회 월례발표회 발표 논문(2013. 10. 31).

이세원. 2014. 10. 21. ""북한, 김정은 잠행 중 노동당 간부 12명 처형" <일본매체>". ≪연합뉴스≫.

이세형. 2017. 8. 16. "김정남, 암살직전 스위스 망명 희망했다". ≪동아일보≫.

임은진. 2015. 10. 8. "'숙청설' 북한 마원춘 현업 복귀…계급은 소장으로 강등(종합)". ≪연합뉴스≫.

전종선. 2017. 3. 9. "천리마 민방위, 유튜브서 김한솔 영상 공개…"내 아버지는 피살됐다"". ≪서울경제≫.

정래원. 2022. 2. 15. "'처형설' 돌았던 북한 박태성 건재 확인…노동당 중앙위원으로". ≪연합뉴스≫.

정성장. 2011. 『현대 북한의 정치: 역사·이념·권력체계』. 파주: 한울엠플러스(주).

_____. 2012. 「김정은 체제의 경제 개혁·개방 전망과 과제」. ≪국가전략≫, 제18권 4호.

_____. 2013a. 「[북한 인물 탐구] 장성택 당중앙위원회 행정부장②: 김정은의 부상과 장성택 승진 간의 함수관계」. ≪NKvision≫, 2013년 3월호.

_____. 2013b. 「장성택 숙청과 북한 권력구도 변화 전망」. ≪세종논평≫, No. 279(2013. 12. 9).

_____. 2014. 「장성택 숙청 이후 김정은 체제의 안정성 평가」. ≪국방연구≫, 제57권 1호(2014. 3).

_____. 2015. 「김정은 정권의 군부 엘리트 변동 원인 평가」. ≪코리아연구원 현안진단≫, 제270호(2015. 6. 4).

정용인. 2017. 2. 11. "[단독]박근혜 유럽코리아재단 대북 비선은 김정남이었다". ≪경향신문≫.

정창현. 2014. 『장성택 사건 숨겨진 이야기』. 서울: 선인.

_____. 2017. 2. 15. "김정은 집권 뒤 제거 위협 불안…망명설 떠돌아". ≪경향신문≫.

≪조선일보≫. 2003. 7. 5; 2004. 7. 12; 2004. 11. 25.

조성은. 2017. 2. 16. "김정남, 망명 시도說이 죽음 불렀나". ≪국민일보≫.

조숭호·김정안. 2013. 12. 20. "[김정은의 북한 어디로]한미 정보당국, 지난해 말 김정남 美망명 추진說". ≪동아일보≫.

차지연. 2015. 4. 30. "북한 공개처형 장면 위성사진에 포착". ≪연합뉴스≫.

최경호. 2017. "[김정남 암살 쇼크] '비운의 장자' 망명지에서 '불귀의 객(客)'으로". ≪월간중앙≫. 2017년 3월호, https://jmagazine.joins.com/monthly/view/315520(검색일: 2023. 10. 25)

최선영. 2013. 12. 13. "北 김정은, 장성택 처형 '신속 처리'…왜". ≪연합뉴스≫.

통일부 북한자료센터 홈페이지. http://library.unikorea.go.kr/search/DetailView.ax?sid=1&cid=75043(검색일: 2014. 2. 1)

통일부. 2022. 「북한 주요 인물정보 2022」.

≪프레시안≫. 2013. 12. 3.

한기범. 2009. 「북한 정책결정과정의 조직행태와 관료정치: 경제개혁 확대 및 후퇴를 중심으로(2000~09)」. 경남대학교 대학원 박사학위 논문.

현성일. 1999. 「북한노동당의 조직구조와 사회통제체계에 관한 연구」. 한국외국어대학교

정책과학대학원 석사학위 논문.

인터뷰

공안 기관 간부 출신의 탈북자 J 씨와의 인터뷰(2014. 10. 22; 2015. 1. 28; 2015. 7. 28)

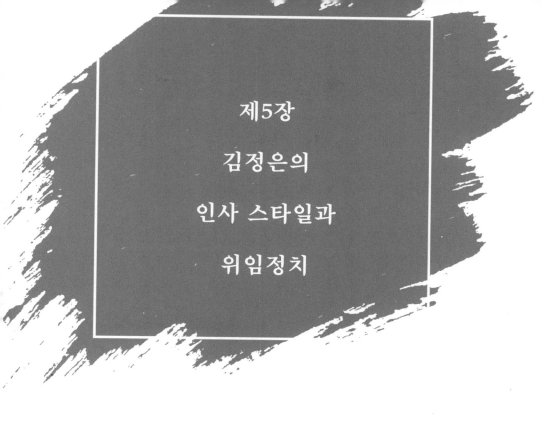

제5장
김정은의
인사 스타일과
위임정치

1. 김정은의 인사 스타일

김정일의 인사 스타일은 '영화감독'에 그리고 김정은의 인사 스타일은 '농구
감독'에 자주 비유된다. 영화감독은 한 번 주연이나 조연을 결정하면 영화가
끝날 때까지 도중에 바꾸지 않는다. 반면 농구감독은 경기를 진행하면서 선
수가 잘하면 계속 끝까지 가고, 부진하면 그 선수를 끌어내고 다른 선수로 교
체한다.[1]

---

[1] 이 같은 비유는 북한을 전문적으로 분석하는 기관의 전문가가 필자에게 이야기한 것으
로 김정일과 김정은의 인사 스타일 차이를 쉽게 설명하는 데 도움이 되어 이 글에서도 차
용하고자 한다.

과거 김정일은 충성심이 검증된 고위 간부들에 대해서는 사망할 때까지 그의 직책을 보장하는 매우 보수적인 인사 스타일을 보였다(현성일, 2007: 378 참조). 그래서 다수의 고위 간부들은 최고지도자에 대한 그들의 충성심만 인정받으면 중병으로 장기간 업무를 수행할 수 없어도 직책을 유지할 수 있었다. 반면에 김정은은 특정 간부가 기대했던 성과를 달성하지 못하면 그 간부에게 책임을 물어 곧바로 강등시키거나 해임함으로써 그의 집권 이후 북한 지도부에서 수시로 인사 변동이 발생했다.

김정일 시대에는 간부들의 능력보다 충성심을 더 중시했는데, 김정은 시대에는 간부들이 자신의 충성심을 업무에서의 성과로 증명해야 하는 새로운 상황에 직면하게 된 것이다. 그 결과 김정일 시대에 비해 간부들의 지위는 매우 불안정해진 반면 당과 국가 조직은 현저하게 활성화되었다.

국가정보원은 2020년 8월 국회에서 열린 정보위원회 비공개 업무보고에서 북한의 국정운영과 관련, 김정은 위원장이 동생인 김여정 당중앙위원회 제1부부장 등 일부 측근들에게 권한을 이양하는 방식으로 '위임통치'를 하고 있다고 밝혔다. 당시 국정원은 "김 위원장이 여전히 절대권력을 행사하지만 과거에 비해 조금씩 권한을 이양한 것"이라며 김여정 제1부부장이 대남·대미 정책을 전반적으로 관장하는 등 권한을 가장 많이 이양받았고, 경제 분야에서는 박봉주 당중앙위원회 부위원장과 김덕훈 내각 총리가 권한을 조금 위임받았다고 지적했다. 그리고 군사 분야에서는 당중앙위원회 군정지도부의 최부일 부장, 당중앙군사위원회의 리병철 부위원장 등에게 부분적으로 권한이 이양되었다고 설명했다(≪연합뉴스≫, 2020.8.20 참조).

그런데 김정은의 이 같은 통치 방식과 인사 스타일 및 용인술을 설명하는 데에는 북한의 '선군정치'와 '애민정치'라는 표현처럼 '위임정치'라는 용어가 국정원이 사용한 '위임통치'라는 용어보다는 더 적절한 것으로 판단된다. 김정은의 '위임정치'에 대해서는 "최고지도자가 절대권력과 핵심 사안에 대한 최종 결정권을 보유하면서도 핵심 간부들에게 담당 분야에서의 정책결정에 대해 상당한 권한을 부여하고 동시에 결정의 결과에 대해 승진이나 강등 등과 같은 방식으로 확실하게 책임을 묻는 방식"이라고 정의할 수 있을 것이다 (정성장, 2020. 9. 3 참조).

일부 전문가들은 북한과 같은 '유일체제'(권력이 최고지도자에게 고도로 집중된 체제)에서 권력의 위임은 상상할 수 없는 일이라고 주장한다. 그러나 김일성은 1974년에 김정일을 후계자로 지명한 후 주로 핵심적인 정책결정에만 관여하고, 일상적인 정책결정은 김정일에게 위임했다. 그리고 김정일도 '선군정치'를 하면서 국방력 강화 분야에 주로 관여했고, 경제는 관료들에게 맡겼다. 그러므로 김일성과 김정일 모두 간부들에게 일정 수준 권한을 위임했다고 볼 수 있다. 그런데 김정은은 권한을 특정 1인이 아니라 복수의 핵심 엘리트들에게 분야별로 위임하고, 그들에게 과거보다 더 많은 권한을 위임하면서 그만큼 철저하게 책임을 묻는다는 점에서 김일성과 김정일 시대와는 차별화된 '위임정치'를 하고 있다.

김정일은 생시에 경제를 관료들에게 맡기고 자신은 국방력 강화에 집중하겠다고 했지만, 실제로는 경제관료들에게 충분히 힘을 실어주지 않았다. 그리고 당중앙위원회 정치국 회의나 비서국 회의 같은 것을 싫어했던 그는 각 분야에서 올라오는 보고들을 일일이 혼자 검토함으로써 그에게 과도하게 업무가 집중되고 정책결정이 자주 지체되는 문제가 발생했다. 그 결과 간부들은 정책결정의 책임으로부터 벗어날 수 있었기 때문에 무사안일주의가 팽배해 있었다. 반면에 김정은은 이 같은 폐단을 극복하기 위해 핵과 미사일, 군사 등 자신이 관심이 있고 잘 아는 분야에 대해서는 세부적으로까지 챙기지만, 다른 분야에 대해서는 간부들에게 권한을 상당한 정도로 위임하고 그에 대한 책임을 철저히 묻고 있는 것으로 분석된다. 김정일보다 분명하게 '선택과 집중'의 원칙을 적용하고 있는 것이다.

국정원은 2020년에 가서야 김정은이 '위임통치'를 하고 있다고 설명했지만, 실상은 훨씬 이른 시기부터, 다시 말해 집권 초기부터 김정은은 '위임정치'를 실시해 왔다. 김정은은 집권 초기인 2012년에 항일 빨치산 2세대의 대표 주자인 최룡해를 북한군 총정치국장에 임명하고 그에게 당시 총참모장과 인민무력부장보다 높은 지위와 막강한 권한을 부여함으로써 단기간 내에 군부의 개혁과 세대교체를 이끌어냈다. 만약 김 위원장이 직접 군부의 세대교체를 진행했다면 군부의 불만이 김 위원장을 향하게 되었겠지만 최룡해에게 권한을 주고 그에게 군부 엘리트의 세대교체라는 '악역'을 맡긴 것이다.

북한은 2020년 8월 30일 자 ≪로동신문≫ 1면 상단에 당중앙위원회 정치국 상무위원들인 박봉주 당중앙위원회 부위원장과 김덕훈 내각 총리의 황해남도 태풍 피해 복구 현장에 대한 '현지요해' 기사를 소개했는데, 이는 매우 파격적이고 이례적인 것이다(≪로동신문≫, 2020.8.30 참조). 그때까지 ≪로동신문≫ 1면은 최고지도자의 공개활동과 최고인민회의 상임위원장의 해외순방 외교를 소개하는 데에만 할애되었고, 내각 총리나 당 및 군대 고위 간부들의 공개활동은 항상 2면이나 3~4면 등에 소개되었기 때문이다(정성장, 2020. 9.3 참조).

북한은 다시 9월 1일 자 ≪로동신문≫ 1면 상단에 당중앙위원회 정치국 상무위원들인 리병철, 박봉주 당중앙위원회 부위원장들의 태풍 피해 복구 사업 '지도' 사진을 게재했다(≪로동신문≫, 2020.9.1 참조). 그리고 9월 3일 자 ≪로동신문≫ 1면에는 김덕훈 내각 총리의 사진 없이 그의 강원도 수해 복구 현장 시찰 기사를 게재했고, 이후 수시로 최고위급 간부들의 주요 활동들을 ≪로동신문≫ 1면에 보여주고 있다. 이는 김정은의 '위임정치'가 핵심 간부들의 위상을 더욱 높여주고 그들의 역할과 책임감을 증대시키는 방식으로 진화하고 있음을 보여주는 것이다. 이처럼 김정은은 자신의 정책목표를 달성하는 데 도움이 될 파워 엘리트들에게 큰 힘을 실어주고 있기 때문에 김정은의 인

사진 5-1 고위 간부들의 현지요해와 지도에 대한 ≪로동신문≫ 1면 보도

박봉주와 김덕훈의 현지요해

자료: ≪로동신문≫(2020. 8. 30)

리병철과 박봉주의 사업 지도

자료: ≪로동신문≫(2020. 9. 1)

사를 보면 그가 추구하는 목표도 분명하게 이해할 수 있다.

2. 항일 빨치산 2세의 대표 주자 최룡해의 위상과 역할[2]

2015년 7월 14일 한국의 국정원은 국회 정보위원회 보고에서 김정은의 공식 집권 이후 북한 주요 간부들에 대한 교체 실태를 분석한 결과 당과 정권 기관 인사는 20~30% 수준으로 최소화하여 당 중심 통치를 위한 조직의 안정성을 보장한 반면, 군은 40% 이상 대폭 교체했다고 밝혔다. 그리고 이는 김정일 시 기에 비대해진 군부의 세력화를 차단하기 위한 것이라고 평가했다(≪아시아 투데이≫, 2015.7.14 참조).

그런데 일부 전문가들은 북한군 핵심 파워 엘리트들의 해임을 '숙청'과 동일시하는 경우가 있는데, 장관급 인사들 중 숙청된 인물은 리영호와 현영철 뿐이고, 처형된 인물은 현영철이 유일한 사례이다. 그들은 또한 김정은의 공포정치가 북한체제의 불안정성을 가져올 것이라고 주장하고 있지만 과거 레닌과 스탈린 모두 공포정치로 권력을 강화했다는 점에서 공포정치가 반드시 정권의 불안정성으로 연결되는 것은 아니다. 김영춘과 김정각 등은 해임 후에도 다른 보직을 맡고 원로 대우를 받았으며, 보다 젊은 간부들은 군부 내의 다른 요직으로 옮겨졌다. 그러므로 김정은이 즉흥적으로 군부 인사를 단행하고 있다거나, 군부를 장악하기 위해 주로 숙청에만 의존하고 있는 것처럼 주장하는 것은 사실과 큰 차이가 있다.

또한 일부 전문가들은 김정일이 군부를 능숙하게 관리했던 반면 김정은은

---

2 최룡해의 부친 최현에 대한 설명은 정성장(2013b)를 보완해 작성했다. 최룡해와 장성택 의 과거 북한 지도부 내 위상 비교에 대해서는 정성장(2013a: 50~56) 참조.

미숙하게 군부를 관리하고 있는 것처럼 설명했는데, 이 같은 평가도 실제와 괴리되어 있다. 김정일은 1992년 4월에만 해도 군간부 524명을 소장으로, 96명을 중장으로 진급시키는 등 군부의 충성을 유도하기 위해 과도하게 많은 인사들에게 별을 달아주었다(≪로동신문≫, 1992.4.24 참조). 그 결과 북한 군부는 김정일에게 충성을 바쳤지만 고위 간부가 지나치게 많은 비효율적이고 특권적인 조직으로 변질되고 말았다.

하지만 김정은은 이 같은 군부를 개혁하기 위해 2012년 4월에 주로 청년동맹과 당에서 경력을 쌓아온 최룡해를 당시 군부의 1인자 직책인 인민군 총정치국장에 임명해 군간부들의 대규모 교체를 단행했다. 그런데 만약 김정은이 직접 이러한 결정을 내렸다면 교체된 간부들의 불만이 그에게로 향하게 되었을 것이다. 그리고 만약 김정은이 군 출신 총정치국장에게 군 간부들의 대규모 교체를 지시했다면, 그 간부는 자신의 선배나 후배, 또는 동료들의 압력과 저항으로 그 같은 개혁을 효과적으로 진행하지 못했을 것이다. 그런 점에서 김정은이 군 출신이 아니면서도 항일 빨치산 2세를 대표하는 특별한 신분의 최룡해에게 군부 개혁을 맡긴 것은 그의 뛰어난 용인술을 보여주는 것이다.

최룡해는 총정치국장 시절인 2013년 5월 김정은의 특사로 중국을 방문해 시진핑 중국공산당 중앙위원회 총서기에게 김정은의 메시지를 전달하는 역할도 맡았다. 그러다가 건강상의 이유로 2014년 4월 총정치국장직에서 물러난 후에는 당중앙위원회에서 주민들을 통제하는 근로단체(청년동맹, 직업총동맹, 농업근로자동맹, 여맹)와 조직 담당 비서를 맡았다. 2014년 11월에는 김정은의 특사로 러시아를 방문해 푸틴 대통령도 면담했다.

이처럼 최룡해는 김정은 집권 초기부터 현재까지 군대와 노동당, 입법기관에서 중요한 역할을 맡아왔다. 김정은 집권 직후 당중앙위원회 정치국 위원이나 후보위원 직책을 가지고 있었던 간부들 대부분이 해임이나 은퇴, 사망, 숙청 등으로 정치 무대의 전면에서 사라졌지만, 최룡해는 아직도 정치국 상

사진 5-2 **최룡해의 특사 외교 활동**

김정은의 특사로 중국을 방문해 시진핑 주석을 만나는 최룡해

자료: ≪조선중앙통신≫(2013.5.25)

김정은의 특사로 러시아를 방문해 푸틴 대통령을 만나는 최룡해

자료: ≪로동신문≫(2014.11.20)

무위원이라는 핵심 고위 직책을 차지하고 있는 유일한 인물이다.

　최룡해에 대한 과거의 평가들을 보면 장성택 국방위원회 부위원장이 그를 정치적으로 키웠다는 시각이 지배적이었다. 그리고 상당수의 전문가들은 최

룡해를 '장성택의 사람' 또는 '장성택의 최측근'으로 묘사했다. 그러나 이 같은 주장은 역사적 사실 및 실상과 명백하게 괴리되어 있다.

'혈통'이 중시되는 북한체제에서 최룡해의 '특별한 지위'는 무엇보다도 그가 김일성, 김정일, 김정은의 '백두산 혈통' 다음으로 중시되는 항일 빨치산 혁명가계에 속하는 데서 비롯된다. 그러므로 최룡해의 현재 위상을 정확히 이해하기 위해서는 그의 부친 최현이 어떤 인물인지를 파악하는 것이 매우 중요하다. 탈북자들에게 북한 주민들이 가장 존경하는 항일 빨치산 두 명을 꼽으라고 하면, 김일성과 최현(최룡해의 부친)을 언급할 정도로 최현은 북한에서 특별한 위상을 갖고 있다.

최현은 1907년에 독립군 가정에서 태어나 일제에 의해 어머니를 잃고 어린 나이에 손에 총을 잡고 독립군을 따라나선 것으로 알려지고 있다(황명희, 2012.4.8; 와다 하루키, 1992: 302~303 참조). 이 같은 가정환경 때문에 최현은 제대로 교육을 받지 못해 무식했고, 그것이 이후 항일 빨치산 그룹에서 그가 초기에 지도적 지위에 오르지 못하는 한계로 작용했다.

최현은 중국 훈춘현에서 성장하면서 항일투쟁에 참가했다가 1925년 11월 변절자의 밀고로 군벌에 의해 체포되어 약 7년간을 연길 감옥에서 보냈다(최현, 1990: 136; 백과사전출판사, 2001: 460 참조). 최현의 원래 이름은 최득권이었으나 1932년 7월에 감옥에서 만기 출옥하면서 이름을 최현으로 고쳤다(최현, 1990: 148). 이 같은 변명(變名: 바꾼 이름)의 사용은 당시 항일투쟁을 하던 인사들이 가족들과 연루되는 것을 피하기 위해 일반적으로 채택하던 방법이었다(와다 하루키, 1992: 86 참조). 최현은 연길현에서 적위대에 입대하고 중국공산당에도 입당했다(백과사전출판사, 2001: 460).

최현이 감옥에 있었던 1931년 9월 만주사변(9·18사변)이 일어나자 중국공산당 중앙(중앙위원회)은 국민당 정부를 타도하고 일본 및 모든 제국주의에 반대하는 민족 혁명의 전개를 호소했다. 이에 따라 중국공산당 만주성위원회는 동년 11월 중순, 회의를 소집하고 만주에서의 항일유격대 창건을 결정했다(이종석, 1989: 56~57).

김일성에 대한 개인숭배가 고조되었던 시기에 작성된 북한 문헌들은 최현이 감옥을 나온 직후인 1932년 8월 김일성이 영도하는 유격대에 입대했고, 이후 계속 김일성의 직접적인 지도하에 항일투쟁을 전개한 것처럼 선전하고 있는데(최현, 1990: 149), 이는 사실과 다르다. 1932년에 최현은 연길현유격대대(대원수는 130명이었다)(와다 하루키, 1992: 88)에, 김일성은 안도유격대 그리고 왕청현유격대대(대원수는 90여 명이었다)에 참가해(이종석, 1989: 58) 항일투쟁을 전개했다. 최현이 김일성을 처음 만난 것은 1933년 9월이었는데, 이후에도 1940년 가을에 소련으로 들어가기 전까지 최현과 김일성은 각기 다른 부대에서 활동했다. 1936년에 김일성이 동북항일연군 제2군 제3사 사장을 맡고 있을 때 최현은 제1사 제1단장을 맡는 등 최현은 김일성보다 상대적으로 낮은 지위에 있었다(이종석, 1989: 82). 그런데 최현과 김일성은 모두 동북항일연군에 소속되어 있었으며, 김일성 소속 부대와 최현 소속 부대가 수시로 일본군에 대한 공동 공격작전을 진행했으므로 최현이 김일성의 영향을 간접적으로 많이 받았던 것으로 보인다. 다만 1930년대에 최현이 김일성의 지도하에 항일투쟁을 전개한 것처럼 현재 북한 문헌들이 서술하고 있는 것은 당시 김일성의 영향력을 과대 포장하고 있는 것이다.

1937년 5월 동북항일연군 1로군 제4사는 안도현에 도착해 안도현 경찰대의 악명 높은 이도선 부대를 격파하고, 만주와 조선을 가르는 두만강을 건너 동월 15일 밤 함경북도 무산군의 한 촌락을 공격하여 주재소를 파괴했다. 이것이 최현 비(匪)의 소행으로 보고되어 최현의 이름이 일약 유명해졌다(와다 하루키, 1992: 157). 1937년 6월에는 김일성이 이끄는 동북항일연군 1로군 제6사가 함경남도 보천보를 공격했는데, 이 전투는 국내의 각 신문에 크게 보도되어 김일성의 이름이 국내에 널리 알려지는 계기가 되었다. 당시 ≪동아일보≫는 보천보전투를 '김일성 일파와 최현 일파 300명'이 감행한 것으로 보도함으로써 최현의 이름이 국내에 더욱 알려지게 되었다(와다 하루키, 1992: 160~161).

항일무장투쟁 당시 최현의 위상은 김일성보다 낮았지만 일제는 최현을 매우 위협적인 인물로 간주했다. 그래서 관동군 토벌대는 김일성을 '호랑이', 최현을 '사자'라는 은어로 표현하고, 김일성과 최현에 대해 같은 금액의 현상금을 내걸었다(이종석, 1989: 95~96). 최현이 비록 김일성에 비해 무식하고 리더십이 부족하기는 했지만 그의 용맹함에 대해서는 일제도 두려움을 가지고 대했던 것이다.

그런데 1939년 말부터 일제가 이전과는 비교가 되지 않을 정도로 강력한 토벌작전을 전개하면서 1940년 말 최현을 포함해 동만 지역의 항일 빨치산들은 소련으로 피신하게 되었다. 그리고 1942년 7월 중국과 조선의 항일빨치산들로 동북항일연군교도려(일명 88여단)가 결성되는데, 조선인 중 김일성, 안길, 김책, 강건, 최용건은 대위 계급을 받았으나 최현은 그보다 한 단계 낮은 상위 계급을 받았다(이종석, 2000: 23).[3] 항일 빨치산 그룹에서 최현의 리더십은 지명도에 비해 높은 평가를 받지 못했던 것이다.

일제의 패망 이후 김일성이 1945년 9월 19일 소련 군함 '뿌가쬬프'호로 원산항에 상륙할 때 김책, 안길, 최현, 김일도 함께 동행했다(와다 하루키, 1992: 290). 1945년 11월 25일 김일성의 부인인 김정숙과 그의 아들 김정일이 북한에 귀국할 때에는 최현의 부인 김철호도 함께 귀국했다(이종석, 2000: 36). 김철호도 항일 빨치산이었다.

6·25전쟁 시기 최현의 활동에 대해 북한은 그가 "인민군 제2보병사단장, 제2군단장으로 경애하는 수령님(김일성)의 명령을 높이 받들고 남진의 첫 대

---

3 당시 동북항일연군교도려의 규모는 1,000여 명이었다(이종석, 1989: 100).

오에서 수많은 전투들을 조직지휘하여 미제침략자들을 락동강[낙동강] 계선까지 몰아내고 남반부의 광활한 지역을 해방하는데 이바지하였으며 전략적 후퇴 시기 경애하는 수령님의 명령에 따라 적후(敵後)에 제2전선을 전개하고 맹렬한 군사정치활동을 벌림으로써 전국(戰局)을 전환시키는데서 커다란 역할을 하였다"라고 평가하고 있다. 이 같은 업적을 배경으로 최현은 1956년에 당중앙위원회 위원에 선출됨으로써 북한을 이끌어가는 약 70명 정도의 파워 엘리트 그룹에 진입하게 되었다(와다 하루키, 1992: 310).

또한 최현은 1968년부터 1972년까지는 민족보위상을, 그리고 민족보위성이 인민무력부로 명칭이 바뀜에 따라 1972년부터 1976년까지는 인민무력부장직을 맡았다. 최현은 1982년 만 75세의 나이로 사망했는데, 북한 문헌은 그가 김정은이 2010년 제3차 당대표자회에서 처음 맡은 직책인 '당중앙군사위원회 부위원장'직의 과거 명칭인 '당중앙위원회 군사위원회 부위원장'이라는 중책도 맡았다고 소개하고 있다(≪로동신문≫, 1982. 4. 10).

한편 1950년생인 최룡해는 어렸을 때부터 김정일을 '형', 김경희를 '누이'라고 부를 정도로 이들과 가깝게 지낸 것으로 알려져 있다. 김일성은 최현의 충성심과 용감성을 높이 평가했고, 최현이 김정일을 김일성의 후계자로 받드는데 앞장섰기 때문에 김정일이 최룡해를 더욱 총애했던 것으로 보인다.

한국과 서방세계에서는 과거에 최룡해가 장성택 밑에 있었다고 보는 시각이 지배적이었다. 그러나 최룡해가 '당중앙위원회 위원'이라는 당내 중요 지위에 선출된 것은 장성택보다 6년 앞선 1986년 12월이었다. 그는 만 36세라는 매우 젊은 나이에 파격적으로 북한을 움직이는 100명 내외의 최고 엘리트 그룹에 들어간 것이다. 그런데 최룡해보다 네 살이 더 많은 장성택은 1992년 12월에 가서야, 만 46세의 나이에 '당중앙위원회 위원'에 선출되었다. 이처럼 '당중앙위원회 위원'이라는 핵심 지위에 최룡해가 장성택보다 먼저 선출되었기 때문에 장성택이 최룡해를 정치적으로 키웠다는 주장은 설득력이 없다.

표 5-1 **장성택과 최룡해의 주요 경력 및 역할 비교(2013.6 기준)**

구분	장성택	최룡해
생년월일	1946.1.22	1950.1.15(장성택보다 4살 아래)
출생지	함북 청진시	황남 신천군
가족 배경	• 부친이 일제강점기 시대 김일성과 무관한 계열에서 항일투쟁. • 김정일의 매제 • 김정은의 고모부	• 김일성의 항일 빨치산 동료인 최현 전 인민무력부장의 둘째 아들 • 최룡해의 모친도 빨치산 • 항일 빨치산 혁명가계
학력	김일성종합대학 졸업, 러시아 유학	만경대혁명학원, 김일성종합대학 정치경제학부 졸업
당중앙위원회 위원 선출 연도	1992.12 (만 46세의 나이에 선출)	1986.12 (만 36세의 매우 젊은 나이에 선출)
핵심 직책	• 당중앙위원회 정치국 위원 • 당중앙군사위원회 위원 • 국방위원회 부위원장 • 국가체육지도위원장 • 당중앙위원회 행정부장(추정) • 라선경제무역지대와 황금평, 위화도경제지대 공동개발 및 공동관리를 위한 조중공동지도위원회 조선 측 위원장	• 당중앙위원회 정치국 상무위원 • 당중앙군사위원회 부위원장 • 국방위원회 위원 • 인민군 총정치국장
군 계급	대장	차수
과거 주요 경력	• 당중앙위 청년사업부 부부장(1982.10) • 당중앙위 청년사업부 제1부부장(1985.7) • 당중앙위 청년사업부장(1988.12) • 당중앙위원회 청년 및 3대혁명소조부장(1989.7) • 당중앙위 조직지도부 제1부부장(1995.11) • 당중앙위 제1부부장(2006.1) • 당중앙위 행정부장(2007~)	• 사로청 중앙위 위원장(1986.8) • 제13차 세계청년학생축전 준비위 위원장(1989.1) • 김일성사회주의청년동맹 중앙위 1비서(1996.1~1998.1) • 평양시 상하수도관리소 당비서 (1998) • 당중앙위 총무부 부부장(2003.8) • 황해북도 당위원회 책임비서 (2006.4~2010.9) • 당중앙위 비서(2010.9~2012.4)
기타 주요 경력		• 조선축구협회 위원장(1990.10) • 조선청소년태권도협회 위원장(1990) • 국가체육위원회 부위원장(1992)
김일성훈장 수훈	1992.4	1987.4(장성택보다 5년 먼저 수훈)
2012년 김정은의 공개활동 수행 횟수	106회 (파워 엘리트 중 수행 횟수 1위)	85회 (파워 엘리트 중 수행 횟수 2위)
2013년 김정은의 공개활동 수행 횟수	25회 (6월 24일까지) (파워 엘리트 중 수행 횟수 5위)	72회(6월 24일까지) (파워 엘리트 중 수행 횟수 1위)

자료: 저자 작성

최룡해는 동맹원 수가 약 500만 명이나 되는 북한 최대 조직인 청년동맹의 최고책임자 직책을 1986년부터 1998년까지 약 12년간이나 맡았는데, 이는 청년동맹의 역사에서 전무후무한 일이다.

그런데 최룡해는 1998년 1월 '청년동맹 비리 사건'에 연루되어 청년동맹 중앙위원회 제1비서직에서 해임되고 평양시 상하수도관리소 비서로 좌천되었다. 북한은 일반적으로 후임자 선출 보도로 전임자의 거취를 알려왔는데, 당시 최룡해를 '신병관계'로 해임한다고 이례적으로 발표함으로써 그에 대해 특별히 배려하는 모습을 보였다. 이후 최룡해는 김정일의 신임을 회복해 2003년 8월에 당중앙위원회 총무부 부부장으로 기용되었다가 2006년 4월에는 황해북도 당위원회 책임비서직에 임명되었다.

김정일은 김정은의 후계자 지위를 대외적으로 공식화하기 위해 제3차 당대표자회를 2010년 9월 28일 개최했다. 그러면서 바로 그 전날 그의 여동생 김경희와 김정은, 최룡해 등 여섯 명의 간부들에게 '대장' 칭호를 부여했다. 최룡해가 군간부가 아님에도 불구하고 그에게 '대장' 칭호를 수여한 것과 최룡해의 이름이 김경희와 김정은 바로 다음에 온 것은 앞으로 그가 군부 통제와 관련해 중요한 역할을 맡을 것임을 시사하는 것이었다. 당시 많은 언론들은 김정일의 매제인 장성택이 김정은 후계체계 구축에서 중심적 역할을 할 것이라고 예상했지만, 장성택은 김정일 사망 전까지 군대에서 그 어떠한 칭호도 수여받지 못했다.

김정일이 김일성의 후계자 및 체제의 2인자로서 대외적으로 모습을 처음 드러낸 1980년 제6차 당대회에서 당중앙위원회 정치국과 비서국 그리고 군사위원회에 모두 선출된 인물은 당시 김일성과 김정일뿐이었다. 그런데 2010년 제3차 당대표자회에서 최룡해는 김정일을 제외하고는 유일하게 당중앙위원회 정치국과 비서국, 당중앙군사위원회라는 당의 3대 주요 기구에 선출되었다. 최룡해가 당의 3대 주요 기구에 모두 선출된 것은 그에 대한 김정일의 매우 특별한 신임을 보여주는 것이었다. 당시 최룡해는 당중앙위원회 정치국과 당중앙군사위원회에서 모두 장성택 바로 앞에 호명되었다(≪로동신문≫, 2010. 9. 29).

북한은 최현의 사망 30주년이 되는 2012년 4월 9일의 바로 전날인 8일 ≪로동신문≫ 4면의 지면 절반 이상을 최현에 할애하면서 그에 대해 "자기 수령에 대한 충실성이 몸에 배인 사람"으로 표현했다. 그리고 최현이 "경애하는 김정일 동지를 위대한 수령님(김일성)의 유일한 후계자로 높이 받드는 데서도, 주체혁명위업계승을 위한 조직사상적 기초를 튼튼히 다지고 당의 영도체계를 튼튼히 세우는 데서도 언제나 앞장에 섰고 견결하였다"라고 표현함으로써 김일성에 이어 김정일에 대한 최현의 충성을 높이 평가했다(≪로동신문≫, 2012. 4. 8)

2012년 4월 10일 자 ≪로동신문≫은 김정일의 국방위원회 위원장 추대 19주년 기념 중앙보고대회가 9일 개최되었다고 보도하면서 최룡해를 리영호 총참모장보다 먼저 호명했다(≪로동신문≫, 2012. 4. 10). 이는 최룡해가 최현 사망 30주년이 되는 4월 9일이나 그 전에 군부의 제1인자 직책인 총정치국장직에 임명되었음을 간접적으로 시사하는 것이었다.

또한 북한은 4월 10일 최현 서거 30주년 중앙추모회를 개최하고, 4월 11일 자 ≪로동신문≫ 5면 전체에 관련 기사를 게재했다(≪로동신문≫, 2012. 4. 11). 그리고 4월 10일 최룡해에게 차수 칭호를 수여하는 결정을 발표했다. 김일성·김정일에 대한 최현의 충성심에 대한 강조와 최룡해의 총정치국장 임명 및 그에 상응하는 군사 칭호 수여가 동시에 진행된 것이다.

최룡해는 군 복무와 조선인민군 청년동맹위원회에 대한 지도 외에 특별한 군 관련 경험이 없음에도 불구하고 이처럼 부친인 최현 전 인민무력부장의 후광 덕분에 총정치국장이라는 당시 군부의 제1인자 직책에 임명될 수 있었다. 최룡해는 2012년 4월 제4차 당대표자회에서 당중앙위원회 정치국 상무

사진 5-3 제4차 당대표자회에서의 당중앙위원회 정치국 상무위원과 위원 보선 결과

자료: ≪로동신문≫(2014.4.12)

위원에도 선출되었고, 과거 그의 부친 최현이 맡았던 것과 거의 동일한 '당중
앙군사위원회 부위원장'직에도 임명되었다. 김정은 시대에 들어와 최룡해의
위상은 김정일 시대보다 더욱 높아진 것이다. 장성택도 제4차 당대표자회에
서 처음으로 당중앙위원회 정치국 위원에 선출됨으로써 당 지도부 내에서 그
의 공식 위상이 김정일 시대에 비해서는 상대적으로 높아졌지만, 최룡해보다
는 낮은 것이었다(≪로동신문≫, 2012.4.12 참조).

　2012년에만 해도 최룡해는 파워 엘리트 중 김정은의 공개활동 수행 횟수
에서 장성택에 이어 2위를 차지했는데, 2013년 상반기에는 장성택을 제치고
1위를 차지했다. 그것은 최룡해가 김정은의 최측근으로서 군부 장악과 경제
건설 분야 등에서 핵심적인 역할을 맡고 있던 것과 밀접한 관련이 있다.

　최룡해는 과거 자신의 부친 최현과 조명록 전 총정치국장처럼 김정은과 노
동당에 대한 군부의 충성을 이끌어내는 데 적극적인 역할을 했다. 그리고 '현
지요해(現地了解)'라는 특권적 권한을 가지고 군인 건설자들이 동원되는 각종
기념관과 아파트, 공원, 체육시설 건설 및 대규모 축산단지 개간 현장 등을 빈
번하게 방문해 감독함으로써 과거 김정일 시대에 장성택이 수도 건설과 관련
해 맡았던 것 이상의 역할을 수행했다. 2013년 5월에는 김정은의 특사 자격
으로 베이징을 방문해 시진핑 중국공산당 중앙위 총서기 등 중국의 최고위급

사진 5-4 총정치국장 시절 건설 분야에 대한 최룡해의 현지요해

평양민속공원 건설에 대한 현지요해

자료: ≪로동신문≫(2012. 7. 25)

세포등판 개간에 대한 현지요해

자료: ≪로동신문≫(2013. 7. 6)

사진 5-5 김정은에게 허리를 거의 90도 굽혀 인사하는 최룡해 최고인민회의 상임위원장

자료: ≪조선중앙TV≫ 화면 캡처(조선로동당 제8차 대회 폐막, 2021년 1월 12일 방영)

인사들을 만나 북한의 장거리로켓 발사와 핵실험으로 악화된 북중 관계의 회복을 모색했다.

하지만 김정일의 신임이 두터웠던 장성택도 2004년에 직무를 정지당했던 것처럼, 그리고 군부의 제2인자였던 리영호가 2012년에 갑자기 총참모장직에서 해임된 것처럼 북한이라는 군주제적 스탈린주의 체제에서 최룡해도 하루아침에 직무를 정지당하거나 해임될 수 있는 '수령의 제자 및 전사'에 불과하다. 최룡해에게도 위기의 순간이 없지는 않았지만, 그는 그 순간을 매우 노련하게 극복했다. 최룡해는 2015년에 당중앙위원회 비서의 직무를 일시적으로 정지당했다. 이는 2015년 11월 8일 발표된 리을설 국가장의 위원회 명단에서 그의 이름이 빠짐으로써 간접적으로 확인되었다. 북한 내부 사정에 밝은 대북 소식통에 의하면, 최룡해의 첫째 아들이 집에서 남한 드라마를 보다가 국가안전보위부에 발각되자 최룡해는 김정은에게 직접 가서 "제가 자식 교양을 잘못해 이런 결과가 발생했으므로 아들을 데리고 가서 혁명화를 하고

142   우리가 모르는 김정은

오겠다"라고 하고 혁명화를 한 달 했다고 한다. 당시 김정은은 반대했지만, 최룡해가 김정은을 설득해 (지방이 아니라) 평양의 형제산 구역 농장에서 정신적으로 문제가 있는 첫째 아들과 혁명화를 했다.

이후 그가 다시 복권된 사실은 2015년 12월 30일 발표된 김양건 국가장의 위원회 명단에서 최룡해의 이름이 당중앙위원회 정치국 위원들 가운데 여섯 번째로 호명됨으로써 공식적으로 확인되었다. 북한의 고위급 인사들이나 그들의 자제일수록 남한 드라마를 보다가 발각되면 일반 주민보다 더 심각한 처벌을 받는데, 최룡해가 스스로 아들과 함께 혁명화를 받겠다고 함으로써 아들을 보호하고 김정은에 대한 자신의 충성심도 과시한 것이다. 이 사건은 최룡해의 매우 탁월한 처신 능력을 보여주는 것이다.

최룡해는 2019년 4월부터 국무위원회 제1부위원장직과 최고인민회의 상임위원장을 맡아 김정은과 함께 대외적으로 북한의 '국가'를 대표(비동맹회의 참석 등)하고 주요 입법 활동을 관장하면서 간혹 '현지요해'에도 나서고 있다.

3. 경제개혁과 박봉주의 역할

박봉주 총리는 1939년생으로 함경북도 김책시에서 출생해 평안남도 덕천공업대학을 졸업한 후 기계제작기사의 자격을 획득한 전형적인 기술관료이다. 그는 1962년 만 23세의 나이에 평안북도 룡천식료공장 지배인을 맡았고, 1980년 제6차 당대회에서 만 41세의 젊은 나이에 당중앙위원회 후보위원에 선출(한기범, 2009: 197; ≪연합뉴스≫, 2002.10.24)되어 북한을 움직이는 약 200명 내외의 핵심 엘리트 그룹에 들어가게 되었다. 북한 내각에는 김일성종합대학과 김책공업대학 등을 졸업한 엘리트들이 많지만, 박봉주는 학벌, 학연 등이 아닌 오직 실력 하나로 통치 엘리트 그룹에 올라간 그야말로 입지전적인 인물인 것이다.

박봉주는 1983년에 평안북도 박천군의 종합화학공장인 남흥청년화학연합기업소 당 책임비서에 임명되어 약 10년간 일하는 동안 다시 확실하게 능력을 드러냈다. 1987년 조선예술영화촬영소가 그 시절 박봉주의 활동을 소재로 한 〈보증〉이라는 영화를 제작할 정도였다. 이 영화는 북한 주민들 사이에 상당한 인기를 끌었고 현재도 TV를 통해 수시로 방영되고 있다.[4]

박봉주는 1993년에 당중앙위원회 경공업부 부부장에, 1994년에 당중앙위원회 경제정책검열부 부부장에 그리고 1998년에는 장관급인 화학공업상에 임명되었다. 그는 화학공업상 시절인 2002년 10월 하순 북한경제시찰단의 일원으로 한국을 방문해 8박 9일간 삼성전자, LG전자, 포스코 포항제철소, 현대중공업과 현대자동차 등을 참관한 바 있다. 그리고 한국 방문 후에는 곧바로 싱가포르, 인도네시아, 말레이시아 등 동남아시아의 역동적인 산업지대를 시찰했다(《연합뉴스》, 2002. 10. 24; 《한겨레》, 2002. 11. 5; 《서울신문》, 2002. 11. 6).

2003년 9월 박봉주는 경제관료로서는 최고위직인 내각 총리에 임명되었는데, 이는 당시 김정일의 경제개혁 구상을 실행에 옮기기 위한 것이었다. 김정일은 2000년 5월 베이징 방문과 2001년 1월 상하이 방문을 통해 개혁·개방의 결과 발전된 중국의 모습에 충격을 받았다. 그래서 김정일은 2000년부터 내각을 중심으로 하는 경제 관리 방식의 개선 지시를 내렸고, 2002년에는 '7·1 경제관리개선조치'로 알려진 경제개혁을 단행했다. 그리고 2003년에 개

---

4 《연합뉴스》, 2013. 6. 21; 통일부 북한자료센터 홈페이지, http://library.unikorea.go.kr/search/DetailView.ax?sid=1&cid=75043(검색일: 2014. 2. 1); 한기범(2009: 162); 통일부(2022: 625~626 참조). 한기범은 박봉주를 소재로 한 영화의 이름이 '군당 책임비서'라고 주장하고 있는데, 박봉주는 '군당 책임비서'를 맡은 적이 없을 뿐만 아니라 '군당 책임비서'라는 영화의 내용도 박봉주의 경력과는 무관하다.

혁 성향의 박봉주를 총리직에 임명해 노동당과 내각의 조직 및 인력 구조조정, 당과 군대의 경제사업 축소, 내각의 전문화 및 연소화, 내각 인사권 및 경제 관리 재량권의 총리 위임 등의 조치를 취해 내각이 주도적으로 국가경제를 관리할 수 있도록 지원했다(한기범, 2009: 162).

박봉주는 이 같은 김정일의 신임을 바탕으로 2004년에 가족영농제, 기업 경영 자율화, 노동 행정체계 개혁 조치를 단행했고, 경제 관리 구조는 물론 상품 유통관리, 가격관리, 금융구조, 곡물 가격관리에 이르기까지 광범위하게 시장경제 도입을 시도했다(정창현, 2014: 138). 박봉주가 총리를 맡고 있던 2005년에 농업 부문 예산은 전년도에 비해 29.1%, 2006년에는 12.2% 증가했다. 반면 총리가 상대적으로 보수적인 김영일로 바뀐 후 농업 부문 예산은 전년도에 비해 8.5%(2007년), 5.5%(2008년), 6.9%(2009년) 증가하는 데 그쳤다. 이 같은 사실은 내각 총리의 성향에 따라 북한은 인민 생활과 관련된 예산 배정에서 중요한 차이가 발생할 수 있음을 보여주는 것이다(정성장, 2011: 358).

박봉주는 또한 과거 총리 시절에 "사회주의경제관리를 개선 완성하는 것은 나라의 경제를 활성화하는데서 더는 미룰 수 없는 절실한 문제"라고 지적하면서 경제 관리의 '개선'을 매우 적극적으로 강조한 바 있다(≪조선중앙통신≫, 2004.3.25 참조). 그러나 박봉주의 개혁 조치에 의해 조직과 영향력이 축소된 당과 군부의 반발을 김정일이 수용하면서 2005년부터 개혁이 후퇴의 길에 들어서게 되었다. 결국 2007년 4월 박봉주는 총리직에서 해임되어 순천비날론 연합기업소의 지배인으로 좌천되었다(한기범, 2009: 160~198).

이처럼 당과 군부의 보수파 반격으로 지방으로 밀려났던 박봉주는 김정은이 후계자로 결정된 이후인 2010년 8월 당중앙위원회 경공업부 제1부부장직에 임명되어 중앙당으로 다시 복귀했다. 그리고 김정일 사망 후인 2012년 4월에는 당중앙위원회 경공업부장으로 승진했다.

사진 5-6 박봉주 총리의 현지요해

황해남도 농사 실태 현지요해

자료: ≪로동신문≫(2013. 4. 24)

평양전기기구합영회사 현지요해

자료: ≪로동신문≫(2013. 7. 2)

김정은은 2013년에 북한에서는 매우 드물게 개혁적인 성향의 경제관료인 박봉주를 내각 총리직에 임명하고 그의 경제개혁에 힘을 실어주었다. 김정은의 부친인 김정일은 2003년에 박봉주를 내각 총리직에 임명하면서도 그에게 서열 100위 밖의 '당중앙위원회 후보위원' 지위를 그대로 유지하게 함으로써 박봉주는 임기 내내 당과 국가, 군대의 고위 간부들의 견제를 받아야 했다.

그러나 김정은은 2013년에 박봉주를 총리에 임명하면서 당중앙위원회 정치국 위원직에 선출했다. 김정은 제1비서는 2013년 3월 31일 개최된 당중앙위원회 전원회의에서 경제건설 노선과 관련 농업과 경공업 발전, 지식경제로의 전환, 과학기술과 경제의 유기적 결합, 경제지도와 관리의 개선, 대외무역의 다각화 및 다양화, 관광지구 개발 및 '경제개발구' 창설 등을 제시했다. 박봉주 총리는 바로 이 같은 김정은의 경제 개혁·개방 구상을 실행에 옮기는 역할을 맡게 된 것이다. 박봉주가 총리에 임명된 후인 2013년 5월 29일 북한은 중국의 경제개발구를 모방한 경제개발구법을 채택해 경제특구를 북한 전역으로 확대하겠다는 의지를 보여주었다.[5]

김정은 시대에 박봉주 총리의 당내 지위가 확고해지고 군부의 영향력도 현저하게 축소되어 박봉주는 과거보다 더욱 과감하게 경제개혁을 추진할 수 있게 되었다. 그 결과 사회주의권 붕괴 이후 장기간 침체되어 있었던 북한 경제가 김정은 집권 이후 회복 국면으로 돌아서게 되었고 시장이 주목할 정도로 확대되었으며, '평균주의'에 젖어 있었던 모든 경제 분야에서 경쟁이 확산되고 선진적이고 효율적인 경영 방식이 전례 없이 강조되었다(정성장, 2020 참조). 김정은은 2016년부터는 박봉주를 최고 핵심 엘리트 5인 내외로 구성되는 당중앙위원회 정치국 상무위원회의 위원직에도 선출해 그의 정책 추진에 더욱 힘을 실어주었다(김일한, 2021: 52 참조).

박봉주는 2019년 4월에 내각 총리직에서 물러나고 '당중앙위원회 부위원장'직(2021년 1월 제8차 당대회에서 명칭이 '비서'로 바뀜)을 맡았다. 2019년 4월

---

5 북한의 경제개발구법에 대한 상세한 분석은 유욱(2013) 참조.

당중앙위원회 제7기 제4차 전원회의 인사에서 특기할 점은 박봉주가 바로 다음 날 개최된 최고인민회의 회의에서 내각 총리직에서 물러나게 되었지만 당중앙위원회 정치국 상무위원직은 계속 유지하게 되었다는 것이다. 그리고 2019년 4월 최고인민회의 회의에서 새로 조직된 국무위원회의 부위원장직을 계속 맡게 되어 국무위원회 위원에 임명된 김재룡 새 내각 총리보다 더욱 높은 위상을 차지하게 되었다. 이는 북한의 경제개혁과 개방을 주도해 온 박봉주에 대한 김 위원장의 특별한 신임을 반영하는 것으로, 박봉주는 당중앙위원회 부위원장직을 새로 맡아 김정은의 경제정책결정을 바로 옆에서 보좌하게 되었다. 박봉주는 2021년 1월 제8차 당대회를 계기로 은퇴했다. 이때 김정은이 박봉주에게 그동안의 수고에 감사를 표하는 모습이 북한 TV를 통해서도 방영되었다.

4. 리병철 당중앙군사위원회 부위원장 중용과 부침

1948년생인 리병철은 2008년 4월에 공군사령관에 임명되어 2014년까지 북한 공군을 지휘했다. 그러다가 2014년 12월에 당중앙위원회 기계공업부(후에 명칭이 '군수공업부'로 바뀜)의 제1부부장을 맡은 이후 현재까지 북한의 핵과 미사일 개발 등을 관장해 오고 있다. 북한은 2016년과 2017년에만도 세 차례나 핵실험을 진행하면서 수소폭탄 개발에 성공했고, ICBM 시험발사에도 성공하는 등 리병철이 군수공업 분야를 지도하면서 핵과 미사일 개발에서 주목할 만한 진전을 보여주었다. 리병철은 그 공로를 인정받아 2019년 12월에는 당중앙위원회 정치국 위원, 당중앙위원회 부위원장에 선출되었고, 당중앙위원회 군수공업부장으로 승진했다. 리병철은 다시 2020년 4월에 국무위원회 위원에 선출되었고, 5월에는 당중앙군사위원회 부위원장직에 선출됨으로서

사진 5-7　당중앙군사위원회 회의에서 김정은 옆에 앉아 있는 리병철

자료: ≪로동신문≫(2022.9.9)

군부 1인자 지위를 차지하게 되었다(≪로동신문≫, 2020.5.24 참조). 이어서 8월에는 당내 서열 5~6위 안에 들어가는 당중앙위원회 정치국 상무위원직에 선출되었다(통일부, 2022: 447~455; ≪로동신문≫, 2020.8.14 참조).

　김정일 시대와 김정은 집권 이후 오랫동안 북한군에서는 총정치국장(인사와 선전사업 등 담당)과 총참모장(군사작전 담당) 및 인민무력부장(후방사업과 군사외교 담당, 후에 '국방상'으로 명칭이 바뀜)이 당중앙위원회 군수 담당 부위원장(또는 비서)이나 군수공업부장보다 높은 지위를 차지했다. 그런데 핵과 미사일 개발을 관장해 온 리병철 당중앙위원회 군수 담당 부위원장/비서는 2020년부터 2021년 6월까지 당중앙위원회 정치국에서 상무위원으로서 공식 서열 3위 또는 4위를, 당중앙군사위원회에서 부위원장으로서 김정은 다음의 공식 서열 2위를 차지하면서 북한군 총정치국장과 총참모장 그리고 국방상보다 높은 지위를 차지하게 되었다.

　김정은이 이처럼 2020년부터 군수 담당 부위원장/비서에게 당중앙위원회 정치국 상무위원이라는 매우 높은 지위를 부여한 것은 리병철이 전략무기의 개발과 실전배치 그리고 대병력 위주의 기존 군대를 전략무기 위주로 개편하는 국방 현대화와 관련해 매우 중요한 역할을 맡고 있는 것과 밀접한 관련이 있다(정성장, 2020 참조). 2020년 10월 5일 리병철 당중앙군사위 부위원장은 박

정천 총참모장과 함께 '인민군 원수' 칭호까지 받았다(≪로동신문≫, 2020.10.6).

그런데 이처럼 승승장구하던 리병철에게도 시련의 시기가 있었다. 2021년 6월 리병철은 식량난을 완화하기 위해 주민들에게 군량미를 공급하라는 김정은의 지시가 제대로 이행되지 않은 데 대해 군부 서열 1인자로서 문책을 받아 한때 지위가 강등되었다. 당시 북한은 6월 29일 개최된 당중앙위원회 제8기 제2차 정치국 확대회의에서 김정은이 "국가중대사를 맡은 책임간부들이 세계적인 보건위기에 대비한 국가비상방역전의 장기화의 요구에 따라 조직기구적, 물질적 및 과학기술적 대책을 세울데 대한 당의 중요결정집행을 태공함으로써 **국가와 인민의 안전에 커다란 위기를 조성하는 중대사건을 발생**시킨데 대하여서와 **그로 하여 초래된 엄중한 후과**에 대하여 지적했다"라고 밝혔다(≪로동신문≫, 2021.6.30, 강조는 필자).

국가정보원의 국회 보고에 의하면 김정은이 언급한 '중대사건'은 평북 의주(義州) 방역장 소독시설 가동 지연과 전시 비축미 공급 지연 및 관리 실태 부실을 지칭하는 것이었다. 북한은 의주의 기존 군 비행장을 방역장으로 전용(轉用)해 같은 해 4월부터 북·중 국경을 개방하고 물자를 유입하려 했으나, 소독시설 준비 미흡으로 방역장 가동이 계속 지연되어 왔다는 것이다. 그리고 김정은이 6월 중순 당중앙위원회 전원회의에서 방역으로 식량 사정이 더 어려워진 사실을 공개적으로 인정하고 각 지역의 군부대들에게 전시 비축미를 풀어 주민들에게 공급하라는 '특별명령'을 내렸으나 그것이 제대로 이행되지 않았다는 것이다(정래원, 2021.7.8). 그 결과 방역을 담당했던 최상건 당중앙위원회 비서가 해임되고 리병철 당중앙군사위원회 부위원장 등 군부의 핵심 인사들 다수가 강등되거나 주요 직책에서 해임되었다.

≪로동신문≫이 2021년 7월 8일 공개한 김정은의 금수산태양궁전 참배 사진 1열에는 당 정치국 상무위원들이, 2열에는 정치국 위원들이, 3열에는 정치국 후보위원들이 서 있다. 그런데 사진의 1열을 보면 기존의 정치국 상무

사진 5-8   정치국 확대회의에서 거수 의결에 참여하지 못하는 리병철과 박정천

주: 당중앙위원회 제8기 제2차 정치국 확대회의에서 리병철 당중앙군사위원회 부위원장(주석단 앞줄 하얀 원)과 박정천 군 총참모장(주석단 뒷줄 하얀 원)이 고개를 숙인 채 거수 의결에 참여하지 못하고 있다.
자료: ≪조선중앙TV≫ 화면 캡처(2021. 6. 29~30 방영)

위원들 중 리병철이 빠져 있고, 그는 3열에 정치국 후보위원들인 박태덕 당 규율조사부장과 리철만 당 농업부장 사이에 인민복을 입고 서 있다. 이는 리병철이 정치국 상무위원에서 후보위원으로 강등되었음을 시사하는 것이다. 하지만 리병철이 7월 28일 김정은의 북중우의탑 방문 때 동행한 인사들 중 조용원, 리일환, 정상학 비서 다음에 그리고 군부 인사들인 박정천 총참모장, 권영진 총정치국장, 리영길 국방상 앞에 호명되어 점진적으로 과거 위상을 회복하는 모습을 보여주었다(정성장, 2021 참조).

그러다가 리병철은 2022년 4월 25일 열병식을 통해 당중앙위원회 정치국 상무위원 겸 비서로 다시 복귀했다. 비록 리병철에게 부분적인 과오가 있었다 하더라도 그가 북한의 핵과 미사일 능력을 단기간 내에 급속도로 고도화시키는 데 크게 기여한 점과 2021년 제8차 당대회에서 제시한 핵무력 강화목표를 고려할 때 리병철의 근신 기간을 오래 유지하는 것이 바람직하지 않다고 김정은이 판단했을 것으로 추정된다. 이는 또한 간부가 업무 수행 능력이 있고 충성심에 문제가 없으면 일시적인 문책 후 다시 복권시켜 일을 맡기는 김정은의 용인술을 보여주는 것이다.

5. 백두혈통 김여정의 특별한 위상과 역할

국가정보원은 2020년 8월 국회에서 열린 정보위원회 비공개 업무보고에서 북한의 국정운영과 관련, 김정은 위원장이 동생인 김여정 당중앙위원회 제1부부장 등 일부 측근들에게 권한을 이양하는 방식으로 '위임통치'를 하고 있다고 밝혔다. 그리고 김여정이 "대남·대미 정책을 전반적으로 관장하는 등 권한을 가장 많이 이양받았다"라고 보고했다(≪연합뉴스≫, 2020.8.20 참조).

1988년생인 김여정의 얼굴이 북한 매체에 처음 소개된 것은 김정일 사망 직후였다. 2011년 12월 26일 자 ≪조선중앙통신≫은 김정일의 영전에 애도를 표하는 북한 고위 간부들과 유족의 사진을 공개했는데, 김여정은 당시 사진의 제일 왼쪽에 상복을 입고 서 있었다. 김정일의 세 자녀 중 장남인 김정철의 모습은 보이지 않았는데, 이는 그의 존재가 북한 주민들에게 앞으로도 비밀에 부쳐질 것임을 의미하는 것이었다. 반면에 북한이 이때 김여정의 얼굴을 공개한 것은 김정일의 여동생 김경희처럼 김여정도 김정은을 보좌할 것임을 시사하는 것이다.

김정은의 집권 직후인 2012년 4월 그가 제4차 당대표자회 참가자들과 같이 찍은 사진에도 김여정의 얼굴이 나온다. 이때 김여정은 사진 1열의 오른쪽 끝 쪽에 서 있었다. 김여정이 제4차 당대표자 참가자들과 같이 기념사진을 찍었다는 것은 이미 이때부터 김정은 옆에서 그를 보좌하는 역할을 맡고 있었음을 시사하는 것이었다.

김여정의 이름이 북한 매체에 처음으로 언급된 것은 2014년 3월이었다. 3월 9일 북한 ≪조선중앙통신≫은 김정은이 김일성정치대학에서 최고인민회의 대의원 선거에 참가한 사실을 보도하면서 김여정을 '당중앙위원회 책임일군'이라고 소개했다. 북한에서 '당중앙위원회 책임일군'은 대체로 당중앙위원회 부부장(한국의 차관급에 해당) 이상의 간부들을 지칭하는 표현이다. 이때부터

사진 5-9 　김정일의 영전에 애도를 표하는 북한 고위 간부들과 김여정

자료: ≪조선중앙통신≫(2011. 12. 26)

사진 5-10 　김정은이 제4차 당대표자회 참가자들과 찍은 기념사진 속의 김여정

자료: ≪로동신문≫(2012. 4. 18)

김여정은 김정은의 모란봉악단 공연 관람과 송도원국제소년단야영소 준공식 참석 등 김정은의 공개활동에 자주 동행하기 시작했다.

북한은 마침내 같은 해 11월 27일 자 ≪로동신문≫을 통해 김여정의 직책을 '당중앙위원회 부부장'으로 소개했다. 만 26세의 매우 젊은 나이에 김여정이 한국의 차관급에 해당하는 고위직에까지 오른 사실을 확인해 준 것이다. 이는 김여정의 고모인 김경희가 30세의 나이에 당중앙위원회 국제부 부부장을 맡은 것보다도 빠른 것이다.

김여정은 2016년 5월 만 28세의 나이에 '당중앙위원회 위원'으로도 선출되어 북한을 움직이는 약 100명 내외의 핵심 엘리트 그룹에 들어가게 되었다.

사진 5-11 김정은과 함께 모란봉악단 공연을 관람하는 김여정

자료: ≪로동신문≫(2014.3.23)

이는 항일 빨치산 2세의 대표 주자인 최룡해가 만 36세에 그리고 김경희가 만 42세의 나이에 '당중앙위원회 위원'직에 선출된 것보다 훨씬 빠른 것이다(통일부, 2022: 71, 165, 985 참조). 이처럼 김여정은 같은 백두혈통인 김경희보다도 훨씬 빠른 승진 속도를 보여주었다.

김여정은 다시 2017년 10월 29세의 나이에 당중앙위원회 정치국 후보위원에 선출되어 북한을 움직이는 최고위 파워 엘리트 30인 내외의 그룹에도 들어가게 되었다. 이는 최룡해가 60세의 나이에, 장성택이 64세에 정치국 후보위원에 선출된 것과 비교해도 30살 이상 빠른 것이다(통일부, 2022: 165, 986, 1,281 참조). 2021년 1월에 개최된 제8차 당대회에서 김여정은 비록 정치국 후보위원직에 재선출되지는 못했지만, '백두혈통'으로서 공식적인 직책과는 무관하게 실질적으로 제2인자의 위상을 차지하고 있는 것으로 분석되어 왔다.

김여정은 2018년 2월에 서울을 방문해 김정은의 특사로 문재인 대통령에게 김정은의 친서와 문 대통령 평양 초청 의사를 전달했다. 당시 북한 고위급 대표단 단장은 김영남 최고인민회의 상임위원장이었고, 그는 당중앙위원회 정치국 상무위원이었다. 반면에 김여정은 정치국의 위원보다도 낮은 후보위원에 불과했지만 김영남이 당시 김여정에게 자리에 먼저 앉을 것을 권유한 것은 김여정이 김정은의 여동생으로서 실세임을 보여주는 것이다. 북한 ≪로동신문≫은 김영남보다 실세인 김여정에게 초점을 맞추어 보도했다. 김여정은

사진 5-12　남북대화와 북미대화에 참여하고 있는 김여정

청와대를 방문해 문재인 대통령과 악수하는 김여정

자료: ≪로동신문≫(2018.2.11).

싱가포르 북미정상회담에서 합의문 서명을 지켜보는 김여정과 마이크 폼페이오

자료: ≪로동신문≫(2018.6.13)

이후 2018년 6월의 싱가포르 북미정상회담, 2019년 2월의 하노이 북미정상 회담 그리고 동년 6월 판문점에서의 김정은-트럼프 회동에 모두 동행했다.

　김여정이 2020년경부터 대남·대미 정책을 총괄하고 있다는 것은 그가 발 표한 담화와 결정 등을 통해 분명하게 확인된다. 김여정은 2020년 6월 남한 탈북자 단체들의 대북 전단 살포를 맹렬하게 비난하면서 북한의 개성에 설치 된 남북연락사무소 건물을 폭파할 것을 지시했다. 김여정은 또한 2020년 7월 10일 장문의 담화를 통해 북미정상회담 및 비핵화 협상에 대한 북한의 입장

사진 5-13　김여정 명의의 담화

자료: ≪로동신문≫(2020. 6. 4)

자료: ≪로동신문≫(2022. 4. 5)

을 체계적으로 정리해서 발표했다.

　김여정은 2021년 9월에 국무위원회 위원직에도 선출되었다. 국가정보원은 2021년 10월 28일 국회 정보위원회 국정감사에서 김여정이 국무위원으로 선출된 데 대해 "위상에 걸맞은 공식 직책이 부여된 것"이라며 그가 "외교·안보 총괄을 맡고 있다"라고 설명했다. 그리고 김여정의 2021년 공개활동이 2020년에 비해 급증했으며, 대남·대미 활동을 관장하는 동시에 비공개 지방 방문을 통해 민생 동향을 파악해 김 위원장에게 보고하기도 한다고 국정원이 밝혔다(≪연합뉴스≫, 2021. 10. 28 참조).

김여정은 2022년 4월 5일에도 담화를 발표해 "남조선이 우리와 군사적 대결을 선택하는 상황이 온다면 부득이 우리의 핵전투무력은 자기의 임무를 수행해야 하게 될 것"이라며 한반도에서 전쟁이 발발할 경우 핵무기를 사용할 것임을 경고했다(≪로동신문≫, 2022. 4. 5). 2022년 11월부터 김정은이 딸 김주애를 중요한 공식 행사에 동행시키면서 김여정의 위상이 상대적으로 약화되고 있기는 하지만, 김여정은 앞으로도 오랫동안 김정은의 공개활동을 보좌하면서 북한의 대남·대미 정책을 관장할 것으로 예상된다.

참고문헌

김일한. 2021. 「선군에서 인민으로, 국가정상화 전략 평가와 전망」. 『북한 김정은 정권 10년 평가와 전망』. 경남대 극동문제연구소·프리드리히 나우만 재단 공동 주최 학술회의 자료집(2021. 11. 2).
≪로동신문≫. 1982. 4. 10; 1992. 4. 24; 2010. 9. 29; 2020. 10. 6; 2012. 4. 8; 2012. 4. 10; 2012. 4. 11; 2012. 4. 12; 2020. 5. 24; 2020. 8. 30; 2020. 9. 1; 2021. 6. 30.
백과사전출판사. 2001. 『조선대백과사전 21』. 평양: 백과사전출판사.
≪서울신문≫. 2002. 11. 6.
≪아시아투데이≫. 2015. 7. 14.
≪연합뉴스≫. 2002. 10. 24; 2013. 6. 21; 2020. 8. 20.
와다 하루키(和田春樹). 1992. 『김일성과 만주항일전쟁』. 이종석 옮김. 서울: 창작과 비평사.
유욱. 2013. 「북한 경제개발구법의 평가와 전망?: 개성공업지구법 및 라선경제무역지대법과 비교를 중심으로」. 북한법연구회 월례발표회 발표 논문(2013.10.31).

이종석. 1989. 「북한지도집단과 항일무장투쟁」. 김남식 외. 『해방전후사의 인식 5』. 서울: 한길사.

_____. 2000. 『북한-중국관계 1945~2000』. 서울: 중심.

정래원. 2021.7.8. "군 수뇌부 줄줄이 강등…북한 군부에 무슨 일이(종합)". ≪연합뉴스≫.

정성장. 2011. 『현대 북한의 정치: 역사·이념·권력체계』. 파주: 한울엠플러스.

_____. 2013a. "[김정은의 두 남자] 최룡해는 '장성택의 아바타'가 아니다". ≪월간중앙≫, 2013년 7월호.

_____. 2013b. "[북한 인물 탐구] 최현 전 인민무력부장과 최룡해 총정치국장". ≪NKvision≫.

_____. 2020. 「김정은의 '위임정치'와 북한 파워 엘리트의 위상·역할 변화」. ≪세종논평≫, No. 2020-21 (2020.9.3)

_____. 2021. "최근 북한 지도부의 파워 엘리트 변동 배경과 평가," ≪정세와 정책≫, 2021년 8월호(2021.8.2).

정창현. 2014. 『장성택 사건 숨겨진 이야기』. 서울: 선인.

≪조선중앙통신≫. 2004.3.25

최현. 1990. 「연길감옥에서의 공작」. 전문섭·백학림 외. 『항일유격대원들의 삶과 투쟁 회상기(중)』. 서울: 대동.

통일부 북한자료센터 홈페이지. http://library.unikorea.go.kr/search/DetailView.ax?sid=1&cid=75043 (검색일: 2014.2.1)

통일부. 2022. 「북한 주요 인물정보 2022」.

≪한겨레≫. 2002.11.5.

한기범. 2009. 「북한 정책결정과정의 조직행태와 관료정치: 경제개혁 확대 및 후퇴를 중심으로(2000~09)」. 경남대학교 대학원 박사학위 논문.

현성일. 2007. 『북한의 국가전략과 파워엘리트: 간부정책을 중심으로』. 서울: 선인.

황명희. 2012.4.8. "《최현동지는 정말 자기 수령에 대한 충실성이 몸에 깊이 배인 사람이였습니다》". ≪로동신문≫.

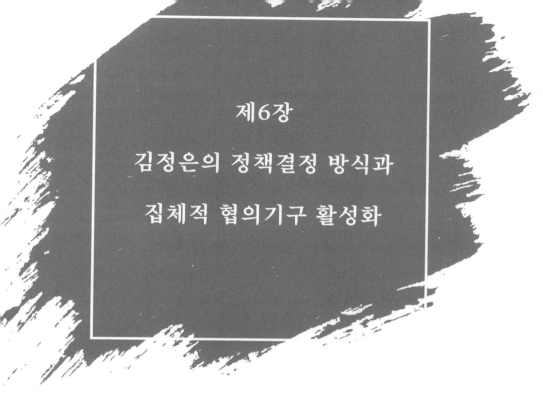

제6장

김정은의 정책결정 방식과 집체적 협의기구 활성화

1. 노동당의 정책결정기구 활성화

1974년 2월 김정일이 김일성의 후계자로 결정되기 전만 해도 북한에서 정책결정의 중심은 노동당 중앙위원회 정치국이었다. 김일성은 1956년의 '8월종파사건' 이후 당내 경쟁 세력인 연안파(친중파)와 소련파를 제거해 단독으로 중요 정책을 결정할 수 있게 되었지만, 핵심 간부들의 의견을 참고하기 위해 당중앙위원회 정치국 회의를 자주 소집했다.

그런데 김일성보다 권위주의적이었고 집체적 토론을 싫어했던 김정일은 1974년에 '수령의 후계자'로 결정된 후 당중앙위원회 비서들의 보고를 직접 듣고 중요 정책을 결정하는 방식을 선호하여 정책결정의 중심이 당중앙위원회 정치국에서 비서국으로 이동했다(현성일, 2007: 280~281 참조). 김정일은

사진 6-1 2017년 제6차 핵실험(수소폭탄 실험)을 결정한 당중앙위원회 정치국 상무위원회

자료: ≪로동신문≫(2017.9.4)

간부들을 모아놓고 회의하는 것을 싫어해 간부들이 올린 문건만 보고 사인하거나 관련된 간부에게 전화하여 물어본 후 주요 정책을 독단적으로 결정했다.

특히 1994년 김일성 사망 후 김정일은 당중앙위원회 정치국 회의를 매우 드물게 소집함으로써 정책결정에서 정치국의 역할이 더욱 위축되었다. 더 나아가 개최 사실조차도 곧바로 알리지 않았으며, 한참 지난 후에 평양방송이나『김정일 선집』등을 통해 공개했다.

반면에 김정은은 5명 내외의 최고위급 간부들이 참가하는 당중앙위원회 정치국 상무위원회(常務委員會)나 30명 내외의 고위급 간부들이 참가하는 당중앙위원회 정치국 회의를 수시로 개최해 그의 할아버지 김일성처럼 중요한 정책결정을 내리기 전에 주요 간부들의 의견을 청취했다. 그리고 이 같은 회의 개최 사실을 대체로 그다음 날 관영 매체를 통해 공개했다.

사진 6-2 **당중앙위원회 정치국 회의**

자료: ≪로동신문≫(2020.6.8)

　2016년 개정 당규약은 제27조에서 "당중앙위원회 정치국과 정치국 상무위원회는 전원회의와 전원회의 사이에 당중앙위원회의 이름으로 당의 모든 사업을 조직지도한다"라고 당중앙위원회 정치국 상무위원회의 권한에 대해 매우 간략하게 기술했다. 그런데 2021년에 개정된 새 당규약은 당중앙위원회 정치국 상무위원회에 대한 별도의 조항을 신설해 이 기관은 "정치, 경제, 군사적으로 시급히 제기되는 중대한 문제들을 토의 결정하며 당과 국가의 중요 간부들을 임면[任免: 임명과 해임]할 데 대한 문제를 토의한다"라고 그 권한을 구체적으로 규정했다. 과거에는 상무위원회에 이 같은 권한도 부여하지 않았기 때문에 이러한 개정 내용은 상무위원회의 권위를 높여주는 의미가 있다. 하지만 상무위원회에서 정치, 경제, 군사 분야 등의 중대 문제들을 정기적으로 토의·결정하는 것이 아니라 시급한 문제가 있을 때만 토의·결정한다면 그것은 '상무위원회'라는 이름에 어울리는 것은 아니다.[1]

1　중국공산당에서는 정치, 경제, 군사, 외교, 사회문화 등 각 분야의 수십 명 핵심 엘리트들이 참여하는 중앙정치국(북한의 '당중앙위원회 정치국'에 해당) 회의를 수시로 개최하는 것은 현실적으로 어렵기 때문에 일반적으로 중앙정치국 회의보다 10명 이내의 최고위 엘리트들로 구성되는 중앙정치국 상무위원회에서 중요한 정책들을 수시로 결정한다(정성장, 2021: 12~13 참조).

김정일 사후 김정은은 당중앙위원회 정치국 회의를 2016년을 제외하고는 1년에 1회 이상 개최해 당의 중요한 정책들을 결정하고 발표함으로써 김정일과는 차별화된 모습을 보여주고 있다. 김정일 시대에 비하면 당중앙위원회 정치국 회의 또는 확대회의가 상대적으로 더 많이 소집되었지만 집단지도체제를 채택하고 있는 다른 사회주의체제에서처럼 정기적으로 빈번하게 개최되고 있다고 보기는 어렵다.

집단지도체제를 부정하고 '수령' 1인의 개인절대 독재체제를 옹호하고 있는 현재의 북한에서 김정은 노동당 총비서는 절대적인 정책결정권을 가지고 있다. 하지만 북한 노동당 중앙위원회 정치국 회의가 다른 사회주의체제에서와 같이 적어도 외양상으로는 중요한 정책 발표의 장이 되고 있다는 점은 흥미로운 현상이다.

김정은 시대 당중앙위원회 정치국 회의에서 채택된 중요 결정 및 정치국 명의의 결정 발표를 분석하면 다음과 같은 특징을 알 수 있다(정성장, 2015: 6~9 참조).

첫째, 당중앙위원회 정치국 회의는 핵심 파워 엘리트를 당과 국가(기구), 군대의 요직에 추대 또는 임명하거나 요직에서 해임하는 공간이 되고 있다. 2011년 12월에 개최된 당중앙위원회 정치국 회의에서는 김정은 당시 당중앙군사위원회 부위원장을 군대의 최고직책인 '조선인민군 최고사령관'직에 추대했다. 그리고 2012년 7월에 개최된 당중앙위원회 정치국 회의에서는 리영호 인민군 총참모장을 '신병관계'로 모든 직무에서 해임하는 결정을 내렸다. 또한 동년 11월 개최된 당중앙위원회 정치국 확대회의에서는 국가의 전반적 체육사업을 통일적으로 지도할 기구로 '국가체육지도위원회' 설치를 결정하고 장성택을 이 기구의 위원장에 임명했다. 반면 2013년 12월에 개최된 당중앙위원회 정치국 확대회의에서는 장성택의 '반당·반혁명적 종파행위'와 관련된 문제를 토의한 후 장성택을 모든 직무에서 해임하고 노동당에서 출당, 제명하는 결정서를 채택했다. 그리고 2014년 4월 개최된 당중앙위원회 정치국 회의에서는 최고인민회의 제13기 제1차 회의에 제출할 국가지도기관 구성안을 토의했다. 김정일 시대와는 달리 핵심 파워 엘리트의 요직 임명이나 해임을 상대적으로 공개적인 방식으로 진행하고 있는 것이다.

둘째, 당중앙위원회 정치국은 '결정서'의 형태로 중요 당 회의의 개최를 공개하고 있다. 2012년 2월에는 결정서를 통해 제4차 당대표자회 소집을 발표했고, 2013년 3월에도 결정서를 통해 당중앙위원회 전원회의의 소집을 발표했다. 그리고 2015년 10월에도 결정서를 통해 2016년 5월 초 제7차 당대회 소집을 발표했다(≪로동신문≫, 2015.10.30).

셋째, 당중앙위원회 정치국은 '특별 보도'나 '결정서'의 형태로 노동당의 중요 정책을 발표하고 있다. 2012년 1월 당중앙위원회 정치국은 '특별 보도' 형태로 김정일 시신의 금수산기념궁전(2012년 2월 16일, 김정일의 70번째 생일을 기념해 '금수산태양궁전'으로 개칭) 안치, 김정일 동상 건립, 김정일 생일의 '광명성절'로의 제정, 전국 각지 김정일 영생탑 건립을 발표했다.

그리고 2013년 2월에는 당중앙위원회 정치국 회의를 개최해 결정서 「조선민주주의인민공화국창건 65돐과 조국해방전쟁승리 60돐을 승리자의 대축전으로 맞이할 데 대하여」를 채택해 김일성과 김정일을 '당과 혁명의 영원한 수령'으로 모시기 위해 금수산태양궁전 개건(改建), 7·27 조국해방전쟁승리[정전협정 체결] 60주년과 정권 수립 65주년 경축 정치행사들의 성대한 조직, 평양시에 인민군열사묘 건설, 원산지구를 세계적인 휴양지로 꾸리기 위한 '건설전투' 진행, 경제사업에서 '내각책임제, 내각중심제의 원칙'을 철저히 지키는 강한 규율 수립, 광명성 계열의 인공위성과 장거리 로켓들 계속 발사, 로농적위군과 붉은청년근위대의 전투정치훈련 강화, 2013년 내에 전반적 12년제 의무교육을 실시하기 위한 준비 완료, 각종 대중체육시설들과 문수물놀이장을 비롯한 현대적인 문화시설들 건설, '조국통일을 실현하기 위한 거족적인

사진 6-3   당중앙위원회 정치국 확대회의 관련 기사

혁명사상 만세 !   조선로동당 중앙위원회기관지   김정은동지 만세 !
제250호 [주체 426854호] 주체109 (2020)년 9월 6일 (일요일)

경애하는 최고령도자 김정은동지께서
태풍9호에 의한 자연재해복구전투조직을 위한 당중앙위원회 정무국 확대회의를 현지에서 소집하시고 피해지역을 돌아보시였다

자료: ≪로동신문≫(2020.9.6)

애국투쟁' 전개, 전승 60주년을 '반제자주역량과 세계 진보적 인민들'의 공동의 행사로 크게 경축하기 위한 대외활동 전개, 간부들의 세도와 관료주의의 결정적 근절과 같은 많은 결정들을 발표했다.

또한 2015년 2월에도 결정서「조선로동당 창건 일흔돐과 조국해방 일흔돐을 위대한 당의 영도 따라 강성번영하는 선군조선의 혁명적 대경사로 맞이할데 대하여」와「위대한 김정일 동지의 유훈을 우리 당과 혁명의 영원한 지도적 지침으로 틀어쥐고 끝까지 관철할 데 대하여」를 채택해 김정은의 유일적 영도 밑에 전당이 하나와 같이 움직이는 강한 조직 규율 수립 및 세도와 관료주의, 부정부패 행위와의 투쟁 등과 같은 방침들을 발표했다.

김정은은 정치·경제·군사·외교·문화 등 주요 분야들을 이끌어가는 핵심 엘리트들인 노동당 중앙위원회 위원과 후보위원 200여 명 이상이 참가하여 당이 직면한 중대 문제들을 토의·결정하는 매우 중요한 회의인 당중앙위원회 전원회의도 중요한 계기마다 개최해 당의 새로운 노선이나 대규모 인사를 직접 발표해 오고 있다.

사진 6-4 당중앙위원회 전원회의

자료: ≪로동신문≫(2019.12.30)

 김정일 시대에는 단 한 차례도 개최되지 않았던 노동당대회도 김정은은 집
권 이후 두 차례나 개최해 5년간의 경제계획과 당의 대내외 정책을 발표했다.
노동당 규약에 의하면 '당의 최고지도기관'은 당대회이다. 당대회가 북한정치
에서 중요한 의미를 갖는 것은 북한이 이 이벤트를 통해 새로운 경제발전 목
표와 대외전략 등을 제시하고 당의 상부 단위부터 하부 단위까지 당 간부들
을 대대적으로 교체하는 계기로 삼아왔다는 데 있다.

 김정일은 집권 이후 당대회를 단 한 차례도 개최하지 않았지만, 김정은은
2011년 집권 후 4년 6개월 만인 2016년 5월에 제7차 당대회를 개최했고,
2021년 1월 5일부터 12일까지 무려 8일간 제8차 당대회 개최했다. 김정은 집
권 이후에는 당대회가 김일성 시대와 같이 당의 중장기적 노선을 발표하고
당 지도부를 대대적으로 개편하는 중요한 계기가 되고 있는 것이다(정성장,
2021).

 북한은 제8차 당대회에서 당규약을 개정해 당의 최고직책명을 '위원장'에
서 '총비서'로 바꾸고 김정은을 이 직책에 추대하면서 그의 유일적 영도체계
를 더욱 강화했다. 당대회 개최 주기와 관련해 북한은 당규약 제22조에 당대
회를 5년에 한 번씩 소집한다는 내용을 추가하고 대회 소집에 관한 발표는 수
개월 전에 하는 것으로 수정했다(≪로동신문≫, 2021.1.10 참조). 1980년 제6차

사진 6-5 북한 노동당 제8차 대회

자료: ≪로동신문≫(2021.1.7)

당대회에서 개정된 당규약에서도 대회를 5년마다 개최하는 것으로 규정했으나 이 규정은 이후 30년 동안이나 제대로 지켜지지 않아 북한은 2010년에 개최된 제3차 당대표자회에서 당대회 개최 주기에 대한 부분을 삭제했다(정성장, 2021 참조). 그러다가 김정은 집권 이후 북한이 2016년에 제7차 당대회를 개최하고 5년 만인 2021년에 제8차 당대회를 개최하면서 대회 개최 주기를 다시 규약에 추가한 것은 국정운영에 대한 김정은의 자신감을 보여주는 것으로 해석된다(앞의 글 참조).

사진 6-6 국가안전 및 대외 부문 일군협의회

자료: ≪조선중앙통신≫(2013.1.27)

김정은은 이 외에도 과거 김일성이 그랬던 것처럼 논의할 주제와 관련된 기관들의 고위 간부들이 참석하는 '협의회'라는 형식의 기구를 통해 정책을 결정해 온 것으로 알려졌다. 김정은은 2013년에 핵실험을 단행하기 전에 중국의 중앙외사공작영도소조(中央外事工作領導小組)[2]와 비슷한 '국가안전 및

_____

2 중국공산당 중앙위원회 소속의 상설형 영도소조로, 외교와 국가안보 업무를 영도하는 비공식 의사협조기구(議事協調機構). https://terms.naver.com/entry.naver?docId=354305

대외 부문 일군협의회'를 개최해 간부들과 상의 후 결정하는 모습을 보여주었다. 이 협의회에는 군부와 공안·정보 기관의 핵심 실세들, 핵과 미사일을 제작하는 군수공업 책임자, 대중 및 대미 외교 책임자들이 참석했다(정성장, 2013: 84~89). 김정일 사후 김정은은 '화요협의회'를 통해 주로 경제를 비롯한 국내 정책을, '금요협의회'를 통해 안보와 대외 정책을 논의해 결정했다는 분석도 있다(이윤걸, 2012). 김정은 집권 초기에 한국과 미국의 전문가들 상당수는 김정은이 매우 즉흥적·충동적으로 정책결정을 내리는 것으로 평가했지만 실제로는 집체적 협의기구에서 간부들의 의견을 들은 후 중요한 정책을 최종 결정 및 집행해 온 것으로 판단된다.

2. 당중앙군사위원회의 위상 강화와 역할 확대

김정은은 또한 김일성과 김정일 시대에는 일절 공개하지 않았던 당중앙군사위원회 회의 개최 사실을 대외적으로 공표하는 등 파격적인 모습을 보였다. 김정일 시대에는 중요한 군사정책과 군부 인사를 결정하는 당중앙군사위원회 회의를 매우 드물게 개최했고, 그것도 당시에는 알리지 않았으며 나중에 내부 자료들을 통해서만 공개했다.

반면에 김정은은 당중앙군사위원회 회의의 개최를 사진과 함께 공표하는 파격적인 모습을 보여주었다. 김정은이 이처럼 당중앙군사위원회 회의 개최 사실을 사후적으로나마 공개함으로써 외부 세계에서 북한 내부의 동향을 파악하는 것이 과거보다는 상대적으로 용이해졌다.

3&cid=62067&categoryId=62067(검색일: 2024. 10. 21).

사진 6-7   당중앙군사위원회 확대회의

자료: ≪로동신문≫(2019. 12. 12)

　　북한은 제3차 핵실험 전인 2013년 2월 2일 당중앙군사위원회 확대회의[3]를
개최한 데 이어 동년 8월 25일에도 당중앙군사위원회 확대회의(≪로동신문≫,
2013. 8. 26)를 개최하고 이를 사진과 함께 공개했다. 2015년 8월 27일에도 북
한은 당중앙군사위원회 확대회의를 개최해 바로 직전에 개최되었던 남북고
위급 긴급접촉 결과에 대해 분석하고 라선시 수해 복구 문제를 토의하며 일
부 당중앙군사위원회 위원들의 해임 및 임명을 결정했다(≪로동신문≫, 2015.
8. 28). 중국공산당 지도부가 당중앙군사위원회를 통해 중요 군사정책을 결정
하는 것처럼 김정은도 당중앙군사위원회를 통해 중요 군사정책을 결정하는

3　북한은 이 당중앙군사위원회 확대회의에서 "당의 선군혁명령도를 높이 받들고 군력강화
　에서 일대 전환을 일으킬데 대한 문제와 조직문제가 토의"되었다고 밝혔다(≪로동신문≫,
　2013. 2. 3).

사진 6-8 당중앙군사위원회 위원장 명령에 의한 장성급 인사

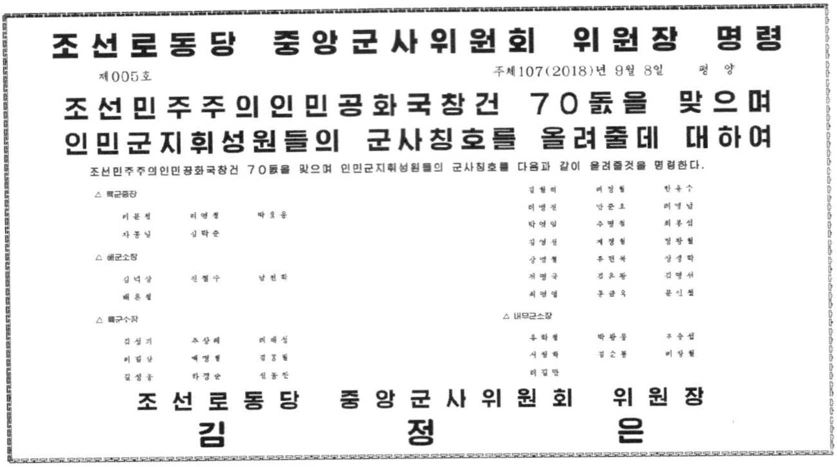

조선로동당 중앙군사위원회 위원장 명령

제005호 주체107(2018)년 9월 8일 평양

조선민주주의인민공화국창건 70돐을 맞으며
인민군지휘성원들의 군사칭호를 올려줄데 대하여

조선민주주의인민공화국창건 70돐을 맞으며 인민군지휘성원들의 군사칭호를 다음과 같이 올려줄것을 명령한다.

△ 륙군중장

리문철 리영철 박홍웅
차홍남 심탁준

△ 해군소장

김덕상 진철수 남천학
배은철

△ 륙군소장

김성기 주상례 리재성
리길상 백명철 정홍필
김성웅 하경순 신동찬
김철혁 리정필 한용수
리명진 안준호 리영남
박영일 주명철 최봉섭
김영선 계경철 정광철
장명철 우현복 장성학
지명국 김우광 김명서
최영열 문금옥 문인철

△ 내무군소장

유학철 박광웅 주승섭
서정학 김순봉 리창필
리길만

조선로동당 중앙군사위원회 위원장
김 정 은

자료: ≪로동신문≫(2018.9.8)

모습을 보여준 것이다.

김일성이 생시에 당중앙위원회 군사위원회(1982년부터 '당중앙군사위원회'로 명칭이 바뀜)를 통해 당의 주요 군사정책을 결정했던 것처럼, 김정은도 당중앙군사위원회를 수시로 개최해 주요 군사정책을 결정하고 군부 인사를 단행하고 있다. 그리고 김정은은 2018년 2월까지만 해도 최고사령관 명령으로 장성급 인사를 단행했는데, 2018년 9월부터는 당중앙군사위원회 위원장 명령으로 인사를 단행하고 있다.

북한은 전략무기 개발에서 진전이 이루어짐에 따라 2019년 12월 하순에 당중앙군사위원회 제7기 제3차 확대회의를 개최해 "당의 군사전략적 기도(企圖)에 맞게 새로운 부대들을 조직하거나 확대 개편하는 문제, 일부 부대들을 소속 변경시키는 문제와 부대배치를 변경시키는 중요한 군사적 문제와 대책들"이 토의·결정되었다고 보도했다(≪로동신문≫, 2019.12.22 참조). 그리고 2020년 5월 24일 자 ≪로동신문≫은 당중앙군사위원회 제7기 제4차 확대회

의에서 "무력 구성에서의 불합리한 기구, 편제적 결함들을 검토하고 바로잡기 위한 문제", "새로운 부대들을 조직편성하여 위협적인 외부세력들에 대한 군사적 억제능력을 더욱 완비하기 위한 핵심적인 문제"들이 토의되었고, "포병의 화력타격능력을 결정적으로 높이는 중대한 조치들"이 취해졌다고 밝혔다(≪로동신문≫, 2020. 5. 24 참조). 특히 이때에는 김정은이 당중앙군사위원회에서 토의·결정된 새로운 군사적 대책들에 관한 명령서 등 총 7건의 명령서들에 직접 서명함으로써 군사조직과 지휘체계 개편이 보다 구체화되었음을 시사했다. 이와 같은 보도에 비추어 볼 때 북한은 당중앙군사위원회 회의들을 연속적으로 개최해 핵과 미사일 및 화력을 운용하는 부대들을 새로 조직하거나 확대·개편하고 다른 부대들을 해체하거나 통폐합하는 조치들을 취한 것으로 판단된다(정성장, 2020 참조).

북한에서 군부 인사가 항상 당중앙군사위원회를 통해 이루어지는 것은 아니지만, 특히 2019년부터는 1년에 2회 이상 당중앙군사위원회 회의가 개최되고 있어 고위급 군간부들에 대한 인사가 이루어지는 주요 계기가 되고 있다. 북한은 당중앙군사위원회 확대회의에서 군부 인사를 단행하더라도 대체로 "조직문제가 취급되었다"라고 보도할 뿐 구체적인 인사 내용을 공개하지 않는 경우가 많다. 그러나 당중앙군사위원회 확대회의 후 핵심 군부 인사들의 호명 순서와 계급 변화 등으로 인사 내용을 파악하는 것이 어느 정도 가능해졌다.

그런데 김정은 집권 이후 오랫동안 당중앙군사위원회에서 전통적인 군부 엘리트들(총참모부와 인민무력부 소속)의 위상은 지속적으로 하락했다. 그러나 2019년 2월 하노이 북미정상회담 결렬 이후 전통적인 군부 엘리트의 위상이 다시 강화되기 시작했다.

2020년 5월 김정은은 당중앙군사위원회 제7기 제4차 확대회의를 개최해 '핵전쟁 억제력'을 한층 더 강화하고 "전략무력을 고도의 격동상태에서 운영

사진 6-9   당중앙군사위원회 제7기 제4차 확대회의 보도

자료: ≪로동신문≫(2020.5.24)

하기 위한 새로운 방침들"을 제시했다. 또한 북한군 포병의 화력타격 능력을 '결정적으로' 높이기 위한 중대한 조치들도 취했다(≪로동신문≫, 2020.5.24. 참조). 김정은 당중앙군사위원회 제7기 제4차 확대회의에서 박정천 북한군 총참모장을 김수길 총정치국장보다 더 높은 차수(원수와 대장 사이) 계급으로 진급시켰다(≪로동신문≫, 2020.5.24 참조). 1994년 김일성 사망 이후 군대의 인사와 정치사상사업을 관장하는 총정치국장은 군사작전을 관장하는 총참모 장과 같거나 더 높은 계급에 임명되어 왔는데, 이 같은 오랜 관행에서 과감하게 벗어난 것이다(정성장, 2020 참조). 김정은 위원장이 당시 박정천 총참모장을 총정치국장보다 더 높은 계급에 임명한 것은 "전략무력을 고도의 격동상 태[정세 따위가 급격하게 움직이거나 변하는 상태]에서 운영하기 위한 새로운 방

사진 6-10　제8차 당대회에서 선출된 당중앙군사위원회 명단

당 중 앙 군 사 위 원 회

위 원 장 　김 정 은

부 위 원 장 　리 병 철

위 　　　 원

조 용 원　　오 일 정　　김 조 국　　강 순 남

오 수 용　　박 정 천　　권 영 진　　김 정 관

정 경 택　　리 영 길　　림 광 일

자료: ≪로동신문≫(2021. 1. 11)

침들"과 관련이 있는 것으로 분석된다. 따라서 국지전이나 전면전 같은 비상 상황에서 총참모장이 김정은 위원장의 승인하에 핵과 미사일 같은 전략무기 들의 사용을 신속하게 결정할 수 있게 된 것으로 추정된다(앞의 글 참조).

2021년 1월에 개최된 제8차 당대회에서 북한이 발표한 당중앙군사위원회 명단을 보면 이전에는 포함되어 있던 내각 총리가 빠지고 리병철 당중앙군사 위원회 부위원장 다음으로 조용원 조직비서와 오일정 군정지도부장이 포함 되어 군사 분야에 대한 내각의 영향력이 축소되고 군대에 대한 당의 지도가 더욱 강화되었다. 당중앙군사위원회에서 내각 총리를 제외한 것은 하노이 북 미정상회담 결렬 이후 이 기구에서 군대조직의 개편과 같은 고도의 군사기밀 들을 본격적으로 다루게 된 것과 관련이 있는 것으로 추정된다.

김정은 시대 당중앙군사위원회의 높아진 위상과 다양한 회의 개최 방식은 2021년 1월 제8차 당대회에서 개정된 당규약에도 반영되었다. 제7차 당대회 에서 개정된 규약은 당중앙군사위원회에 대해 "당대회와 당대회 사이에 군사 분야에서 나서는 모든 사업을 당적으로 조직지도한다"라고 규정했다. 그런데 새 당규약은 이 부분을 "당중앙군사위원회는 당대회와 당대회 사이의 당의

최고군사지도기관이다"로 수정함으로써 당중앙군사위원회의 위상을 격상시켰다. 2016년 개정 당규약은 당중앙군사위원회에 대해 "혁명무력을 강화"하는 역할을 부여했는데, 2021년 개정 당규약은 당중앙군사위원회에 대해 "공화국 무력을 지휘"하는 권한을 부여했다. 또한 2021년 개정 당규약은 당중앙군사위원회와 도·시·군 당군사위원회가 "토의문제의 성격에 따라 회의성립 비율에 관계없이 필요한 성원(또는 일군)들만 참가시키고 소집할 수 있다"라고 회의 소집 요건을 간소화했다. 따라서 유사시에는 당중앙군사위원회와 지방의 당군사위원회가 소수의 필수 인원들만 참석한 채 중요한 군사정책을 신속하게 결정할 수 있게 되었다(정성장, 2021).

참고문헌

≪로동신문≫. 2013. 2. 3.; 2013. 8. 26; 2015. 8. 28; 2015. 10. 30; 2019. 12. 22; 2020. 5. 24; 2021. 1. 10.

이윤걸. 2012. "김정은, 최근 리더십 행보는 집단적 지도체제 아닌 1인 유일독재식". 북한전략정보서비스센터(2012. 2. 22).

정성장. 2013. 「北 3차 핵실험 이끈 금요협의회의 정체: 군부·공안·정보기관 핵심실세 포진한 북한판 NSC」. ≪월간중앙≫, 2013년 3월호.

_____. 2015. 「김정은 시대 북한 노동당 중앙위원회 정치국의 역할」. ≪정세와 정책≫, 2015년 4월호.

_____. 2020. 「북한 당중앙군사위원회 제7기 제4차 확대회의 평가: 핵 억지력 강화와 전략무기 운용을 위한 군사지도부 개편」. ≪세종논평≫, No. 2020-08(2020. 5. 26).

_____. 2021. 「북한의 노동당 규약 개정과 김정은의 위상 변화 평가」. ≪세종논평≫, No. 2021-02(2021. 1. 13).

현성일. 2007. 『북한의 국가전략과 파워엘리트: 간부정책을 중심으로』. 서울: 선인.

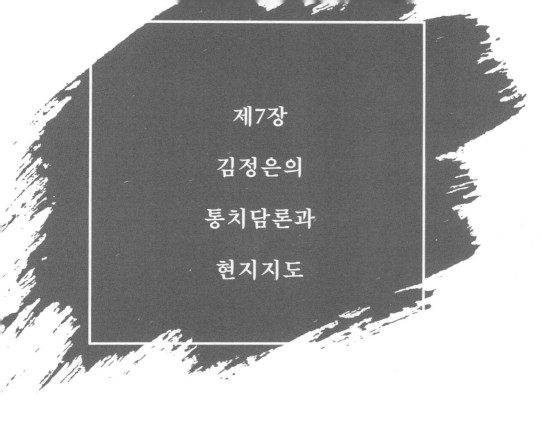

제7장

김정은의

통치담론과

현지지도

2021년 10월 28일 국가정보원은 국회 정보위원회 국정감사에서 김정은이 당 회의장 배경에서 김일성·김정일 부자 사진을 없애고, 내부적으로 '김정은주의'라는 용어를 사용하는 등 독자적 사상체계 정립을 시작했다고 보고했다.[1] 이처럼 김정은의 집권 10년이 되는 시점에 북한 지도부가 '김정은주의', 다시 말해 김일성, 김정일의 사상 및 노선과 구별되는 독자적인 사상과 노선의 체계화를 시도한 것은 과거의 전례에 비추어 볼 때 놀라운 현상은 아니다.

김일성도 집권한 지 10년이 되는 시점인 1955년 12월 "사상사업에서 교조주의와 형식주의를 퇴치하고 주체를 확립할 데 대하여"라는 제목의 연설을

---

1 북한 내부에서 '김정은주의'라는 용어를 사용하고 있다는 국정원 발표에 대해 회의적인 시각도 있지만, 이 책에서는 국정원 발표가 사실임을 전제로 논리를 전개하도록 하겠다.

통해 소련파와 연안파의 노선을 비판하고 독자적인 노선을 모색하기 시작했다(김일성, 1967: 560~585 참조). 김일성이 이때 '주체'에 대해 처음으로 언급한 것이 이후 북한에서 주체사상이 체계화되는 계기가 되었고, 그로부터 10년 후인 1965년에 "사상에서의 주체, 정치에서의 자주, 경제에서의 자립, 국방에서의 자위"라는 주체사상의 기본 원칙들이 제시되었다(김일성, 1970: 343~345 참조).

김정일도 북한 지도부에서 김일성의 후계자로 결정된 1974년에는 김일성의 사상을 '김일성주의'로 선포하면서 '김일성주의'를 마르크스-레닌주의와 차별화하는 데 앞장섰다. 그런데 그로부터 11년이 지난 1985년에 발간된 총 10권의 주체사상 총서를 통해서는 주체사상을 '김일성과 김정일의 사상'으로 선전했다.[2]

김정은도 집권 직후 김일성과 김정일의 사상을 '김일성-김정일주의'로 정식화하고, 이후 '김정일애국주의', '인민대중제일주의', '우리국가제일주의' 같은 새로운 통치담론을 제시하며, '경제·핵 병진노선'과 '경제총력집중노선' 등 새로운 노선을 채택했다. 그러므로 김정은 집권 10년째를 맞이해 북한이 김정은의 독자적인 사상과 노선을 '김정은주의'로 체계화하려는 노력을 내부적으로 진행한 것은 자연스러운 현상이라고 해석할 수 있다.

북한의 대표적인 주체사상 이론가인 동태관은 2021년 5월 14일 자 ≪로동신문≫ 정론을 통해 "김정은 동지의 혁명사상, 정치철학은 시대와 역사, 혁명과 건설의 모든 분야에 전면적이고도 세부적이며 심오하면서도 독창적인 해

---

2 1985년에 북한에서 발간된 주체사상 총서 1권인 『주체사상의 철학적 원리』는 "주체사상이 원래 위대한 수령님과 친애하는 지도자 동지의 혁명사상의 진수를 이루는 사상만을 의미"하지만, 넓은 의미에서는 "위대한 수령님과 친애하는 지도자 동지의 혁명사상 전반을 의미한다"라고 밝히고 있다(리성준, 1985: 5).

사진 7-1 '김정은 혁명사상'을 강조하고 있는 북한

자료: ≪로동신문≫(2022. 4. 4)

답을 주는 진리와 승리의 대백과전서, 현대인류지성의 최고정수를 이루고 있다"(≪로동신문≫, 2021. 5. 14)라며 김정은의 사상을 극찬했다. 과거 북한의 이데올로그들(idéologues)이 김일성의 사상에 대해 찬양했던 것처럼 현재 김정은의 사상을 극찬하고 있는 것은 북한 내부에서 '김정은주의' 체계화를 본격적으로 진행하고 있음을 시사하는 것이다.

이렇게 북한이 내부적으로 체계화를 시도하고 있는 '김정은주의'는 기존의 김일성-김정일주의에 '인민대중제일주의', '우리국가제일주의', '경제·핵건설병진노선' 등을 추가한 형태가 될 것으로 추정된다. 북한은 이 중에서도 '인민대중제일주의'와 '우리국가제일주의'를 김정은주의의 독자적인 핵심 사상으로 제시할 것으로 전망된다.

1. '선군정치'에서 '인민대중제일주의정치'로

2016년 제7차 당대회에서 개정된 당규약은 '선군정치(先軍政治)'를 사회주의 기본정치방식으로 제시했는데, 2021년 제8차 당대회에서 개정된 당규약은 '인민대중제일주의정치'를 사회주의 기본정치방식으로 제시했다. 2016년 개정 당규약에서는 '선군(先軍)'이라는 용어가 7회 언급되었는데, 2021년 개정 당규약에서는 한 번도 언급되지 않았다(정성장, 2021: 10 참조). 이는 김정은이 김정일의 정치 방식에서 크게 벗어났음을 의미한다. 김정일 시대의 선군정치는 군대를 노동계급보다 더 중시하는 '선군후로(先軍後勞)'의 정치 방식이었는데,[3] 김정은은 김일성 시대처럼 군대보다 인민대중을 더 중시하는 정치를 추구하고 있는 것이다.

북한에서 '인민대중제일주의'에 대해 처음으로 언급한 것은 2013년 1월 29일 김정은의 노동당 제4차 세포비서대회 연설에서였다. 이 연설에서 김정은은 "김일성-김정일주의는 본질에 있어서 **인민대중제일주의**이며 인민을 하늘처럼 숭배하고 인민을 위하여 헌신적으로 복무하는 사람이 바로 참다운 김일성-김정일주의자입니다"라고 강조했다(강조는 필자). 그리고 "위대한 수령님과 장군님을 모시는 것처럼 우리 인민을 받들고 인민을 위하여 모든 것을 다 바치려는 것은 우리 당의 확고한 결심"이라고 주장했다(≪로동신문≫, 2013. 1. 30 참조).

또한 김정일의 71회 생일을 맞이해 2013년 2월 16일 자 ≪로동신문≫에 게재된 사설에서는 "위대한 김정일 동지의 한평생의 이념은 **인민대중제일주의**"이며 "세상에는 위대한 장군님과 같이 자기의 정치이념에 인민대중중심, **인민대중제일주의**를 새겨넣고 그것을 추호도 어길 수 없는 초석으로 내세운 인민적인 영도자는 없었다"라고 주장했다(강조는 필자). 마치 김정일이 선군 정치 대신 인민대중제일주의정치에 의거해 북한을 통치했던 것처럼 사실과 다르게 김정일을 미화한 것이다(≪로동신문≫, 2013. 2. 16 참조).

---

3 김일성 사후 북한은 나라의 형편이 아무리 어렵고 '고난의 행군'을 열 백 번 한다고 해도 국방력을 강화하는 데서는 추호의 양보도 있어서는 안 된다는 것이 김정일의 '확고부동한 의지'라며 인민의 고통을 외면하면서 국방력 강화에 집중했다(≪로동신문≫, 1998. 9. 9 참조).

이처럼 북한은 김정은 집권 초기에 '인민대중제일주의'를 김정일의 일관된 입장으로 소개하다가 곧 김정은의 사상으로 선전하기 시작했다. 2013년 9월 8일 정권 수립 65주년 기념 중앙보고대회에서 김영남 최고인민회의 상임위원장은 "**김일성-김정일주의**는 본질에 있어서 **인민대중제일주의**라는 위대한 사상을 천명하시고 인민사랑, 후대사랑의 전설적인 새 역사를 펼쳐가시는 경애하는 원수님[김정은]의 애민정치, 광폭정치 아래 영도자와 한피줄[한핏줄]을 잇고 사는 사회주의대가정의 행복이 활짝 꽃펴나고 있다"(≪로동신문≫, 2013. 9.9 참조, 강조는 필자)라고 주장했다. 2020년 9월 9일 정권 수립 72주년을 맞이해 발간된 ≪로동신문≫의 사설도 "우리 당과 국가의 지도사상인 위대한 김일성-김정일주의가 본질에 있어서 **인민대중제일주의**이라는 것을 천명하시여 우리 국가의 인민적 성격을 뚜렷이 밝히시고 우리 공화국을 진정한 인민의 나라로 더욱 강화발전시켜나갈 수 있는 전략을 제시하신 분이 경애하는 원수님이시다"(≪로동신문≫, 2020.9.9 참조, 강조는 필자)라고 주장했다. 북한의 이데올로기에서 '인민대중제일주의'가 핵심이라는 것을 김정은이 처음으로 명확하게 천명했다는 것이다. 그리고 마침내 북한은 2021년 1월 노동당 제8차 대회에서 사회주의 기본정치방식으로 '선군정치' 대신 '인민대중제일주의정치'를 내세웠다.

2. '우리국가제일주의'의 강조 배경과 의미

김정은 시대의 또 하나의 새로운 통치담론인 '우리국가제일주의'가 북한 매체에서 처음으로 언급된 것은 2017년 11월 20일 자 ≪로동신문≫ 정론에서였다. 북한은 "신심 드높이 질풍 노도쳐 나가자"라는 제목의 정론에서 다음과 같이 김정은이 창조와 자력갱생의 길에서 '우리민족제일주의'와 '우리국가제일주의'를 구현하고 있다고 주장했다.

　　반드시 견본모방형이 아니라 개발창조형으로!
　　이런 억척불변의 창조의 기준을 안으시고 우리 원수님 몸소 새형의 첨단로
케트개발을 위한 총설계가, 총제작자, 정치위원이 되시여 험난한 생눈길을 헤
쳐오시였기에 이 땅에는 위대한 강국의 시대가 펼쳐질 수 있었다.
　　어찌 그뿐이겠는가. 하늘을 나는 우리의 경비행기며 강원땅에 높이 솟은 발
전소언제, 우리 인민들 누구나 즐겨찾는《철쭉》상표 양말과 귀여운 우리 아이
들이 메고 다니는《소나무》책가방으로부터 려명거리종합상업구 매대에 쌓인
《매봉산》구두에 이르기까지 이 땅에 주렁지는 창조와 행복의 모든 열매들은 다
우리민족제일주의, 우리국가제일주의를 눈부신 실천으로 구현해오신 그이의
위대한 손길에서 마련된 것들이다(≪로동신문≫, 2017. 11. 20 참조, 강조는 필자)

　　북한은 2017년 11월 29일 대륙간탄도미사일(ICBM) '화성-15호'를 시험발
사하고 그다음 날인 11월 30일 자 ≪로동신문≫ 사설을 통해 다시 '우리국가
제일주의'에 대해 언급했다. 사설은 "국가핵무력 완성의 역사적 대업, 로케트
강국 위업이 비로소 실현되었다"라고 주장하면서 "모든 일군들과 당원들과
근로자들은 **우리국가제일주의, 우리민족제일주의**를 심장깊이 간직하고 사
회주의 내 조국을 끝없이 빛내이기 위하여 삶의 순간순간을 영웅적 투쟁과
위훈의 서사시로 력력히 아로새겨야 한다"라고 강조했다(≪로동신문≫, 2017.
11. 30 참조, 강조는 필자). 수소폭탄과 대륙간탄도미사일을 보유하게 됨으로써
북한이 마침내 '국가핵무력 완성의 역사적 대업'을 성취했으므로 모든 주민들
이 자부심을 갖고 항상 국가 발전을 위해 최선을 다해야 한다는 것이다.
　　이후 북한은 서서히 '우리국가제일주의' 사상을 김정은의 독창적인 사상으
로 소개하기 시작했다. 2018년 4월 11일 최룡해 당중앙위원회 정치국 상무위
원은 김정은의 당과 국가 수위(首位: 최고직책) 추대 6주년 경축 중앙보고대회
에서 "주체의 사회주의강국의 징표와 면모에 관한 사상, 사회주의건설의 총

노선과 자강력제일주의를 항구적인 전략적 노선으로 틀어쥐고 나갈 데 대한 사상, **우리국가제일주의**를 들고 나갈 데 대한 사상을 비롯하여 경애하는 최고령도자동지께서 밝혀주신 독창적이며 과학적인 사상이론들은 최악의 역경 속에서도 우리의 국력을 튼튼히 다져나갈 수 있는 불멸의 지침으로 되었다"라고 주장함으로써 '우리국가제일주의' 사상을 김정은의 독창적인 사상으로 소개했다(≪로동신문≫, 2018.4.12 참조, 강조는 필자).

북한은 이처럼 초기에는 수소폭탄과 ICBM 보유 성과를 주민들에게 강조하고 체제에 대한 북한 주민들의 충성심을 불러일으키는 수단으로 '우리국가제일주의'를 활용했다. 그리고 2018년에 북한이 평창동계올림픽에 참가하고, 김정은이 남북 및 북미 정상회담을 개최함으로써 북한 주민들이 외부 세계에 대해 느낄 수 있는 동경심을 차단하는 수단으로도 '우리국가제일주의'를 이용하기 시작했다.

2018년 11월 9일 자 ≪로동신문≫ 사설은 "주체조선, 조선민족의 강대성과 우월성에 대한 긍지와 자부심, 사회주의조국의 위상을 더 높이 떨치려는 자각과 의지, 이것이 **우리국가, 우리민족제일주의**이다. 국제무대에서 당당히 제 할 소리를 하는 강자의 자세도 **우리국가제일주의**에서 나오고 세계를 앞서나가려는 자신만만한 배짱과 투지도 **우리민족제일주의**에서 생긴다"라고 주장하면서 '우리국가제일주의'와 '우리민족제일주의'를 강조했다(강조는 필자). 이 사설은 동시에 "제국주의 사상문화적 침투책동이 날로 우심해지는[더욱 심해지는] 오늘날 우리 식의 건전하고 고상한 생활양식을 지키는 문제는 사회주의의 운명과 관련되는 사활적인 문제로 나서고 있다"라고 지적하며 자본주의 사상과 문화의 확산 차단을 '사활적인' 과제로 제시했다(≪로동신문≫, 2018.11.9 참조). 2018년 12월 14일 자 ≪로동신문≫도 '우리국가제일주의'를 강조하면서 "우리 혁명의 대외적 환경이 개선될수록 남에 대한 환상과 의존심, 불건전한 사상요소가 우리 내부에 절대로 부식되지 못하도록 투쟁의 도수를 더욱 높여나가야 한다"라고 주장했다(≪로동신문≫, 2018. 12. 14 참조).

북한에서 '우리국가제일주의'에 대한 강조는 '국가상징'에 대한 적극적 해설 선전으로 연결되었다. 북한 ≪로동신문≫은 '국가상징'이란 "다른 나라와 구별하기 위하여 만든 해당 국가의 공식적 표징"이라고 정의하면서 국가상징에는 "국호(國號), 국장(國章), 국기(國旗), 국가(國歌), 국어(國語), 국화(國花), 국수(國樹), 국조(國鳥), 국견(國犬), 국주(國酒)" 등이 포함된다고 설명했다. 그리고 "국가상징을 통한 교양을 강화하는 것은 인민들의 심장 속에 **우리국가제일주의, 우리민족제일주의정신**을 깊이 심어주고 그들의 혁명열, 애국열을 총폭발시키는 데서 의의가 크다"라고 강조했다(≪로동신문≫, 2018. 11. 18 참조).

2019년에는 김정은이 직접 신년사에서 '우리국가제일주의'를 강조하면서 ≪로동신문≫에 이와 관련된 기사들이 무수히 게재되었다. 김정은은 신년사에서 "전체 당원들과 근로자들은 정세와 환경이 어떻게 변하든 **우리국가제일주의**를 신념으로 간직하고 우리 식으로 사회주의경제건설을 힘있게 다그쳐 나가며 … 조국의 위대한 역사를 써나가야 합니다"라고 강조했다(≪로동신문≫, 2019. 1. 1 참조, 강조는 필자).

2019년 1월 1일 자 ≪로동신문≫은 1면과 2면에 김정은의 신년사를 게재하고 3면에는 〈우리의 국기〉라는 노래 악보와 함께 김정은이 악보 위에 "노래가 대단히 좋다. 전체 인민의 감정이 담긴 훌륭한 노래 창작한 데 대하여 높이 평가하며 만족하게 생각한다"라고 쓴 친필 서명을 게재했다(≪로동신문≫, 2019. 1. 1 참조). 이후 ≪로동신문≫ 1월 12일 자 2면 전면에 〈우리의 국기〉 노래 가사에 대한 해설 기사가 게재되고, 가요 〈우리의 국기〉는 TV 방송 시작과 함께 가장 먼저 소개되고 주요 행사의 시작이나 끝에 불리는 북한을 대표하는 가요로 자리매김했다(세종연구소, 2020: 117~125 참조).

2019년에는 '우리국가제일주의'에 대한 이론적 체계화 작업도 진행되었다. 동년 1월 20일 자 ≪로동신문≫은 '우리국가제일주의'에 대한 김정은의 발언

사진 7-2 〈우리의 국기〉 노래 악보와 김정은의 친필 서명

자료: ≪로동신문≫(2019. 1. 1)

을 인용하면서 "**우리국가제일주의**의 사상정신적 기초는 영생불멸의 주체사
상과 김정일애국주의"라고 주장했다(강조는 필자). 북한은 "주체사상교양에
선차적인 힘을 넣고 전체 인민을 자주적인 사상의식으로 무장시키기 위한 사
업을 순간도 멈춤 없이 벌려왔으며 국가건설의 전(全)행정에서 나서는 모든
문제를 자기의 독자적인 판단과 결심에 따라 풀어나가는 자주적 입장을 확고
히 견지하여" 오늘날 세계정치 구도의 중심에 우뚝 솟아오르게 되었다고 자
화자찬했다. 그리고 전체 인민이 "숭고한 조국관과 인민관, 후대관(後代觀)으
로 일관된 김정일애국주의"를 가슴에 소중히 간직하고 조국의 융성번영을 위
한 투쟁에서 애국적 열의와 헌신성을 높이 발휘해 나가고 있어 북한이 "평화
수호의 강력한 보검"을 억세게 틀어쥐고 사회주의강국에로 질풍 노도처 나아
가고 있다고 자평했다(≪로동신문≫, 2019. 1. 20 참조).

2021년 1월에 개최된 제8차 당대회에서부터 북한은 '우리국가제일주의시대'라는 표현도 새롭게 사용하기 시작했다. 김정은은 당대회에서 한 당중앙위원회 제7기 사업총화보고를 통해 "당 제7차대회 이후 지난 5년간 조선로동당은 맞다드는 모든 장애를 거대한 승리로 전환시키기 위한 굴함 없는 공격투쟁을 조직전개하였으며 이 과정에 쟁취한 승리는 **새로운 발전의 시대, 우리국가제일주의시대**를 열어놓은 것으로 특징지을 수 있다"라고 주장했다(강조는 필자). 그리고 "**우리국가제일주의시대**는 조선로동당이 역사의 온갖 도전을 과감히 맞받아 인민을 위함에 일심전력하고 자체의 힘을 완강히 증대시킨 결과로써, 국가의 존엄과 지위를 높이기 위한 결사적인 투쟁의 결과로써 탄생한 **자존과 번영의 새 시대**"라고 규정했다(≪로동신문≫, 2021.1.9 참조, 강조는 필자). 다시 말해 북한은 노동당 제7차 대회 이후 '국가핵무력 완성'과 김정은의 활발한 정상외교 등을 통해 "자존과 번영의 새 시대"를 열었다는 것이다.

3. 김정은의 현지지도와 '애민정치'

김정은은 2012년 초 군부대를 시찰하면서 리영호 군 총참모장과 김정각 군 총정치국 제1부국장 등 당시 군부 실세들에게 단호한 태도로 지시를 내리는 모습을 보였다(≪조선중앙통신≫, 2012.1.1). 반면 부대 장병과 함께 단체 사진을 찍을 때에는 자신의 양옆에서 눈물을 흘리는 지휘관들을 다독이며 손을 꽉 잡아주거나 정면을 주시하며 박수만 열심히 치고 있는 병사의 손을 잡아 끌어 팔짱을 끼기도 했다(≪연합뉴스≫, 2012.1.27 참조).

권위주의적이었고 대중과의 관계에서 항상 거리를 유지하면서 자신에 대한 신비화를 추구했던 김정일과는 다르게 김정은은 김일성처럼 매우 대중 친화적인 모습을 드러낸 것이다. 김정은은 더 나아가 군부대를 시찰하면서 병

자료: ≪조선중앙통신≫(2012. 1. 1)

사들의 숙소와 음식까지 면밀하게 살피는 등 과거 그의 생모 고용희가 김정
일의 군부대 시찰 시 했던 것처럼 병사들의 먹거리와 주거환경에도 세심하게
신경을 쓰는 모습까지 보였다(≪조선중앙통신≫, 2012. 1. 1; 2012. 1. 18). 김정은
의 군부대 시찰 사진들을 면밀히 분석해 보면, 그가 군을 지휘할 수 있도록 장
기간 후계 수업을 받았고, 군부 엘리트들을 확고하게 장악하고 있으며, 김정
일보다는 김일성에 더 가까운 대중 친화적 통치술을 가지고 있는 것으로 판
단된다. 김일성을 연상케 하는 김정은의 대중 친화적인 행보는 북한을 독재
적으로 통치하기는 했지만 대중에게 친근하게 다가감으로써 북한 주민들 상
당수가 존경하고 있는 김일성에 대한 향수를 자극하는 것이었다.

김정은은 김정일보다 주민들의 지지를 더 중시하고 주민들에게 다가가는
통치 스타일을 보여주고 있다. 대표적인 사례 중 하나가 2012년 5월 9일 만경
대유희장(놀이공원)을 불시에 시찰해 관리인들의 봉사정신 실종을 강하게 질
타한 것이다. 이날 김정은이 최룡해 군 총정치국장 등 소수의 간부만을 대동
하고 만경대유희장을 방문해 유희장 구내 도로가 심히 깨진 것을 보고 도로
포장을 마지막으로 한 것이 언제인가를 물으면서 도로관리를 잘하지 않아 한
심하다고 지적하는 등 관리인을 질타하는 모습이 북한 조선중앙TV를 통해

사진 7-4 김정은의 스킨십

자료: ≪조선중앙통신≫(2012. 1. 20; 2012. 8. 19)

보도되었다(≪연합뉴스≫, 2012. 5. 9). 김정은은 보도블록 사이로 잡풀이 돋아난 것을 보고는 "한포기, 한포기 몸소 풀을 뽑으시며 일군들의 눈에는 이런 것이 보이지 않는가, 유희장 관리일군들이 주인다운 입장과 일터에 대한 애착, 인민을 위하여 복무하려는 양심이 있다면 이렇게 일할 수 있는가"라고 매우 강하게 비판했다(≪로동신문≫, 2012. 5. 10).

　과거 북한은 대외적으로 공개되는 언론매체를 통해 내부의 부정적인 모습은 일체 내보내지 않고 북한 사회가 마치 완벽한 '지상천국'인 것처럼 선전해왔기 때문에 간부들에 대한 김정은의 질타 모습이 TV를 통해 방영된 것은 매우 이례적인 일이었다. 이 같은 이변은 김정은이 그의 부친 김정일이 한 것처럼 미리 철저히 준비된 장소를 방문해 외부 세계와 주민들에게 '수령의 자애로움'을 과시하기 위한 형식적인 현지지도가 아니라 북한 사회의 문제를 있는 그대로 파악하고 해결을 모색하는 암행어사식 현지지도를 추구하고 있다는 것을 보여준다.

　≪로동신문≫ 보도에 의하면 김정은은 만경대유희장에서 "일군들이 만경대유희장을 돌아보고 심각한 교훈을 찾아야 한다고 하면서 이 기회에 인민들

에 대한 복무정신을 똑바로 간직하도록 경종을 울려야 하겠다"라고 지적했다(≪로동신문≫, 2012.5.10). 중간 간부들과 관리인들의 거만한 태도와 서비스 정신 부족에 대해 평소 불만을 가지고 있던 주민들은 김정은의 이 같은 질타를 매우 통쾌하게 받아들였을 가능성이 높다. 이 점에서 김정은은 현지지도를 하면서 간부들의 노고를 치하하고 독려하는 장면만 방송으로 내보냈던 김정일보다 정치적으로 더 능숙한 측면이 있다.

그러나 북한의 중간 간부들과 관리인들이 주민들을 위해 열심히 일해도 상응하는 보상이 주어지지 않는다면 다시 과거의 무사안일주의로 되돌아갈 가능성이 높다. 따라서 김정은이 관료들의 대주민 봉사정신을 진정으로 개선하기 원한다면 일한 만큼 대가를 지불하는 보상체계를 도입해야겠지만 북한의 제한된 재정 능력에 비추어 볼 때 이는 결코 쉽지 않은 과제일 것이다(정성장, 2012: 71~72 참조).

2023년 8월 21일 김정은은 평안남도간석지건설종합기업소 안석간석지 피해 복구 현장을 현지지도하면서 이번에는 김덕훈 내각 총리를 포함해 간석지 관련 간부들을 매우 강하게 질타했다. 간석지 제방에 배수 구조물 설치 공사를 제대로 진행하지 못해 제방이 파괴되면서 논벼를 심은 270여 정보를 포함해 총 560여 정보의 간석지 구역이 침수되는 심각한 피해가 발생했기 때문이다. 김정은의 비판 관련 ≪로동신문≫ 보도 내용을 인용하면 다음과 같다.

경애하는 김정은동지께서는 며칠전 안석간석지 논이 침수되였다는 보고를 받고 당중앙위원회 비서들을 현지에 파견하여 직접 복구사업을 지휘하도록 하였으며 군대까지 동원시키는 조치를 취하였는데 어떻게 되여 내각과 성, 중앙기관의 책임일군들은 현장에 얼굴도 내밀지 않는지 모르겠다고, **내각 총리는** 관조적인 태도로 현장을 한두번 돌아보고 가서는 **부총리**를 내보내는 것으로 그치고 현장에 나온 부총리라는 사람은 연유공급원노릇이나 하였으며 주인으로서 공사를 직접 지휘해야 할 **간석지건설국장**은 자기는 크게 할 일이 없기 때문에 돌아가겠다고 당위원회에 제기하다가 비판을 받고도 거의나 기업소 사무실

사진 7-5　김정은의 평안남도 안석간석지 피해 복구 현장 현지지도

자료: ≪로동신문≫(2023. 8. 22).

에서 맴돌며 허송세월한 것마저 배수문공사용으로 국가로부터 공급받은 많은 연유를 떼내여 몰래 은닉해놓는 행위까지 하였다는 데 **정말 틀려먹은 것**들이라고, 엄중한 피해를 발생시킨 당사자들로서 자그마한 가책이나 책무수행에 대한 사소한 의지조차 결여된 의식적인 태공행위라고 엄하게 비판하시였다.

그러시면서 바로 얼마전 안변군 농경지 침수피해가 발생한 것을 계기로 전국

가적으로 피해방지대책을 철저히 강구할 데 대하여 경종도 울리였고 피해복구
전투에 동원된 군인들의 투쟁기풍을 통하여 정부의 지도간부들과 지방의 행정
경제일군들의 무책임한 일본새에 강한 타격을 주었음에도 불구하고 여전히 둔
감해 있다고, 이번에도 군대가 전적으로 달라붙어 해달라는 자세이며 또 응당
그래야 한다는 식의 **뻔뻔스럽고 불손하기 그지없는 태도**를 취하고 있다고 엄하
게 지적하시였다(≪로동신문≫, 2023.8.22, 강조는 필자).

김정은은 이처럼 김덕훈 내각 총리를 비롯해 부총리와 간석지건설국장 등
에 대해 "정말 틀려먹은 것들"이라고 원색적으로 비난하고, 정부의 지도간부
들과 지방의 행정경제일군들이 "뻔뻔스럽고 불손하기 그지없는 태도"를 취하
고 있다고 비판했다. 그리고 "최근 몇 년 어간[시간이나 공간의 일정한 사이]에
김덕훈 내각의 행정경제규율이 점점 더 극심하게 문란해졌고 그 결과 건달뱅
이들이 무책임한 일본새[사업 스타일]로 국가경제사업을 다 말아먹고 있다"라
고 다시 신랄하게 비난했다. 김정은은 이어서 "이번 피해는 결코 자연재해현
상으로 인한 악재가 아니라 철두철미 건달군들의 무책임성과 무규률에 의한
인재"라고 규정하고, "당중앙의 호소에 호흡을 맞출 줄 모르는 정치적 미숙아
들, 경종을 경종으로 받아들일 줄 모르는 지적 저능아들, 인민의 생명재산안
전을 외면하는 관료배들, 당과 혁명앞에 지닌 책무에 불성실한 자들을 절대
로 용서할 수 없다"라고 하면서 감찰기구들인 당중앙위원회 조직지도부와 규
율조사부, 국가검열위원회와 중앙검찰소가 "책임 있는 기관과 당사자들을 색
출하여 당적, 법적으로 단단히 문책하고 엄격히 처벌"할 것을 명령했다(≪로
동신문≫, 2023.8.22).

행정관료들에 대한 김정은의 이 같은 신랄한 비난과 책임 추궁은 과거에
김일성이 현지지도를 하면서 행정관료들의 무사안일주의와 무책임성 등을
비판했던 것을 상기시키는 것이다. 당 간부들과 행정관료들의 잘못을 보고도
공개적으로 비판할 수 없는 북한 주민들은 관료들에 대한 김정은의 이 같은

단호한 태도를 보면서 매우 통쾌하게 느꼈을 것이다. 그런데 행정관료들에 대한 김정은의 이 같은 비판은 경제정책에서의 각종 실패들을 행정관료들에게 전가함으로써 주민들의 불만이 최고지도자가 아니라 행정관료들에게 향하게 하려는 목적에서 이루어진 측면이 있다.

김정은은 그의 조부처럼 인민들의 생활을 매우 중시하는 모습을 보여주고 있다. 하지만 김일성과는 다르게 농촌과 공장에 대한 현지지도 시 주민들이나 노동자들과의 직접적인 접촉과 대화를 꺼리고 주로 간부들하고만 대화하고 있다. 따라서 김정은이 북한 주민들의 민심을 정확하게 파악하기 위해 얼마나 열린 입장을 가지고 있는지는 의문이다.

참고문헌

김일성. 1967. 「사상사업에서 교조주의와 형식주의를 퇴치하고 주체를 확립할 데 대하여 (당선전선동일군들 앞에서 한 연설, 1955년 12월 28일)」. 『김일성 저작선집 1』. 평양: 조선로동당출판사.
_____. 1970. 「조선민주주의인민공화국에서의 사회주의건설과 남조선혁명에 대하여(발췌)(인도네시아 《알리 아르함》 사회과학원에서 한 강의, 1965년 4월 14일)」. 『우리 혁명에서의 주체에 대하여』. 평양: 조선로동당출판사.
≪로동신문≫. 1998.9.9; 2012.5.10; 2013.1.30; 2013.2.16; 2013.9.9; 2017.11.20; 2017.11.30; 2018.4.12; 2018.11.9; 2018.11.18; 2018.12.14; 2019.1.1; 2019.1.20; 2020.9.9; 2021.1.9; 2021.5.14; 2023.8.22.
리성준. 1985. 『주체사상의 철학적원리』. 평양: 사회과학출판사.
세종연구소. 2020. 「2019 북한 동향과 분석」.
≪연합뉴스≫. 2012.1.27; 2012.5.9.
정성장. 2012. 「[김정은 북한체제 150일] 김일성 본뜬 '격세유전 리더십' 무엇을 노리나」. ≪월간중앙≫, 2012년 6월호.
_____. 2021. 「북한의 노동당 규약 개정 내용과 대내외 정책 변화 평가: 주요 쟁점을 중심으로」. ≪세종정책브리프≫, No. 2021-13(2021.7.5).
≪조선중앙통신≫. 2012.1.1; 2012.1.18.

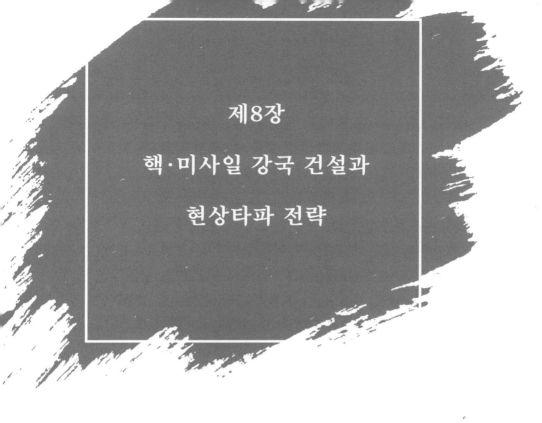

제8장

핵·미사일 강국 건설과

현상타파 전략

1. 2013년 제3차 핵실험과 '핵보유국' 지위 선전

김정은은 2012년부터 핵과 미사일 강국을 건설하겠다는 정책목표를 제시하고 국제사회의 강력한 반발과 제재에도 불구하고 5년 동안 네 차례의 핵실험과 세 차례의 대륙간탄도미사일(ICBM) 시험발사를 강행한 후 2017년에 '핵무력 완성'을 선포하는 강한 목표 의식과 대담성 및 추진력을 보여주었다. 김정은은 2012년 4월 헌법을 개정해 헌법 서문에 그의 부친 김정일이 북한을 '핵보유국'으로 전변시켰다고 명시했다. 그리고 같은 해 4월에는 인공위성 발사에 실패했지만, 12월에는 장거리 로켓 '은하 3호'를 발사해 인공위성 '광명성 3호' 2호기를 궤도에 진입시키는 데 성공했다.

그런데 인공위성 발사체와 장거리 탄도미사일은 추진체와 유도조정장치

자료: ≪로동신문≫(2013.1.25)

등 핵심 기술이 동일하다. 따라서 장거리 로켓 '은하 3호' 발사는 북한의 탄도 미사일 발사를 금지한 유엔 안전보장이사회의 결의안(1718·1874)을 정면으로 위반하는 것이었다. 이에 유엔 안전보장이사회는 2013년 1월 23일(한국 시간) 북한의 장거리 로켓 발사에 대한 대응으로 대북 제재를 확대·강화하는 내용의 결의를 만장일치로 채택했다.

그러자 북한은 곧바로 외무성 성명을 통해 "미국의 제재 압박 책동에 대처해 핵 억제력을 포함한 자위적인 군사력을 질량적으로 확대 강화하겠다"라고 선언했다(≪로동신문≫, 2013.1.24: 1면). 그리고 바로 다음 날 국가 국방지도 기관인 국방위원회 명의로 성명을 발표해 '높은 수준의 핵시험[핵실험]'을 진행하겠다고 공표한다(≪로동신문≫, 2013.1.25: 1면).

이어서 1월 26일에는 김정은 제1비서가 '국가안전 및 대외 부문 일군협의회'를 개최해 "조성된 정세에 대처하여 실제적이며 강도 높은 국가적 중대조치를 취할 단호한 결심"을 표명하고 해당 부문 간부들에게 구체적인 과업을 제시했다고 북한 매체가 27일 밝혔다(≪로동신문≫, 2013.1.27: 1면). 2월 3일 자 ≪로동신문≫은 또한 김정은이 당중앙군사위원회 확대회의를 개최해 군사력 강화에서 일대 전환을 일으키기 위한 방안과 조직 문제를 토의했다고 밝히고, 회의 사진도 공개했다(≪로동신문≫, 2013.2.3: 1면). 김일성과 김정일 시대에는 비공개로 개최되었던 당중앙군사위원회의 회의를 북한 매체가 처음으로 사진과 함께 공개한 것이다. 이는 북한의 핵실험 강행 의지를 대내외에 과시하고 군부 엘리트들의 단합과 주민들의 적극적 지지를 끌어내기 위해서였던 것으로 판단된다.

그러다가 북한은 마침내 2월 12일, 즉 김정일의 생일을 4일 앞두고 제3차 핵실험을 강행했다. 그리고 핵실험이 "폭발력이 크면서도 소형화, 경량화된 원자탄을 사용하여 높은 수준에서 안전하고 완벽하게 진행"되었다고 주장했다(≪로동신문≫, 2013.2.13: 1면). 장거리 미사일 탑재에 필수적인 핵무기의 소형화·경량화 기술을 확보했다는 것이다. 그러나 원세훈 당시 국정원장은 북한 핵실험 직후 국회 정보위 전체 회의에 출석해, "북한은 핵기술은 있고 장거리탄도미사일도 갖췄다고 보지만 이번 핵실험에서 소형·경량화 단계에는 이르지 못한 것으로 판단된다"라고 평가했다(윤상호, 2013.2.13). 북한의 주장이 과장되었다는 것이다.

북한의 이때 핵실험은 한국 국방부에 의하면 진도 4.9, 미국, 일본의 측정 결과에 의하면 진도 5.0 이상의 인공지진파를 낳았다. 2006년 10월 북한의 제1차 핵실험 후에는 진도 3.8이, 2009년 5월 제2차 핵실험 후에는 진도 4.5가 감지되었다. 북한이 제2차 핵실험보다 적은 양의 플루토늄을 갖고도 진도 4.9 또는 5.0 이상의 파괴력을 얻었다면 기술 개발에 상당한 진전을 이뤘다고 볼 수 있다. 이와 관련해 정용훈 카이스트(KAIST) 원자핵공학과 교수는 "2차 핵실험보다 절반의 플루토늄을 갖고 이번의 결과를 얻었다면, 북한은 핵폭탄의 소형화에 상당한 발전을 이룬 것"이라며 "또한 만일 이번 실험이 우라늄으로 했다면 과거의 핵폭탄 실험과 파괴력으로 비교하는 것은 의미가 없다"라고 평가했다(조호진, 2013.2.12). 북한이 제3차 핵실험과 관련해 '다종화'된 북한 핵억제력의 우수한 성능을 과시했다고 주장하고 있는 점에 비추어 볼 때 이때 핵실험은 과거와는 다르게 플루토늄 대신 고농축우라늄(HEU)을 가지고 진행했을 가능성이 높아 보인다.

진도 5.0 이상은 폭발력으로 환산하면 10킬로톤(1kt은 1천 톤 폭발력)이 넘는 것으로 평가받는다. 심지어 독일 정부 산하 연방지질자원(BER)연구소는 2월 13일 북한의 제3차 핵실험 폭발력이 40킬로톤에 달한다고 발표했다. 우리 정부가 북한 핵폭탄의 폭발력을 6~7킬로톤으로 낮게 추정한 것과는 큰 차이가 나는 것이다.

폭발력 10킬로톤은 국제사회에서 핵보유국으로 인정받을 수 있는 최소 기준으로 통한다. 이는 또 플루토늄이나 고농축우라늄을 원료로 사용하는 원자탄보다 100배 강력한 수소폭탄 제조에 다가설 수 있는 기술 수준으로 여겨진다. 따라서 북한 핵폭탄의 폭발력이 국제사회의 평가처럼 만약 10킬로톤을 넘겼다면 매우 큰 진전을 이룩한 것으로 간주할 수 있다(정성장, 2013a: 84~89 참조).

이 같은 성과를 배경으로 북한은 2013년 3월 30일 정부, 정당, 단체 특별성명을 통해 "조국통일대전은 3일대전도 아니며 미국과 괴뢰호전광들이 미처 정신을 차릴 사이 없이 단숨에 남조선 전지역과 제주도까지 타고 앉는 벼락같은 속전속결전, 하늘과 땅, 바다는 물론 전방과 후방이 따로 없는 입체전으로 될 것"이라고 호언했다(≪로동신문≫, 2013.3.31: 1면). 전쟁이 장기화되면 북한에게 절대적으로 불리하므로 북한 지도부는 재래식 전투력보다 핵무기와 미사일 등 대량살상무기를 가지고 1~2일 만에 전쟁을 완료하겠다는 것이다.

이어서 김정은은 2013년 3월 31일 당중앙위원회 전원회의를 개최해 경제건설과 핵무력건설 병진이라는 새로운 노선을 제시했다. 북한은 이 노선을 "나라의 방위력을 철벽으로 다지면서 경제건설에 더 큰 힘을 넣어 사회주의

강성국가를 건설하기 위한 가장 혁명적이며 인민적인 노선"이라고 정당화했다(≪로동신문≫, 2013. 4. 1: 1면). 절대무기인 핵무기의 개발을 통해 재래식 무기에 대한 의존도를 줄임으로써 국방비를 감축하고, 여기서 절약한 자금을 경제 및 주민 생활 향상과 관련된 분야에 투자하겠다는 것이다.

북한이 핵개발을 계속할 경우 국제사회의 대북 제재가 강화될 것이기 때문에 과연 핵개발과 경제발전이 양립 가능할지는 의문이다. 하지만 북한 지도부는 주민들에게 핵무기에 기초한 확고한 안보와 '사회주의 부귀영화'라는 장밋빛 청사진을 제시한 것이다.

김정은은 계속 이어진 같은 회의에서 지난 70년간 수많은 전쟁이 있었지만 "핵무기 보유국들만 군사적 침략을 당하지 않았다"라고 주장하면서 핵무력건설 노선을 정당화했다. 그리고 "대국들을 쳐다보면서 강력한 자위적 국방력을 갖추지 못하고 제국주의자들의 압력과 회유에 못 이겨 이미 있던 전쟁억제력마저 포기하였다가 종당[결국]에는 침략의 희생물이 되고만 발칸반도와 중동지역 나라들의 교훈을 절대로 잊지 말아야 한다"라고 강조했다(≪로동신문≫, 2013. 4. 2). 북한이 핵무기를 포기하는 일은 절대 없을 것이라는 입장을 분명히 한 것이다.

김정은은 또한 "정밀화, 소형화된 핵무기들과 그 운반수단들을 더 많이 만들며 핵무기 기술을 끊임없이 발전시켜 보다 위력하고 발전된 핵무기들을 적극 개발해야 한다"라고 강조함으로써 핵무기 양산 의지를 분명히 했다. 그리고 "군대에서는 전쟁억제전략과 전쟁수행전략의 모든 면에서 핵무력의 중추적 역할을 높이고 핵무력의 경상적[經常的: 변함없이 항상 일정한]인 전투준비태세를 완비해나가야 한다"라고 지적했다. 이는 앞으로 북한의 군사작전계획에서 핵무기가 우선적으로 고려될 것임을 시사하는 것이었다.

아울러 김정은은 "핵억제력을 항구적으로 틀어쥐고나가는 문제를 법화[법제화]"하겠다고 밝혔다. 이 같은 입장은 바로 다음 날 개최된 최고인민회의 제

12기 제7차 회의에서 최고인민회의 법령 「자위적 핵보유국의 지위를 더욱 공고히 할 데 대하여」를 채택함으로써 구체화되었다. 북한은 또한 최고인민회의 회의에서 '우주개발법'을 채택하고 '국가우주개발국' 설립을 결정함으로써 인공위성 개발 의지를 분명히 했다.

그리고 최고인민회의 회의 개최 다음 날인 4월 2일 북한 원자력총국 대변인은 우라늄농축공장을 비롯한 영변의 모든 핵시설들과 함께 2007년 10월의 6자회담 합의에 따라 가동을 중지하고 '무력화(불능화)'했던 5MW 흑연감속로를 재정비, 재가동하는 조치를 곧바로 실행에 옮길 것이라고 밝혔다(≪로동신문≫, 2013. 4. 3: 4면). 북한이 5MW 흑연감속로를 재가동하면 폐연료봉에서 핵탄두 개발에 필요한 플루토늄 추출이 가능해지고 6자회담의 마지막 남은 합의 사항까지 모두 파기된다. 2007년 북한은 5MW급 원자로 냉각탑을 폭파하는 등 영변 핵시설의 불능화 조치를 취했다. 그러나 6자회담이 공전되고 에너지 지원이 이루어지지 않자 2008년 9월 핵시설에 대한 봉인을 해제했고, 2009년 11월에는 8,000개의 사용 후 연료봉 재처리를 완료했다고 발표해 합의 내용을 대부분 파기한 바 있다.

한편 핵무기 중심의 새로운 전쟁수행 전략은 2013년 4월 25일 금수산태양궁전 앞에서 진행된 북한군 창건 81주년 기념행사에서 구체화되어 나타났다. 이 행사에서 김명식 해군사령관은 미국의 초대형 항공모함들과 핵동력잠수함[핵추진잠수함]을 수장시킬 것이라고 선언했다. 그리고 리병철 항공 및 반항공군(反航空軍) 사령관은 비행대들이 출격 명령만 내리면 돌아올 연유 대신 핵폭탄들을 만적재(滿積載)하고 가미가제식으로 적들의 아성을 초토화하겠다고 위협했다. 김락겸 전략로케트군사령관도 미국이 선제공격을 한다면 대륙간탄도미사일을 가지고 미국에 '핵참화'를 안겨줄 것이라고 주장했다(≪로동신문≫, 2013. 4. 26: 2면; 정성장, 2013b: 12~15 참조).

2. 2016년 제4차 핵실험 배경과 성과

2015년 12월 10일 북한 ≪로동신문≫은 김정은 노동당 제1비서의 평천혁명 사적지 현지지도를 보도하면서 그가 "오늘 우리 조국은 자위의 핵탄, 수소탄 의 거대한 폭음을 울릴 수 있는 강대한 핵보유국으로 될 수 있었다"라고 말한 사실을 공개했다(≪로동신문≫, 2015.12.10: 1면). 그런데 당시에는 김정은의 이 같은 발언이 2016년 초 북한의 제4차 핵실험을 예고하는 것이라는 점을 외부 세계에서는 아무도 눈치채지 못했다.

북한이 2016년 1월 7일 공개한 김정은의 서명 문건에 의하면 '첫 수소탄시 험'을 진행하라는 김정은의 명령은 2015년 12월 15일 하달되었고, 2016년 1월 3일에는 동월 6일에 핵실험을 단행하라는 최종 명령이 하달되었다(≪로동신 문≫, 2016.1.7: 1면). 1월 6일은 김정은의 생일을 이틀 앞둔 시점이다. 북한이 국제사회의 반대에도 불구하고 2016년에 다시 핵실험을 강행한 것은 김정은 의 핵 보유 의지를 명백히 확인시켜 주는 것이었다.

북한의 제4차 핵실험 배경으로는 크게 다음과 같은 네 가지를 고려할 수 있 다(정성장, 2016a: 20~23 참조).

첫째, 2016년 5월 북한이 36년 만에 개최하는 노동당대회를 앞두고 김정은 이 핵무기를 자신의 최대 업적으로 내세우기 위해서 핵실험을 강행한 것으로 판단된다. 이는 김정은이 2015년 12월 핵실험 준비를 지시하는 명령서에 "역 사적인 조선로동당 제7차 대회가 열리는 승리와 영광의 해 2016년의 장엄한 서막을 첫 수소탄의 장쾌한 폭음으로 열어제낌으로써 온 세계가 주체의 핵강 국, 사회주의 조선, 위대한 조선로동당을 우러러보게 하라!"라고 쓴 데서 확 인된다.

둘째, 북한은 수소폭탄 개발에 필요한 기술을 확보하기 위해 제4차 핵실험 을 강행한 것으로 보인다. 최초 핵실험 후 수소폭탄 개발에 미국은 7년, 구소련은 4년, 영국은 5년, 프랑스는 8년, 중국은 3년이 소요된 점을 고려하면 북한은 첫 핵실험 후 9년이 지났으니까 이들 국가들에 비해 수소폭탄 개발 속도가 느린 편이었다.

북한은 이때 '시험용 수소탄'을 가지고 핵실험을 했다고 발표했는데, 지진 규모(4.8~5.2)로 볼 때 이 '시험용 수소탄'은 한국과 서방세계의 기준에선 원자폭탄보다는 기술적으로 앞서지만 수소폭탄에는 못 미치는 '증폭핵분열탄'(또는 증폭핵무기)에 해당하는 것으로 판단된다. 북한이 네 차례나 핵실험을 단행하면서 '시험용' 핵무기를 가지고 실험을 했다는 표현을 쓴 것은 이때가 처음이었다. 그리고 핵실험을 실시한 후 "새롭게 개발된 시험용 수소탄의 기술적 제원들이 정확하다는 것을 완전히 확증하였으며 소형화된 수소탄의 위력을 과학적으로 해명"했다고 주장했다. 이 같은 주장은 북한이 완성된 수소폭탄을 가지고 이때 실험을 한 것이 아니라 수소폭탄 개발로 나아가기 전 단계인 증폭핵분열탄, 즉 핵폭탄 내부에 이중수소와 삼중수소 혹은 리튬-6을 넣어 핵분열 반응의 효율을 높인 핵무기를 가지고 핵실험을 했을 것이라는 핵 전문가들의 판단을 뒷받침하는 것이다.

증폭기술은 핵분열탄의 위력을 일반적으로 2~5배, 최대 10배까지 증강해주는 것으로 알려져 있다. 제4차 핵실험 직후 북한은 ≪로동신문≫을 통해 수소탄의 위력과 관련해 "우라니움[우라늄] 1kg이 완전히 분열될 때 나오는 에네르기[에너지]에 비해 수소 1kg이 융합될 때 나오는 에네르기가 훨씬 크므로 수소탄은 원자탄에 비해서 그 위력이 10배 이상에 달한다고 한다"라고 설명했다. 이 같은 설명을 보면 북한은 증폭핵분열탄도 수소를 활용하기 때문에 '수소탄'의 범주에 포함하고 있음을 알 수 있다(≪로동신문≫, 2016.1.7: 3면). 과거 중국은 1964년 10월 처음으로 핵실험을 한 지 약 19개월 만인 1966년 5월에 증폭핵분열탄을 가지고 실험을 했고, 그로부터 약 13개월 만인 1967년 6월 수소폭탄 실험에 성공했다.

셋째, 북한은 김정은의 생일을 이틀 앞두고 제4차 핵실험을 강행함으로써 축제 분위기를 조성하려 했던 것으로 판단된다. 북한은 2013년에는 김정일 생일 4일 전에 제3차 핵실험을 실시했지만 2016년에는 김정은 생일을 앞두고 핵실험을 단행했다.

넷째, 북한은 '수소탄' 개발 능력을 대외적으로 과시함으로써 핵보유국 지위를 확고히 하고자 하는 의도를 가졌던 것으로 판단된다. 북한은 2006년, 2009년, 2013년의 제1~3차 핵실험을 모두 '조선중앙통신사 보도'를 통해 공개했다. 그런데 제4차 핵실험 발표는 '정부성명' 형식으로 이루어져 이번 핵실험을 정당화하고자 하는 의지를 보다 적극적으로 드러냈다. 그리고 북한의 핵실험이 미국과의 적대 관계를 염두에 두고 실시된 것이라는 점은 "수소탄 시험은 미국을 위수(爲首)로 한 적대세력들의 날로 가중되는 핵위협과 공갈로부터 나라의 자주권과 민족의 생존권을 철저히 수호하며 조선반도의 평화와 지역의 안전을 믿음직하게 담보하기 위한 자위적 조치"라는 북한 '정부성명'을 통해 확인된다(≪로동신문≫, 2016. 1. 7: 2면 참조).

3. 2016년 제5차 핵실험과 2017년 제6차 핵실험 평가

북한은 2016년 3월 9일 고폭렌즈 70여 개가 부착된 핵탄두로 보이는 구(球)형 은색 물체를 공개했다(≪로동신문≫, 2016. 3. 9: 1면). 그리고 3월 15일 탄도 로켓의 대기권 재돌입 환경 모의시험 성공을 발표하면서 김정은이 "핵공격능력의 믿음성을 보다 높이기 위해 이른 시일 안에 핵탄두 폭발시험과 핵탄두 장착이 가능한 여러 종류의 탄도 로켓 시험발사를 단행할 것"이라고 발언한 것을 공개했다(≪로동신문≫, 2016. 3. 15: 1면). 그리고 이때 예고한 바와 같이 북한은 같은 해 9월 9일 정권 수립 기념일에 핵탄두 폭발시험을 강행했다.

2016년 9월 9일의 제5차 핵실험 후 북한의 핵무기연구소는 핵실험을 통해 "전략탄도로케트들에 장착할 수 있게 표준화, 규격화된 핵탄두의 구조와 동작특성, 성능과 위력을 최종적으로 검토 확인"했다고 밝히고 "핵탄두가 표준화, 규격화됨으로써 우리는 여러 가지 분열물질에 대한 생산과 그 이용 기술을 확고히 틀어쥐고 소형화, 경량화, 다종화된 보다 타격력이 높은 각종 핵탄두들을 마음먹은 대로 필요한 만큼 생산할 수 있게 되였으며 우리의 핵무기 병기화는 보다 높은 수준에 확고히 올라서게 되었다"라고 주장했다. 북한의 이때 핵실험으로 인한 지진 규모는 5.04로 파악되며 폭발 위력은 10kt 정도로 추정되었다(≪연합뉴스≫, 2016.9.9). 제4차 핵실험 당시의 폭발 위력인 6kt에 비해 폭발 위력이 현저하게 증가한 것이다. 이와 관련해 국가정보원은 9월 9일 국회 정보위원회 긴급 현안보고에서 "북한의 목표는 스커드 미사일에 장착할 정도의 크기로 핵을 소형화해서 개발하는 것"이라면서 "그 목표가 당초 생각하는 것보다 상당히 빠른 속도로 진행돼 우려하고 있다"라고 밝혔다(≪연합뉴스≫, 2016.9.10; 정성장, 2016b).

북한은 2017년 9월 3일 오전 ≪로동신문≫을 통해 김정은의 핵무기연구소 현지지도 모습과 함께 대륙간탄도미사일(ICBM)에 장착할 수소폭탄 사진을 최초로 공개했다. 김정은은 현지지도를 통해 "수소탄의 모든 구성요소들이 100% 국산화되고 무기급 핵물질 생산공정으로부터 부분품 정밀가공 및 조립에 이르기까지 핵무기제작에 필요한 모든 공정들이 주체화됨으로써 우리는 앞으로 강위력한 핵무기들을 마음먹은 대로 꽝꽝 생산할 수 있게 되었다"라고 밝혔다(≪로동신문≫, 2017.9.3). ≪로동신문≫은 북한의 핵과학자, 기술자들이 2016년 1월의 첫 '수소탄 시험'에서 얻은 성과에 기초해 핵 전투부(탄두부)로서의 수소탄의 기술적 성능을 최첨단 수준에서 보다 갱신했다고 주장했다. 그리고 "핵탄 위력을 타격대상에 따라 수십 kt급으로부터 수백 kt급에 이르기까지 임의로 조정할 수 있는 우리의 수소탄은 거대한 살상파괴력을 발휘

그림 8-1 북한의 역대 핵실험 비교

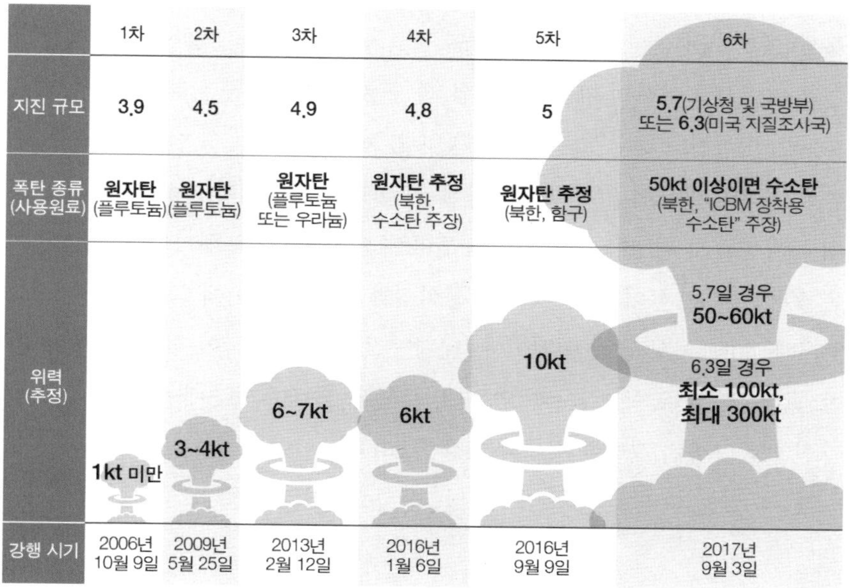

	1차	2차	3차	4차	5차	6차
지진 규모	3.9	4.5	4.9	4.8	5	5.7(기상청 및 국방부) 또는 6.3(미국 지질조사국)
폭탄 종류 (사용원료)	원자탄 (플루토늄)	원자탄 (플루토늄)	원자탄 (플루토늄 또는 우라늄)	원자탄 추정 (북한, 수소탄 주장)	원자탄 추정 (북한, 함구)	50kt 이상이면 수소탄 (북한, "ICBM 장착용 수소탄" 주장)
위력 (추정)	1kt 미만	3~4kt	6~7kt	6kt	10kt	5.7일 경우 50~60kt 6.3일 경우 최소 100kt, 최대 300kt
강행 시기	2006년 10월 9일	2009년 5월 25일	2013년 2월 12일	2016년 1월 6일	2016년 9월 9일	2017년 9월 3일

자료: ≪동아일보≫(2018. 4. 23)

할 뿐 아니라 전략적 목적에 따라 고공에서 폭발시켜 광대한 지역에 대한 초
강력 EMP 공격까지 가할 수 있는 다기능화된 열핵전투부"라고 주장했다(≪로
동신문≫, 2017. 9. 3). 만약 수 km에서 수백 km까지의 광범위한 지역의 적(敵)
지휘통제체계, 방공망, 전산망 등의 기기를 무력화(파괴)할 수 있는 핵전자기
파(Electro Magnetic Pulse: EMP) 공격 능력까지 보유하게 되었다는 이 주장이
사실이라면 김정은은 새로운 유형의 핵무기 사용 역량을 확보하게 된 것이
다.

   김정은은 당일 오전 북한의 최고 파워 엘리트 5인으로 구성된 노동당 정치
국 상무위원회를 개최해 결정서 「국가 핵무력 완성의 완결단계목표를 달성하
기 위한 일환으로 대륙간탄도로케트 장착용 수소탄 시험을 진행할 데 대하여」
를 채택하고 제6차 핵실험을 지시했다. 그리고 북한 시간으로 낮 12시(한국 시간으로 낮 12시 30분)에 'ICBM 장착용 수소탄'을 가지고 제6차 핵실험을 강행했다(≪로동신문≫, 2017.9.4 참조).

2016년 9월 북한의 제5차 핵실험 시 인공지진 규모는 5.04, 폭발 위력은 10kt으로 추정되었다. 그런데 2017년 9월 제6차 핵실험 시 인공지진 규모는 한국 기상청 발표에 의하면 5.7, 중국 지진대망과 미 지질조사국(USGS) 발표에 의하면 6.3, 러시아 지진 당국의 발표에 의하면 6.4로 평가되어 폭발 위력은 50kt~400kt 사이가 될 것으로 분석되었다. 1년 사이에 북한의 핵능력이 약 5배~40배 이상 급증한 것이다. 태평양전쟁 당시 미국이 히로시마에 투하한 원자폭탄의 위력은 16kt이었는데, 북한은 그보다 약 3배~25배의 위력을 가진 핵폭탄까지 개발한 것이다(정성장, 2017).

4. 2017년 ICBM 시험발사와 '국가핵무력 완성' 선포

북한은 2017년에 ICBM 개발에서도 놀라운 진전 속도를 과시했다. 김정은은 2017년 신년사를 통해 ICBM 시험발사를 예고한 지 약 6개월 만인 7월 4일 제1차 ICBM급 미사일 '화성-14'형을 시험발사했다. 이때 ICBM 화성-14형은 고각으로 발사되어 정점고도 2,802km까지 상승했는데, 그로부터 2주 후인 7월 28일 시험발사한 ICBM 화성-14형은 정점고도 3,724.9km까지 상승했다. 그리고 11월 29일 시험발사한 ICBM 화성-15형은 고도 약 4,500km까지 상승해 약 960km를 53분간 비행함으로써 마침내 워싱턴 D.C. 등 미국 본토 주요 대도시까지 도달할 수 있는 사거리 성능을 보여주었다.

북한은 제3차 ICBM 시험발사 후 '정부성명'을 발표해 화성-15형이 미국 본토 전역을 타격할 수 있는 '초대형 중량급 핵탄두 장착이 가능한 미사일'이라고 주장했다(≪로동신문≫, 2017.11.29). 북한의 화성-15형 사진을 본 다수의

사진 8-2　2017년 11월 북한이 시험발사한 ICBM 화성-15형

자료: ≪로동신문≫(2017. 11. 29)

해외 전문가들도 이 미사일이 미국과 중국, 옛 소련이 보유한 ICBM급이며 핵 무기를 장착하기 충분한 규모라고 평가했다.

　김정일은 17년 집권 기간 동안 단 두 차례 핵실험을 했지만, 김정은은 집권 이후 5년 동안 네 차례나 핵실험을 하면서 2017년 9월에 수소폭탄 실험에도 성공했다. 또한 김정은은 2017년에 세 차례의 ICBM 시험발사를 통해 미국의 백악관까지 타격할 수 있는 미사일 사거리 성능을 과시했다. 그런데 북한이 ICBM을 정상 각도가 아닌 고각으로 발사했기 때문에 대기권 재진입 기술까지 확보했는지는 불확실하다.

　국제사회의 반발과 제재에도 불구하고 김정은이 이처럼 핵과 미사일 개발에 매달린 것은 재래식 무기를 현대화하기 위해 투입하는 비용에 비해 핵개발을 통해 훨씬 적은 비용으로 한국에 대해 전략적 우위를 차지할 수 있기 때문이다. 그리고 북한이 핵무기와 ICBM 개발을 완성하면 남북 무력 충돌 시 미군의 군사적 개입을 차단할 수 있을 것이라는 계산이 중요하게 작용했을 것이다. 김정일 시대에 '선군정치'로 비대해진 군부를 축소하고 군수공업 분야의 첨단 기계와 시설들의 일부를 경공업 분야로 돌리는 데 대한 군부의 반발을 무마하는 데에도 핵개발이 유용하게 작용했을 것이다.

5. 2019년 북미정상회담 결렬 이후 정면돌파 노선 채택

앞서 설명한 핵개발 성과를 바탕으로 북한은 2018년 4·27 남북정상회담 1주일 전인 4월 20일 당중앙위원회 제7기 제3차 전원회의를 개최해 "병진노선의 위대한 승리"를 선언하고 "경제건설에 총력을 집중할 데 대한 새로운 전략적 노선"을 채택했다. 김정은은 이때 경제건설과 핵무력 건설 병진노선이 "위대한 승리로 결속"[1]되었다고 주장했다. 그리고 "이제는 우리에게 그 어떤 핵시험과 중장거리·대륙간탄도로케트 시험발사도 필요 없게 되었으며 이에 따라 북부핵시험장도 자기의 사명을 끝마쳤다"라고 선언했다. 북한은 당중앙위원회 전원회의에서 채택한 결정서를 통해 핵실험과 ICBM 시험발사 중단, 풍계리 핵실험장 폐기를 선언하면서 "우리 국가에 대한 핵위협이나 핵도발이 없는 한 핵무기를 절대로 사용하지 않을 것이며 그 어떤 경우에도 핵무기와 핵기술을 이전하지 않을 것"이라는 입장을 밝혔다(≪로동신문≫, 2018.4.21 참조).

이와 관련 빅터 차 미국 전략국제문제연구소(CSIS) 한국 석좌는 2018년 4월 21일 북한의 '핵·미사일 시험 중단 및 풍계리 핵실험장 폐기' 선언은 '비핵화 선언'과 거리가 멀다고 분석했다. 그리고 북한이 핵실험을 중단하고 핵을 선제적으로 사용하지 않겠다는 것과 핵무기와 기술을 이전하지 않겠다고 약속한 것도 "북한이 책임 있는 핵무기 보유국이 될 수 있다는 선언"이라고 평가했다(강영두, 2018.4.22).

한편 북한은 당중앙위원회 전원회의에서 채택한 결정서를 통해 "핵시험중지는 세계적인 핵군축을 위한 중요한 과정이며 우리 공화국은 핵시험의 전면중지를 위한 국제적인 지향과 노력에 합세할 것이다"라고 밝혀 '핵군축'에 대

---

1 북한의 『조선말대사전』에 따르면 '결속되다'라는 말은 '끝나다'라는 의미이다.

해서도 언급했다. 그리고 김정은은 당중앙위원회 전원회의에서 "인류의 공통된 염원과 지향에 부합되게 핵무기 없는 세계건설에 적극 이바지하려는 우리 당의 평화애호적 입장"에 대해 설명했다.

그런데 2019년 2월 제2차 북미정상회담 결렬 이후 북한은 곧바로 핵실험이나 장거리 미사일 시험발사는 재개하지 않았지만 2019년에 단거리 미사일 시험발사를 본격화했다. 이는 '핵무기 병기화'가 완결된 조건에서 그동안 남한에 대해 상대적으로 질적 열세에 놓여 있었던 단거리 미사일들의 수준을 급속도로 끌어올리고 유사시 대남 핵타격 능력을 향상시키고자 한 것이다.

2019년 10월 스톡홀름에서 개최된 북미실무회담도 결렬로 끝나자 김정은은 동년 12월 말 당중앙위원회 제7기 제5차 전원회의를 개최해 "현정세와 혁명발전의 요구에 맞게 정면돌파전을 벌릴 데 대한 혁명적 노선"(약칭 '정면돌파 노선')을 천명했다. 그리고 "우리는 우리 국가의 안전과 존엄 그리고 미래의 안전을 그 무엇과 절대로 바꾸지 않을 것임을 더 굳게 결심하였다"라고 밝히고 북미 대립 상태와 대북 제재 장기화를 기정사실화하면서 북한의 핵과 미사일 능력 및 자강력을 보다 강화하는 방향으로 나아가겠다는 입장을 명백히 했다(≪로동신문≫, 2020.1.1 참조).

2021년 1월 노동당 제8차 대회에서의 사업총화보고를 통해 김정은은 '국가핵무력 건설 대업의 완성'을 2016년 노동당 제7차 대회 이후 "당과 혁명, 조국과 인민 앞에, 후대들 앞에 세운 가장 의의 있는 민족사적 공적"으로 제시했다. ≪로동신문≫에 공개된 사업총화보고 내용에서 '핵무력'이라는 단어는 11번이나 등장했다. 김정은은 기존의 '국가핵무력 완성'에 만족하지 않고 전술핵무기, 수중 및 지상 고체엔진 ICBM, 극초음속 무기, 핵잠수함, 수중발사 핵전략무기, 군사정찰위성, 고성능 무인정찰기를 보유하고 초대형 핵탄두 생산을 지속하겠다는 계획을 분명히 밝혔다. 김정은은 당대회에서 새로운 핵잠수함 설계 연구가 끝나 최종심사 단계에 있으며, 군사정찰위성 설계도 완성했다고 공개했다(≪로동신문≫, 2021. 1. 9). 그리고 "인민군대를 재래식 구조에서 첨단화, 정예화된 군대로 비약 발전시키는 것을 현시기 국방과학 부문 앞에 나서는 기본과업으로 규정"함으로써 국방력 강화를 지속하겠다는 입장을 천명했다(≪로동신문≫, 2021. 1. 9).

6. 2022년 핵무력정책 법령 채택과 핵 선제공격의 정당화

북한은 정권 수립 74주년 기념일 전날인 2022년 9월 8일 최고인민회의 제14기 제7차 2일 차 회의를 개최해 "조선민주주의인민공화국 핵무력정책에 관하여"라는 제목의 새 법령(이하 '핵무력정책 법령'으로 약칭)을 채택했다. 북한은 2013년 4월 1일에도 "자위적 핵보유국의 지위를 더욱 공고히 할데 대하여"라는 제목의 법령을 공포한 바 있는데, 이때에는 핵무력 지휘통제체계나 핵무기 사용 조건 등이 구체적이지 않았고 모든 조항이 총론적인 수준에 머물러 있었다. 그런데 북한이 2022년에 채택한 '핵무력정책 법령'은 대부분의 조항이 매우 구체적으로 작성되어 있고 이전 9년 동안의 북한의 핵과 미사일 능력 고도화와 지휘통제체계 발전 등을 반영하고 있다. 다시 말해 2013년 법령은 대내외적으로 북한의 '핵보유국 지위'를 공고화하는 데 초점을 맞추고 있다면, 2022년 법령은 북한의 2017년 '핵무력 완성' 선언 이후 달라진 위상을 배경으로 유사시 핵무기의 지휘통제 및 사용과 관련해 명확한 지침을 제시하는 데 초점을 맞추고 있다는 특징이 있다.

2022년 법령에서 가장 눈에 띄는 부분은 핵무력 지휘통제에 대해 설명하고 있는 제3조와 핵무기의 사용 조건에 대해 언급하고 있는 제6조이다. 2013년 법령의 제4조는 '조선인민군 최고사령관'의 최종명령에 의해서만 핵무기를 사용할 수 있다고 언급했는데(≪로동신문≫, 2013. 4. 2), 2022년 법령의 제3조

사진 8-3   핵보유국 지위를 공고히 하기 위한 북한 법령(2013.4)

자료: ≪로동신문≫(2013.4.2)

2항은 공화국 국무위원장이 핵무기와 관련한 모든 결정권을 가진다고 명시하고 있다(≪로동신문≫, 2022.9.9). 그런데 김정은 노동당 총비서가 국무위원장직과 최고사령관직을 모두 겸직하고 있으므로 실질적으로 달라지는 것은 없다. 차이가 있는 부분은 '핵무력정책 법령'의 제3조 2항에서 국무위원장이 임명하는 성원들로 구성되는 '국가핵무력지휘기구'가 핵무기와 관련한 결정으로부터 집행에 이르는 전 과정에서 국무위원장을 보좌한다고 명시하고 있다는 점이다.

평가 기관에 따라 큰 차이가 있기는 하지만, 북한은 50개 이상의 핵무기 또는 그에 상응하는 핵분열물질을 보유하고 있는 것으로 추정되고 있다. 게다가 북한이 2022년 4월부터 전술핵무기의 전방 배치까지 추진하고 있는 점을 고려하면 핵무기를 효과적으로 관리할 수 있는 지휘통제기구의 운용은 필수적이라고 할 수 있다.

북한은 '핵무력정책 법령'의 제3조 3항에서 "국가핵무력에 대한 지휘통제체계가 적대세력의 공격으로 위험에 처하는 경우 사전에 결정된 작전방안에 따라 도발원점과 지휘부를 비롯한 적대세력을 괴멸시키기 위한 핵타격이 자동적으로 즉시에 단행된다"(≪로동신문≫, 2022.9.9)라고 명시함으로써 한미의 '참수작전'으로 북한 수뇌부가 위험에 처할 경우 즉각적으로 남한에 대한 핵공격이 단행될 것임을 명확히 밝히고 있다. 일부 전문가들은 이 조항이 국

사진 8-4   북한의 핵무력정책 법령(2022.9)

주체111 (2022) 년 9월 9일 (금요일)　　로 동 신 문　　〔6〕

조선민주주의인민공화국 최고인민회의 법령
조선민주주의인민공화국 핵무력정책에 대하여

조선민주주의인민공화국은 책임적인 핵무기 보유국으로서 백성생을 비롯한 온갖 형태의 침병을 반대하며 국세평화구의 실현된 세계로운 세계 평상을 지향한다.

조선민주주의인민공화국의 핵무력은 국가의 주권과 령토완정, 근로이익을 수호하고 조선반도와 동북아시아지역에서 침병을 방지하며 세계의 전략적 안정을 보장하는 위력한 수단이다.

조선민주주의인민공화국의 핵무력의 력세가는 현존하고 지해되는 어째서 모든 책임협동에 능동적으로 대처할 수 있는 핵무력의 효과적이며 성숙된 체어대력과 방위력이며 핵질적인 핵무력정책, 신축성있고 폭발적한 정상이며 핵무기관련에 의하여 담보된다.

조선민주주의인민공화국이 자기의 핵무력정책을 공개하고 핵무기사용을 법제화는 규제하는것은 핵무기보유국들사이의 오해와 핵무기의 황남을 막음으로써 핵전쟁위험을 치대로 줄이는데 목적을 두고있다.

조선민주주의인민공화국 최고인민회의는 국가핵무력의 공주된 핵무기에 자기의 숭대한 사명을 핵임적으로 수행하도록 하기 위하여 다음과 같이 결정한다.

1. 핵무력의 사명

조선민주주의인민공화국 핵무력은 외부의 군사적위협과 침략, 공격으로부터 국가주권과 령토완정, 인민의 생명안전을 수호하는 국가방위의 기본역량이다.

　1) 조선민주주의인민공화국 핵무력은 적대세력으로 하여금 조선민주주의인민공화국과의 군사적대결이 파멸을 초래한다는을 명백히 인식하고 침략과 공격기도를 포기하게 함으로써 전쟁을 억제하는것을 기본사명으로 한다.

　2) 조선민주주의인민공화국 핵무력은 전쟁억제가 실패하는 경우 적대세력의 침략과 공격을 격퇴하고 전쟁의 결정적승리를 달성하기 위한 작전적사명을 수행한다.

2. 핵무력의 구성

조선민주주의인민공화국 핵무력은 각종 핵탄길 운반수단, 지휘 및 조종체계, 그의 운용과 갱신을 위한 모든 전력과 장비, 시설로 구성된다.

3. 핵무력에 대한 지휘통제

　1) 조선민주주의인민공화국 핵무력은 조선민주주의인민공화국 국무위원장의 유일적지휘에 복종한다.

　2) 조선민주주의인민공화국 국무위원장은 핵무기와 관련된 모든 결정권을 가진다.

조선민주주의인민공화국 국무위원장이 임명하는 성원들로 구성된 국가핵무력지휘기구는 핵무기와 관련된 결정으로부터 집행에 이르는 전 과정에서 조선민주주의인민공화국 국무위원장을 보좌한다.

국가핵무력에 대한 지휘통제체계가 적대세력의 공격으로 위협을 처하는 경우 사전에 결정된 작전방안에 따라 도발원점과 지휘부를 비롯한 적대세력을 괴멸시키기 위한 핵타격이 자동적으로 즉시에 단행된다.

4. 핵무기사용결정의 집행

조선민주주의인민공화국 핵무력은 핵무기사용명령을 즉시 집행한다.

5. 핵무기의 사용원칙

　1) 조선민주주의인민공화국은 국가와 인민의 안전을 엄중히 위협하는 외부의 침략과 공격에 대처하여 최후의 수단으로 핵무기를 사용하는것을 기본원칙으로 한다.

　2) 조선민주주의인민공화국은 비핵국가들이 다른 핵무기보유국과 야합하여 조선민주주의인민공화국을 반대하는 침략이나 공격행위에 가담하지 않는 이상 이 나라들을 상대로 핵무기로 위협하거나 핵무기를 사용하지 않는다.

6. 핵무기의 사용조건

조선민주주의인민공화국은 다음의 경우 핵무기를 사용할수 있다.

　1) 조선민주주의인민공화국에 대한 핵무기 또는 기타 대량살육무기공격이 감행되였거나 림박하였다고 판단되는 경우

　2) 국가지도부와 국가핵무력지휘기구에 대한 적대세력의 핵 및 비핵공격이 감행되였거나 림박하였다고 판단되는 경우

　3) 국가의 중요전략적대상물에 대한 치명적인 군사적공격이 감행되였거나 림박하였다고 판단되는 경우

　4) 유사시 전쟁의 확대와 장기화를 막고 전쟁의 주도권을 장악하기 위한 작전상필요가 불가피하게 제기되는 경우

　5) 기타 국가의 존립과 인민의 생명안전에 파국적인 위기를 초래하는 사태가 발생하여 핵무기로 대응할 수밖에 없는 불가피한 상황이 조성되는 경우

7. 핵무력의 경상적인 동원태세

조선민주주의인민공화국 핵무력은 핵무기사용명령이 하달되면 임의의 조건과 환경에서도 즉시 집행할수 있게 경상적인 동원태세를 유지한다.

8. 핵무기의 안전한 유지관리 및 보호

　1) 조선민주주의인민공화국은 핵무기의 보관관리, 수명과 성능평가, 갱신 및 폐기의 모든 공정들이 엄정기술적규규정과 법적절차대로 진행되도록 철저하고 안전한 핵무기보관관리제도를 수립하고 그 리행을 담보한다.

　2) 조선민주주의인민공화국은 핵무기와 관련기술, 설비, 핵물질 등이 루출되지 않도록 철저한 보호대책을 세운다.

9. 핵무력의 질량적강화와 갱신

　1) 조선민주주의인민공화국은 외부의 핵위협과 국제적인 핵무력태세변화를 항시적으로 평가하고 그에 상응하게 핵무력을 질량적으로 갱신, 강화한다.

　2) 조선민주주의인민공화국은 핵무력이 자기의 사명을 믿음직하게 수행할수 있도록 각이한 정황에 따르는 핵무기태전략을 정기적으로 갱신한다.

10. 전파방지

조선민주주의인민공화국은 책임적인 핵무기보유국으로서 핵무기나 다른 나라의 량도에 배비하거나 공유하지 않으며 핵무기와 관련기술, 설비, 무기급핵물질을 이전하지 않는다.

11. 기타

　1) 2013년 4월 1일에 재택된 조선민주주의인민공화국 법령 《자위적핵보유국의 지위를 더욱 공고히 할데 대하여》의 효력을 없앤다.

　2) 해당 기관들은 법령을 집행하기 위한 실무적대책을 철저히 세운다.

　3) 이 법령의 임의의 조항도 조선민주주의인민공화국의 정당한 자위권행사를 구속하거나 제한하는것으로 해석되지 않는다.

조선민주주의인민공화국 최고인민회의

주제111(2022)년 9월 8일　　　평양

자료: ≪로동신문≫(2022.9.9)

무위원장에게 핵무기와 관련된 모든 결정권을 부여하는 제3조 2항과 상충하는 것으로 간주하고 있는데, 김정은은 자신이 항상 최종 결정권을 가지면서도 집권 이후 핵심 간부들에게 일정한 권한을 위임해 온 사실에 주목할 필요가 있다.

　새 법령의 제3조 3항은 국가핵무력 지휘통제체계가 위험에 처해 김정은이 핵무력을 지휘할 수 없게 될 경우 핵무기를 운용하는 일선 부대 지휘관들에게 핵무기로 '적대세력'을 '괴멸'시키게 함으로써 북한체제의 생존을 보장하기 위한 조치라고 할 수 있다. 필자가 군 출신 탈북자를 인터뷰한 결과에 의하

면, 북한의 일선 지휘관은 평상시에 '사전에 결정된 작전방안'을 절대로 볼 수 없고 유사시에만 확인하고 미리 결정된 작전방안대로 실행에 옮기게 되어 있다.

'핵무력정책 법령'의 제6조는 북한의 핵무기 사용 조건으로 다음과 같은 다섯 가지 경우를 들고 있다. ① 북한에 대한 핵무기 또는 기타 대량살륙무기(대량살상무기) 공격이 감행됐거나 **임박했다고 판단되는 경우**, ② 국가지도부나 국가핵무력지휘기구에 대한 적대세력의 핵 및 비핵공격이 감행됐거나 **임박했다고 판단되는 경우**, ③ 국가의 중요전략적 대상들에 대한 치명적인 군사적 공격이 감행됐거나 **임박했다고 판단되는 경우**, ④ 유사시 전쟁의 확대와 장기화를 막고 **전쟁의 주도권을 장악하기 위한 작전상 필요가 불가피하게 제기되는 경우**, ⑤ 기타 국가의 존립과 인민의 생명안전에 파국적인 위기를 초래하는 사태가 발생해 핵무기로 대응할 수밖에 없는 **불가피한 상황이 조성되는 경우** 등이다(≪로동신문≫, 2022.9.9, 강조는 필자).

2013년 법령에서는 북한이 침략이나 공격을 당했을 경우에 핵무기 사용을 정당화하고 있었으나, 2022년 법령의 제6조는 이처럼 '적대세력'의 공격이 임박했다고 판단되는 경우와 작전상 불가피하다고 판단될 경우 핵 선제공격까지 정당화하고 있다. 그런데 현실적으로 한미가 북한을 공격하겠다고 예고하고 공격하지 않는 한 공격이 임박했다는 것을 북한이 파악할 수 있는 방법은 없다. 그리고 북한은 외부의 비핵무기 공격에도 핵무기로 대응하겠다는 입장을 명문화하고 있어 한반도에서 우발적 군사 충돌 시 재래식 무기 분야에서 남한에 대해 절대적으로 열세에 놓여 있는 북한이 핵무기를 사용하게 될 가능성을 배제할 수 없게 되었다.[2]

---

2   보다 상세한 분석은 정성장(2022) 참조.

7. 신형 전술핵탄두 공개와 제7차 핵실험 전망

북한은 2016년 1월에 실시한 제4차 핵실험까지는 사전에 핵실험에 사용할 핵탄두를 공개하지 않았으나 2016년 9월의 제5차 핵실험 및 2017년 9월의 제6차 핵실험 전에는 김정은의 '핵무기 병기화사업 지도'라는 형식으로 핵실험에 사용할 핵탄두를 미리 공개했다. 북한은 2016년 9월 제5차 핵실험을 단행하기 6개월 전인 같은 해 3월 9일, 김정은의 핵무기 병기화사업 지도를 보도하면서 "핵탄을 경량화하여 탄도로케트에 맞게 표준화, 규격화를 실현"했다고 주장하고 은색 구형의 물체를 공개했다(≪로동신문≫, 2016. 3. 9). 그리고 그로부터 정확히 6개월 후인 같은 해 9월 9일 정권 수립 기념일에 핵실험을 단행했다. 2017년 9월 3일(정권 수립 기념일 6일 전)에는 당일 오전에 김정은의 핵무기 병기화사업 지도를 보도하면서 장구(또는 땅콩) 모양의 수소탄 탄두를 공개하고 당일 제6차 핵실험을 단행했다(≪로동신문≫, 2016. 9. 3). 북한이 이처럼 제5차 핵실험 때부터 핵실험에 사용할 핵탄두를 미리 공개한 것은 핵탄두 개발에 대한 그들의 자신감을 보여주는 것이다.

또한 북한은 2023년 3월 28일 자 ≪로동신문≫을 통해 '화산-31' 전술핵탄두의 실물을 처음으로 공개했다. 그러므로 북한은 이 전술핵탄두를 가지고 가까운 미래에 제7차 핵실험을 단행할 것으로 예상된다. 당시 북한이 공개한 핵탄두는 직경 40~50cm, 길이 90cm가량으로 추정된다. 크기만 놓고 보면 북한이 주장해 왔던 핵탄두 소형화에 성공했을 가능성이 있다.

북한이 공개한 사진을 보면, '화산-31' 전술핵탄두는 600mm 초대형방사포 (KN-25), 무인잠수정 해일, 화살-1 순항미사일, 화살-2 순항미사일, 북한판 이스칸데르(KN-23), 북한판 에이태큼스(KN-24), 미니 SLBM(잠수함발사탄도미사일) 등 8종의 투발수단에 장착하는 것을 목적으로 제작되었다(≪로동신문≫, 2023. 3. 28). 북한이 이렇게 투발수단까지 공개한 것은 육상과 해상 어디서든

사진 8-5   김정은의 핵무기 병기화사업 지도에 대한 ≪로동신문≫ 보도 1

주: 북한이 공개한 은색 구형의 물체과 김정은
자료: ≪로동신문≫(2016. 3. 9)

남측을 타격할 수 있다고 위협하기 위한 의도로 분석된다. 북한은 이들 무기에 모두 전술핵탄두를 장착할 수 있을 정도로 소형화·경량화가 이루어졌고, 이를 표준화·규격화했다는 것을 과시한 것이다.

전문가들은 북한이 공개한 전술핵탄두 주장이 사실이라면 크기 등을 감안할 때 위력은 10kt(1kt은 TNT 1000t 위력) 안팎일 가능성이 높은 것으로 평가한다. 다만, 이춘근 과학기술정책연구원 명예연구위원은 "(북한이) 이날 공개한 탄두는 북한이 만들 수 있는 최소 사이즈 내폭형 핵탄두로, 폭발력은 최대 20kt에 달할 것"이라고 분석했다. 20kt은 제2차 세계대전 당시 히로시마와 나가사키에 투하된 원폭과 맞먹는 파괴력이다(강태화, 2023. 3. 28).

사진 8-6　김정은의 핵무기 병기화사업 지도에 대한 ≪로동신문≫ 보도 2

주: 북한이 공개한 수소탄 탄두와 김정은
자료: ≪로동신문≫(2017. 9. 3)

주: 북한이 공개한 전술 핵탄두 실물과 김정은
자료: ≪로동신문≫(2023. 3. 28)

　북한이 공개한 전술핵탄두가 예상 수치대로 폭발력을 내는지 확인하기 위해서는 핵실험이 필요하다. 이와 관련해 미국의 핵과학자인 데이비드 올브라이트 과학국제안보연구소(ISIS) 소장은 자유아시아방송과의 인터뷰에서 "30kt의 위력을 내도록 탄두를 디자인했는데 5kt만 나오면 실패"라며 "북한은 (3월) 28일 처음 공개한 전술핵탄두가 디자인한 대로 정확히 폭발할 수 있도록 준비하고 있다"라고 평가했다. 그러면서 "이 탄두가 디자인한 대로 폭발력을 내는지 확신을 가질 필요가 있다"라며 "이를 확인할 수 있는 유일한 방법은 실험"이라고 덧붙였다. 브루스 베넷 미국 랜드연구소 선임연구원도 자유아시아방송(RFA)에 "미국도 핵무기를 제조할 때 핵실험을 천 번 이상 했다"라며 "일부 디자인이 잘못돼 제대로 작동되지 않는 것을 계속 발견했기 때문"이라고 설명했다(이상민, 2023. 3. 29).

그림 8-2 북한의 '화산-31' 전술핵탄두 장착 가능 무기

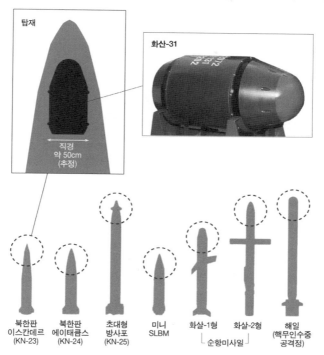

자료: ≪동아일보≫(2023. 3. 29)

그림 8-3 북한 공개 전술 핵탄두 탑재 무기체계

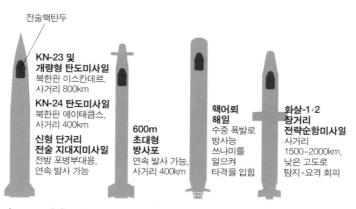

자료: ≪조선일보≫(2023. 3. 29)

8. 핵무력강화정책 기조의 헌법 반영과 비핵화 거부 입장 재확인

한편 2023년 9월 26일과 27일 북한은 최고인민회의 제14기 제9차 회의를 개최해 핵무력강화정책 기조를 헌법에까지 반영했다. 북한이 2012년 헌법 개정을 통해서는 '핵보유국' 지위를 유지하겠다는 입장을 간략하게 언급하는 데 그쳤다면, 2023년 헌법 개정을 통해서는 핵무기 발전을 더욱 고도화해 핵강국을 건설하겠다는 강력한 의지를 명문화한 것이다. 북한은 이와 관련해 국가방위에서 핵무력이 차지하는 지위와 핵무력건설에 관한 국가활동원칙을 헌법에 규정했다고 설명했다.

김정은은 집권 직후인 2012년 4월 헌법을 개정해 북한의 '핵보유국' 지위를 헌법에 명문화했다. 당시 북한은 헌법 서문에 "김정일 동지께서는 세계사회주의체계의 붕괴와 제국주의연합세력의 악랄한 반공화국 압살 공세 속에서 선군정치로 김일성 동지의 고귀한 유산인 사회주의전취물을 영예롭게 수호하시고 우리 조국을 불패의 정치사상강국, 핵보유국, 무적의 군사강국으로 전변시키시였으며 강성국가건설의 휘황한 대통로를 열어놓으시였다"라고 명기했다.

그런데 2023년 9월에는 헌법 제4장 58조에 "핵무기발전을 고도화하여 나라의 생존권과 발전권을 담보하고 전쟁을 억제하며 지역과 세계의 평화와 안정을 수호한다"라는 내용을 명기했다. 이와 관련해 박인철 최고인민회의 의장은 "조선민주주의인민공화국은 책임적인 핵보유국으로서 나라의 생존권과 발전권을 담보하고 전쟁을 억제하며 지역과 세계의 평화와 안정을 수호하기 위하여 핵무기발전을 고도화한다"라는 내용과 "공화국 무장력의 사명이 국가주권과 영토완정(領土完整), 인민의 권익을 옹호하며 모든 위협으로부터 사회주의제도와 혁명의 전취물을 사수하고 조국의 평화와 번영을 강력한 군력(軍力)으로 담보하는데 있다"라는 내용이 헌법의 수정 보충안에 반영되었다고 밝혔다(≪로동신문≫, 2023. 9. 28a). 기존 헌법의 제4장 58조는 원래 "조선민주주의인민공화국은 전인민적, 전국가적 방위체계에 의거한다"라는 내용으로 되어 있었다.

김정은은 2023년 9월 최고인민회의 연설에서 미국이 '대한민국'과의 공모 밑에 북한에 대한 핵무기 사용을 목적으로 한 '핵협의그루빠[핵협의그룹]'를 가동한 데 기초해 침략적 성격이 명백한 대규모 핵전쟁 합동군사연습을 재개했다고 강변했다(≪로동신문≫, 2023. 9. 28b). 그러나 한미 핵협의그룹은 어디까지나 북한의 핵공격에 대한 대응 방안을 협의하기 위한 기구이지 대북 핵 선제사용까지 고려하는 회의는 결코 아니다. 그리고 한미의 연합작전계획에는 북한의 핵공격에 대한 대응 방안이 들어 있지 않기 때문에 한미연합훈련이 '대규모 핵전쟁 합동군사연습'이 되는 것은 불가능하다. 이러한 사실들을 모를 리 없는 북한이 한미의 북핵 대응 방안을 오히려 문제 삼아 대남 핵위협을 노골화하고 있는 것은 그야말로 적반하장(賊反荷杖)이다.

김정은은 또한 "우리 공화국이 사회주의국가로 존재하는 한, 자주와 사회주의를 말살하려는 제국주의자들의 폭제의 핵이 지구상에 존재하는 한 핵보유국의 현 지위를 절대로 변경시켜서도, 양보하여서도 안 되며 오히려 핵무력을 지속적으로 더욱 강화해나가야 한다는 것이 우리 당과 정부가 내린 엄정한 전략적 판단"이라고 주장했다(≪로동신문≫, 2023. 9. 28). 이는 북한이 사회주의국가로 남아 있는 한 영원히 핵을 포기하지 않을 것임을 한 번 더 명확히 확인한 것이다. 미국의 핵이 지구상에 존재하는 한 핵무력을 더욱 강화해나가겠다는 것은 다시 말해 미국의 '완전한 비핵화'가 이루어지지 않는 한 북한도 핵을 포기하지 않겠다는 것이다. 그런데 미국이 핵을 포기할 가능성은 제로이므로 북한의 비핵화 가능성도 제로가 된다.

김정은은 '미제(미제국주의)'가 북한에 대한 핵위협을 장장 수십 년간 지속해 가중시켜 왔기 때문에 북한이 "일단 보유한 핵은 세월이 흐르고 대가 바뀌어도 국가의 영원한 전략자산으로 보존강화하고 누구도, 어떤 경우에도 이를 훼손할 수 없게 해야 할 필연성"을 절감하게 되었다고 주장했다(≪로동신문≫, 2023. 9. 28). 그러나 미국은 1991년에 북한 핵개발의 구실을 없앴다는 이유로 한국에 배치되어 있던 전술핵무기를 모두 철수했고 그 이전부터 한국의 핵잠재력 확보조차 막아왔다. 그리고 미국은 1945년 히로시마와 나가사키에 원폭을 투하한 이후 단 한 번도 다른 국가에 핵무기를 사용한 적이 없고, 한미의 연합 작계(작전계획)에 대북 핵 사용은 전혀 고려되지 않고 있다.

미국이 한국에서 전술핵무기를 철수한 지 이미 오랜 시간이 지났기 때문에 미국이 북한에 대해 지금도 핵위협을 하고 있는 것처럼 북한이 주장하는 것은 명백한 사실의 왜곡이다. 현재 미국의 대북 핵 사용은 오직 북한이 한국을 핵무기로 먼저 공격했을 경우에 한해 고려되고 있을 뿐이다. 더 나아가 오히려 북한이 미 본토를 타격할 수 있는 대륙간탄도미사일(ICBM)을 보유하고 있는 상황에서 북한이 한국을 핵무기로 공격하더라도 미국이 북한과의 핵전쟁을 감수하면서까지 대북 핵 사용을 할 수 있을지 의문시되는 상황이다.

하지만 김정은은 최고인민회의 연설을 통해 "핵무기 생산을 기하급수적으로 늘이고[늘리고] 핵타격 수단들의 다종화를 실현하며 여러 군종에 실전 배비하는 사업을 강력히 실행해나갈 데 대하여"를 강조했다(≪로동신문≫, 2023. 9. 28). 따라서 향후 북한의 핵무기 보유량은 더욱 급속도로 증가하고, 핵무기 투발수단들도 계속 다양화되며, 핵무기의 실전배치도 더욱 진전될 것으로 예상된다.

9. 북한 핵무기의 '기하급수적' 증가 전망과 한국 안보 위협

그동안 북한의 핵무기 보유량에 대해서는 북한 영변단지를 가장 많이 방문한 외부 과학자인 시그프리드 헤커 박사의 평가가 자주 인용되어 왔다. 그러나 최근 여러 연구 기관들의 보고서와 김정은 북한 노동당 총비서의 발언 및 북한이 공개한 사진 등을 고려할 때, 헤커 박사의 평가는 북한의 핵능력을 충분히 반영하지 못하고 있는 것으로 판단된다.

헤커 박사는 2021년 4월 미국의 북한 전문 매체 38노스(38 North)와의 인터뷰에서 북한이 그때까지 플루토늄 25~48kg을 생산했고, 고농축우라늄은 2020년 말 기준으로 600~950kg을 보유하고 있을 것으로 추정했다. 그는 "플루토늄 폭탄 1개에 플루토늄이 5kg 정도 들어가고, 고농축우라늄 폭탄에 고농축우라늄이 25kg 정도 들어간다는 게 합리적인 추산치"라면서 이를 토대로 북한이 핵무기 45개를 보유하고 있을 가능성이 가장 크다고 주장했다. 헤커 박사의 분석에 의하면 북한은 2016년부터 2021년까지 매년 6개 정도의 핵무기를 제조한 것으로 평가된다(≪연합뉴스≫, 2021. 5. 2; 베넷·최강 외, 2023: 16).

이와 달리, 미국 외교협의회(CFR)에 따르면, 미국과 한국의 정보기관은 북한이 2017년까지 최대 60개의 핵무기 제조에 사용할 수 있는 핵심 핵물질을 생산했고, 연간 12개가 넘는 핵무기 제조에 사용할 수 있는 핵심 핵물질을 생산할 수 있다고 추정한다. 이 같은 분석에 의하면 북한이 2023년 초까지 생산한 핵무기는 대략 116개가 된다(베넷·최강 외, 2023: 16~17).

2023년 1월 한국국방연구원의 박용한과 이상규 박사가 발간한 보고서 「북한의 핵탄두 수량 추계와 전망」은 현재 북한이 보유한 우라늄 및 플루토늄 핵탄두 수량을 약 80~90여 발 수준으로 평가하고, 2030년에는 최대 166발까지 증가할 것으로 전망했다. 이 보고서는 북한이 목표로 하는 핵탄두 수량은 300여 발 수준이 될 것으로 추정했다(박용한·이상규, 2023 참조).

2021년 4월 미국의 랜드연구소와 한국의 아산정책연구원이 공동으로 발간한 보고서 「북핵 위협, 어떻게 대응할 것인가」는 2027년까지 북한이 핵무기 약 200개, 대륙간탄도미사일 수십 발과 핵무기를 운반할 수 있는 한반도

표 8-1 북한의 핵무기 보유량 추정 및 전망

전문가·기관 (평가 시점) \ 연도	2017	2020	2021	2023	2027	2030
시그프리드 헤커 박사(2021.4)			45개			
미국 외교협의회(2022)	최대 60개			116개		
한국국방연구원(2023.1)				80~90개		최대 166개
랜드연구소· 아산정책연구원(2021)	31개~62개	67~116개			200개 (151~242개)	
랜드연구소· 아산정책연구원(2023)				최소 180개		최대 300개
한국군 일부 (≪동아일보≫, 2023.10.31)				220개 이상		

주: 2017~2023년까지는 추정치, 2027년과 2030년은 전망치이다.
자료: 저자 작성

전구급 미사일 수백 발을 보유할 수 있을 것으로 전망했다. 이 보고서는 2019년 미북 하노이 정상회담 종료 이후 북한 내 다섯 개의 핵심 핵무기 제조 시설이 있다는 트럼프 미국 대통령의 발언에 주목했다. 당시 언론은 북한 내 우라늄 농축시설일 가능성이 높은 네 곳의 장소를 식별하고, 이 중 세 곳의 원심분리기 개수 추정치를 보도했는데, 이는 영변에 4,000대, 강선에 8,000대, 분강에 1만 대였다. 두 기관은 북한의 핵보유 개수가 연간 12개씩 또는 18개씩 증가해 2020년까지 북한은 이미 67~116개의 핵무기를 보유했을 것으로 추정했고, 2027년까지 151~242개의 핵무기를 보유하게 될 것으로 전망했다(베넷·최강 외, 2021: 31~37).

랜드연구소와 아산정책연구원이 2023년 8월에 작성한 보고서 「한국에 대한 핵보장 강화 방안」은 북한이 최소 180개의 핵무기를 보유하고 있는 것으로 추정했고, 2030년에는 최대 300개의 핵무기를 보유할 수 있을 것으로 전망했다. 두 연구 기관은 보고서에서 2022년 말 김정은이 직접 실전 배치를 공

사진 8-6 북한의 초대형 방사포 증정식(2022.12.31)

자료: ≪로동신문≫(2023.1.1)

언한 초대형방사포(KN-25)에 핵무기 180기 탑재가 가능할 것으로 평가했다.

 2022년 12월 31일 북한은 노동당 중앙위원회 본부청사 앞에서 600mm 초대형 방사포 30문 증정식을 가졌는데, 최대 400여 km 사거리의 KN-25는 1대당 로켓탄 6발을 발사할 수 있다. 당시 김정은은 연설을 통해 초대형 방사포가 "남조선 전역을 사정권에 두고 전술핵 탑재까지 가능한 것으로 하여 전망적으로 우리 무력의 핵심적인 공격형 무기로서 적들을 압도적으로 제압해야 할 자기의 전투적 사명을 수행하게 됩니다"라고 주장했다(≪로동신문≫, 2023. 1.1). 김정은의 이 같은 발언 등에 기초해 랜드연구소와 아산정책연구원은 한국을 주요 표적으로 겨누고 있는 북한 핵무기가 180개가 될 것으로 추정했다(베넷·최강 외, 2023: 18).

 랜드연구소와 아산정책연구원은 또한 북한이 초대형 방사포보다 성능이 우수한 SRBM인 북한판 이스칸데르(KN-23)에 핵무기를 탑재하기 위해 최소 100~150기의 핵무기를 생산할 것으로 예상했다. 그런데 북한은 미국과 일본 등을 사거리에 두는 미사일용 핵무기도 제조할 것이기 때문에 이 두 연구 기관은 김정은이 최소 300~500개의 핵전력을 계획할 것으로 평가했다. 이 같은 평가는 북한이 목표로 하는 핵탄두 수량은 300여 발 수준이 될 것으로 추정한 한국국방연구원의 2023년 1월 보고서 내용과 대체로 일치하는 것이다

사진 8-7 　김정은의 우라늄 농축시설 현지지도

자료: ≪로동신문≫(2024.9.13)

(박용한·이상규, 2023 참조).

　한국군 당국 일각에서도 현재 북한의 핵무기 보유량이 220기 이상 될 것이라고 평가하고 있다고 2023년 10월 31일 자 ≪동아일보≫는 보도했다. 이 보도에 따르면, 한국군 일각에선 북한이 핵무기 주원료인 고농축우라늄 생산을 위한 원심분리기를 가동하는 속도 및 원심분리기 총개수, 고순도 플루토늄을 얻기 위한 영변 핵시설 가동 주기 등을 놓고 봤을 때, 산술적으로 계산하면 북한 내에 이미 핵무기가 220기 이상 될 것으로 추정하고 있다는 것이다(≪동아일보≫, 2023.10.31). 이 같은 추정은 현재 북한이 최소 180개 이상의 핵무기를 보유하고 있을 것으로 평가하는 랜드연구소와 아산정책연구원의 보고서 내용과 대체로 일치한다.

　랜드연구소와 아산정책연구원은 북한이 핵무기 생산 속도를 늘리지 않더라도 2030년에 300개의 생산 문턱에 도달할 것으로 예상했다. 그리고 만약 김정은이 2025년부터 핵무기 생산을 두 배로 늘릴 수 있다면, 2028년까지 300개의 핵무기 생산을 달성할 것으로 전망했다(베넷·최강 외, 2023: 18). 그런데 김정은은 2022년 12월 말에 개최된 당중앙위원회 전원회의에서 핵탄두 보유량을 '기하급수적으로' 늘리겠다는 입장을 공개적으로 천명했다. 그러므로 북한이 2030년을 전후해 약 300개 정도의 핵무기를 보유하게 될 가능성을 배제할 수 없게 되었다.

북한이 한국이나 미국과의 핵전쟁을 전혀 고려하지 않고 있고, 단지 생존용이나 협상용으로 핵무기를 보유하려 한다면 50~60개의 핵무기 보유만으로도 충분할 것이다. 그러나 북한이 생존이나 협상에 필요한 수준을 훨씬 넘어서서 핵전력을 강화하고 있어서 한·미는 북한이 한반도와 동북아에서 현상을 타파하고, 미국의 핵우산을 약화시키면서 그들의 요구를 강압하는 것을 목표로 하고 있다고 평가해야 할 것이다. 이와 관련 랜드연구소와 아산정책연구원이 2023년 8월에 작성한 보고서 「한국에 대한 핵보장 강화 방안」은 "북한은 이미 한국에 실존적 위협이 될 수 있는 핵전력을 갖추었으며, 미국에도 심각한 위협을 가하기 직전이다. 북한은 자국의 핵무기로 미국을 위협해 한미동맹을 해체하고 남침을 하지 않고도 한국을 장악하게 되기를 바란다"라고 평가하고 있다(베넷·최강 외, 2023: ix).

참고문헌

강영두. 2018. 4. 22. "빅터 차 "北, 비핵화 선언 아닌 핵무기 보유국 선언"". ≪연합뉴스≫.
강태화. 2023. 3. 28. "작아서 어디든 얹어 쏜다…北 전술핵탄두 '화산31형' 첫 공개". ≪중앙일보≫.
≪동아일보≫. 2023. 10. 31.
≪로동신문≫. 2013. 1. 24; 2013. 1. 25; 2013. 1. 27; 2013. 2. 3; 2013. 2. 13; 2013. 3. 31; 2013. 4. 1; 2013. 4. 2; 2013. 4. 3; 2013. 4. 26; 2015. 12. 10; 2016. 1. 7a; 2016. 1. 7b; 2016. 1. 7c; 2016. 3. 9; 2016. 3. 15; 2016. 9. 3; 2017. 9. 3; 2017. 9. 4; 2017. 11. 29; 2018. 4. 21; 2020. 1. 1; 2021. 1. 9; 2022. 9. 9; 2023. 1. 1; 2023. 3. 28; 2023. 9. 28.
_____. 2013. 4. 2. "경애하는 김정은동지께서 조선로동당 중앙위원회 2013년 3월전원회의에서 하신 보고".
_____. 2023. 9. 28a. "조선민주주의인민공화국 최고인민회의 제14기 제9차회의 진행".
_____. 2023. 9. 28b. "경애하는 김정은동지께서 조선민주주의인민공화국 최고인민회의 제

14기 제9차회의에서 뜻깊은 연설을 하시였다".

박용한·이상규. 2023. 「북한의 핵탄두 수량 추계와 전망」. ≪동북아안보정세분석≫. 한국
　국방연구원(2023. 1. 11)

베넷, 브루스 W.·최강 외. 2021. 「북핵 위협, 어떻게 대응할 것인가」. 랜드연구소·아산정책
　연구원.

_____. 2023. 「한국에 대한 핵보장 강화 방안」. 랜드연구소·아산정책연구원.

≪연합뉴스≫. 2016. 9. 9; 2016. 9. 10; 2021. 5. 2.

윤상호. 2013. 2. 13. "[北 3차 핵실험]北 우라늄탄 터뜨렸다면 핵무장 완료단계". ≪동아일보≫.

이상민. 2023. 3. 29. "미 전문가들 "북, 전술핵탄두 성능확인용 핵실험할 것"". ≪자유아시아
　방송≫.

정성장. 2013a. 「北 3차 핵실험 이끈 금요협의회의 정체: 군부·공안·정보기관 핵심실세 포진
　한 북한판 NSC」. ≪월간중앙≫, 2013년 3월호.

_____. 2013b. 「김정은 체제의 경제건설과 핵무력건설 병진 노선 평가」. ≪정세와 정책≫,
　2013년 5월호.

_____. 2016a. 「북한의 제4차 핵실험 평가와 대응」. ≪정세와 정책≫, 2016년 3월호.

_____. 2016b. 「북한의 핵능력 고도화와 한국의 핵무장·남북대화 문제」. ≪세종정책브리핑≫,
　2016-24(2016. 9. 13).

_____. 2017. 「북한의 제6차 핵실험 평가와 한국의 대응」. ≪세종논평≫, No. 2017-33 (2017.
　9. 5).

_____. 2022. 「북한의 핵지휘통제체계와 핵무기 사용 조건의 변화 평가: 9.8 핵무력정책 법
　령을 중심으로」. ≪세종논평≫, No. 2022-06(2022. 9. 14)

조호진. 2013. 2. 12. "전문가 "우라늄 핵폭탄이라면 상당 성과"". ≪조선일보≫.

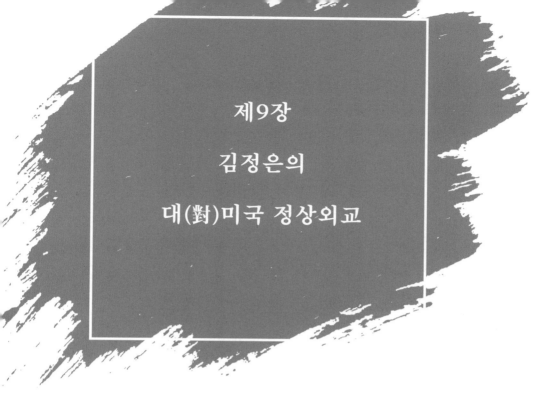

제9장
김정은의
대(對)미국 정상외교

2016년 도널드 트럼프의 미국 대통령 당선 이전까지만 해도 북한의 대미 강경 및 적대 정책에는 변화가 거의 없었다. 그러나 트럼프의 대통령 취임 이후 김정은의 대미정책은 초강경에서 초유화 정책으로 이행했다가 다시 절제된 강경 정책으로, 그리고 초강경 정책으로 바뀌는 등 여러 차례 변화하였다. 따라서 이 장에서는 2016년 트럼프의 대선 캠페인 시기부터 김정은의 대미정책을 중점적으로 고찰하고자 한다.

1. 2018년 북미정상회담 추진 이전의 대미정책

도널드 트럼프 미국 대통령은 대선후보 시절부터 김정은 위원장과의 정상회담 개최에 대해 긍정적인 입장을 피력했다. 트럼프는 2016년 5~6월 인터뷰와 유세를 통해 "김정은과 대화할 용의가 있다. 그와 대화하는 데 아무런 문제가 없다", "북한과 절대 대화하지 않을 것이라고 말하는 것은 어리석은 일"이라고 지적했다(이상현, 2016. 11. 9). 특히 2016년 6월 애틀랜타 유세에서는 "김정은이 미국에 온다면 만나겠다. 회의 탁자에 앉아 햄버거를 먹으면서 더 나은 핵 협상을 할 거다"라고 말했다(노효동, 2016. 6. 16). 그러나 트럼프의 대통령 당선 이후 약 1년간은 북한이 중장거리 미사일 시험발사와 핵실험을 계속했기 때문에 북미 관계는 악화일로를 걸었다.

김정은은 트럼프의 대통령 취임 직전인 2017년 1월 1일 신년사를 통해 "대륙간탄도로케트[ICBM] 시험발사 준비사업이 마감 단계"에 이르렀다고 주장하면서 ICBM의 시험발사를 예고했다. 또한 김정은은 신년사에서 "미국과 그 추종세력들의 핵위협과 공갈이 계속되는 한" 그리고 "우리의 문전 앞에서 연례적이라는 감투를 쓴 전쟁연습소동을 걷어치우지 않는 한 핵무력을 중추로 하는 자위적 국방력과 선제공격능력을 계속 강화해나갈 것"이라고 선언했다.

이에 대해 트럼프는 2017년 1월 2일 자신의 트위터에 "북한이 미국 일부 지역에 닿을 수 있는 핵무기 개발의 최종 단계에 이르렀다는 주장을 했다. 그런 일은 없을 것!"이라고 말했다. 그리고 나서 1시간 후 다시 트위터에 "중국은 전적으로 일방적인 미국과의 무역으로 엄청난 돈과 부를 빼가고 있다. 그러나 (중국이) 북한을 돕지는 않을 것이다. 좋은 일!"이라고 비꼬았다(김남권, 2016. 6. 16).

북한은 2017년 1월 8일 다시 외무성 대변인 명의로 자국의 대륙간탄도미사일 개발은 "미국의 날로 악랄해지는 핵전쟁 위협에 대처한 자위적 국방력 강화의 일환"이라고 주장하면서 ICBM이 북한 최고수뇌부가 결심하는 "임의의 시각, 임의의 장소"에서 발사될 것이라고 재확인했다. 이에 '미친개(Mad Dog)'라는 별명을 가진 제임스 매티스 국방장관 내정자는 1월 12일 상원 군사위원회 청문회에서 북한의 핵미사일을 저지하기 위한 미국의 대북 군사력 사용, 즉 대북 선제타격 옵션을 배제할 것이냐는 질문에 "어떤 것도 (논의의) 테이블에서 배제해서는 안 된다"라고 말했다. 트럼프도 2000년 개혁당 후보로 대선에 출마했을 당시 펴낸 저서 『우리에게 걸맞은 미국(The America We Deserve)』에서 북한 핵 원자로 시설에 대한 정밀타격(surgical strike) 필요성을 제기한 바 있었다(≪연합뉴스≫, 2017.1.18).

백악관은 2017년 1월 20일 트럼프 대통령 취임식 직후 홈페이지에 올린 6대 국정기조 중 '미군의 재건' 항목에서 새로운 미사일 방어(MD) 시스템 개발 계획을 공개하며 북한을 거론했다. 백악관은 "우리는 북한이나 이란과 같은 국가들의 미사일 공격에 대응할 첨단 미사일방어 시스템을 개발할 계획"이라며 "트럼프 대통령은 국방 시퀘스터(자동예산삭감 조치)를 끝내고 군대를 재건할 계획이 담긴 새 예산안을 의회에 제출할 것"이라고 밝혔다. 트럼프 정부가 출범 첫날 북한과 이란에 대한 대응책을 언급한 것은 두 나라의 위협을 그만큼 심각하게 인식하고 있다는 방증이었다. 백악관은 "우리는 군 지도부에 우리 국방을 계획할 수 있는 수단을 제공할 것"이라며 버락 오바마 정부보다 국방에 더 많은 예산을 투입할 것임을 시사했다(≪세계일보≫, 2017.1.23).

트럼프 행정부의 새 대북정책은 2017년 5월에 구체화되었다. 틸러슨 미 국무장관은 5월 3일 국무부 직원을 상대로 한 강연에서 북한이 비핵화에 나설 경우 ▲정권 교체, ▲정권 붕괴, ▲한반도 통일 가속화, ▲38선 이북으로의 진격을 하지 않는다는 입장을 공개했다(강영두, 2017.5.26). 그리고 트럼프 대통령은 5월 중순경에 ▲북한을 핵 보유국으로 인정하지 않고, ▲모든 대북 제재와 압박을 가하고, ▲북한의 정권 교체를 추진하지 않고, ▲최종적으로는 대화로 문제를 해결한다는 4대 기조를 담은 대북 정책안에 서명했다(이승우, 2017.5.6). 북한과의 대화와 관련, 니키 헤일리 유엔 주재 미국대사는 5월 16일 "북한의 핵 개발(nuclear process)과, 관련 실험의 전면 중단(total stop)이 이뤄진다면 대화에 나설 용의가 있다"라고 밝혔다. 이는 진정성이 담긴 완전한 핵폐기(비핵화) 의사를 북한이 분명히 밝혀야 대화할 수 있다는 미국 행정부의 기존 입장과 비교하면, 대화 쪽에 더욱 여지를 둔 발언으로 받아들여졌다(이준서, 2017. 5. 17).

그런데 2017년 7월 북한의 두 차례 대륙간탄도미사일(ICBM) 시험발사 후 8월 5일 유엔 안전보장이사회는 북한의 주력 수출품인 광물, 수산물의 수출을 전면 금지하는 것 등을 주요 내용으로 하는 대북 제재 결의 2371호를 채택했다. 이에 북한은 8월 7일 「공화국 정부성명」을 발표해 미국이 북한의 자주권과 생존권, 발전권을 말살하는 유엔안보리 제재 결의를 조작해 낸 이상 '단호한 정의의 행동'에로 넘어갈 것이라고 선언했다(≪로동신문≫, 2017. 8. 8). 이후 북한은 각 지역별, 주요 기관별로 '정부성명'을 지지하는 군중집회를 개최하면서 '반제·반미 대결전'을 강조했다.

8월 8일 북한은 인민군 총참모부 대변인 성명과 인민군 전략군 대변인 성명을 동시에 발표했다. 북한은 먼저 인민군 총참모부 대변인 성명을 통해 맥매스터 미 백악관 국가안보보좌관이 "북한이 미국을 위협할 수 있는 핵무기들을 보유한다면 대통령의 시각에서는 참을 수 없는 일이다. 그러므로 북한의 핵공격능력을 제거하기 위한 새로운 예방전쟁을 포함한 모든 군사적 선택안을 준비하고 있다"라고 발언한 사실을 비난했다. 그리고 미 국방장관과 합동참모본부 의장, 합동특수전사령관 등이 언급한 '참수작전', '대북선제타격', '비밀작전', '내부교란작전', '특수작전'에 대해 북한식의 선제적인 보복작전, 정의의 전면전쟁, 북한식의 보다 앞선 선제타격, 전민항전 등으로 대응할 것이라고 위협했다(≪로동신문≫, 2017. 8. 9a).

또한 전략군 대변인 성명을 통해서는 미국이 8월 2일 평양까지 도달 가능한 ICBM '미니트맨3'를 시험발사한 것과 '죽음의 백조'로 불리는 미 B-1B 전략폭격기가 한반도 상공에 출격한 것을 강하게 비난했다. 그리고 북한의 핵무기와 대륙간탄도미사일 등 전략무기를 운용하는 전략군이 미국의 핵전략 폭격기들이 배치되어 있는 앤더슨공군기지를 포함한 괌도의 주요 군사기지들을 제압·견제하고 미국에 엄중한 경고 신호를 보내기 위해 중장거리전략탄도로케트 '화성-12'형으로 괌도 주변에 대한 포위사격을 단행하기 위한 작전방안을 심중히 검토하고 있다고 밝혔다. 이어서 괌도 포위사격 방안이 작성되어 곧 최고사령부에 보고되어 김정은이 결단을 내리면 "임의의 시각에 동시다발적으로, 연발적으로 실행될 것"이라고 미국을 위협했다(≪로동신문≫, 2017. 8.9b).

이 같은 북한의 위협에 대해 트럼프 대통령은 8월 8일 "북한이 더는 미국을 위협하지 않는 게 최선일 것"이라며 "그렇지 않으면 지금껏 전 세계가 보지 못한 '화염과 분노(fire and fury)', 솔직히 말해 힘에 직면하게 될 것"이라고 경고했다(신지홍·강영두, 2017.8.9). 그러자 북한은 이에 반발해 다시 9일 김락겸 전략군 사령관 명의의 발표를 통해 "우리가 발사하는 '화성-12'는 사거리 3천 356.7km를 1천 65초간 비행한 후 괌도 주변 30~40km 해상 수역에 탄착될 것"이라고 위협했다. 그리고 전략군은 8월 중순까지 괌도 포위사격 방안을 최종 완성해 김정은에게 보고하고 발사대기 태세에서 명령을 기다릴 것이라고 선언했다(≪로동신문≫, 2017.8.10).

북한이 이처럼 '괌도 포위사격'이라는 매우 공격적이고 도발적인 카드를 꺼내든 의도로는 다음과 같은 두 가지를 생각할 수 있다. 첫째, 북한이 미국에서의 '예방전쟁'과 '선제타격' 등의 논의에 두려움을 느껴 북한도 미국에 타격을 줄 수 있는 능력을 보유하고 있다는 것을 과시하려 했던 것으로 보인다. 북한이 '괌도 포위사격 방안' 검토 계획을 발표한 후 미국에서 대북 군사적 옵션에 대해 신중론이 확산되었기 때문에 결과적으로 북한은 의도했던 성과를 거두었다. 둘째, 북한은 '괌도 포위사격 방안' 검토 입장으로 한반도에서 전쟁 발발 시 괌의 미국 전략자산들이 한반도에 전개되는 것을 막겠다는 의도를 분명하게 드러냈다.

북한 전략군 대변인 성명 발표로 촉발된 군사적 긴장은 8월 14일 김정은이 괌도 포위사격 방안에 대한 김락겸 사령관의 보고를 청취하고 "미국놈들의 행태를 좀 더 지켜볼 것"이라는 입장을 보이면서 일단 진정 국면에 들어가게 되었다. 그런데 북한이 '괌도 포위사격 방안'을 수립해 김정은에게 보고했다고 발표했지만 이 같은 방안을 실행에 옮길 가능성은 매우 낮은 것이었다. 그 것은 첫째로 북한 미사일의 정확성이 높지 않기 때문이다. 만약 북한 미사일이 괌도에 떨어진다면 이는 북한이 의도하지 않았던 전쟁이나 미국의 '참수작전'으로 이어질 수 있다. 그러므로 북한이 미국과 전면전을 벌일 준비가 되어 있지 않은 상태에서 괌에 대한 포위사격을 강행하기는 어려운 것이다. 둘째로 만약 북한이 발사한 미사일이 모두 미국에 의해 요격된다면 북한 미사일이 미국에게 실제적으로 위협이 되지 못한다는 것과 미국의 미사일 방어 시스템의 우수성을 입증해 주게 될 것이기 때문이다. 물론 반대로 북한이 발사한 미사일을 미국이 하나라도 요격하지 못한다면 북한의 미사일 위협에 대한 미국의 방어능력에 대한 불신이 커지면서 미국의 위신이 타격을 입을 것이다(정성장, 2017 참조).

북미 간의 긴장은 다시 9월 19일 트럼프 대통령이 유엔총회 기조연설을 통해 "미국은 엄청난 힘과 인내가 있지만, 미국과 동맹을 방어해야만 한다면 우리는 북한을 완전히 파괴하는 것 외에 다른 선택이 없을 것"이라고 경고하면서 다시 최고조로 올라갔다. 트럼프는 또한 "북한의 타락한 정권보다 자국민의 안녕에 대해 더 많은 경멸을 보여준 이들은 없다"면서 "북한 정권은 자국민 수백만 명의 아사와 감금, 고문, 살해와 탄압에 책임이 있다"라고 김정은 정권을 '인권 침해국'으로 강력하게 비난했다(신지홍, 2017.9.20).

이에 김정은은 9월 22일 '국무위원회 위원장 성명'을 발표해 트럼프 대통령이 유엔총회에서 자신과 북한의 국가 존재 자체를 부정하고 북한을 없애겠다고 '역대 가장 포악한 선전포고'를 했다고 주장하면서 북한도 "그에 상응한 사상 최고의 초강경 대응조치 단행을 심중히 고려할 것"이라고 밝혔다. 그리고 "우리 국가와 인민의 존엄과 명예 그리고 나 자신의 모든 것을 걸고 우리 공화국의 절멸(絶滅)을 줴친[1] 미국 통수권자의 망발에 대한 대가를 반드시 받아낼 것"이라고 위협했다. 김정은은 트럼프 대통령에 대해 '불망나니',[2] '깡패', '늙다리[3] 미치광이' 같은 모욕적인 언사까지 사용했다(≪로동신문≫, 2017.9.22).

그동안 북한은 '국방위원회 성명'이나 '정부성명', '외무성 성명', '외무성 대변인 성명' 등과 같은 형태로 자신의 입장을 대외적으로 밝혀왔다. 그런데 북한이 이때 직접 김정은 명의로 성명을 발표한 것은 트럼프 대통령의 유엔총회 발언에 대한 북한의 강한 반발 수위를 보여주는 것이었다.

트럼프 대통령은 11월 8일 대한민국 국회 연설을 통해 다시 북한을 '감옥국가', '종교 집단처럼 통치하는 국가', '그 누구도 가서는 안 되는 지옥' 등으로 묘사하며 매우 신랄하게 비판했다. 과거에도 미국 대통령이 북한 정권을 비판한 적이 있기는 하지만 이처럼 장시간 직접적으로 비판한 적은 전례를 찾아보기 어려운 것이었다. 트럼프 대통령은 또한 국회에서 "책임 있는 국가들이 힘을 합쳐 북한의 잔혹한 체제를 불식해야 한다"라고 지적함으로써 북한 정권의 종식을 강조했다. 그리고 "중국, 러시아 등 모든 국가가 유엔 안보리 결의안을 완전히 이행하고, 북한과의 외교관계를 격하하며, 모든 무역을 단절해야 한다"라고 역설함으로써 '대북 봉쇄정책'의 추진을 정당화했다(김승욱, 2017.11.8).

---

1 '줴치다'는 북한말로 "이런 저런 소리를 마구 하다"라는 의미이다(사회과학출판사, 2017: 766, 776).
2 "지독하게 못된 망나니"를 의미한다(사회과학출판사, 2017: 890).
3 '늙은이'를 낮잡아 이르는 말이다(사회과학출판사, 2017: 1,162).

2. 김정은의 비핵화 협상 추진 배경과 2018년 싱가포르 북미 정상회담

앞서 살펴보았듯이 트럼프 집권 이후 1년 동안 북미 관계는 거의 전쟁 발발 일보 직전까지 다가간 분위기였다. 하지만 2018년에 김정은이 평창동계올림픽 참가 결정을 내리면서 갑작스럽게 대화 국면으로 이행하게 되었다.

김정은은 2017년 11월 제3차 ICBM의 시험발사 성공 직후 '국가핵무력 완성'을 선언했다. 그리고 2018년 신년사에서 과거 그 어느 때보다 대미 핵 억제력에 대한 자신감을 드러냈다. 김정은은 "미국은 결코 나와 우리 국가를 상대로 전쟁을 걸어오지 못합니다"라고 주장하면서 "핵단추가 내 사무실 책상 위에 항상 놓여 있다는 것, 이는 결코 위협이 아닌 현실임을 똑바로 알아야 합니다"라고 미국에 대해 경고했다(≪로동신문≫, 2018.1.1).

그러나 이처럼 대미 초강경 입장을 보였던 김정은은 북한의 평창동계올림픽 참가 결정을 계기로 트럼프 대통령이 그와의 정상회담 추진 의사를 보이자 기존의 비핵화 협상 거부 입장에서 돌아서서 미국과의 비핵화 협상에 적극적인 태도를 보였다.

정의용 청와대 국가안보실장을 수석특사로 하는 특별사절단은 2018년 3월 5일부터 6일까지 1박 2일간 평양을 방문해 김정은 위원장을 만나 북핵 문제 및 남북 관계 발전과 관련해 중요한 합의에 도달했다. 청와대가 발표한 주요 남북 합의 내용은 4월 말 판문점 평화의집에서 제3차 남북정상회담 개최, 남북 정상 간 핫라인(Hot Line) 설치, 북한의 한반도 비핵화 의지 천명, 북한의 미국과의 대화 용의 표명, 북한의 핵실험과 탄도미사일 시험발사 중단, 남한 태권도시범단과 예술단의 평양 방문 초청 등이었다(노효동 외, 2018.3.6).

한국의 특별사절단이 북한과 합의한 여섯 가지 합의 중 세 가지는 북한의 핵 및 미사일 문제와 관련된 것이었다. 2017년까지만 해도 북한은 핵과 미사일 문제를 결코 협상 테이블에 올려놓지 않겠다는 비타협적인 입장을 보였고, 북한 핵 문제는 기본적으로 북미 간의 문제이기 때문에 특히 한국과는 절대로 논의하지 않겠다는 강경한 태도를 보였다. 그랬던 북한이 비핵화 및 탄도미사일 문제에 대해 한국의 특별사절단과 진지하게 협의해 합의까지 본 것은 북한의 대남·대외 전략에 중요한 변화가 발생하고 있음을 시사하는 것이었다.

대북 특별사절단의 남북 합의 중 미국 입장에서 가장 중요한 것은 "대화가 지속되는 동안 북측이 추가 핵실험 및 탄도미사일 시험발사 등 전략도발을 재개하는 일은 없을 것"임을 명확히 한 것이었다. 만약 북한이 대륙간탄도미사일 추가 시험발사를 통해 보다 확실한 ICBM 능력을 확보하게 되면 미 본토는 북한의 실질적인 핵위협에 직면하게 될 것이기 때문이었다. 두 번째로 중요한 합의는 북한이 한반도 '비핵화' 의지를 분명히 하였으며, '북한에 대한 군사적 위협'이 해소되고 북한의 체제 안전이 보장된다면 핵을 보유할 이유가 없다고 밝힌 점이다. 세 번째로 중요한 합의는 북한이 "비핵화 문제 협의 및 북미 관계 정상화를 위해 미국과 허심탄회한 대화를 할 수 있다는 용의를 표명"한 것이다(정성장, 2018. 3. 7 참조).

이후 정의용 청와대 국가안보실장은 3월 8일 백악관을 방문해 트럼프 대통령에게 그를 조기에 만나고 싶다는 김정은 국무위원회 위원장의 의사를 전달했다. 이에 트럼프 대통령은 항구적인 비핵화 달성을 위해 김 위원장과 5월 안에 만날 것이라고 화답했다.

2018년 초까지만 해도 '핵 단추'를 가지고 쌍방을 위협했던 북한과 미국이 이처럼 전격적으로 정상회담 개최에 합의하게 된 데에는 문재인 대통령의 적극적이고 지속적인 대북 및 대미 설득과 중재 노력, 트럼프 행정부의 '최대의 압박과 관여 정책'으로 인한 북한의 국제적 고립 심화, 중국의 적극적 대북 제재 협조, 국제사회의 초고강도 제재로 인한 경제 파탄을 피하기 위한 김정은의 결단 등 여러 요인들이 복합적으로 작용했다.

김정은이 2018년 신년사를 통해 평창동계올림픽 참가 의사를 밝혔을 때만 해도 북한은 남북 관계 개선에만 관심을 보였고, 미국에 대해서는 핵 단추가 자신의 책상 위에 놓여 있다고 밝히면서 초강경 입장을 보였다. 그랬던 김 위원장이 갑자기 트럼프 대통령에게 북미정상회담 개최를 제안한 데에는 김정은의 여동생 김여정 특사의 방남을 통해 남북 간에 형성된 정치적 신뢰와 문 대통령의 적극적인 대북 설득이 매우 중요하게 작용한 것으로 판단된다.

문재인 대통령이 김정은 위원장에게 단순한 '탐색적 대화'를 넘어서는 북미 정상회담 개최를 제안하면서 그것을 적극적으로 주선했다면 이는 김 위원장에게 결코 뿌리치기 어려운 유혹이었을 것이다. 2000년 6월 남북정상회담을 개최한 후 김대중 대통령의 지원을 바탕으로 당시 김정일 총비서는 클린턴 대통령과의 정상회담을 추진했으나 동년 말 공화당의 부시 후보가 대통령에 당선되면서 북미정상회담은 성사되지 못했다. 그런데 문재인 대통령의 지원으로 김정은 위원장이 트럼프 대통령과 정상회담을 개최하게 된다면 그의 부친도 이루지 못한 외교적 성과를 거두는 것이 된다(정성장, 2018. 3. 9 참조).

트럼프 대통령은 2018년 3월 28일 오전 트위터를 통해 "지난밤에 중국의 시진핑으로부터 그와 김정은의 만남이 매우 잘됐고 김(김정은)이 나와의 만남을 고대하고 있다는 메시지를 전달받았다"라고 밝혔다. 그러나 트럼프 대통령은 북미정상회담 이전까지 "유감스럽게도 최대한의 (대북) 제재와 압박은 어떤 비용을 치르더라도 유지될 것"이라고 했다. 그는 또한 "지난 수년간, 그리고 많은 정부를 거치는 동안 한반도의 평화와 비핵화는 아주 조그만 가능성조차 없다고 모든 이가 말했다"라고 전제한 뒤 "그러나 이제 김정은이 자기 인민과 인류를 위해 바른 일을 할 가능성이 크다"라면서 "우리의 만남을 기대한다"라고 강조했다(고형규, 2018. 3. 28).

트럼프 대통령은 폼페이오 국무장관을 3월 31일부터 4월 1일까지 방북하도록 하여 김정은 위원장을 직접 만나 비핵화 방법론에 대해 논의하게 했다. 그리고 5월 9일에도 다시 폼페이오를 평양에 보내 김정은의 비핵화 협상 의지를 확인했다. 폼페이오 당시 국무장관 내정자는 4월 29일 ABC 방송 인터뷰에서 "김정은은 지속적인 압박작전으로 지금과 같은 상황에 계속 처할지 아니면 그 이전에는 일어나지 않았던 뭔가 크고 대담한 다른 것을 찾을지에 대해 중대 결단을 해야 할 것"이라고 지적했다.

폼페이오 국무장관은 자신이 극비리에 방북해 김정은 위원장을 만난 이유에 대해 "누군가를 얼굴을 맞대고 만나면 그들이 진짜로 역사적이고 과거와는 다른 무언가를 할 준비가 있는지를 더 잘 읽게 된다"라며 "과거 대북 협상의 긴 역사에서 여러 차례 그들의 약속이 거짓이나 가치가 없는 것으로 드러난 만큼, 나의 목적은 (비핵화) 성취에 대한 기회가 있는지를 타진하며 알아보려는 것"이었다고 밝혔다. 그리고 그는 '완전하고 검증 가능하며 불가역적인 비핵화'의 방법론에 대해 김정은 위원장과 깊이 있게 논의했으며, 완전한 비핵화를 위한 '진짜 기회'가 있다고 생각한다고 말했다(송수경, 2018. 4. 30).

트럼프 대통령은 4월 28일 미시간주 워싱턴에서 열린 유세 집회에서 "내 생각에는 북한과의 회동이 오는 3~4주 내에 열릴 것으로 생각한다"라고 밝혀 5월 말 또는 6월 초에 열릴 것으로 예상되었던 북미정상회담 개최 일시를 5월 중으로 특정했다(권혜진, 2018. 4. 29). 그리고 5월 10일 트위터를 통해 "매우 기대되는 김정은(국무위원장)과 나의 회담이 싱가포르에서 6월 12일 개최될 것"이라고 첫 북미정상회담 개최 날짜와 장소를 공개했다. 트럼프 대통령은 이어 "우리 양측 모두는 회담을 세계평화를 위한 매우 특별한 순간으로 만들 것"이라고 약속했다(이승우, 2018. 5. 11).

그런데 북한은 5월 15일 남북고위급회담 개최를 제안하고서 15시간도 지나지 않아 한미 공군의 연합공중훈련인 맥스 선더(Max Thunder) 훈련을 비난하며 16일로 예정되었던 남북고위급회담을 일방적으로 취소했다. 당시 북한은 김계관 외무성 제1부상 명의의 담화를 발표해 "트럼프 행정부가 … 우리를 구석으로 몰고 가 일방적인 핵포기만을 강요하려든다면 우리는 그러한 대화에 더는 흥미를 가지지 않을 것이며 다가오는 조미수뇌회담에 응하겠는가를 재고려할 수밖에 없을 것"이라는 매우 강경한 입장을 보였다(정성장, 2018.5. 25 참조).

이에 트럼프 대통령은 5월 24일 김정은 국무위원장에게 보내는 공개서한의 형태로 6·12 싱가포르 미북정상회담 취소 방침을 전격적으로 밝혔다. 트럼프 대통령은 공개서한에서 먼저 "6월 12일 싱가포르에서 열리기로 예정돼 있던 회담에 관련하여 당신이 시간과 인내, 노력을 보여준 데 대해 대단히 감사하게 생각한다"라고 밝혔다. 그리고 "당신들의 가장 최근 발언에 나타난 엄청난 분노와 공개적 적대감에 기반하여, 지금 시점에서 오랫동안 계획돼 온 이 회담을 하는 것은 부적절하다고 느낀다"라고 지적하면서 싱가포르 정상회담 취소 방침을 전달했다. 그러나 트럼프 대통령은 "이 가장 중요한 회담과 관련해 마음을 바꾸게 된다면 부디 주저 말고 내게 전화하거나 편지해 달라"라고 밝혀 김정은 위원장의 적극적인 대미 대화 의지가 확인된다면 미북정상회담을 재추진할 의사가 있다는 점도 분명히 밝혔다(송수경, 2018.5.25).

그러자 북한은 이례적으로 매우 신속하게 25일 오전 김계관 외무성 제1부상 명의의 담화를 발표해 김정은 위원장의 북미정상회담 계속 추진 의사를 전달했다. 북한은 김계관 제1부상이 '위임에 따라' 담화를 발표했다고 언급했는데, 이는 김정은 위원장의 지시에 따라 김계관 제1부상이 담화를 발표한 것임을 의미한다.

김계관 제1부상은 담화에서 트럼프 대통령의 북미정상회담 취소 결정에 대해 유감을 표명하면서도 한반도 비핵화와 관련한 '트럼프 방식'에 대해 북한이 은근히 기대하고 있었다고 밝혔다. 그리고 "만나서 첫술에 배가 부를 리는 없겠지만 한가지씩이라도 단계별로 해결해나간다면 지금보다 관계가 좋아지면 좋아졌지 더 나빠지기야 하겠는가"라고 지적하면서 북미정상회담을 통한 신뢰 구축의 필요성을 강조했다. 김 제1부상은 마지막으로 "우리는 아무 때나 어떤 방식으로든 마주 앉아 문제를 풀어나갈 용의가 있음을 미국측에 다시금 밝힌다"라고 강조함으로써 북미정상회담 계속 추진 의사를 분명하게 천명했다(≪조선중앙통신≫, 2018. 5. 25). 북한이 풍계리 핵실험장을 폐기한 날에 트럼프 대통령이 미북정상회담 취소 결정을 발표한 것에 대해 북한이 격렬하게 반발할 것이라는 우려도 있었지만, 김 위원장은 이 같은 예상을 깨고 김계관 제1부상을 통해 정상회담 계속 추진 의사를 밝힌 것이다.

또한 김정은은 25일 오후 문재인 대통령에게 정상회담을 제안하고 26일 문 대통령을 판문점에서 만났다. 그리고 김정은은 문 대통령에게 다시 한번 '한반도의 완전한 비핵화 의지'를 분명히 하고, 북미정상회담의 성공을 통해 전쟁과 대립의 역사를 청산하고 평화와 번영을 위해 협력하겠다는 의사를 피력했다. 그런데 김 위원장은 문 대통령에게 핵 포기 시 미국의 체제 안전 보장을 신뢰할 수 있는지 우려를 표명했고, 문 대통령은 김 위원장이 완전한 비핵화를 결단하고 실천할 경우 트럼프 대통령이 북한과의 적대 관계 종식과 경제협력에 대한 확고한 의지가 있다는 점을 전달했다(≪브레이크뉴스≫, 2021. 2. 24 참조).

한편 6월 12일 북미정상회담을 몇 시간 앞두고 트럼프 대통령은 트위터에 올린 글을 통해 "내가 회담을 한다는 사실이 미국에는 중대한 손실이라고 (나를) 싫어하는 사람들과 패자들이 말한다"라며 "인질들이 돌아왔고 (핵·미사일) 실험과 연구, 그리고 모든 미사일 발사가 중단됐는데 말이다"라고 회담에 대한 일각의 비관적 전망에 대해 반박했다. 그리고 그는 "나더러 처음부터 잘못됐다고 하는 이들 전문가라는 사람들은 이런 것 말고는 할 수 있는 말이 없다"라며 "우리는 잘 될 것이다!"라고 말했다(송수경, 2018. 6. 12).

이처럼 우여곡절을 겪으면서 어렵게 성사된 6월 12일 싱가포르에서의 첫

사진 9-1 **싱가포르 북미정상회담**

자료: ≪로동신문≫(2018.6.13).

북미정상회담에서 트럼프 대통령과 김정은 국무위원장은 새로운 북미 관계 수립, 항구적이고 공고한 한반도 평화체제 구축, 한반도의 완전한 비핵화, 미군 전쟁포로 및 행방불명자들의 유해 발굴 및 송환에 합의했다(≪로동신문≫, 2018.6.13).

김정은 위원장은 북미정상회담 모두 발언을 통해 "여기까지 오는 길이 그리 쉬운 길이 아니었다"라며 "우리한테는 우리 발목을 잡는 과거가 있고, 또 그릇된 편견과 관행들이 우리의 눈과 귀를 가리고 있었는데, 우리는 모든 것을 이겨내고 이 자리까지 왔다"라고 밝혔다. 이 발언은 북미 대립의 책임을 미국에만 떠넘기지 않고 양국 모두에 잘못이 있었음을 사실상 인정하는 일종의 '자아비판' 성격도 있는 것으로 해석되었다. 김 위원장의 이 같은 모두 발언은 6월 13일 자 ≪로동신문≫에도 그대로 소개되었다(≪로동신문≫, 2018. 6.13). 이는 북미정상회담에 대해 북한 내부에서도 많은 회의적 의견들이 있

그림 8-2　**제1차 북미정상회담의 진행 과정과 회담 참석자**

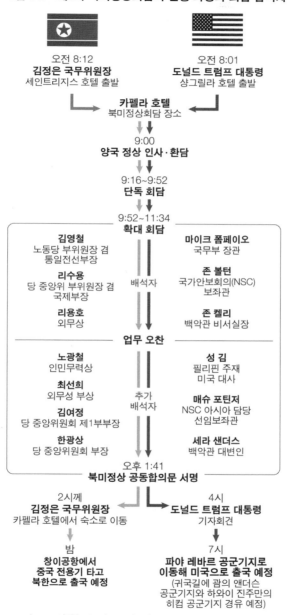

오전 8:12	오전 8:01
김정은 국무위원장	**도널드 트럼프 대통령**
세인트리지스 호텔 출발	샹그릴라 호텔 출발

카펠라 호텔
북미정상회담 장소

9:00
양국 정상 인사 · 환담

9:16~9:52
단독 회담

9:52~11:34
확대 회담

김영철	**마이크 폼페이오**
노동당 부위원장 겸 통일전선부장	국무부 장관
리수용	**존 볼턴**
당 중앙위 부위원장 겸 국제부장	국가안보회의(NSC) 보좌관
리용호	**존 켈리**
외무상	백악관 비서실장

배석자

업무 오찬

노광철	**성 김**
인민무력상	필리핀 주재 미국 대사
최선희	**매슈 포틴저**
외무성 부상	NSC 아시아 담당 선임보좌관
김여정	**세라 샌더스**
당 중앙위원회 제1부장	백악관 대변인
한광상	
당 중앙위원회 부장	

추가 배석자

오후 1:41
북미정상 공동합의문 서명

2시께	4시
김정은 국무위원장	**도널드 트럼프 대통령**
카펠라 호텔에서 숙소로 이동	기자회견

밤	7시
창이공항에서 중국 전용기 타고 북한으로 출국 예정	**파야 레바르 공군기지로 이동해 미국으로 출국 예정** (귀국길에 괌의 앤더슨 공군기지와 하와이 진주만의 히컴 공군기지 경유 예정)

자료: ≪연합뉴스≫(2018. 6. 12)

었지만 김 위원장이 그 같은 의견들을 물리치고 싱가포르에 왔음을 시사하는 것이다.

트럼프 대통령은 정상회담 합의문 서명식에서 김정은 위원장을 백악관으로 "틀림없이 초청할 것"이라며 후속 북미정상회담 개최를 공언했고, "김 위원장과 특별한 유대 관계가 형성됐다"라며 김 위원장에 대해 "그의 나라를 아주 많이 사랑하는 유능한 사람"이라고 치켜세웠다. 이에 김정은 위원장은 "우리는 오늘 역사적인 이 만남에서 지난 과거를 걷고(거두고), 새로운 출발을 알리는 역사적 서명을 하게 됐다"라며 "세상은 아마 중대한 변화를 보게 될 것"이라고 말했다(≪연합뉴스≫, 2018.6.12a).

트럼프 대통령은 6월 12일 정상회담 후 기자회견을 통해 "(북한과의) "향후 협상이 진행되는 동안에는 엄청난 돈을 절약할 수 있는 한미연합훈련을 중단할 것"이라고 밝혔다. 트럼프는 한미연합훈련을 '워게임(war game)'이라고 지칭한 뒤 "우리가 (북한과) 매우 포괄적이고 완전한 합의를 협상하는 상황에서 워게임을 하는 것은 부적절하며 매우 도발적인 상황이기도 하다"라면서 이같이 밝혔다. 다만 트럼프 대통령은 한미연합훈련 중단 시점 등에 대해서는 구체적으로 언급하지 않았다.

하지만 트럼프 대통령은 한미연합훈련에 소요되는 비용에 대해 특히 불편한 심기를 드러냈다. 그는 "우리가 소비하는 돈은 믿을 수 없을 정도다. 괌에서 6시간 30분을 비행해 (한국으로) 가서 폭탄을 떨어뜨리고 되돌아간다. 나는 비행기를 잘 아는데 매우 비싸다. 나는 이런 것을 좋아하지 않는다"라고 지적했다. 그러면서 트럼프 대통령은 한미연합훈련을 중단하면 "첫째, 우리는 돈을 많이 절약하고, 둘째는 그들(북)은 매우 감사하게 생각한다"라고 설명했다. 미국으로서는 비용 절감 효과뿐 아니라 향후 비핵화 협상에 도움이 된다는 논리다(≪연합뉴스≫, 2018.6.12b). 트럼프의 이 발언은 이후 한미가 연합훈련을 재개했을 때 트럼프가 스스로 한 약속을 어겼다고 북한이 비판하는 근거가 되었다.

이처럼 트럼프 대통령이 기자회견을 통해 한미연합훈련 중단 의사를 밝힌 것은 김정은 위원장에게 매우 고무적인 조치로 받아들여졌을 것이다. 북한 ≪로동신문≫ 6월 13일 자는 북미정상회담에서 김정은 위원장과 트럼프 대통령이 "적대와 불신, 증오 속에 살아온 두 나라가 불행한 과거를 덮어두고 서로에게 이익이 되는 훌륭하고 자랑스러운 미래를 향하여 힘차게 나아가며 또 하나의 새로운 시대, 조미협력의 시대가 펼쳐지게 될 것이라는 기대와 확신을 피력했다"라고 보도했다(≪로동신문≫, 2018.6.13).

트럼프 대통령은 또한 기자회견에서 주한미군 문제에 대해서도 철수하고 싶은 마음이지만 지금은 그럴 상황이 아니라고 말했다. 그는 "언젠가는 솔직히 말하고 싶은 게 있다. 대선 운동 기간에도 말했듯이 대부분의 병사를 집으로 데려오고 싶다"라며 "하지만 지금은 그렇지 않다. 언젠가는 그렇게 되길 바라지만 지금은 그렇지 않다"라고 말했다(≪연합뉴스≫, 2018.6.12b).

이어 북한에 대한 체제안전보장의 일환으로 "조만간 실제로 종전선언이 있을 것"이라고 말했다. 이와 함께 트럼프는 '완전한 비핵화'와 관련해 김정은 북한 국무위원장이 "북한 미사일 엔진 실험장 폐쇄를 약속했다"라며 "미국과 국제사회가 포함된 많은 인력을 투입해 북한의 비핵화를 검증할 것"이라고 지적했다. 그리고 대북 제재가 당분간 그대로 유지될 것이라고 강조하고 "북미수교는 가능한 한 빨리하기를 원하나 지금은 시기상조"라고 말했다. 또 "완전한 비핵화에 상당히 오랜 시간이 걸릴 것"이라고 지적함으로써 비핵화에 대해 현실적인 입장을 보이기도 했다.

이와 함께 트럼프 대통령은 "김 위원장과 인권 문제도 짧게 논의했다"라며 김 위원장에게도 해결의 의지가 있다고 평가했다. 그는 "김 위원장과의 회담은 정직하고 직접적이었으며 생산적이었다"라면서 "그는 안보와 번영을 위한 역사적 인물로 기록될 것"이라고 말했다(≪연합뉴스≫, 2018.6.12c). 트럼프 대통령은 6월 12일 저녁 문재인 대통령과의 전화 통화에서도 김정은 국무위원장에 대해 "훌륭한 대화 상대"라고 평가하면서 "이번 회담을 통해 둘 사이에 돈독한 유대 관계가 형성됐다"라고 말했다(임형섭·박경준, 2018.6.12).

그런데 북미정상회담의 공동성명에는 트럼프 행정부가 그동안 강조해 온 '완전하고 검증 가능하며 불가역적인 비핵화(CVID)'라는 표현이 들어가지 않았다. 그러자 다수의 미국 언론과 전문가들은 제1차 북미정상회담 결과에 대해 실망감을 드러내면서 매우 혹독한 평가를 내렸다. 미국 일간지 ≪워싱턴포스트(WP)≫는 이번 북미정상회담이 "의문의 여지없이 김정은과 그의 북한 정권의 승리"라고 평가하면서 "트럼프 대통령은 김 위원장에게 한미연합훈련 중단이라는 중대한 양보를 했고, 주한미군 철수에 대한 바람도 언급했다"라면서 그러나 "김 위원장은 미국이 요구한 '완전하고 검증 가능하며 불가역적인' 비핵화는 물론 북한 정권의 범죄행위에 대한 어떤 변화도 약속하지 않았다"라고 지적했다.

미국 인터넷 매체 '복스(Vox)' 역시 이번 북미정상회담의 '최대 승자'로 김 위원장을 꼽으면서 트럼프 대통령은 '승자인 동시에 패자', 한국은 '패자'라고 평가했다. 브루스 클링너 헤리티지 재단 선임연구원도 영국 ≪파이낸셜타임스(FT)≫에 북미정상회담 공동성명에 담긴 네 개 항은 과거 북미가 서명한 문서에도 포함되었던 내용이라면서 "매우 실망스럽다"라고 밝혔다(≪연합뉴스≫, 2018.6.13).

이와 관련 트럼프 대통령은 북미정상회담 후 기자회견에서 CVID가 공동성명에 명기되지 않은 이유가 뭐냐는 질문에 "시간이 없었다"라고 해명했다. 그러나 그는 "그들(북한)은 (비핵화를) 시작했다. (핵)실험장을 폭파했다"라고 북한의 이행 노력을 평가한 뒤 "성명에 포함된 내용만으로도 매우 강력하다"라고 주장했다(≪연합뉴스≫, 2018.6.12b).

3. 2019년 하노이 제2차 북미정상회담 추진 과정

싱가포르 정상회담이 끝난 지 채 1개월도 지나지 않아 북한과 미국 간의 대화 분위기는 곧 위기에 직면했다. 마이크 폼페이오 미국 국무장관은 7월 6일부터 7일까지 평양을 방문해 김영철 북한 노동당 중앙위원회 부위원장과 고위급회담을 개최해 북한 비핵화 문제에 대해 논의를 진행했다. 싱가포르 북미정상회담에서의 합의를 이행하기 위해 개최된 이 북미고위급회담에서 미국은 북한 비핵화 로드맵과 검증 문제에 대해서까지 합의를 도출하기를 원했다. 그러나 북한은 "신뢰조성을 앞세우면서 단계적으로 동시행동원칙에서 풀수 있는 문제부터 하나씩 풀어나가는" 단계적·동시적·점진적 접근법을 고수함으로써 북미 간의 입장 차이가 재확인되었다.

그 결과 폼페이오 미 국무장관의 방북을 통한 제1차 북미고위급회담이 결렬된 후 북한은 외무성 대변인 담화를 발표해 고위급회담에서 북한은 "조미관계개선을 위한 다방면적인 교류를 실현할 데 대한 문제와 조선반도에서의 평화체제구축을 위하여 우선 조선 정전협정 체결 65돐을 계기로 종전선언을 발표할 데 대한 문제, 비핵화조치의 일환으로 ICBM의 생산중단을 물리적으로 확증하기 위하여 대출력 발동기 시험장을 폐기하는 문제, 미군 유골[유해] 발굴을 위한 실무협상을 조속히 시작할 데 대한 문제 등 광범위한 행동조치들을 각기 동시적으로 취하는 문제를 토의할 것을 제기하였다"라고 주장했다.

그런데 북한은 "미국측은 싱가포르수뇌상봉과 회담의 정신에 배치되게 CVID요, 신고요, 검증이요 하면서 **일방적이고 강도적인 비핵화 요구**만을 들고 나왔다"라고 미국을 비난했다(강조는 필자). 북한은 이어서 "이번 첫 조미고위급회담을 통하여 조미사이의 신뢰는 더 공고화되기는커녕 오히려 **확고부동했던 우리의 비핵화 의지가 흔들릴 수 있는 위험한 국면**에 직면하게 되었다"라고 강조하면서 미국이 일방적인 요구를 계속한다면 비핵화 협상을 포기할 수도 있다는 경고를 보냈다(≪조선중앙통신≫, 2018.7.7, 강조는 필자).

만약 폼페이오 미 국무장관이 7월 6일 방북 당시 미국의 '상응조치'에 대해서는 전혀 밝히지 않은 채 북한에게 일방적으로 '핵 신고 리스트' 제출을 요구했다면, 이는 북한에게는 말 그대로 '강도 같은 요구'로 받아들여졌을 수 있다. 북한이 핵 신고 리스트를 제출하는 순간 북한은 갖고 있는 카드의 모든 '패'를 미국에게 보여주는 셈이 되고, 그 이후 비핵화 협상은 미국에게 일방적으로 유리하게 전개될 수밖에 없기 때문이다(정성장, 2018.8.16 참조).

북미 관계가 이렇게 갑자기 냉각되자 문재인 대통령은 정의용 청와대 국가안보실장을 단장으로 하는 대북 특별사절단을 9월 5일 평양에 보내 한반도 비핵화 시간표와 관련해 김정은 국무위원장의 입장을 확인했다. 정 안보실장은 김 위원장이 "트럼프 대통령의 첫 임기 내에 북한과 미국 간 70년 적대 역사를 청산하고 북·미 관계를 개선해 나가면서 비핵화를 실현했으면 좋겠다"라고 말했다고 밝혔다(이상헌, 2018.9.6).

이 같은 김정은 위원장의 발언은 트럼프 행정부의 임기가 종료되는 2021년 1월 이전에 북한 비핵화를 완료하면서 동시에 북·미 관계를 정상화하고 한반도 평화협정을 체결하는 것을 그가 희망하고 있다는 의미로 해석되었다. 존 볼턴 미 백악관 국가안보보좌관의 미 언론 인터뷰를 통해 김 위원장이 문재인 대통령에게 '1년 내 비핵화'를 거론한 사실이 국내에 알려지기도 했지만, 김 위원장의 '트럼프 대통령의 첫 임기 내 비핵화'라는 시한 언급이 이때 공개됨으로써 북한 비핵화에 대한 기대감이 다시 높아졌다(정성장, 2018.9.11 참조). 9월 6일 자 ≪로동신문≫도 김정은 위원장이 남한 특사단을 만나 "조선반도에서 무력충돌위험과 전쟁의 공포를 완전히 들어내고 이 땅을 핵무기도, 핵위협도 없는 평화의 터전으로 만들자는 것이 우리의 확고한 입장이며 자신의 의지라고 비핵화 의지를 거듭 확약"했다고 밝혔다(≪로동신문≫, 2018.9.6).

이러한 가운데 북한은 9월 9일 정권 수립 70주년을 기념해 평양에서 열병식을 진행했다. 그런데 이 열병식에서는 대륙간탄도미사일(ICBM)뿐만 아니라 중거리미사일도 등장하지 않았다. 이는 이후 9월 18일부터 20일까지 평양에서 개최될 남북정상회담과 향후 북미고위급회담에서의 북한 핵과 미사일에 대한 협상을 염두에 두고 북한이 타협 의지를 나타낸 것으로 해석되었다.

남북 정상은 9월 평양공동선언을 통해 "남과 북이 한반도를 핵무기와 핵위협이 없는 평화의 터전으로 만들어나가야 하며, 이를 위해 필요한 실질적인 진전을 조속히 이루어나가야 한다는 데 인식을 같이하였다"라고 밝혔다. 그리고 "북측은 동창리 엔진시험장과 미사일 발사대를 유관국 전문가들의 참관하에 우선 영구적으로 폐기하기로 하였다"라고 밝혔다. 또한 "북측은 미국이 6·12 북미공동성명의 정신에 따라 상응조치를 취하면 영변 핵시설의 영구적 폐기와 같은 추가적인 조치를 계속 취해나갈 용의가 있음을 표명하였다"라고 명기했다. 마지막으로 "남과 북은 한반도의 완전한 비핵화를 추진해나가는 과정에서 함께 긴밀히 협력해나가기로 하였다"라고 언급했다(≪연합뉴스≫, 2018.9.19).

이 같은 합의 내용에 대해 일부 전문가들은 "비핵화와 관련한 구체적인 내용은 고작 '유관국 전문가 참관하에' 동창리 엔진시험장과 미사일 발사대를 영구 폐쇄한다는 것뿐"이라며 "영변 핵시설은 미국의 상응조치라는 전제조건을 달았다. '비핵화 진전'이라는 표현조차 아까운 내용을 가지고 종전선언과 흥정한 것"이라고 비판했다(김혜란, 2018.9.19). 북한이 '미래 핵'의 폐기와 관련해서만 우선 협상 의지를 밝히고, 현재 보유하고 있는 핵무기와 대륙간탄도미사일(ICBM) 폐기와 관련해서는 구체적인 협상 의지를 밝히지 않은 점은 매우 아쉬운 부분이었다.

그러나 평양정상회담에서의 남북한 간 비핵화 관련 합의에 대해 트럼프 대통령은 긍정적인 평가를 내렸고, 폼페이오 국무장관도 비핵화 진전을 위한 문 대통령의 노력을 높이 평가했다. 문 대통령은 방북 이후 곧바로 미국을 방문해 9월 24일 트럼프 대통령을 만나 "김정은 북한 국무위원장은 트럼프 대통령에 대한 변함없는 신뢰와 기대를 밝히면서 트럼프 대통령만이 이(비핵화) 문제를 해결할 수 있어서 트럼프 대통령과 조기에 만나 비핵화를 조속히 끝내고 싶다는 희망을 밝혔다"라고 전했다. 그리고 트럼프 대통령은 이에 제2차 북미정상회담의 개최 시기와 장소가 곧 발표될 것이라고 화답했다(강영두·이상헌, 2018.9.25).

이어 9월 26일 미 국무부는 헤더 나워트 대변인 명의로 발표한 보도자료에서 "오늘 폼페이오 장관이 뉴욕에서 북한의 리용호 외무상을 만났다"라며 "폼페이오 장관은 다음 달 평양을 방문해 달라는 김정은 북한 국무위원장의 초청을 수락했다"라고 밝혀 폼페이오 장관의 10월 방북을 공식화했다. 그리고 10월 2일 미 국무부는 7일 폼페이오의 방북 계획을 공식 발표했다.

폼페이오 미 국무장관은 10월 7일 방북해 김정은 국무위원장과 오찬을 포함해 3시간 30분 정도 허심탄회한 대화를 나눈 것으로 알려졌다. 폼페이오 장관은 방북 후 곧바로 서울을 방문해 문재인 대통령에게 제2차 미북정상회담을 가급적 빠른 시일 내 개최키로 김 위원장과 의견을 모았다고 밝혔다. 폼페이오 장관은 또한 문 대통령에게 북한이 취하게 될 비핵화 조치들과 미국 정부의 참관 문제 등에 대해 협의가 있었으며 미국이 취할 상응조치에 관해서도 논의가 있었다고 밝혔다(이상헌·임형섭, 2018.10.7).

그리고 7일 헤더 나워트 미국 국무부 대변인은 김 위원장이 폼페이오 장관에게 풍계리 핵실험장의 불가역적 해체를 확인하기 위한 사찰단 방문을 초청했다고 밝혔다. 또한 폼페이오 국무장관과 김 위원장이 6·12 싱가포르 공동성명에 포함된 네 가지 합의 사항, 즉 새로운 북미 관계 수립, 한반도의 지속적이고 안정적인 평화체제 구축, 4·27 판문점선언 재확인 및 한반도의 완전한 비핵화, 한국전 참전 미군 유해 송환에 대해 논의했다고 밝혔다(이준영,

2018. 10. 8).

그런데 북한은 2018년 11월 2일 권정근 외무성 미국연구소 소장 명의의 논평을 ≪조선중앙통신≫에 발표해 "미국이 《비핵화 전에는 그 무엇도 줄 것이 없다》고 생떼를 쓰면서 《최대의 압박》을 계속 가하겠다고 떠드는 것은 적반하장의 극치가 아닐 수 없다"라고 비난했다. 그리고 "만약 미국이 우리의 거듭되는 요구를 제대로 가려듣지 못하고 그 어떤 태도 변화도 보이지 않은 채 오만하게 행동한다면 지난 4월 우리 국가가 채택한 경제건설총집중로선에 다른 한 가지가 더 추가되어 《병진》이라는 말이 다시 태여날 수도 있으며 이러한 로선의 변화가 심중(深重)하게 재고려될 수도 있다. 벌써부터 우리 내부에서는 이러한 민심의 목소리가 울리기 시작하였다는것을 상기시킨다"라고 경고했다(≪조선중앙통신≫, 2018. 11. 2, 강조는 필자).

한편 2018년 1월까지만 해도 김정은은 단상에 서서 다소 딱딱하고 강한 톤으로 신년사를 낭독했다. 그런데 2019년 1월에는 김일성과 김정일의 사진 액자가 걸려 있는 서양식의 화려한 서재에서 매우 차분하고 안정적인 목소리로 신년사를 낭독하는 파격을 보여주었다. 김 위원장이 이처럼 완전히 새로운 신년사 발표 모습을 보여준 것은 그가 2018년의 세 차례 남북정상회담과 같은 해 6월 최초의 북미정상회담 개최를 통해 이전과는 다른 평화와 번영의 길로 나아갈 준비가 되어 있다는 것을 대내외에 상징적으로 과시하기 위한 것으로 해석되었다.

김정은은 2019년 신년사에서 과거 그 어느 때보다 경제와 대남 및 대미 관계에 상당히 많은 부분을 할애했다. 김 위원장은 비핵화와 관련해 신년사에서 북한이 "이미 더 이상 핵무기를 만들지도 시험하지도 않으며 사용하지도 전파하지도 않을 것이라는 데 대해 내외에 선포하고 여러 가지 실천적 조치들을 취해왔다"라고 주장했다. 그런데 북한이 핵실험 중단을 넘어서서 핵무기 생산도 중단했다는 주장은 완전히 새로운 것이었다.

김 위원장은 또한 "미국과의 관계에서도 올해 북남관계가 대전환을 맞은 것처럼 쌍방의 노력에 의하여 앞으로 좋은 결과가 꼭 만들어 질 것이라고 믿고 싶다"라고 밝힘으로써 적극적인 북미 관계 개선 의지를 드러냈다. 그리고 "언제든 또 다시 미국 대통령과 마주 앉을 준비가 되어있으며 반드시 국제사회가 환영하는 결과를 만들기 위해 노력할 것"이라고 밝힘으로써 제2차 북미 정상회담 개최에 대해 적극적인 입장을 보였다(≪로동신문≫. 2019. 1. 1 참조).

그런데 김 위원장은 신년사에서 만약 미국이 북한 인민의 인내심을 오판해 일방적으로 북한의 양보만을 강요하고 제재와 압박에만 매달린다면 부득이하게 "**새로운 길**을 모색하지 않을 수 없게 될 수도 있다"라고 밝힘으로써 미국과의 협상 결렬 시 북한이 경제·핵 병진노선으로 돌아갈 수도 있음을 시사했다(≪로동신문≫. 2019. 1. 1 참조). 이는 김 위원장이 2018년 9월 평양공동선언을 통해 "미국이 6·12 북미공동성명의 정신에 따라 상응조치를 취하면 영변 핵시설의 영구적 폐기와 같은 추가적인 조치를 계속 취해나갈 용의가 있다"라고 표명했음에도 불구하고 미국 측에서 영변 핵시설의 영구 폐기를 위한 상응조치로 무엇을 제시할 것인지 답변을 내놓지 않고 있는 것에 대한 북한 내부의 불만을 반영한 것으로 해석되었다.

이와 같은 김 위원장의 신년사에 대해 트럼프 대통령은 매우 긍정적인 반응을 보였다. 트럼프 대통령은 1월 1일 "김정은은 북한이 핵무기를 만들지도, 실험하지도, 남들에게 전달하지도 않을 것이라고 말한다. 그는 트럼프 대통령을 언제라도 만날 준비가 돼 있다"라는 미국 PBS 보도를 인용하면서 "나도 북한이 위대한 경제적 잠재력을 보유하고 있는 사실을 잘 깨닫고 있는 김정은 북한 국무위원장과의 만남을 고대한다"라고 밝혔다(이윤영·백나리, 2019. 1. 2).

그리고 2일 트럼프 대통령은 백악관에서 열린 각료회의 발언에서 "김정은으로부터 훌륭한 친서(Great Letter)를 받았다"라고 말하면서 그리 멀지 않은 시점에 제2차 북미정상회담을 추진하겠다고 밝혔다. 그는 또한 "우리는 정말이지 매우 좋은 관계를 구축했다"라고 덧붙였다. 다만 그는 "서두를 게 없다"라고 덧붙인 것으로 알려졌다(송수경, 2019. 1. 3).

이후 트럼프 대통령은 미 연방의회에서 행한 신년 국정연설에서 제2차 북미정상회담을 2월 27일~28일 베트남에서 개최할 것이라고 공식 발표했다. 제1차 북미정상회담은 2018년 6월 12일 오전 9시에 시작해 단독 및 확대정상회담과 업무 오찬 후 오후 2시경에 일찍 종료되었는데, 이번에는 북미 정상이 1박 2일의 비교적 충분한 시간을 가지기로 한 것이다.

2월 16일 김정은은 김정일의 77회 생일을 맞이해 금수산태양궁전에 최룡해, 리만건, 김여정, 리영식 등 당중앙위원회 조직지도부와 선전선동부 간부들을 대동하고 참배했다. 그런데 북한은 이례적으로 김 위원장의 참배 사진을 ≪로동신문≫ 지면에 게재하지 않았다.[4] 그리고 하노이 북미정상회담 준비를 총괄하는 김영철 당중앙위원회 부위원장도 2월 15일 개최된 김정일 탄생 77주년 기념 중앙보고대회에 참석하지 않았다. 북한은 16일 오전 조선중앙TV를 통해 뒤늦게 참배 장면을 공개했다. 이는 김 위원장이 제2차 북미정상회담 준비에 올인하면서 금수산태양궁전에 늦게 참배했으며 그 결과, 사진을 ≪로동신문≫에 싣지 못했기 때문으로 추정된다. 김정은은 같은 해 1월 8일 자신의 생일도 제2차 북미정상회담에 대한 북중 정상 간 협의를 위해 베이징을 방문해 중국에서 맞이했다.

---

4 김 위원장은 2018년 10월 10일(추정) 당 창건 73주년을 맞이해 최룡해, 박광호, 리만건, 김여정, 리재일 등 당중앙위원회 조직지도부와 선전선동부 간부들과 금수산태양궁전을 참배했는데, 이때에는 북한이 김 위원장의 참배 사진을 10월 11일 자 ≪로동신문≫ 1면에 크게 게재했다.

4. 하노이 북미정상회담의 진행 과정과 결렬 이유

2019년 2월 24일, 북한은 김정은 위원장이 제2차 북미정상회담 및 북한-베트남 정상회담 참가를 위해 전날(23일) 출국한 사실을 ≪로동신문≫ 등 관영 매체들을 통해 일제히 보도했다(≪로동신문≫, 2019. 2. 24). 북한과 미국이 2월 27일부터 28일까지 하노이에서 제2차 정상회담을 개최하기로 합의한 것에 대해 그동안 침묵을 유지했던 북한이 김 위원장의 출국 직후 마침내 이 같은 사실을 대내외에 전격적으로 공개한 것이다.

안전 문제에 극도로 신경을 썼던 김정은의 부친 김정일 전 총비서는 해외 방문을 마치고 귀국한 후에야 그 같은 사실을 언론을 통해 대내외에 공개했다. 그러나 김정은의 조부 김일성은 해외 방문을 위해 출국한 다음 날 그 같은 사실을 북한 언론을 통해 곧바로 대내외에 공개했다. 1958년 11월 김일성 수상이 중국과 베트남 방문을 위해 출국했을 때에도 마찬가지였다(≪로동신문≫, 1958. 11. 22). 그러므로 북한 언론은 김정은 위원장의 해외 방문과 관련해 김정일 시대가 아니라 김일성 시대의 보도 방식을 선택한 것이다.

평양에서 하노이까지의 거리는 장장 4,500km나 된다. 하지만 김 위원장이 전용기 대신 열차를 이용한 데에는 그가 북한 주민들 대부분이 존경하는 김일성 주석이 과거에 베트남을 방문했던 코스를 다시 밟음으로써 북한 주민들에게 김일성에 대한 향수를 불러일으키고 할아버지 김 주석의 후광을 최대한 활용하려 한 것으로 볼 수 있다.

김일성은 1958년 11월 중국 베이징, 우한(武漢), 광저우(廣州) 등을 찾았으며, 중국이 제공한 비행기 편으로 하노이에 도착했다. 김정은 위원장이 베트남 랑선성 동당역까지 열차로 이동한다고 해도 과거 김일성 수상이 이용했던 구간을 상당 부분 다시 밟는 셈이 된다. 김일성과 닮은 외모의 김정은 위원장이 장시간 열차 이용이라는 불편함을 감수하더라도 북한의 나이 든 세대에게

사진 9-2　하노이 북미정상회담

자료: ≪로동신문≫(2019. 3. 1)

서 '청년 김일성'과 호찌민 주석의 과거 정상회담 기억을 되살아나게 할 수 있
다면 김 위원장에 대한 노년층의 무조건적인 지지를 이끌어 내는 데 도움이
될 수 있는 것이었다(정성장, 2019. 2. 26).

그런데 이처럼 장기간의 기차 여행 끝에 도착한 하노이에서 김정은은 트럼 프와의 정상회담에서 합의문 도출에 실패했다. 2월 28일 정상회담에서 트럼 프 대통령은 김정은 국무위원장에게 영변 핵시설의 영구 폐기를 넘어서는 비 핵화 조치를 요구했고, 김 위원장은 유엔 안보리 제재의 과도한 완화를 요구 해 결국 양측은 입장 차이를 좁히지 못했다.

북미정상회담 종결 후 트럼프 대통령은 기자회견에서 합의 결렬의 원인과 관련해 "제재가 쟁점이었다"라며 "(북한이) 제재 완화를 원했지만 우리가 원 했던 것을 주지 못했다"라고 말했다. 그리고 "북한이 제재 해제를 요구한 것 이 발목을 잡은 것인가"라는 기자의 질문에 대해 트럼프 대통령은 **"기본적으 로 북한은 제재를 전체적으로 해제해 줄 것을 원했다**(They wanted the sanc- tions lifted in their entirety). 우리는 그렇게 할 수 없었다. 그들은 미국이 원하 는 지역(areas)의 상당히 많은 부분을 비핵화할 용의가 있었다. 하지만 우리 는 그것을 위해서 모든 제재를 포기할 수는 없었다"라고 답했다(백나리, 2019. 3.1, 강조는 필자).

트럼프 대통령은 **"저는 더 많은 걸 요구했고 김 위원장은 준비가 돼 있지 않았다.** 시간이 오래 걸릴 것이라고 생각한다"라고 밝혔다(송수경, 2019.2.28a, 강조는 필자). "김 위원장과 비핵화를 진전시키기 위해 어떤 옵션을 논의했는 가?"라는 기자의 질문에 대해서는 "여러 가지 방안에 대해서 논의했다. 완전 하고 불가역적인 비핵화가 매우 중요한 개념이다. 저에게는 자명한 개념이 다. 핵을 다 포기해야 한다"라고 대답했다. 그러나 트럼프 대통령은 "CVID (완전하고 검증 가능하며 불가역적인 핵 폐기)가 있어야만 제재 해제를 다 해주 겠는가?"라는 기자의 질문에 대해 "사실 협상하는 입장에서 그렇게 말하면 난 처하기 때문에 그렇게 말하지는 않겠지만, 우리도 많이 양보할 의향이 있다" 라고 말해 정상회담에서 북한에게 곧바로 CVID까지 요구하지는 않았음을 시사했다(≪연합뉴스≫, 2019.2.28a).

표 9-1 **트럼프 기자회견으로 본 하노이 회담에서의 북미 간 입장 차이**

북한 입장	미국 입장
• 핵·미사일 실험 중단 • 영변 핵시설 폐기 • 최우선 상응조치로 제재 완화 요구	• 영변 핵시설 폐기와 '+α'의 가시적 비핵화 실행 조치가 있어야 • 영변 외에도 규모가 큰 핵시설 있어 • 완전하고 불가역적인 비핵화 요구

자료: ≪연합뉴스≫(2019. 2. 28)

기자회견에서 트럼프 대통령은 김정은 위원장에게 영변 핵시설 폐기뿐만 아니라 다른 지역의 우라늄 농축시설 폐기까지 요구했음을 시사했다. 그는 "영변(핵시설 폐기)보다 플러스 알파를 원했던 것인가?"라는 기자의 질문에 대해 "그렇다, 더 필요했다. 나오지 않은 것 중에 우리가 발견한 것들도 있었다. 사람들이 잘 모르는 부분도 있었다"라고 말했다. 그리고 "플러스 알파가 우라늄 농축 계획 같은 것인가?"라는 기자의 질문에 트럼프 대통령은 "그렇다. 우리가 알고 있었던 것에 대해서 북한도 놀라는 것 같았다. 한 레벨에서 만족하고 싶지 않았다"라고 대답했다.

트럼프 대통령은 "그들은 제재 해제를 원했다. 하지만 그들은 우리가 원했던 한 지역에 대해서는 (비핵화를) 하고 싶어 하지 않았다. 그들은 우리에게 일부 지역을 내줄 용의가 있었지만 우리가 원했던 곳들은 아니었다"라고 말해 미국이 요구한 지역의 비핵화를 북한이 거부했음을 시사했다(≪연합뉴스≫, 2019. 2. 28b). 3월 2일 자 ≪뉴욕타임스(NYT)≫도 마이크 폼페이오 국무장관과 존 볼턴 백악관 국가안보회의(NSC) 보좌관을 비롯한 트럼프 대통령의 참모진들은 일괄타결 방식의 비핵화 가능성을 사실상 '제로'로 봤지만, 자신을 능숙한 협상가로 자평하는 트럼프 대통령이 밀어붙였다고 보도했다.

트럼프 대통령의 기자회견에 동석한 마이크 폼페이오 국무장관은 보다 구체적으로 "영변 시설 외에도 굉장히 규모가 큰 핵시설이 있다. 미사일도 빠져 있고, 또 핵탄두 무기체계가 빠져 있었기 때문에 우리가 합의를 못 했다. 또

목록 신고 작성 이런 것들도 오늘 우리가 합의를 못 했다"라고 설명했다. 폼페이오 장관은 또한 "협상 팀은 열심히 노력해 왔다. 제가 데려온 협상 팀과 북한 팀이 수 주 동안 앞으로의 길을 만들기 위해 노력했다. 그리고 큰 진전을 이루기 위해 노력했다. 싱가포르에서 합의한 바에 대해서 많은 진전을 이루기 위해 노력했고 실제 진전을 이뤘다. 하지만 미국이 수긍할 수 있는 데까지는 가지 못했다. … 우리는 그(김 위원장)에게 더 많은 것을 할 것을 요구했다. 그는 그렇게 할 준비가 돼 있지 않았다"라고 밝혔다(백나리, 2019. 3. 1).

회담 결렬 후인 3월 3일 존 볼턴 백악관 국가안보회의(NSC) 보좌관은 CBS, 폭스뉴스, CNN 방송에 잇따라 출연해 트럼프 대통령이 하노이 정상회담에서 미국이 원하는 비핵화 요구 사항을 담은 '빅딜' 문서를 김정은 국무위원장에게 건넸다고 밝혔다. 볼턴 보좌관은 특히 '폭스뉴스 선데이' 인터뷰에서 "트럼프 대통령은 '빅딜', 즉 비핵화를 계속 요구했다"라며 "핵과 **생화학 무기**, 탄도미사일을 포기하는 결정을 하라고 했다"라고 말했다. 또 "트럼프 대통령은 김정은에게 하나는 한글, 하나는 영어로 된 문서(paper) 두 개를 건넸다"라며 "그 문서는 우리가 기대하는 것과 그에 대한 대가로 당신(김정은)은 엄청난 경제적 미래가 있는 좋은 위치의 부동산을 갖게 될 것이라는 점을 제시했다"라고 덧붙였다.

지금까지 핵과 탄도미사일만을 비핵화 대상으로 거론해 왔던 미국이 하노이 회담에서 '생화학 무기'까지 언급했다면 이는 북한으로 하여금 미국과의 협상 지속 여부를 고민하게 하는 부분이었을 것으로 짐작된다. 그는 미국의 '제안'을 북한이 언제까지 수용해야 한다는 만기는 없다고 밝혔다. 볼턴 보좌관은 "만기는 없다. 트럼프 대통령은 낮은 (실무)단계의 협상을 지속할 준비 또는 김정은과 다시 대화할 준비가 돼 있다"라고 말했다(강영두, 2019. 3. 4).

트럼프 대통령이 김정은 위원장에게 '영변 핵시설 폐기 +α의 비핵화 조치'를 요구한 사실은 리용호 북한 외무상이 3월 1일 새벽에 가진 기자회견에서

"회담 과정에 미국 측은 영변지구 핵시설폐기 조치 외에 한 가지를 더 해야 한다고 끝까지 주장했다"라고 밝힌 데서도 확인된다. 리용호 외무상은 기자회견에서 비핵화와 관련한 북한의 입장은 "미국이 유엔 제재의 일부, 즉, 민수경제와 인민 생활에 지장을 주는 항목의 제재를 해제하면 영변 지구의 플루토늄과 우라늄을 포함한 모든 핵물질 생산시설을 미국 전문가들의 입회하에 두 나라 기술자들 공동 작업으로 영구적으로 완전히 폐기한다는 것"이라고 밝혔다(정빛나, 2019.3.1). 이처럼 리용호 외무상의 기자회견을 통해서도 북한이 영변 핵시설 폐기를 넘어선 '+α의 비핵화 조치'에 대해서는 전혀 논의할 준비가 되어 있지 않았다는 것이 확인된다.

트럼프 대통령이 기자회견에서 북한이 전면적인 제재 해제를 요구했다고 주장한 것에 대해서도 리용호 북한 외무상은 "우리가 요구하는 것은 전면적인 제재 해제가 아니고 일부 해제, 구체적으로는 유엔 제재 결의 11건 가운데 2016~2017년 채택된 5건, 그중에 민수 경제와 인민 생활에 지장을 주는 항목들만 먼저 해제하라는 것"이라고 밝혔다(정빛나, 2019.3.1). 그런데 2016~2017년 유엔안보리에서 채택된 대북 제재가 그 이전에 채택된 제재들보다 훨씬 강력한 것이었기 때문에 미국으로서는 만약 이 제재들을 해제하게 되면 이후 북한에게 비핵화를 압박할 수 있는 지렛대를 상실하는 것은 아닐까 우려했을 것이다. 그러므로 트럼프 대통령과 폼페이오 국무장관으로서는 북한이 요구한 '제재 일부 해제'를 '제재 전면 해제'와 동일시한 것으로 판단된다.

2016년 이전 유엔안보리의 대북 제재는 북한이 핵무기를 개발하는 데 필요한 물자나 자원을 확보하기 어렵게 만드는 데 중점을 두었기 때문에 북한 지도부와 주민에게 매우 큰 고통을 주는 것은 아니었다. 그래서 과거의 방식으로는 도저히 북한의 핵 개발을 막을 수 없다는 위기 의식과 북한의 계속된 핵실험과 미사일 시험발사에 분노한 중국의 협조를 바탕으로 2016년 이후 유엔안보리는 북한 지도부와 주민들에게 상당한 압박과 고통을 주는 강력한 대

표 9-2　2016~2017년에 유엔안보리에서 채택된 대북 제재의 주요 내용

유엔안보리 결의	2270호	2321호	2371호	2375호	2397호
제재의 이유	제4차 핵실험	제5차 핵실험	미사일 (화성 14호) 발사	제6차 핵실험	미사일 (화성 15호) 발사
제재 채택일	2016.3.7.	2016.11.30.	2017.8.5.	2017.9.12.	2017.12.23
무역	• 민생용을 제외한 석탄, 철, 철광석 수입 금지 • 금, 희토류 수입 금지	• 석탄 수입 상한선 설정(4억 달러, 750만 톤 중 적은 쪽) • 은, 동, 니켈 수입 금지	• 석탄, 철(광석), 납(광석) 전면 수입 금지 • 수산물 전면 수입 금지	• 섬유제품 전면 수입 금지 • 원유 수출량 동결, 정유제품 수출량 상한선 설정(200만 배럴)	• 수입 금지품목 확대(식용품, 농산물, 기계류, 전자기기 목재류, 선박) • 정유제품 상한 축소(50만 배럴) • 수출금지품목(산업용 기계, 운송차량, 철강제품 등)
해외 파견 근로자		• WMD 개발과 관련된 해외 노동자 파견에 대하여 우려 표명	• 해외 파견 노동자 규모를 당시 수준으로 동결	• 해외 파견 노동자 신규 노동허가 발급 금지	• 기존 해외 파견 노동자 24개월 이내 송환
금융 및 투자	• UN회원국 내 북한 은행의 기존 지점 폐쇄, 회원국 금융기관의 WMD 관련 기존 계좌 폐쇄	• 2270호에서 WMD 연관성 삭제	• 조선무역은행을 제재 대상에 추가 • 북한과의 신규 합작투자 금지, 기존 투자 확대 금지	• 북한과의 합작투자 전면 금지 • 기존 사업 120일 이내 폐쇄	

자료: 정형곤 외(2018: 42)

북 제재들을 채택했다. 그 결과 북한의 광물·농수산물·섬유제품의 수출, 해외
노동자 파견과 북한과의 합작사업 및 신규 투자가 금지되었고, 대북 정유 제
품 수출도 90%까지 차단되었다. 그런데 이 같은 제재들을 해제할 경우 북한
에 대한 국제사회의 압박 수단이 사실상 거의 사라지게 되어 다음 단계의 비
핵화부터는 북한의 선의에 기대할 수밖에 없게 된다. 따라서 미국은 이 같은
북한의 무리한 요구를 결코 수용할 수 없었다.

비핵화의 대상과 관련해 북한은 2019년 초에 영변 핵시설 폐기에 대해서
만 논의하겠다는 입장을 보인 것으로 알려졌다. 1월에 김영철 북한 노동당

중앙위원회 부위원장이 워싱턴 D.C.를 방문했을 때 그는 미국 측에 영변 핵시설 폐기만 언급하면서 마치 영변 핵시설이 북한 핵 프로그램의 거의 전부인 것처럼 이야기했다. 이에 미 행정부는 북한이 영변 핵시설만 포기하고 비핵화를 위해 더 이상 나아가지 않으려 하는 것 아닌가 하는 의구심을 갖게 되었다.

북한의 김혁철 국무위원회 대미특별대표도 하노이 북미정상회담 준비를 위한 실무협상 과정에서 비핵화에 대해서는 오직 김정은 위원장만이 언급할 수 있다고 하면서 비핵화의 대상과 수준, 방법에 대한 논의를 회피했다. 그리고 제2차 북미정상회담에서 김정은 위원장도 영변 핵시설 폐기에 대해서만 논의하자는 입장을 보임으로써 미국과 국제사회에서 북한의 비핵화 협상 의지에 대한 의구심이 급속도로 확산되었다(정성장, 2019.7.8 참조).

하노이 북미정상회담 결렬 직후 미 국무부의 고위 당국자는 2월 28일(현지 시간) 마닐라에서 가진 브리핑에서 "우리가 직면했던 딜레마는 북한이 현시점에서 그들의 대량살상무기 프로그램에 대한 완전한 동결(complete freeze)을 꺼린다는 것"이라고 지적했다. 그리고 "그래서 제재 완화로 (북한에) 수십억 달러를 줌으로써 사실상 현재 진행 중인 북한의 WMD 개발에 보조금을 주는 상황에 놓일 수 있다"라고 지적했다. 북한이 WMD 프로그램의 전면적 동결을 하지 않는 한 영변 핵시설 폐기에 따라 제재 완화를 해주더라도 그 경제적 이득이 다시 북한의 핵무기 등 WMD 개발 자금으로 흘러 들어갈 수 있어 비핵화가 요원해진다는 얘기다(백나리, 2019.3.2). 강경화 외교부 장관도 3월에 국회에서 "미국이 (하노이 회담에서) 요구한 것은 (핵)폐기가 아니고 모든 핵·미사일·대량살상무기 프로그램의 동결이었다"라고 말했다(이정진, 2019.3.21).

한편 하노이 북미정상회담 기간에 트럼프 대통령의 '해결사'였다가 등을 돌린 옛 개인 변호사 마이클 코언의 하원 청문회가 미국에서 개최되었다. 그로 인해 트럼프 대통령이 국내 정치적으로 매우 심각한 위기 상황에 직면해 대북 설득을 일찍 포기하고 귀국을 서두르게 된 것으로 보인다. 트럼프 대통령으로서는 하노이 정상회담에서 북한 비핵화와 관련해 '기대 이상의 성과'를 거두어 청문회에 쏠린 미국 언론의 관심을 하노이로 옮기고 싶었겠지만 김정은 위원장의 빅딜 거부로 결국 노딜을 선택할 수밖에 없었던 것으로 판단된다. 만약 트럼트 대통령이 북한의 영변 핵시설 폐기에 대한 상응조치로 유엔 안보리 제재의 부분 완화까지 북측과 합의했다면 북한과 '나쁜 합의'를 했다는 심각한 미국 내의 비판에 직면하게 될 상황이었다.

'협상의 달인'인 트럼프 대통령이 북한과의 '나쁜 거래(bad deal)' 대신 노딜을 선택했다는 사실이 알려지자 청문회에 관심을 집중했던 미국 언론들이 갑자기 하노이 정상회담 결과에 관심을 가지게 되어 트럼프의 '관심 끌기' 시도는 성공했다. 그리고 공화당에서뿐만 아니라 민주당 소속 낸시 펠로시 하원 의장과 척 슈머 민주당 상원 원내대표 등도 트럼프의 노딜을 지지함으로써 결과적으로 노딜은 트럼프에게 국내 정치적으로 매우 현명한 선택이 되었다 (임주영, 2019.3.1).

원래 트럼프 대통령은 빅딜(big deal), 스몰딜(small deal), 노딜(no deal)의 세 가지 옵션을 가지고 하노이 북미정상회담에 임한 것으로 알려졌다. 회담 결렬 후 트럼프 대통령은 "내가 만약 오늘 함부로 서명을 했다면 '너무 끔찍하다'는 반응이 나왔을 것이다. 언제든 협상 테이블에서 물러날 준비가 돼 있어야 한다. 백 퍼센트 오늘 뭔가 서명할 수 있었고 선언문도 준비돼 있었지만 적절치 않았다. 빨리하기보다는 옳게 하고 싶었다"라고 밝혔다. 그리고 "오늘 합의를 할 수도 있었지만 제 마음에 완벽하게 드는 합의가 아니었을 것"이라며 "마이크 폼페이오 장관도, 나도 만족스럽지 않은 합의를 하느니, 제대로 하기 위해 오늘은 합의하지 않았다"라고 말했다(이윤영, 2019.2.28). 트럼프 대통령의 이 같은 발언을 통해 하노이 정상회담 전에 이미 양측이 서명할 수 있는 선언문 초안이 준비되어 있었지만, 그것이 마음에 드는 수준의 것이 아니었기 때문에 그가 노딜을 선택한 것임을 짐작할 수 있다.

하노이 북미정상회담 결렬은 정상회담 날짜를 먼저 정해놓고 거기에 맞추어 급하게 실무회담을 진행하는 기존의 톱다운 방식의 한계를 잘 보여준 것이었다. 정상회담 직전에 급하게 실무회담을 진행하다보니 북·미가 의제를 충분히 조율하지 못함으로써 결국은 북·미 정상이 회담에서 합의문에 서명만 하면 되는 것이 아니라 합의문에 들어갈 핵심 내용을 가지고 직접 본격적인 협상을 진행해야 하는 상황이 발생한 것이다.

이와 관련, 조셉 윤 전(前) 미 국무부 대북정책특별대표는 2월 28일 CNN 방송 인터뷰에서 "통상적으로 정상회담에 임할 때 엄청난 실무 차원의 작업이 수반되지만 이번에는 준비가 부족한 상태였다"라고 지적했다. 한 외교 소식통은 "미 당국자들이 정상회담 목전에서 북·미 간에 비핵화 개념에 대한 일치된 공감이 없다고 인정한 순간부터 험로는 예고돼 있었다"라고 밝혔다(송수경, 2019. 2. 28b). 미국 국방부 당국자 출신인 밴 잭슨은 CNN에 미국은 '비건 수준'(실무회담 수준)에서 진전이 있을 때까지 정상회담을 기다렸어야 했다고 지적했다. 이는 스티븐 비건 미 국무부 대북특별대표와 김혁철 북한 국무위원회 대미특별대표의 실무회담에서 비핵화 협상이 진전될 때까지 기다렸어야 한다는 의미이다. 결국 스티븐 비건과 김혁철 사이에서 트럼프 대통령과 김정은 위원장 모두에게 만족스러운 합의문 초안이 만들어지지 못했기 때문에 하노이 정상회담은 결렬로 끝나고 만 것이다.

5. 하노이 정상회담 결렬 이후의 북미 관계와 판문점 회동

비록 하노이 정상회담에서 합의 도출에 이르지는 못했지만 양 정상은 회담 기간 내내 우호적인 관계를 유지했고 회담 종료 이후에도 협상 지속 의지를 밝혔다. 트럼프 대통령은 기자회견에서 "김정은 북한 국무위원장과 매우 생산적인 시간을 같이 보냈다"라면서 "김 위원장, 북한과 계속 좋은 친구 관계를 유지할 것"이라고 밝혔다. 하노이 정상회담 종료 후 트럼프 대통령은 문재인 대통령과의 전화 통화에서 "문 대통령이 김정은 북한 국무위원장과 대화해서 그 결과를 알려주는 등 적극적인 중재 역할을 해달라"라고 요청했다.

정상회담 결렬 직후인 3월 1일 미 국무부의 한 당국자(스티븐 비건으로 추정)는 필리핀에서 기자들을 만나 "트럼프 대통령은 김 위원장에게 '올인해라. 우리도 마찬가지로 올인할 준비가 돼 있다'고 독려했었다"라며 합의문 선언 불발로 이어진 제2차 핵 담판 뒷얘기를 전했다. 이 당국자는 "좋은 소식은 매우 건설적인 논의였다는 점이다. 그건 명백히 사실이다"라며 "우리는 양측 간에 매우 좋은 분위기 속에서 (회담을) 끝맺었다"라고 말했다. 이어 "우리는 단지 이 시점에서 합의에 달하지 못한 것"이라며 "그러나 우리는 합의문에 대한 논의 과정에서 영변 핵시설에 대한 정의를 포함, 싱가포르 합의문 이래 상당 기간 해소하지 못했던 세부 사항에 대한 일정 수준의 합의에 도달하게 됐다"라고 밝혔다. 이 당국자는 "트럼프 대통령이 김 위원장과 일련의 훌륭한 대화를 나눴다"라며 "그 대화들은 생산적이었고 건설적이었다. 그리고 우리는 양측 간에 여러 영역에서 진전을 이뤘다. 두 정상이 함께하는 시간을 투자할 가치가 있었다"라고 평가했다(송수경, 2019. 3. 1).

폼페이오 장관은 3월 1일 ABS-CBN 방송과의 인터뷰에서 전날 제2차 북미 정상회담이 결렬된 것과 관련, "무엇보다 나는 대화가 지속되기를 희망한다"라며 "우리가 어제 자리를 뜰 때도 그런 기류였다. 북미 양측은 명백히 대화를 더 나눠가야 한다는 데 뜻을 같이했다. 나는 우리가 거의 1년째 해온 대화를 지속할 수 있기를 희망한다"라고 강조했다. 그는 "이것은 오래 걸리는 문제이자 아주 다루기 어려운 난제이다. 매우 복잡하다"라며 "우리는 이번 정상회담에서 우리가 희망했던 것만큼 멀리 가지 못했고, 북한도 똑같이 느꼈을 것이라고 생각한다. 그들도 우리가 더 멀리 가길 바랐을 것"이라고 말했다. 그리고 "우리는 일정 부분 진전을 이뤘다. 이는 전 세계를 위해 좋은 일"이라고 덧붙였다. 폼페이오 국무장관은 3월 4일에도 하노이 북미정상회담의 후속 협상과 관련해 "향후 수 주 내에 평양에 (협상) 팀을 보내기를 희망하고 있다"라고 밝혔다(≪연합뉴스≫, 2019.3.5).

하노이 북미정상회담이 합의문 채택 없이 종결되었지만 북한은 ≪로동신문≫ 3월 1일 자에 김정은 위원장과 트럼프 대통령의 화기애애한 대화 사진을 게재하면서 김 위원장과 트럼프 대통령이 "하노이 수뇌회담에서 논의된 문제해결을 위한 생산적인 대화들을 계속 이어나가기로 하시였다"라고 밝혔다. 또한 "최고령도자[김정은] 동지께서는 트럼프 대통령이 먼 길을 오고가며 이번 상봉과 회담의 성과를 위하여 적극적인 노력을 기울인데 대하여 사의를 표하시고 새로운 상봉을 약속하시며 작별인사를 나누시었다"라고 보도했다 (≪로동신문≫. 2019.3.1).

그러나 최선희 외무성 부상은 3월 1일 새벽 하노이에서 가진 기자회견에서 "민수용 제재결의의 부분적 결의까지 해제하기 어렵다는 미국측의 반응을 보면서 우리 국무위원장 동지께서 앞으로의 조미(북미) 거래에 대해서 좀 의욕을 잃지 않으시지 않았는가 하는 느낌을 제가 받았다"라고 주장했다. 최 부상은 또한 "이번에 제가 수뇌(정상)회담을 옆에서 보면서 우리 국무위원장 동지께서 미국에서 하는, 미국식 계산법에 대해서 좀 이해하기 힘들어하시지 않는가 이해가 잘 가지 않아 하는 듯한 그런 느낌을 받았다"라고 말했다.

최 부상은 자신들이 이번에 미국에 내놓은 것은 "영변 핵단지 전체, 그 안에 들어있는 모든 플루토늄 시설, 모든 우라늄 시설을 포함한 모든 핵시설을 통째로 미국 전문가들의 입회하에 영구적으로 폐기할 데 대한 (제안)"이라며 "역사적으로 제안하지 않았던 제안을 이번에 했다"라고 강조했다. 그러면서 "이러한 제안에 대해서 미국측이 이번에 받아들이지 않은 것은 천재일우의 기회를 놓친 것이나 같다"라고 주장했다. 특히 영변 핵단지 내 '거대한 농축우라늄 공장'까지 영구적으로 폐기하겠다는 제안을 했지만 미국 측의 호응이 없었다며 "앞으로 이러한 기회가 다시 미국측에 차려지겠는지(마련되겠는지)에 대해서는 저도 장담하기 힘들다"라고 말했다.

또한 자신들이 해제를 요구한 민생용·민수용 제재 5건은 유엔이 2016년 이래 취한 2270호, 2375호 제재 등이라고 언급한 뒤 "이 가운데서도 100%가 아니고 여기에서 민생과 관련된 부분만 제재를 해제할 것을 요구했다"라고 밝혔다(《연합뉴스》, 2019.3.1). 이처럼 리용호 외무상과 최선희 외무성 부상은 회담 결렬의 책임을 미국에게 돌리면서도 트럼프 대통령이나 미국에 대한 신랄한 비난은 자제하는 절제된 태도를 보였다.

그런데 3월 15일 최선희 외무성 부상은 평양에서 외신기자들과 외국 외교관들을 대상으로 가진 긴급 기자회견을 통해 김정은 국무위원장이 미국과의 비핵화 대화와 핵·미사일 시험 유예(모라토리엄)를 계속 유지할지에 대해 조만간 결정을 내릴 것이라고 강경해진 입장을 밝혔다. 최선희 부상은 기자회견에서 북한이 지난 15개월 동안 미사일 시험발사와 핵실험을 중단하는 등 변화를 보여준 데 대해 미국도 상응하는 조치를 취하지 않는다면 "우리는 어떠한 형태로든 미국과 타협할 의도도, 이런 식의 협상을 할 생각이나 계획도 결코 없다"라고 말했다. 최 부상은 또한 미사일 시험발사와 핵실험 중단 여부는 전적으로 김 위원장의 결정에 달렸다며 "짧은 기간 안에 결정을 내릴 것"이고 김 위원장이 조만간 북한의 추가 행동을 발표할 공식성명을 내놓을 계획이라고도 밝혔다.

아울러 최선희 부상은 하노이 확대정상회담에 배석했던 마이크 폼페이오 국무장관과 존 볼턴 백악관 국가안보회의 보좌관이 비타협적인 요구를 하는 바람에 미국의 태도가 강경해졌다며 이들을 비난했다. 다만 최 부상은 트럼프 대통령에 대해서는 폼페이오 장관 등에 비해 대화에 좀 더 적극적이었다며 "두 최고지도자 사이의 개인적인 관계는 여전히 좋고 궁합(chemistry)은 신비할 정도로 훌륭하다"라고 긍정적으로 묘사했다(이정진, 2019. 3. 15).

한편 하노이 북미정상회담의 결렬은 그 이전까지 비핵화 협상을 총괄해 왔던 김영철 노동당 중앙위원회 부위원장의 위상 하락과 회담 이후 김정은의 입장을 적극적으로 대변했던 최선희 외무성 부상(副相)의 부상(浮上)으로 연결되었다. 북한의 비핵화 협상을 총괄해 왔던 군부 출신의 김영철은 2018년부터 세 차례의 남북정상회담과 두 차례의 북미정상회담 그리고 네 차례의 북중정상회담에 모두 참석했다. 그러나 그는 김정은의 2019년 4월 블라디보스토크 방문에 수행하지 못했을 뿐만 아니라 김 위원장 전송 행사에도 모습을 드러내지 못했다.

김영철 대신 김정은의 방러에 수행해 푸틴 러시아 대통령과의 정상회담에 배석한 인물들은 이전까지 김 위원장의 정상외교에서 크게 존재감을 드러내지 못했던 리용호 외무상과 최선희 외무성 제1부상이었다. 이들이 존재감을 드러내기 시작한 것은 하노이 회담 결렬 직후부터였다. 리용호와 최선희는 블라디보스토크에서 김정은의 전용차에 동승했는데, 북한 간부가 김 위원장의 전용차에 동승한 사례는 찾아보기 어렵다. 따라서 이는 김 위원장이 그들을 크게 신뢰하고 있음을 보여주는 것이었다.

김영철의 위상 하락은 2019년 4월 10일 개최된 노동당 중앙위원회 제7기 제4차 전원회의에서부터 가시화되었다. 당시 북한은 장금철을 100명 내외의 핵심 엘리트 그룹에 들어가는 당중앙위원회 위원직에 선출하고 당중앙위원회 부장직에도 임명했지만 당시 그가 어느 부서의 부장직을 맡게 되었는지는 밝히지 않았다(≪로동신문≫. 2019. 4. 11 참조). 그러나 4월 24일 국가정보원은 국회 정보위원회 보고를 통해 74세의 김영철이 맡고 있었던 당중앙위원회 통일전선부 부장직에 같은 부서의 부부장을 맡고 있었던 50대 후반의 장금철이 임명되었다고 확인해 주었다. 장금철은 북한 민족화해협의회과 조선아시아태

평양위원회에서 민간 교류 업무를 담당했던 경력이 있는 것으로 알려졌다.

북한의 비핵화 협상을 총괄해 왔던 김영철의 위상이 갑작스럽게 하락한 것은 그가 하노이 북미정상회담 결렬에 큰 책임이 있기 때문으로 판단된다. 제2차 북미정상회담에서 트럼프 대통령이 요구한 '영변 핵시설 폐기 +α의 비핵화 조치' 논의에 김정은은 전혀 준비되어 있지 않았다. 그리고 당시 북한은 미국에게 과도한 제재 해제를 요구함으로써 회담이 결국 결렬되고 말았는데, 이에 대한 1차적 책임은 당연히 김 위원장의 책사 역할을 해온 김영철에게 있었다. 김영철을 비롯한 북한 군부 강경파들이 원하는 최상의 시나리오는 북한이 핵프로그램의 일부만을 포기하고 미국이 대북 제재의 핵심 부분을 해제한 상태에서 북한이 계속 핵보유국으로 남는 것이다. 그러나 그것은 결코 한·미가 받아들일 수 없는 시나리오이다(정성장, 2019. 4. 30 참조).

그런데 4월 11일 개최된 최고인민회의 제14기 제1차 회의에서 최선희 외무성 제1부상은 위상이 추락한 김영철과는 대조적으로 최고인민회의 외교위원회 위원직과 주로 장관급 이상의 인사들이 선출되는 국무위원회의 위원직에도 선출되어 그 위상이 현저하게 높아졌다.

4월 12일 최고인민회의 시정연설에서 김정은은 미국의 협상 태도를 비난하면서 미국의 정책 전환을 촉구했다. 그리고 북미정상회담을 한 차례 더 할 용의는 있지만, 연말까지 미국의 결단이 없으면 제재를 정면 돌파하겠다는 입장을 드러냈다. 김정은은 시정연설에서 먼저 "최근 우리 핵무장력의 급속한 발전현실 앞에서 저들의 본토안전에 두려움을 느낀 **미국은** 회담장에 나와서 한편으로는 관계개선과 평화의 보따리를 만지작거리고 다른 한편으로는 경제제재에 필사적으로 매여달리면서 어떻게 하나 우리가 가는 길을 돌려세우고 **선 무장해제, 후 제도전복야망을 실현할 조건을 만들어보려고 무진 애를 쓰고 있습니다**"라고 미국의 대북정책을 공개적으로 비난했다(강조는 필자). 그리고 "미국이 우리 국가의 근본이익에 배치되는 요구를 그 무슨 제재

자료: ≪로동신문≫(2019. 4. 12)

해제의 조건으로 내들고 있는 상황에서 우리와 **미국과의 대치는 어차피 장기성을 띠게 되어 있으며** 적대세력들의 제재 또한 계속되게 될 것"이라고 주장하면서 제재 장기화에 대비하겠다는 입장을 분명히 밝혔다(강조는 필자).

하지만 "미국이 올바른 자세를 가지고 우리와 공유할 수 있는 방법론을 찾은 조건에서 **제3차 조미수뇌회담을 하자고 한다면 우리로서도 한번은 더 해볼 용의가 있다**"라고 밝혔다. 그리고 "어쨌든 올해 말까지는 인내심을 갖고 미국의 용단을 기다려볼 것이지만 지난번처럼 좋은 기회를 다시 얻기는 분명 힘들 것"이라고 주장했다. 김 위원장은 또한 "쌍방이 서로의 일방적인 요구조건들을 내려놓고 각자의 이해관계에 부합되는 건설적인 해법을 찾아야"한다고 강조했다(≪로동신문≫, 2019.4.13 참조).

6월 27일에는 북한 외무성의 권정근 미국 담당 국장이 개인 명의의 담화를 발표해 "조미[북미]대화가 열리자면 미국이 올바른 셈법을 가지고 나와야 하며 그 시한부는 연말까지"라고 주장하면서 미국의 대북정책 전환을 요구했다. 권정근은 또한 "미국과 대화를 하자고 하여도 협상자세가 제대로 되어 있어야 하고 … 온전한 대안을 가지고 나와야 협상도 열릴 수 있다"라고 주장했다. 그리고 그는 "조미[북미]대화의 당사자는 말 그대로 우리[북한]와 미국이며 조미 적대 관계의 발생 근원으로 보아도 남조선 당국이 참견할 문제가 전혀 아니다"라고 남한과의 대화를 거부하는 입장을 밝혔다. 권정근은 이어서 "우리가 미국에 연락할 것이 있으면 조미 사이에 이미 전부터 가동되고 있는 연락통로[채널]를 이용하면 되는 것이고 협상을 해도 조미가 직접 마주앉아 하게 되는 것만큼 남조선 당국을 통하는 일은 절대로 없을 것"이라고 남한에 대한 철저한 배제 입장을 재확인했다(≪조선중앙통신≫, 2019.6.27).

이렇게 하노이 북미정상회담 결렬 이후 김정은은 미국과의 협상에 회의적인 입장으로 돌아섰지만 2019년 6월 10일 트럼프 대통령에게 보낸 생일 축하 편지에서 "각하에 대한 나의 존경심은 절대로 변하지 않을 것이라고 장담합니다"라고 적었다(박인영, 2020.9.10). 그리고 2019년 6월 말 트럼프 대통령이 트위터로 김정은에게 판문점 회동을 제안하자 이에 곧바로 호응했다.

트럼프 대통령은 6월 29일 한국을 방문하기 직전 트위터를 통해 "중국의 시진핑 주석과의 회담을 포함해 아주 중요한 몇몇 회담을 가진 후에 나는 일본을 떠나 한국으로 떠날 것"이라며 "그곳에 있는 동안 북한 김 위원장이 이것을 본다면, 나는 DMZ에서 그를 만나 손을 잡고 인사(say Hello)를 할 수 있을 것"이라고 말했다(이상헌·박경준, 2019.6.29).

이에 최선희 북한 외무성 제1부상은 이날 신속하게 담화를 발표해 "오늘 아침 트럼프 미합중국 대통령은 트위터를 통해 6월 29일부터 30일까지 남조선을 방문하는 기회에 비무장지대에서 국무위원회 위원장 동지와 만나 인사를 나누고 싶다는 입장을 밝혔다"라며 "매우 흥미로운 제안이라고 보지만 우리는 이와 관련한 공식제기를 받지 못하였다"라고 공식 접촉 의사를 보였다. 그리고 "나는 트럼프 대통령의 의중대로 분단의 선에서 조미(북미)수뇌상봉이 성사된다면 두 수뇌분들 사이에 존재하고 있는 친분관계를 더욱 깊이하고 양국관계 진전에서 또 하나의 의미있는 계기가 될 것이라고 본다"라고 긍정적인 입장을 표명했다(최선영, 2019.6.29).

최선희 제1부상의 이 같은 담화 발표 이후 29일 밤늦게 미국과 북한 간의 대면 접촉이 판문점 북측 통일각에서 진행되었다. 비건 대표가 앨리슨 후커 백악관 국가안보회의(NSC) 한반도 보좌관과 함께 헬기를 타고 직접 판문점으로 가서 북측 인사에게 북미 정상 판문점 회동을 제안하는 문서를 전달하고 경호와 동선 등을 논의한 것으로 알려졌다(이정진, 2019.6.30).

그 결과 30일에 김정은 위원장이 판문점 군사분계선을 넘음으로써 자유의 집에서 북미 정상 간에 역사적인 제3차 상봉이 이루어지게 되었다. 김 위원장은 자유의 집에서 트럼프 대통령에게 "분단의 상징으로 나쁜 과거를 연상케 하는 이런 장소에서 오랜 적대 관계였던 우리 두 나라가 평화의 악수를 하는 것 자체가 어제와 달라진 오늘을 표현하는 것"이라고 평가했다. 그리고 "우리가 훌륭한 관계가 아니라면 하루 만에 이런 상봉이 전격적으로 이뤄지지 않았으리라 생각한다"라면서 "앞으로 이런 훌륭한 관계가 남들이 예상 못하는 좋은 일을 계속 만들면서 앞으로 난관과 장애를 극복하는 신비로운 힘이 될 것"이라고 말했다.

트럼프 대통령도 김 위원장에게 "제가 대통령 당선되기 전 상황을 보면 상황이 부정적이고 위험했다. 남북, 전 세계 모두 위험한 상황이었다"라며 "그러나 우리가 지금껏 발전시킨 관계가 큰 의미가 있다고 생각한다"라고 강조했다. 그리고 "김 위원장께 이런 역사적 순간을 만들어주신 것에 대해 감사드

사진 9-4 **도널드 트럼프와 김정은의 판문점 회동(2019.6.30)**

자료: ≪로동신문≫(2019.7.1)

린다. 김 위원장과 함께 있는 시간을 저는 기쁘게 생각한다"라고 말했다. 이후 양측은 비공개 논의에 들어갔다(임형섭 외, 2019.6.30).

트럼프 대통령은 김정은 위원장과의 회동을 마친 후 "(북미가) 각각 대표를 지정해서 포괄적 협상을 하기로 합의했다"라면서 "미국은 마이크 폼페이오 국무장관 주도로 스티브 비건 국무부 대북특별대표가 (협상)대표가 될 것이고 2~3주 내로 북미가 팀을 구성해서 협상을 시도할 것"이라고 말했다. 그러면서도 "속도보다 올바른 협상을 추구할 것"이라는 기존 입장을 재확인했다(백나리, 2019.6.30).

이에 비해 북한 관영 매체는 북미 정상 간의 논의 사항을 훨씬 추상적으로 발표했다. 7월 1일 자 ≪로동신문≫은 "조미 두 나라 최고수뇌분들께서는 조선반도의 긴장상태를 완화하며 조미 두 나라 사이의 불미스러운 관계를 끝장

내고 극적으로 전환해나가기 위한 방도적인 문제들과 이를 해결함에 있어서 걸림돌로 되는 서로의 우려사항과 관심사적인 문제들에 대하여 설명하고 전적인 이해와 공감을 표시하시였다"라고 지적했다. 그리고 "조미최고수뇌분들께서는 앞으로도 긴밀히 연계해나가며 조선반도 비핵화와 조미관계에서 새로운 돌파구를 열어나가기 위한 생산적인 대화들을 재개하고 적극 추진해나가기로 합의하시였다"라고 밝혔다(≪로동신문≫. 2019.7.1 참조).

미 인터넷 매체 악시오스는 7월 2일 두 명의 소식통을 인용해 비건 미 국무부 대북정책특별대표가 6월 30일 한국에서 워싱턴D.C.로 돌아오는 마이크 폼페이오 국무장관의 전용기에서 기자들과 만나 비보도를 전제로 북한과 비핵화 협상을 하는 동안 북한 대량살상무기의 '완전한 동결(complete freeze)'을 원하고 있음을 밝혔다고 보도했다. 이 매체에 의하면 비건 특별대표는 또한 트럼프 행정부가 "동결과 (비핵화) 최종상태의 개념, 그리고 그 안에서 우리가 북한의 핵무기 포기를 향한 로드맵을 논의하기를 원한다"라고 설명했다. 비건 특별대표는 그러나 북한이 무기 프로그램을 동결하더라도 트럼프 행정부가 대북 제재를 해제할 준비는 되어 있지 않다고 선을 그었다. 대신 그는 인도주의적 지원과 외교관계 개선과 같은 다른 양보를 할 수 있다고 말했다(강건택, 2019.7.3).

이처럼 북미 정상이 다시 만났지만 양측의 입장이 특별히 달라진 것이 없었기 때문에 하노이 '노딜' 이후 약 7개월 만인 10월 5일 스톡홀름에서 개최된 북미실무회담도 결국 접점을 찾지 못하고 결렬로 끝났다. 북한 측 실무회담 대표인 김명길 외무성 순회대사는 회담이 끝난 후 기자회견을 갖고 성명을 발표해 "우리는 미국측이 우리와의 협상에 실질적인 준비가 되어있지 않다고 판단한 데 따라 협상을 중단하고 연말까지 좀 더 숙고해 볼 것을 권고했다"라고 밝혔다. 그리고 "조선반도의 완전한 비핵화는 우리의 안전을 위협하고 발전을 저해하는 모든 장애물들이 깨끗하고 의심할 여지없이 제거될 때에라야

가능하다"라고 밝힘으로써 '선(先) 안전보장과 제재 해제, 후(後) 비핵화'라는 미국이 수용할 수 없는 입장을 보였다.

또한 김명길 대사는 성명을 통해 "핵시험과 대륙간탄도로케트 발사 중지, 북부 핵시험장의 폐기, 미군유골[유해]송환과 같이 우리가 선제적으로 취한 비핵화 조치들과 신뢰구축 조치들에 미국이 성의 있게 화답하면 다음 단계의 비핵화 조치를 위한 본격적인 논의에 들어갈 수 있다"라는 입장을 밝혔다. 그리고 미국이 15차례에 걸쳐 북한을 겨냥한 제재 조치들을 발동하고, 대통령이 직접 중지를 공약한 합동군사연습마저 하나둘 재개했으며, 한반도 주변에 첨단 전쟁장비들을 끌어들여 북한의 생존권과 발전권을 공공연히 위협했다고 비난했다(김정은·이준삼·김효정, 2019.10.6). 이번 실무회담에서도 북한은 남북 및 북미정상회담에서 약속한 '한반도의 완전한 비핵화'의 개념 정의와 방법, 일정표에 대한 구체적이고도 진지한 논의를 거부했다(정성장, 2018.10.7 참조).

6. 2019년 스톡홀름 북미실무회담 결렬 이후 김정은의 대미 정책

스톡홀름 북미실무회담의 결렬 이후 북한의 대미 태도는 갈수록 강경해졌고, 북한은 비핵화 협상을 포기하고 '새로운 길'로 나아가겠다는 의지를 더욱 구체화했다. 북한은 2019년 11월 14일 김정은이 위원장직을 맡고 있는 '국무위원회'의 대변인 담화를 발표해 다시 한미연합훈련을 강도 높게 비난했다. 북한은 "조미관계의 거듭되는 악순환의 가장 큰 요인으로 작용하고 있는 미국과 남조선의 합동군사연습으로 하여 조선반도정세가 다시 원점으로 돌아갈 수 있는 예민한 시기에 미국은 자중하여 경솔한 행동을 삼가는 것이 좋을 것이다"라고 주장했다. 그리고 "우리가 어쩔 수 없이 선택하게 될 수도 있는 《새로운 길》이 《미국의 앞날》에 장차 어떤 영향을 미치겠는가에 대해 고민해야 할 것"(강조는 필자)이라고 경고하면서 다시 '새로운 길'에 대해 언급했다(홍유담, 2019.11.13).

11월 18일에는 북한의 대표적인 강경파인 김영철이 '조선아시아태평양평화위원회 위원장' 명의의 담화를 발표해 "비핵화 협상의 틀거리 내에서 조미관계개선과 평화체제수립을 위한 문제들을 함께 토의하는 것이 아니라 조미사이에 신뢰구축이 먼저 선행되고 우리의 안전과 발전을 저해하는 온갖 위협들이 깨끗이 제거된 다음에야 비핵화 문제를 논의할수 있다"라는 매우 강경한 입장을 표명했다. 그리고 미국은 대북 적대 정책을 철회하기 전에는 "비핵화 협상에 대하여 꿈도 꾸지 말아야 한다"라고 주장했다(《조선중앙통신》, 2019.11.19 참조). 이어 최선희 외무성 제1부상도 11월 20일 러시아 모스크바에서 "미국 쪽에 전할 메시지가 있느냐"는 취재진의 질문에 "메시지는 없고 이제는 아마 핵 문제와 관련한 논의는 앞으로 협상탁(협상 테이블)에서 내려지지 않았나 하는 게 제 생각"이라고 말했다(이준서, 2019.12.8).

김정은 위원장은 10월 16일 백마를 타고 북한에서 '혁명의 성산'이라고 불리는 백두산을 등정한 지 49일 만인 12월 3일, 이번에는 군마를 타고 최룡해 국무위원회 제1부위원장, 박정천 인민군 총참모장, 군종(軍種)사령관들, 군단장들 및 노동당 중앙위원회 간부들과 함께 백두산을 다시 등정했다. 김 위원장이 군부의 주요 지휘관들을 대동하고 백두산에 등정한 것은 매우 이례적인 일로 이는 그가 향후 군대를 더욱 챙기고 군사력 강화에 집중할 것임을 예고하는 것이었다.

김정은은 당시 백두산에서 "우리 당의 사상진지, 혁명진지, 계급진지를 허물어보려는 제국주의자들과 계급적 원쑤들의 책동이 날로 더욱 우심해지고 있다"라고 강조함으로써 미국과 남한에 대한 강한 적대 의식을 드러냈다. 그리고 이번에 자신이 '백두산지구 혁명 전적지'들을 돌아본 것은 전당, 전군, 전민이 '제국주의자들의 전대미문의 봉쇄압박책동' 속에서 혁명의 현 정세와 환경, '혁명의 간고성과 장기성'에 따르는 필수적인 요구에 맞게 당원들과 근로자들 등 속에 '백두의 굴함 없는 혁명정신'을 심어주기 위한 혁명전통교양을 더욱 강화하는 사회적 분위기를 세우기 위해서라고 주장했다(≪로동신문≫, 2019. 12. 4 참조).

한편 12월 7일 김성 유엔주재 북한 대사는 성명을 발표해 "미국이 추구하는 '지속적이며 실질적인 대화'는 국내 정치적 어젠다로서 북미대화를 편의주의적으로 사용하기 위한 시간벌기 속임수"라고 주장했다. 그리고 "우리는 지금 미국과 긴 대화를 가질 필요가 없다"라면서 "비핵화는 협상 테이블에서 이미 내려졌다"라고 선언했다(이준서, 2019. 12. 8).

12월 8일에는 트럼프 대통령이 김정은 위원장을 향해 "적대적인 행동을 하면 사실상 모든 것을 잃을 것"이라고 경고하자, 12월 9일 김영철은 조선아시아태평양평화위원회 위원장 명의의 담화를 발표해 "우리는 더 이상 잃을 게 없는 사람들"이라고 반발했다. 그리고 트럼프 대통령에 대해 "경솔하고 잘망스러운 늙은이여서 또다시 《망녕든 늙다리》로 부르지 않으면 안 될 시기가 다시 올 수도 있을 것 같다"라고 매우 원색으로 비난했다. 다만 "다시 한번 확인시켜 주지만 우리 국무위원장(김정은)은 미국 대통령을 향해 아직까지 그 어떤 자극적 표현도 하지 않았다"라고 주장함으로써 김정은과 트럼프 간의 개인적 관계까지 악화되는 것은 피하려는 모습을 보여주었다(≪조선중앙통신≫, 2019. 12. 9 참조).

12월 11일 미국이 북한의 '추가 도발' 가능성에 대해 논의하기 위해 유엔안보리 회의를 소집하자 북한은 12일 이를 강렬하게 비난하는 외무성 대변인 담화를 발표했다. 북한은 외무성 대변인 담화를 통해 "저들은 때 없이 대륙간탄도미사일을 쏘아 올려도 되고 우리는 그 어느 나라나 다 하는 무기시험도

하지 말아야 한다는 주장이야말로 우리를 완전히 무장해제시켜 보려는 미국의 날강도적인 본성을 적나라하게 보여주는 대목"이라고 주장했다. 또한 북한은 "미국이 입만 벌리면 대화타령을 늘어놓고 있는데 설사 대화를 한다고 해도 미국이 우리에게 내놓을 것이 없다는 것은 너무도 자명하다"라고 주장했다. 북한은 "미국은 이번 회의 소집을 계기로 도끼로 제 발등을 찍는 것과 같은 어리석은 짓을 하였으며 우리로 하여금 어느 길을 택할 것인가에 대한 명백한 결심을 내리게 하는데 결정적인 도움을 주었다"라고 주장했다(≪조선중앙통신≫, 2019. 12. 12 참조).

북한은 2019년 12월 28일 노동당 중앙위원회 제7기 제5차 전원회의를 개최해 31일까지 4일간이나 진행했다. 북한에서 당중앙위원회 전원회의는 당대회 다음으로 중요한 정치행사로, 북한은 이 회의를 통해 경제·핵 병진 노선이나 경제건설총집중노선 같은 새로운 노선을 발표하거나 대규모 인사 교체를 발표해 왔다. 북한이 이처럼 중요한 당중앙위원회 전원회의를 무려 4일간이나 진행했다는 것은 이 전원회의에서 그만큼 중요한 논의와 결정이 이루어졌음을 시사하는 것이다.

북한은 김정은 집권 이후 2019년 4월까지 모두 다섯 차례 당중앙위원회 전원회의를 개최했는데, 모두 하루 만에 종료되었다. 북한이 1990년 1월의 당중앙위원회 전원회의 이후 약 30년 만에 당중앙위원회 전원회의를 수일간 개최한 것은 그만큼 당시의 대내외적 상황을 매우 엄중하게 인식하고 있었음을 보여주는 것이다.[5]

---

5 김일성 시대에도 당중앙위원회 전원회의가 일반적으로는 하루 일정으로 개최되었지만, 1949년 12월에 4일간, 1950년 12월에 3일간, 1951년 11월에 4일간, 1952년 12월에 4일간, 1956년 12월에 3일간, 1974년 2월에 3일간, 1990년 1월에 5일간 개최된 바 있다. 과거에 당중앙위원회 전원회의가 몇 차례 수일간 진행되었던 데에는 당과 정권기관의 기율 강화 필요성, 대규모 숙청의 단행, 김정일 후계체제 구축, 동구권 사회주의체제의 붕

북한은 2020년 1월 1일 자 ≪로동신문≫에 "조선로동당 중앙위원회 제7기 제5차 전원회의에 관한 보도"를 싣고 이것으로 김정은의 신년사를 갈음했다. 이 보도문의 분량은 김정은 위원장의 2019년 신년사보다 0.5배 정도 더 긴 것으로 김정은이 이 보도문의 내용과 크게 다른 것을 신년사에 담기 어려웠기 때문에 신년사 발표를 생략한 것으로 판단된다.[6]

김정은 위원장은 2019년 12월 당중앙위원회 제7기 제5차 전원회의에서 "현정세와 혁명발전의 요구에 맞게 정면돌파전을 벌릴 데 대한 혁명적 노선"(약칭 '정면돌파 노선')을 천명했다. 북한의 당중앙위원회 전원회의 보도에서 '정면돌파'라는 표현은 23회, '자력부흥'이라는 표현은 5회, '자력번영'이라는 표현은 4회 언급된 것으로 보아 이 전원회의의 핵심 키워드는 단연 '정면돌파'였음을 알 수 있다. 북한의 새로운 '정면 돌파 노선'은 미국과의 비핵화 협상 중단, 북미 교착 상태와 대북 제재 장기화를 기정사실화하면서 북한의 핵과 미사일 능력 및 자강력을 보다 강화하는 방향으로 나아가겠다는 것이었다.

이와 함께 김정은은 "당에서 구상하던 전망적인 **전략무기체계들이 우리의 수중에 하나씩 쥐여지게 된 것**은 공화국의 무력발전과 우리의 자주권과 생존권을 보위하고 담보하는데서 커다란 사변"으로 된다고 주장함으로써 전략무기 개발에서 큰 성과가 있었다고 밝혔다(강조는 필자). 그리고 "첨단국방과학의 이 같은 비약은 **우리의 군사기술적 강세를 불가역적인 것으로 만들고** 우리 국력의 상승을 더없이 촉진시킬 것이며 주변 정치정세의 통제력을 제고하

괴와 베를린 장벽의 붕괴로 인한 충격 등이 중요한 배경으로 작용했다. 김정일 시대에는 당중앙위원회 전원회의가 2010년 9월 28일 단 한 차례 하루 일정으로 개최되었다.

6 과거에 김일성도 1956년 12월에 3일간 당중앙위원회 전원회의를 개최한 후 1957년 신년사를 발표하지 않았고, 1986년 12월 30일 최고인민회의 제8기 제1차 회의에서 "사회주의의 완전한 승리를 위하여"라는 시정연설을 한 후 1987년 신년사를 발표하지 않았다. 따라서 신년사 발표 생략은 완전히 새로운 현상은 아니다.

고 **적들에게는 심대하고도 혹심한 불안과 공포의 타격을 안겨줄 것**"이라고 주장했다(≪로동신문≫, 2020. 1. 1, 강조는 필자).

또한 김정은은 "앞으로 미국이 시간을 끌면 끌수록, 조미관계의 결산을 주저하면 할수록 예측할 수 없이 강대해지는 조선민주주의인민공화국의 위력 앞에 속수무책으로 당할 수밖에 없게 되어있으며 더욱더 막다른 처지에 빠져들게 되어있다"(≪로동신문≫, 2020. 1. 1)라고 주장함으로써 미국의 대미정책 전환을 촉구했다. 이처럼 김정은이 '시간은 북한 편'이라는 시각을 가지고 있기 때문에 북한의 비핵화 협상 복귀를 기대하기는 어렵게 되었다.

아울러 김정은은 "우리는 우리 국가의 안전과 존엄 그리고 **미래의 안전을 그 무엇과 절대로 바꾸지 않을 것**임을 더 굳게 결심하였다"라고 밝혔다(강조는 필자). 이는 다시 말해 북한의 전략무기를 제재 완화나 다른 것과 바꾸지 않겠다는 것이다. 또한 김정은은 "핵문제가 아니고라도 미국은 우리에게 또 다른 그 무엇을 표적으로 정하고 접어들 것이고 미국의 군사정치적 위협은 끝이 나지 않을 것"(≪로동신문≫. 2020. 1. 1)이라고 주장함으로써 미국과의 '비핵화 협상 무용론'을 재강조했다. 그러므로 이는 사실상 미국과의 협상 중단을 선언한 것과 다를 바 없었다(정성장, 2020. 1. 2 참조).

거기에 더해서 김정은은 북한이 북미 신뢰 구축을 위하여 핵실험과 대륙간 탄도미사일 시험발사를 중지하고 핵실험장을 폐기하는 선제적인 중대조치들을 취한 지난 2년 동안 미국은 이에 화답하기는커녕 대통령이 직접 중지를 공약한 합동군사연습들을 수십 차례나 벌려놓고 첨단전쟁장비들을 남한에 반입하여 북한을 군사적으로 위협하였으며 십여 차례의 단독 제재조치들을 취함으로써 북한을 압살하려는 야망에 변함이 없다는 것을 증명해 보였다고 미국을 비난했다. 그리고 이러한 조건에서 "지켜주는 대방[상대방]도 없는 공약에 우리가 더 이상 일방적으로 매여 있을 근거가 없어졌다"라고 주장함으로써 핵실험과 ICBM 시험발사 모라토리엄 파기 가능성을 시사했다(≪로동신문≫.

2020. 1. 1).

김정은은 더 나아가 "이제껏 우리 인민이 당한 고통과 억제된 발전의 대가를 깨끗이 다 받아내기 위한 **충격적인 실제행동**에로 넘어갈 것"이라고 예고했다(강조는 필자). 그리고 김정은은 "이제 세상은 곧 멀지 않아 조선민주주의인민공화국이 보유하게 될 **새로운 전략무기를 목격하게 될 것**"이라고 확언했다(≪로동신문≫. 2020. 1. 1, 강조는 필자).

그로부터 1년 후인 2021년 1월에 개최된 제8차 당대회에서 김정은은 향후 "대외정치 활동을 우리 혁명 발전의 기본장애물, 최대의 주적(主敵)인 미국을 제압하고 굴복시키는 데 초점을 맞추고 지향시켜나가야 한다"라고 주장함으로써 미국에 대해 '최대의 주적'이라는 매우 강경한 표현을 사용했다. 그리고 "미국에서 누가 집권하든 미국이라는 실체와 대조선 정책의 본심은 절대로 변하지 않는다"라고 지적했다(≪로동신문≫. 2020. 1. 9 참조). 북한은 그때까지 2020년 미국 대선 결과에 대해 일체 언급하지 않았으나 김정은이 바이든 행정부 출범 이후 미국의 대북정책 변화 가능성에 기대를 걸고 있지 않다는 점을 이때 처음으로 간접적으로 드러낸 것이다.

또한 김정은은 사업총화보고를 통해 "새로운 조미관계 수립의 열쇠는 미국이 대조선 적대시 정책을 철회하는 데 있다고 하면서 앞으로도 강대강(强對强), 선대선(善對善)의 원칙에서 미국을 상대할 것"이라는 입장을 천명했다. 그리고 "공화국[북한]이 책임적인 핵보유국으로서 침략적인 적대세력이 우리를 겨냥하여 핵을 사용하려 하지 않는 한 핵무기를 남용하지 않을 것"이라고 주장했다. 김정은은 이처럼 보고에서 북한의 '핵보유국' 지위를 강조하면서 '비핵화'에 대해서는 단 한 번도 언급하지 않음으로써 미국과의 비핵화 대화에 나설 의향이 전혀 없음을 다시 명백히 했다(≪로동신문≫. 2020. 1. 9).

아울러 김정은은 2021년 9월 29일 최고인민회의 회의에서의 두 번째 시정연설(첫 시정연설은 2019년 4월)을 통해 "지금 미국이 '외교적 관여'와 '전제조건 없는 대화'를 주장하고 있지만 그것은 어디까지나 국제사회를 기만하고 저들의 적대행위를 가리우기 위한 허울에 지나지 않으며 역대 미 행정부들이 추구해온 적대시 정책의 연장에 불과하다"라고 주장하면서 앞으로도 바이든 행정부와의 대화에 나설 의사가 전혀 없음을 분명히 했다(≪로동신문≫. 2021. 9. 30 참조).

그런데 10월 11일 국방발전전람회 '자위-2021' 개막식 기념연설에서는 "우리의 주적은 전쟁 그 자체이지 남조선이나 미국 특정한 그 어느 국가나 세력이 아닙니다"라고 다소 변화된 입장을 보여주었다. 그러면서 미국이 최근 북한에 대해 적대적이지 않다는 신호를 빈번히 발신하고 있지만 적대적이지 않다고 믿을 수 있는 '행동적 근거'는 하나도 없다고 주장했다. 또한 북한의 국방력 강화를 더 힘 있게 추동할 것이라고 선언했다(≪로동신문≫. 2021. 10. 12 참조).

이처럼 김정은은 때로는 미국을 '최대의 주적'으로 간주했다가, 때로는 '전쟁 그 자체'가 주적이지, 미국이 주적은 아니라고 하는 등 상황에 따라 입장을 바꿔왔다. 그러다가 2023년 9월 26일부터 27일까지 개최된 최고인민회의 제14기 제9차 회의에서는 핵무력강화정책 기조를 헌법에까지 반영하고, 연설을 통해 "우리 공화국이 사회주의국가로 존재하는 한, 자주와 사회주의를 말살하려는 제국주의자들의 폭제의 핵이 지구상에 존재하는 한 핵보유국의 현지위를 절대로 변경시켜서도, 양보하여서도 안 되며 오히려 핵무력을 지속적으로 더욱 강화해나가야 한다는 것이 우리 당과 정부가 내린 엄정한 전략적 판단"이라고 주장했다(≪로동신문≫. 2023. 9. 28 참조).

북한이 이처럼 핵무력을 지속적으로 더욱 강화하겠다는 입장이기 때문에 북미 관계는 시간이 갈수록 더욱 악화될 가능성이 크다. 그럴수록 김정은은 체제 생존과 경제 발전을 위해 중국 및 러시아 정상과의 협력을 더욱 강화할 수밖에 없을 것이다.

참고문헌

강건택. 2019. 7. 3. "비건 "北WMD 완전동결 원해…제재해제 대신 인도지원·관계개선"(종합)". ≪연합뉴스≫.

강영두. 2017. 5. 26. "트럼프 정부, 4대 대북정책 기조 확정…군사옵션 배제 눈길". ≪연합뉴스≫.

_____. 2019. 3. 4. "볼턴 "트럼프, 김정은에 빅딜문서 건넸다"…생화학무기도 언급(종합3보)". ≪연합뉴스≫.

강영두·이상헌. 2018. 9. 25. "문대통령 "조기 미북정상회담 기원"…트럼프 "곧 발표될 것"(종합)". ≪연합뉴스≫.

고형규. 2018. 3. 28. "트럼프 "김정은, 주민·인류위해 바른일할 가능성 커…만남기대"(종합)". ≪연합뉴스≫.

권혜진. 2018. 4. 29. "트럼프 "북미정상회담 3~4주 내 열릴 것으로 생각"". ≪연합뉴스≫.

김남권. 2017. 1. 3. "트럼프 "북한, 미국 타격할 핵무기 개발 못 할 것"(종합)". ≪연합뉴스≫.

김승욱. 2017. 11. 8. "트럼프, 北에 고강도 경고 메시지…동시에 '대화의 길도 열어둬'. ≪연합뉴스≫.

김정은·이준삼·김효정. 2019. 10. 6. "北, 美에 공넘기며 '적대정책 철회' 先조치 요구…논의 문턱높여(종합)". ≪연합뉴스≫.

김혜란. 2018. 9. 19. "나경원 "평양공동선언, 비핵화는 그대로·퍼주기는 급발진"". ≪동아일보≫.

노효동. 2016. 6. 16. "트럼프 "김정은 미국 오면 만나 햄버거 놓고 핵협상"(종합)". ≪연합뉴스≫.

노효동·이상헌·김승욱·박경준. 2018. 3. 6. "남북정상회담 4월 말 개최…김정은 "비핵화 북미대화 가능"(종합2보)". ≪연합뉴스≫.

≪로동신문≫. 1958. 11. 22; 2017. 8. 8; 2018. 6. 13; 2018. 9. 6; 2019. 1. 1; 2019. 2. 24; 2019. 3. 1; 2019. 4. 11; 2019. 7. 1; 2020. 1. 1; 2021. 1. 9; 2021. 9. 30; 2021. 10. 12; 2023. 9. 28.

_____. 2017. 8. 10. "우리는 실제적군사행동으로 미국에 엄중한 경고를 보낼 것이다 ― 조선인민군 전략군사령관 김락겸대장의 발표 - ".

_____. 2017. 8. 9a. "미국은 현 상황에서 극히 신중해야 하며 충돌을 유발할수 있는 어떠한 군사적행동도 특별히 삼가해야 한다 ― 조선인민군 전략군 대변인성명".

_____. 2017. 8. 9b. "우리 공화국에 대한 미국의 분별없는 ≪전쟁불사≫광증은 아메리카제국의 비극적종말만을 불러오게 될 것이다 ― 조선인민군 총참모부 대변인성명".

_____. 2017. 9. 22. "조선민주주의인민공화국 국무위원회 위원장 성명".

_____. 2018. 1. 1. 김정은, "신년사".

_____. 2019. 12. 4. "경애하는 최고령도자 김정은동지께서 백두산지구 혁명전적지들을 돌아보시였다".

_____. 2019. 4. 13. "현 단계에서의 사회주의건설과 공화국정부의 대내외정책에 대하여 ― 조선민주주의인민공화국 최고인민회의 제14기 제1차회의에서 한 시정연설, 주체108(2019)년 4월 12일".

박인영. 2020. 9. 10. "김정은이 지난해 6월 트럼프 생일 맞아 보낸 친서 전문". ≪연합뉴스≫.

백나리. 2019. 3. 1. "[하노이 담판 결렬] 트럼프 대통령 기자회견 문답(종합2보)". ≪연합뉴스≫.

_____. 2019. 3. 2. "美, 영변 폐기에 'WMD·ICBM 전면 동결' 병행 고수했나". ≪연합뉴스≫.

_____. 2019. 6. 30. "[남북미 판문점 회동] 트럼프, 파격 승부수로 협상재개 수확…향후 행보 주목". ≪연합뉴스≫.

≪브레이크뉴스≫. 2021. 2. 24.

사회과학출판사. 2017. 『조선말대사전(증보판) ③』. 평양: 사회과학출판사.

≪세계일보≫. 2017. 1. 23.

송수경. 2018. 4. 30. "폼페이오 "北에 '불가역적' 조치 요구…비핵화 '진짜기회' 있다"(종합3보)". ≪연합뉴스≫.

_____. 2018. 5. 25. "[전문] 트럼프, 6·12 북미정상회담 취소 공개서한". ≪연합뉴스≫.

_____. 2018. 6. 12. 트럼프 "실무회담 잘 진행…진짜합의 이뤄질지 곧 알게될 것"(종합)". ≪연합뉴스≫.

_____. 2019. 1. 3. 트럼프 "김정은의 훌륭한 친서 받아…그리 머지않아 2차 회담"(종합)". ≪연합뉴스≫.

_____. 2019. 2. 28a. 트럼프 "제재가 쟁점…비핵화를 줘야 제재 해제할 수 있어"(종합)". ≪연합뉴스≫.

_____. 2019. 2. 28b. "[하노이 담판 결렬] '양보'보다 '빈손' 택한 트럼프, 앞으로의 대북행보는(종합)". ≪연합뉴스≫.

_____. 2019. 3. 1. ""트럼프, 김정은에 '더 통크게' '올인하라. 우린 준비됐다' 주문"". ≪연합뉴스≫.

신지홍. 2017. 9. 20. "트럼프 "미국.동맹 방어해야한다면 北완전파괴외 다른선택 없다"(종합3보)". ≪연합뉴스≫.

신지홍·강영두. 2017. 8. 9. "트럼프 "北, 미국 더 위협말라…'화염과 분노'에 직면할 것"(종합2보)". ≪연합뉴스≫.

≪연합뉴스≫. 2019. 3. 5. "폼페이오 "수주 내 평양에 협상팀 보내기를 희망"(종합)".

_____. 2017. 1. 18.

_____. 2018.6.12a. "북미정상, 역사적 합의 서명…"비핵화과정 매우 빨리 개시"(종합)".

_____. 2018.6.12b. "트럼프 "북미협상 진행되는 동안 한미연합훈련 중단"(종합3보)".

_____. 2018.6.12c. "트럼프 "한미연합훈련 중단…조만간 실제로 종전이 있을 것"(종합)".

_____. 2018.6.13. [한반도 해빙] 주요 외신 "북미정상회담 승자는 김정은"".

_____. 2018.9.19. "[평양공동선언] '9월 평양공동선언' 전문".

_____. 2019.2.28a. "[하노이 담판 결렬] 트럼프 대통령 기자회견 문답-2".

_____. 2019.2.28b. 김정은, "[하노이 담판 결렬] 트럼프 대통령 기자회견 문답(종합)".

_____. 2019.3.1. "[전문] 北리용호·최선희 심야 기자회견 발언(종합)".

이상헌. 2018.9.6. "김정은 "트럼프 첫 임기 내에 적대역사 청산·비핵화 실현 희망"". ≪연합뉴스≫.

이상헌·박경준. 2019.6.29. "트럼프 'DMZ만남'발언에 靑 "확정된것 없어…북미대화 이뤄지길"". ≪연합뉴스≫.

이상헌·임형섭. 2018.10.7. "폼페이오 "미북정상회담 가급적 빨리 열기로 김정은과 의견모아"(종합)". ≪연합뉴스≫.

이상현. 2016.11.9. "＜트럼프 당선＞ 한반도 관련 주요 발언록". ≪연합뉴스≫.

이승우. 2017.5.26. "'4대 기조' 담은 美 대북정책안 확정…"최종적으론 대화로 해결"(종합)". ≪연합뉴스≫.

_____. 2018.5.11. "트럼프-김정은, 다음달 12일 싱가포르서 '세기의 핵담판'(종합3보)". ≪연합뉴스≫.

이윤영. 2019.2.28. "트럼프 "차기 정상회담 빨리 열릴 수도, 오래 걸릴 수도"". ≪연합뉴스≫.

이윤영·백나리. 2019.1.2. "트럼프 "나도 김 위원장과의 만남 고대"…北신년사에 '화답'(종합)". ≪연합뉴스≫.

이정진. 2019.03.15. "美 '빅딜' 압박에 北 '실험재개 카드'로 응수…기싸움 본격화". ≪연합뉴스≫.

_____. 2019.3.21. "강경화 "美가 하노이서 요구한 건 핵폐기 아닌 동결"". ≪연합뉴스≫.

_____. 2019.6.30. "[남북미 판문점 회동] 트윗에서 만남까지 32시간…비건, 北과 판문점서 협의(종합)". ≪연합뉴스≫.

이준서. 2019.12.8. "北유엔대사 "비핵화, 협상테이블서 내려져"…'재선'트럼프 압박?(종합2보)."≪연합뉴스≫, 2019.12.08.

_____. 2017.5.17. "美유엔대사 "北 핵실험 중단하면 대화 용의"…협상론 힘 받나(종합)". ≪연합뉴스≫.

이준영. 2018.10.8. "北, 美에 풍계리 핵실험장 사찰 초청…북미회담 구체화". ≪시사저널이코노미≫.

임주영. 2019.03.01. "美정치권, '핵담판 결렬' 트럼프 결정에 "나쁜 합의보단 낫다"(종합)". ≪연합뉴스≫.

임형섭·박경준. 2018.6.12. "文대통령 "북미회담, 세계평화 토대" 트럼프 "기대이상 성과"(종합)". ≪연합뉴스≫.

임형섭·차지연·박경준·이슬기. 2019.6.30. "美대통령 처음으로 북한 땅 밟다…남북미 정상 사상 첫 3자 회동(종합)". ≪연합뉴스≫.

정빛나. 2019.3.1. "[전문] 리용호 북한 외무상 기자회견". ≪연합뉴스≫,

정성장. 2017.8.16. 「북한의 괌도 포위사격 위협 의도와 한반도 정세 전망」. ≪세종논평≫, No. 357.

_____. 2018.10.7. 「스톡홀름 북미실무협상 결렬과 김정은 위원장의 대미정책 전환 방향」. ≪세종논평≫, No. 2019-26.

_____. 2018.3.7. 「대북 특별사절단의 남북 합의 평가: 북핵 위협 관리와 남북 정치적·군사적 신뢰구축」. ≪세종논평≫, No. 2018-12.

_____. 2018.3.9. 「북미정상회담 개최 합의와 한반도 냉전구조 해체 전망」. ≪세종논평≫, No. 2018-16.

_____. 2018.5.25. 「트럼프 대통령의 6·12 미북정상회담 취소와 회담 재추진 방향」. ≪세종논평≫, No. 2018-29.

_____. 2018.8.16. 「북한 비핵화의 단계적 추진 전략과 한미 공조의 방향」. ≪세종논평≫, No. 2018-38.

_____. 2018.9.11. 「남북정상회담에서의 한반도 비핵화 방안 협의 방」. ≪정세와 정책≫, 2018-8호.

_____. 2019.07.08. 「한반도 비핵화 협상의 성공 조건: 비핵화의 대상, 방법, 일정표와 상응조치에 대한 포괄적 합의」. ≪세종논평≫, No. 2019-22.

_____. 2019.2.26. "김정은 위원장이 '열차'로 베트남 방문한 네 가지 이유". ≪오마이뉴스≫.

_____. 2019.4.30. 「북한의 비핵화 협상 라인 교체와 한국 정부의 과제」. ≪세종논평≫, No. 2019-16.

_____. 2020.1.2. 「북한 노동당 중앙위원회 제7기 제5차 전원회의 평가와 한반도 정세 전망」. ≪세종논평≫, No. 2020-1.

정형곤 외. 2018. 「비핵화에 따른 대북경제제재 해제-분석과 시사점」. 서울: 대외경제정책연구원.

≪조선중앙통신≫. 2018.11.2. "[전문] 언제면 어리석은 과욕과 망상에서 깨어나겠는가".

_____. 2018.5.25. "조선외무성 제1부상 담화 발표".

_____. 2018.7.7. "조선민주주의인민공화국 외무성 대변인담화".

_____. 2019.6.27. "조선민주주의인민공화국 외무성 미국담당 국장 권정근의 담화".

_____. 2019.11.19. "김영철 조선아시아태평양평화위원회 위원장 담화".

_____. 2019.12.12. "조선민주주의인민공화국 외무성 대변인담화".

_____. 2019.12.9. "김영철 조선아시아태평양평화위원회 위원장 담화,"

최선영. 2019.6.29. "北최선희, 트럼프 DMZ회동제안 수용 시사…"의미있는 계기될 것"(종합)". ≪연합뉴스≫.

홍유담. 2019.11.13. "北국무위 "美, 한미합동군사연습 삼가야…큰 위협 직면할 것"". ≪연합뉴스≫.

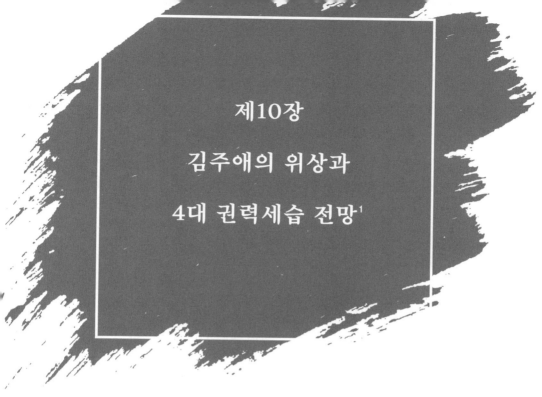

1. 김주애의 위상에 대해 부정확한 평가가 나온 이유

2021년 11월부터 김정은이 자신의 딸 김주애를 ICBM 시험발사 현장과 열병식 등 중요 행사에 자주 대동하고 등장하면서 김주애가 그의 '후계자'가 될 것인지에 대해 많은 관심이 집중되고 있다. 김주애가 처음 등장했을 때 필자(이영태, 2022. 11. 20)와 안드레이 란코프 국민대 교수(란코프, 2022. 11. 24)를 제외한 대부분의 전문가와 정부 당국은 김주애가 후계자로 내정되었을 가능성에 대해 매우 부정적이었다. 그러나 시간이 지나면서 정부와 전문가들의 의견이

---

1 이 장은 정성장(2024. 6. 13)과 정성장(2024. 7. 1)을 통합하고 보완해 작성한 것이다.

서서히 바뀌기 시작해, 마침내 2023년 12월 3월에는 조태용 국가안보실장이 KBS 시사 대담 프로그램 〈일요진단〉에 출연해 김주애에 대해 "얼마 전까지는 '김주애가 후계자일까'라고 생각했다면 지금은 '김주애가 후계자일 것 같은데 맞느냐'라고 따져보는 단계"라고 평가하기에 이르렀다(김민서, 2023. 12. 4). 곧이어 통일부 고위 당국자도 "세습 가능성이 굉장히 높아졌을 가능성이 있다"(목용재, 2023. 12. 6)라고 분석했고, 2024년 1월 국정원도 김주애를 마침내 '유력한 후계자'(김학일, 2024. 1. 3)로 간주하게 되었다.

김주애의 위상에 대해 대부분의 전문가들과 정부 당국이 초기에 부정확한 판단을 내린 것은 그들이 북한의 '후계자론'과 '존귀하신'과 같은 특별한 용어의 사용 관례들을 제대로 파악하지 못하고 있었고, 과거 김정은이 언제 후계자로 내정되었는지 그 역사를 알지 못하기 때문이었다. 따라서 제10장에서는 북한에서 '수령의 후계자'에게 어떠한 자격을 요구하고 있고, 세습을 어떻게 정당화하고 있는지 먼저 살펴보고, 나아가 북한이 김주애에게 사용하는 주요 수식어들의 의미와 김정은의 후계자 내정 시기에 대해 설명하고자 한다.

우리 사회에서는 북한의 후계자 '내정'과 후계자 '공식화'를 엄밀하게 구분하지 못하고 때로는 이 두 표현을 동일시함으로써 많은 혼란이 야기되고 있다. 그런데 김주애가 후계자가 되는 것은 먼 미래에나 가능한 일이고, 지금 단계에서는 그가 후계자로 내정되어 '후계 수업'을 받고 있는지에 대해 논의하는 것이 현실적이다. 그래서 이 장에서는 북한 후계체계 구축 과정을 내정(內定) → 대내적 공식화 → 대외적 공식화의 3단계로 나누어 분석하려고 한다. 그 이유는 후계체계 구축이 갑자기 단번에 이루어지는 것이 아니고 일정한 과정을 거쳐야 하기 때문이다.

북한에서 김주애가 후계자로 내정되었을 가능성을 부정하는 전문가들 중 일부는 김주애 위에 아들이 있다고 주장한다. 관계 당국도 초기에 그런 입장을 견지했다. 그러나 관계 당국의 입장은 보다 신중한 태도로 바뀌고 있고,

김주애 위에 아들이 있다는 실체적 증거는 없다. 이 장에서는 김주애 위에 아들이 없고, 김주애의 동생도 딸이라고 보는 것이 타당한 근거들을 제시할 것이다.

또한 일부 전문가들은 김주애에 대해 '미래세대의 상징'일 뿐이고 후계 문제와 무관하다고 주장한다. 하지만 북한 매체의 보도를 보면 북한 지도부는 김주애에 대한 간부들과 주민들의 충성까지 유도하고 있다. 따라서 이 글은 북한의 선전에 대한 분석을 통해 김주애가 현재 북한에서 어떠한 위상을 차지하고 있는지 고찰하고자 한다.

한편 김정은이 2024년 현재 40세라는 젊은 나이임에도 불구하고 북한이 김주애를 띄우는 이유에 대해 여러 가지 해석이 제기되고 있다. 이 글에서는 이에 대한 다양한 해석들의 타당성도 점검해 보고자 한다.

아울러 이 장에서는 북한과 같이 남존여비 사상이 강한 나라에서 여성이 최고지도자가 될 수 없다는 우리 사회의 지배적인 선입견이 과연 김정은 시대의 북한에서도 타당한지 검토할 것이다. 이 문제를 고찰하기 위해서는 여성의 공개활동에 대한 김정일과 김정은의 태도가 어떻게 다른지, 그리고 북한에서 여성 '백두혈통'이 어떤 지위를 누리고 있는지 정확하게 파악하는 것이 중요하다.

마지막으로 김주애 문제가 북핵 문제와 남북 관계에 주는 시사점을 도출해 내고자 한다. 북한에서 누가 차기 지도자가 되는가에 따라 북한의 대내외 정책이 크게 달라질 수 있다는 것은 이미 김일성 사후 김정일과 김정은의 집권을 통해 우리가 확인한 사실이다.

2. 수령후계자론과 후계체계 구축의 3단계

1) 권력세습을 정당화하는 수령후계자론

김주애와 관련된 국내 논의에서 '김주애가 과연 후계자인가?'라는 부적절한 질문이 계속 제기되고 있다. 이는 북한이 '후계자'에 어떠한 의미를 부여하고 있는지 정확하게 이해하지 못한 데서 기인하는 바가 크다. 북한에서 '수령의 후계자'는 절대권력자를 의미하는 '수령'과 거의 동일한 위상과 영향력을 갖는 제2인자이다.

북한에서의 '후계자론'을 우리가 정확히 이해하는 것이 필요한 이유는 그것이 북한의 권력승계 논리를 잘 보여주고 있기 때문이다. 북한의 이론가들은 수령의 혁명위업이 "대를 이어 진행되는 장기적인 사업"으로서 그 수행 과정에는 필연적으로 세대교체가 끊임없이 일어나게 된다고 파악하고 있다. 그리고 "혁명의 세대교체가 일어나는 시기에 바로 수령의 혁명위업을 대를 이어 계승해나가는 영도의 계승 문제, 후계자 문제를 어떻게 해결하는가에 따라 혁명위업의 운명이 결정되게 된다"(김인숙, 2003: 146)라고 주장하고 있다. 소련을 비롯한 동유럽 국가들에서 사회주의가 '좌절'된 반면, 북한에서 사회주의가 '승승장구'하고 있는 것은 동유럽 국가들에서는 후계자 문제가 바람직스럽게 해결되지 못한 데 비해 북한에서는 이 문제가 '빛나게' 해결되었기 때문이라고 북한은 강변한다(김인숙, 2003: 148~149). 따라서 북한이 사회주의체제를 고수할 경우, 김일성에서 김정일로의 권력승계를 뒷받침하기 위해 제시된 후계자론이 김정은의 권력승계에 이어 4대 권력세습 결정 과정에서도 유효하게 적용될 가능성이 크다.

북한의 후계자론에서 주목할 것은 수령과 '수령의 후계자' 모두에게 거의 동일한 지위와 역할을 부여하고 있다는 점이다. 김정일은 "노동계급의 혁명투쟁에서 수령이 결정적 역할을 하는 것과 같이 노동계급의 혁명위업을 대를 이어 끝까지 수행하는 데서 수령의 후계자는 결정적 역할을 한다"라고 말했다. 북한 문헌은 후계자를 "인민대중의 뇌수, 통일단결의 중심, 당과 혁명의 최고지도자"로서 수령의 지위를 이어나가는 존재로 간주한다(사회과학출판사, 1985: 221). 이처럼 북한에서 수령의 승계는 단순히 특정 직책을 승계하는 것이 아니라 수령의 '절대적 지위'를 승계하는 것이라는 데 유의할 필요가 있다. 북한은 또한 수령의 영도가 대를 이어 계승되는 것처럼 수령에 대한 충실성도 대를 이어 계승되어야 한다고 주장한다(김유민, 1986: 100).

북한은 '수령의 후계자'가 지녀야 할 표징으로 ① 수령에 대한 무한한 충실성, ② 뛰어난 예지, ③ 세련된 영도력, ④ 고매한 덕성, ⑤ 빛나는 업적으로 높은 권위를 가지고 있는 인물을 들고 있다. 이 중 '수령에 대한 충실성'은 후계자가 갖추어야 할 인물적 표징 중에서도 '중핵'을 이룬다.

북한의 공식 문헌은 이처럼 수령의 후계자가 지녀야 할 표징들을 언급한 후 흥미롭게도 수령의 후계자는 어디까지나 인물을 본위로 하여 선출해야 한다고 강조하고 있다. 이 같은 강조는 언뜻 보기에 후계자 선출이 다수의 후보자를 상대로 객관적 검증을 거쳐야 한다고 지적하는 것처럼 보이지만, 실제로는 왕조적 권력승계를 정당화하는 논리로 이용되고 있다. 즉 북한은 후계자로서의 자질과 품격을 훌륭히 갖추고 있는데, 그가 수령과 혈연관계에 있다고 해서 주저하고 그를 후계자로 추대하지 않는 것은 곤란하다고 주장하고 있는 것이다. 그리고 수령과 혈연관계에 있는 걸출한 인물이 후계자로 추대되는 경우 그것을 덮어놓고 '세습제'라고 악평하려 드는 사람이 있는데, 이것은 "매우 비이성적이고 반역사적인 사고"라고 덧붙이고 있다(평양출판사, 1990: 44~50쪽). 북한은 이 같은 논리를 바탕으로 김정일과 김정은으로의 권력승계를 정당화했다. 북한이 이 논리를 고수한다면 향후 김정은 딸에게로의 4대 권력승계까지도 같은 방식으로 정당화할 수 있을 것이다.

북한은 인물 본위 원칙이 후계자 선출의 대원칙이라고 하면서도, 후계자 선출에서 준수해야 할 몇 가지 요체가 되는 기준들을 제시하고 있다. 그것은 ① 후계자는 전 인민적 추대에 기초해서 선출해야 하고, ② 새 세대의 인물을 선출해야 하며, ③ 수령 생존 시에 선출해야 한다는 것이다. 그런데 북한에서 일반 인민이 수령의 의사와는 무관하게 후계자를 추대한다는 것은 있을 수 없는 일이다. 따라서 준수해야 할 요체 중 더욱 중요한 것은 후계자로 '새 세대의 인물'을 선출해야 한다는 것인데, 그렇다면 수령은 자신의 후계자를 자식 세대에서 결정할 수밖에 없다.

여기에 봉건적 문화(정성장, 1997: 126~130 참조)가 여전히 강하게 남아 있어 간부들과 당원들을 "당과 수령을 위하여 모든 것을 다 바치는 참다운 충신, 지극한 효자"로 준비시켜야 한다고 강조(조선로동당출판사, 1997: 5)하는 북한 체제에서 수령이 후계자를 다음 세대에서 결정해야 한다면 다른 누구보다 그의 자식을 선호할 것임은 명약관화하다. 북한은 수령의 후계자로 새 세대의 인물을 선출해야 하는 근거로 만일 수령과 같은 세대에 속하는 인물을 후계자로 내세우면 그의 영도 기간이 오래 지속될 수 없으며, 이어 또 다른 후계자를 짧은 시간 내에 추대해야 하는 문제가 생긴다고 지적하고 있다. 이렇게 되면 "변혁운동의 뇌수이며 사회정치적 생명체의 중심이 빈번히 바뀌게 되어 영도력 부재의 위기감을 빚어낼 수 있고 변혁운동을 일관성 있게 밀고 나가는 데도 지장을 줄 수 있다"라는 것이다(평양출판사, 1990: 52~55). 이 같은 논리에 의하면, 김정은과 같은 세대인 김여정은 '후계자'가 될 수 없다. 북한에서 '수령후계자론'이 체계화될 때만 해도 여성 최고지도자의 등장 가능성을 염두에 두지는 않았겠지만, 수령의 후계자가 반드시 남성이어야만 한다는 조건이 없어 김주애가 후계자가 될 수 있는 가능성이 열려 있다고 볼 수 있다.

김일성과 김정일 모두 생시에 자신의 후계자를 먼저 내정해 그에게 후계수업을 시키고, 그다음에 대내적 그리고 대외적으로 공식화하는 과정을 거쳤다. 김정은에게 아들이 있다면 아들을 후계자로 내세우려 하겠지만, 만약 아들이 없다면, 자질이 있는 딸을 후계자로 내세울 수밖에 없을 것이다.

2) 후계체계 구축의 3단계: 내정 → 대내적 공식화 → 대외적 공식화

김주애의 북한 내 현재 위상과 관련해 우리 사회에서 매우 큰 혼란과 불필요한 논쟁이 벌어지고 있는 것은 북한의 후계체계 구축 과정의 3단계에 대한 이해 부족에서 기인하는 바가 크다. 과거 김정일과 김정은은 대체로 '후계자 내정 및 후계 수업' → '후계자의 대내적 공식화' → '후계자의 대외적 공식화'의 3단계를 밟았다.

'내정(內定)'이라는 단어는 "드러내지 않고 속으로 정함" 그리고 "정식 발표가 나기 전에 이미 내부적으로 인사를 정함"을 의미한다. 따라서 '내정'이라는 표현은 후계자가 제2인자 지위에 상응하는 공식 직책을 받기 전에 사용할 수 있는 표현이지 제2인자 지위에 상응하는 지위나 직책을 물려받은 상태에 사용하는 표현은 아니다. 하지만 많은 전문가들은 후계자 '내정'과 '결정' 또는 '공식화'를 엄밀하게 구분하지 못하고 세 용어를 혼용하고 있다.

또한 일부 전문가는 김정일의 후계체계 구축 과정을 설명하면서 1973년에 김정일의 "후계자 내정을 공식화했다"라는 표현을 사용하고 있다. 그런데 내정은 "드러내지 않고 속으로 정함"을 의미하기 때문에 '내정을 공식화한다'는 말은 성립될 수 없는 표현이다.

아울러 일부 전문가는 "현재 당 최고지도기관에서 후계자 내정을 찾을 수 있는 단서는 없다. 즉, 김주애는 공식적으로 후계자로 내정되지 않았다"라고 주장한다. 그런데 만약 당 최고지도기관에서 후계자에 대한 결정을 한다면 그것은 '내정'이 아니라 '대내적 공식화'이다. 이처럼 다수의 전문가들이 후계자 '내정'과 '대내적 공식화'를 정확히 구분하지 못함으로써 후계 문제에 대해 불필요하게 소모적인 논쟁이 지속되고 있다.

북한에서 김정일과 김정은이 후계자의 '대외적 공식화' 전에 '내정 및 후계 수업' 단계와 '대내적 공식화' 단계를 거친 것은 북한이 사실상 '군주국'이라는 점을 공식적으로 부정하고 대외적으로 '사회주의공화제'를 표방하고 있는 것과 밀접한 관련이 있다. 북한 사전은 '공화제'에 대해 "국가의 최고주권기관을 일정한 기간마다 선거하는 국가정치제도"라고 정의하고 있다. 그리고 공화제는 '군주제'에 대치되는 국가형태이며, 조선민주주의인민공화국은 사회주의 공화제의 한 형태라고 설명한다(사회과학출판사, 1970: 42). '군주제'에 대해서는 "대대로 내려오는 군주(왕, 황제, 천황)가 국가의 최고주권을 행사하며 근로 대중에 대한 착취와 억압을 실현하는 착취자 국가의 한 형태이다. 공화제와 대치되는 착취자 국가통치형태이다"라고 정의하고 있다(사회과학출판사, 1970: 71).

북한은 이처럼 공식적으로 '군주제' 국가가 아니고 '공화제' 국가라고 주장하고 있기 때문에 최고지도자가 간부와 국민들에게 공개적으로 자신의 자식을 후계자로 지명할 수 없다. 그러므로 김일성은 아들 김정일을 먼저 후계자로 '내정'해 그에게 후계 수업을 시키고 당내에서 핵심 직책을 맡게 한 후 간부들이 그를 후계자로 '추대'하게 하는 과정을 거쳤다. 그리고 김정일이 당내에서 확실하게 2인자로서의 지위를 굳혀 외부에서 권력세습에 대해 비난하더라도 흔들리지 않을 단계가 되었을 때 후계자 지위를 외부 세계에 대외적으로 공식화했다.

김정일이 북한 노동당 내에서 김일성의 후계자로 공식화된 것은 그가 만 32세 때인 1974년이었다. 그런데 1942년생(또는 1941년생)인 김정일은 어린 시절부터 김일성의 아들로 특별 대우를 받으며 성장했다. 김정일의 대학 시절 그의 동료들은 그를 '김정일'로 부르지 않고, '수상님 자제분'으로 불렀다. 현재 북한 ≪로동신문≫도 김주애에 대해 김정은의 '자제분'이라는 명칭을 사용하고 있다.

김정일의 김일성종합대학 재학 시절에는 각 분야의 최고실력자들이 그의 '가정교사'로 배정되었다. 그리고 김정일은 고학년이 되면서 당대회와 정치위원회, 내각회의 등 국가 전반의 주요 회의에 참석해서 현장 수업을 받았다. 1964년 대학 졸업 직후 2년간 김정일은 중앙당과 내각에서 근무하면서 당과 정부의 업무를 파악했다. 그리고 1966년부터 당의 최고핵심기관인 당중앙위원회 조직지도부에서 근무하기 시작했으며, 1969년에는 27세의 매우 젊은 나이에 한국의 차관급에 해당하는 당중앙위원회 부부장직으로 승진했다(김현식·손광주, 1997: 13~67 참조).

1973년 7월에는 당중앙위원회 선전선동부장직에 임명된 데 이어, 같은 해 9월에는 노동당 중앙위원회 제5기 제7차 전원회의에서 당의 가장 중요한 두 전문 부서, 즉 조직지도부와 선전선동부를 관장하는 '당중앙위원회 비서'직에 선출되었다. 그리고 1974년 32세의 젊은 나이에 김정일은 당 지도부에서 김일성의 후계자로 지명되었다. 이 같은 사실은 김정일이 1974년에 북한에서 후계자로 대내적으로 공식화되기 전부터 이미 김일성의 후계자로 '내정'되어 '후계 수업'을 받았음을 잘 보여준다(정성장, 2011: 99~106; 통일부, 2023: 1,095 참조).

최고위 탈북자인 황장엽 전 북한 노동당 비서는 김정일이 1974년에 후계자로 결정된 후 김일성에게 올라가는 모든 보고가 김정일을 거쳐서 올라가게 되었다고 증언했다. 그리고 1974년에 '김일성-김정일 공동정권'이 출범했다고 평가했다(≪중앙일보≫, 1999.9.14). 북한이 발간한 『조선로동당력사』도 김정일이 1974년 2월 당내에서 '김일성 동지의 유일한 후계자, 주체위업의 위대한 계승자'로 공식 '추대'되었다고 기술하고 있다(조선로동당출판사, 1991: 473).

그런데 1980년 제6차 당대회 전까지 이 같은 사실은 외부 세계에 공표되지 않았고, 북한 내부적으로만 알려졌기 때문에 1974년부터 1980년까지는 '후계자의 대내적 공식화' 단계였다고 볼 수 있다. 1980년 제6차 당대회부터는 김정일이 후계자로 결정된 사실이 대외적으로도 명확하게 알려졌다. 그러므로 이때부터 김일성이 사망한 1994년까지는 '후계자의 대외적 공식화' 단계로 간주할 수 있다.

김정은이 후계자로 내정된 시점과 공식적으로 지정되는 과정은 그의 아버지 김정일 사례와 큰 차이가 있다. 앞서 제1장에서 설명한 바와 같이 필자가 2021년 미국에서 만난 김정은의 이모부 리강 부부의 증언에 따르면, 김정은의 8세 생일날(1992년, 김정일이 만 50세 때) 그에 대한 찬양 가요인 〈발걸음〉이 김정일과 그의 핵심 측근들 그리고 김정은 앞에서 공연되었고, 김정일은 이때부터 측근들에게 "앞으로 내 후계자는 정은이다"라고 이야기했다. 그러므로 김정은은 이미 이때 김정일의 후계자로 '내정'되었다고 평가할 수 있고 이 같은 사실은 당시 김정일의 소수 측근들에게만 알려졌다.

그런데 김정일이 2008년에 갑자기 뇌혈관계 이상으로 쓰러졌다가 회복되면서 서둘러 김정은을 후계자로 대내적으로 공식 지명했다. 1984년생인 김정은은 24세의 매우 젊은 나이에 2인자 자리에 올랐고, 2010년 9월 노동당 제3차 대표자회를 통해 후계자 지위를 대외적으로 공식화했다. 이후 그는 2011년 말 김정일이 사망할 때까지 권력승계 작업을 초고속으로 진행하지 않을 수 없었다. 따라서 김정은은 부친 김정일에 비해 후계 수업도 충분히 받지 못했고, 매우 짧은 후계자의 '대내적 공식화' 기간을 거쳐 대외적으로 후계자로 공식화된 것이다. 김정은은 1992년부터 2008년 말까지 '후계자 내정 및 후계 수업' 단계, 2008년 말부터 2010년 9월 제3차 당대표자회 전까지 '후계자의 대내적 공식화' 단계, 2010년 9월 제3차 당대표자회부터 2011년 말 김정일 사망 시까지 '후계자의 대외적 공식화' 단계를 거쳐 북한의 3대 지도자가 되었다고 평가할 수 있다.

아직 10대인 김주애는 현재 '후계자 내정 및 후계 수업' 단계에 있다고 볼 수 있다. 그러므로 김주애를 벌써부터 '후계자'로 보는 것은 적절치 않으며, 후계자로 내정되어 수업을 받고 있다고 평가하는 것이 적절하다. 다시 말해 '김주애 후계자설'이라는 표현은 타당하지 않고, '김주애 후계자 내정설'에 대해서는 논의할 수 있을 것이다.

3. 김주애가 김정은의 첫째 자식이라고 보아야 하는 이유

2012년에 일부 언론들은 리설주가 2010년 평양산원에서 아들을 낳았다는 소문이 북한에서 퍼져나가고 있다고 보도했다(≪온라인 중앙일보≫, 2012.9.7). 그리고 한국의 정보 당국도 김정은에게 2010년생 아들이 있는 것으로 오랫동안 추정해 왔다(박재영, 2017.8.30). 그러다가 정보 당국의 입장이 최근에는 그같은 추정이 사실이 아닐 수도 있다는 쪽으로 바뀌고 있다. 김주애 위에 아들이 있다는 추정은 명백한 실체가 없는 것이기 때문에 정보 당국이 뒤늦게나마 평가를 수정하고 있는 것은 다행이다.

한편 북한의 대표적인 예술·예능 영재학교인 금성학원의 '별'이었던 리설주는 졸업 후 중국에서 성악을 공부한 후 귀국해 은하수관현악단에서 가수로 활동하다가 2009년에 김정은과 결혼한 것으로 알려지고 있다. 은하수관현악단에서 리설주는 가장 빼어난 미모를 가진 가수였다.

2009년 1월 25일 개최된 설명절경축음악회에는 공훈국가합창단과 '은하수', 국립교향악단, 만수대예술단을 비롯한 중앙예술단체 예술인들이 출연했다. 그리고 동년 9월 8일에는 만수대예술극장에서 북한을 방문한 로씨야 21세기관현악단과 유를로브명칭 국립아까데미야 무반주합창단, 북한 은하수관현악단, 조선인민군공훈국가합창단의 합동공연이 있었고, 이 공연에 김정일이 참석했다. 2009년 가을까지만 해도 김정일은 여러 악단의 합동공연에 주로 참석했는데, 2009년 말부터는 은하수관현악단이 단독으로 개최하는 음악회에 빈번히 참석하기 시작했다. 리설주가 김정은과 결혼하면서 그가 가수로 활동했던 은하수관현악단의 위상이 높아진 것이다.

리설주는 2010년 9월 개최된 은하수관현악단 음악회에서 〈타오르라 우등불아〉라는 노래를 불렀다. 은하수관현악단 9월 음악회는 수일간 진행된 것으로 파악되는데, 리설주가 만약 2010년에 장남을 출산했으면 육아를 중단하고 그렇게 왕성한 활동을 할 수 없었을 것이다.

리설주는 이 외에도 2010년 12월 31일 개최된 은하수관현악단 2011 신년경축음악회에서 〈병사의 발자욱〉이라는 노래를 불렀고, 2011년 2월 5일 개최된 은하수 설명절음악회에서도 노래를 부르는 등 가수로서의 활동을 지속했다. 이처럼 리설주가 결혼 후에도 가수로서의 활동을 계속한 것은 김정은이 부인의 사회활동을 인정하는 열린 태도를 가지고 있었기 때문으로 추정된다.

리설주는 2012년 7월부터 김정은의 공개활동에 자주 동행하다가 9월 9일 조선중앙TV 보도 이후 약 50일간 임신으로 인해 공식 석상에서 자취를 감추었다. 그러다가 리설주는 같은 해 10월 29일 김정은과 함께 김일성군사종합대학 창립 60돌 기념 모란봉악단 공연을 관람했는데, 이때 얼굴이 붓고 배가 많이 나와 임신 사실을 추정케 했다. 리설주는 이후 4·25국방체육단 사격선수들의 사격경기와 번개팀과 평양팀 간의 여자배구 경기를 관람했고(≪로동신문≫, 2012. 11. 18), 12월 21일에는 인공위성 '광명성-3'호 2호기의 성공적 발사에 기여한 과학자 등을 위해 개최한 연회에 참석했다(≪로동신문≫, 2012. 12. 22). 그리고 2013년 1월 1일 모란봉악단의 신년경축공연에 참석(≪로동신문≫, 2013. 1. 1)한 후 한동안 모습을 감췄다가 2월 16일 금수산태양궁전 참배 등을 계기로 모습을 다시 드러냈다(≪로동신문≫, 2013. 2. 17).

리설주의 이 같은 공개활동에 비추어 볼 때 김주애는 2013년 1월경에 태어

사진 10-1　임신 상태에서 김정은의 공개활동에 동행한 리설주

자료: ≪조선중앙통신≫(2012. 10. 30; 2012. 11. 8)

낳을 가능성이 크다. 일부 언론(이서진, 2018. 4. 27)에서는 정확한 출처를 밝히지 않은 채 김주애가 2월 19일생이라고 주장하고 있는데, 유명 전직 미국 프로농구(NBA) 선수 데니스 로드먼이 이해 2월 말에 방북해 김정은과 리설주를 직접 만나 김주애에 대한 이야기를 들은 점에 비추어 볼 때 이 같은 주장은 설득력이 부족하다. 만약 리설주가 2월 19일에 김주애를 출산했다면 2월 말은 산후조리 때문에라도 공개 석상에 모습을 드러내기에는 너무 이른 시기이

사진 10-2 김정은과 데니스 로드먼

자료: ≪로동신문≫(2013.9.7)

기 때문이다.

이 시기 김정은과 리설주 사이에서 딸이 태어났다는 사실은 데니스 로드먼을 통해서 처음으로 알려졌다. 로드먼을 포함한 NBA 전·현직 선수 및 코치 13명으로 구성된 대표단은 2013년 2월 26일부터 3월 1일까지 북한을 방문했다. 로드먼은 같은 해 3월 18일(현지 시간) 보도된 영국 일간지 ≪더 선≫과의 인터뷰에서 방북 기간 중 김정은 부부와 만찬을 나누는 동안 "리설주는 끊임없이 아름다운 딸(beautiful baby daughter) 이야기를 했다"라고 전했다(박국희, 2013.3.20).

로드먼은 2013년 9월 3일부터 7일까지 다시 방북해 김정은을 만났다. 그리고 영국 일간지 ≪가디언≫과의 인터뷰에서 "나는 그들의 딸 주애(Ju-ae)를 안았고 (김 위원장의 부인인) 리 씨(MS.Lee)와도 이야기했다"라고 말했다. 그는 또 "김 위원장과 나는 그의 가족과 함께 해변에서 편안한 시간을 보냈다"라며 "우리는 함께 식사했고, 술을 마셨으며, 북한과 미국이 역사적인 친선 농구 경기를 하는 계획을 이야기했다"라고 덧붙였다(이한승, 2013.9.9). 로드먼의 이때 인터뷰를 통해 김정은의 딸 이름이 '주애'라는 사실이 처음으로 외부 세계에 알려졌다.

이처럼 로드먼은 김정은의 가족과 함께 해변에서 편안한 시간을 보냈고 주

사진 10-3　데니스 로드먼의 ≪가디언≫과의 인터뷰 기사

Dennis Rodman gives away name of Kim Jong-un's daughter

Former US basketball star and frequent North Korean visitor shares name of leader's baby Ju-ae

📷 Dennis Rodman and Kim Jong-un raise a toast. Rodman's trips to Pyongyang are being sponsored by Irish bookmaking firm Paddy Power.

When it comes to announcing a baby's name to the world, some will have a quiet word with friends and family while others might send a discreet email.

자료: *The Guardian* (2013.9.9), https://www.theguardian.com/world/2013/sep/09/dennis-rodman-north-korea-baby-name (검색일: 2021.1.1.)

애를 안았다고 밝혔는데, 만약 김정은에게 2010년생 아들이 있다면 그도 함께 있었어야 할 것이다. 그러나 로드먼은 당시 김정은의 아들을 보지도 못했고, 그에 대해 들은 바도 전혀 없다.

　김주애의 동생은 2017년 2월에 태어난 것으로 추정된다. 2017년 8월 29일 국가정보원은 국회 정보위 현안 보고에서 "리설주가 올해 2월, 셋째를 출산했다"라고 밝혔다. 당시 한 매체는 국회 정보위원회를 인용해 "'백두혈통의 적장자'로 확인된 김정은의 맏아들은 2010년 태어나 현재 일곱 살인 것으로 전해졌다"라고 보도했다(박재영, 2017.8.30). TV조선은 김정은의 2017년생 자식이 아들이라고 주장하면서 김정은의 자녀가 2남 1녀라고 보도했다(김정우, 2017.8.30).

그러나 최근 통일부와 국정원의 입장을 보면, 정부는 김정은에게 2010년 생 '맏아들'이 있다는 신뢰할 만한 정보를 갖고 있지 않으며, 김주애의 동생 성별도 파악하지 못하고 있다. 2023년 2월 15일 권영세 당시 통일부 장관은 국회 외교통일위원회 전체회의에 출석한 자리에서 김정은 총비서의 첫째 자녀가 아들이라는 설에 대해서는 확인이 필요하다며 신중한 입장을 보였다. 권 장관은 "현재 김주애가 둘째로 알려져 있는데 (김정은의) 전체적인 자녀 구성과 관련해 기존에 알고 있던 부분과 다른 게 있는지 짚어볼 필요가 있다"라며 "첫째가 아들이라는 부분에 대해서도 확인해 봐야 할 것"이라고 말했다. 그리고 권 장관은 김정은 총비서에게 아들이 없다는 영국 주재 북한 대사관 공사 출신인 태영호 당시 국민의힘 의원의 견해를 소개하기도 했다(목용재, 2023. 2. 15).

권영세 장관은 다시 2023년 2월 27일 CBS라디오 〈김현정의 뉴스쇼〉와의 인터뷰에서 김주애 위로 장남이 있다는 설에 대해 "김정은의 첫째 부분에 대해서는 … 추측할 만한 정황들은 있었지만 확실하게 확인할 수 있는 정도의 내용은 없다. 그래서 지금 공식적으로 저희들이 얘기를 할 수 있는 것은 지금 첫째가 어떤지는 모르지만 … 지금 김주애라고 불리는 많이 다니는 그 딸 밑에 한 명이 더 있다. 그러나 그 성별은 잘 모르겠다. 그러나 그 위에 아들이 있는지 여부는 지금 확인할 수 있는 상황이 아니다"라고 답변했다. 권 장관은 이어 "아들이 없고 딸만 둘일 수도 있다"라고 덧붙였다. 김주애 위에 장남이 있다는 명확한 정보는 없고, '첩보 수준'의 정황 증거만이 있는 상황이라고 밝힌 것이다(김현정, 2023. 2. 27).

그런데 2023년 3월 7일 국회 정보위원회 전체회의 후에 당시 정보위 국민의힘 간사인 유상범 의원이 기자들에게 "첫째가 아들이란 점에 대해서는 대북 정보기관을 포함해 구체적인 물증은 없지만 첩보상 아들이 확실하다는 것을 외부 정보기관과 정보 공유 등을 통해 확신하고 있다"라고 전달함으로써 김정은의 첫째가 아들이라는 설이 다시 힘을 받는 듯했다(김수연, 2023. 3. 7). 그러자 국정원은 당일 오후 늦게 서둘러 대변인실 명의로 기자들에게 다음과 같은 문자 메시지를 보내 '김정은 첫째 = 아들'설이 확산되는 것을 진화하는 모습을 보였다.

> [국정원 대변인실입니다]
> "김정은 첫째 자녀"에 대한 금일 국정원 정보위 보고 인용 보도에 오해 소지가 있어 설명 드립니다.
> 일부 언론에서 "김정은 첫째가 아들이 확실하다"고 보도하고 있는 것과 관련, 국정원은 "김정은 첫째 자녀가 아들이라는 첩보가 있어 계속 확인 중에 있다"라는 점을 알려드립니다.
> 보도에 참고 바랍니다.

2010년에 국정원이 김정은에게 아들이 태어났다고 판단하게 된 근거는 '김정은에게 직접 전달될 가능성이 큰 물품 리스트'였던 것으로 알려지고 있다. 당시 정보 당국은 김정은에게 직접 공수될 가능성이 매우 높은 해외 물품 조달 채널을 확보하고 어떤 종류의 물건이 보내지는지 면밀히 보고 있었다. 그런데 2010년 남자아이용 기저귀와 최고급 장난감이 김정은의 '관저'로 직접 간 사실이 확인되었고, 이러한 정황을 통해 정보 당국은 김정은에게 2010년생 아들이 있을 가능성이 있다고 판단한 것이다.[2]

---

2 강태화·정영교·정진우·박현주, "[단독] "김정은 장남 미스터리… 관저 들어간 이 장난감서 시작"," ≪중앙일보≫, 2023. 3. 10 참조; 고영환 통일부 장관 특별보좌역도 2023년 12월 자유아시아방송과의 인터뷰에서 "한국 국가정보원이 김정은 총비서에게 아들이 있다고 판단한 것은 북한 김정은 서기실 관련 특수요원들이 북한에 남자 기저귀, 남자 장난감들을 보낸 것이 근거였다고 전해져 있습니다. 북한을 움직이는 통치 구조의 핵심인 당 서기실을 통해 로얄 패밀리에게 이런 남자아이 용품이 보내지고 있는 것이 확인되면서 김정은 총비서에게 아들이 있다는 판단이 굳어졌다는 설명입니다"라고 지적했다. 목용재,

사진 10-4 　김정은의 스위스 절친 조아오 미카엘로

주: 스위스 유학 시절의 미카엘로와 김정은　　주: 미카엘로의 최근 모습
자료: ≪자유아시아방송≫(2023. 5. 24)

　　그런데 이때 첩보 분석에 참여한 한 정부 당국자는 나중에 당시 평가가 잘
못된 것 같다고 기자들과의 비공식적인 자리에서 술회(述懷)했다. 결국 2010년
에 북한이 남자아이용 기저귀와 최고급 장난감을 수입했다는 사실 외에 김정
은에게 당시 아들이 태어났다고 추정할 만한 신뢰할 만한 정보는 없는 것이
다.

　　김정은의 스위스 유학 시절 단짝 친구였던 조아오 미카엘로도 2012년 7월
과 2013년 4월 두 차례 북한에 초대받아 김 위원장을 직접 만났을 때 딸에 관
해서는 들었지만, 아들에 대해서는 전혀 들어보지 못했다. 현재 스위스에서
요리사로 일하고 있는 미카엘로는 2012년 북한에 처음 초대되었을 당시 김정
은과 리설주를 만났고, 김정은으로부터 리설주가 임신한 사실을 직접 들었
다. 그는 다음 해인 2013년 다시 방북했지만 리설주를 만나지 못했고, 김정은
에게서 딸을 낳았다는 이야기를 들었으며, 아들에 대한 이야기는 듣지 못했
다. 비슷한 시기에 김정은을 직접 만난 다른 서방의 한 인사도 '자유아시아방
송'에 김 위원장이 딸 주애에 관해 자주 언급했지만 아들은 단 한 번도 화제에

　　"[시사진단 한반도] 김정은 후계자, 정말 김주애?" ≪자유아시아방송≫(2023. 12. 8).

사진 10-5　데니스 로드먼의 전 매니저 크리스 볼로

주: 2013년 12월 방북 사진(로드먼의 우측)　　　주: 2014년 1월 방북 사진(로드먼의 우측)
자료: ≪자유아시아방송≫(2023. 5. 30)

오르지 않았다고 말했다(박재우, 2023. 5. 24).

　데니스 로드먼과 함께 4차례(2013년 2차례, 2014년 1차례, 2017년 1차례) 방북해 김정은의 딸 주애를 안아본 로드먼의 전 매니저 크리스 볼로(Chris Volo)도 방북 기간 아들에 대한 흔적을 찾아볼 수 없었다고 밝히고 있다. 그는 2023년 5월 26일 '자유아시아방송'에 "우리는 2013년 9월 초 원산 별장에서 김 위원장의 여동생을 포함한 가족들과 일주일 정도를 함께 보냈습니다. 당시 우리는 그의 딸을 안아보고, 그에게 딸이 있다는 것을 세상에 보여준 첫 번째 사람들이었습니다. 딸은 태어난 지 얼마 안 된 아기였습니다. 기어다니지도 못할 만큼의 갓난아이였습니다"라고 말했다. 이어 그는 당시 김 위원장의 아들과 관련한 어떤 흔적도 "찾아볼 수 없었다"라고 증언했다(박재우, 2023. 5. 30).

　만약 김정은에게 2010년생 아들이 있다면, 김정은의 가족이 데니스 로드먼 일행과 함께 해변에서 편안한 시간을 보낼 때 김주애만 보여주고 아들을 숨길 이유가 없다. 그리고 김정은이 그의 스위스 절친에게까지 김주애에 대해서만 이야기하고 아들의 존재에 대한 언급을 회피할 이유가 없을 것이다.

김정은에게 2010년생 아들이 없다는 점은 2018년 4월 27일 그와 문재인 대통령 간의 판문점 도보다리에서의 대화 내용을 통해 분명하게 확인된다. 문 전 대통령은 2024년에 발간된 회고록에서 김정은이 그에게 "나도 딸이 있는데, 딸 세대한테까지 핵을 머리에 이고 살게 할 수는 없는 것 아니냐"라고 말했다고 적고 있다(문재인, 2024: 117). 만약 김정은에게 2010년생 아들이 있거나 2017년생 자식이 아들이라면, 그는 "나도 딸이 있는데"가 아니라 "나도 아들이 있는데" 또는 "나도 자식이 있는데"라고 말했을 것이다. 따라서 이때의 문-김 대화를 통해 김주애의 2017년생 동생도 딸일 가능성이 높다고 판단된다. 김주애의 동생이 만약 아들이라면 김정은이 지금처럼 김주애를 후계자로 내정하고 후계 수업을 시키지 않았을 가능성이 크다고 본다.

4. 북한 선전을 통해 본 김주애의 위상

1) 미사일 분야 관련 김정은의 지도 동행 의미

북한은 2022년 11월 19일 자 ≪로동신문≫을 통해 전날 김정은의 신형대륙간탄도미사일 '화성포-17'형 시험발사 현지지도를 소개하면서 파격적으로 그가 자신의 딸과 같이 다정하게 손을 잡고 ICBM을 근처에까지 가서 관찰하고 발사 장면을 참관하는 사진을 공개했다. ≪로동신문≫은 김정은이 "공화국 핵무력 강화에서 중대한 이정표로 되는 역사적인 중요 전략무기 시험발사장에 **사랑하는 자제분**과 여사와 함께 몸소 나오시어 시험발사 전 과정을 직접 지도해주시며 국방과학자, 전투원들을 열렬히 고무해주시고 국가핵전략 무력 강화를 위한 힘찬 진군길에 더 큰 힘과 백배의 용기를 안겨주시면서 영원한 승리의 진로를 밝혀주었다"라고 발표했다. 북한이 신형 ICBM 시험발사

사진 10-6　김정은의 신형 ICBM 화성포-17형 시험발사 지도에 동행한 김주애

자료: ≪로동신문≫(2022. 11. 19)

성공을 대대적으로 보도하면서 김정은의 딸 사진을 공개한 것은 그녀가 앞으로 김정은의 핵무력강화 노선을 이어갈 것임을 시사하는 것이었다.

북한은 2023년 새해 첫날 조선중앙TV를 통해 노동당 중앙위원회 제8기 제6차 전원회의 결과를 보도하면서 김정은 총비서가 김주애와 함께 핵무기 탑재가 가능한 중거리탄도미사일(IRBM) '화성-12형'과 '북한판 이스칸데르 미사일'로 불리는 KN-23을 시찰하는 사진을 공개했다.

이에 대해 일부 전문가들은 북한이 김주애를 '미래세대'를 상징하는 표상으로 내세우면서 미래세대의 안전을 지키기 위한 수단으로서 핵무기의 필요성을 부각하기 위한 것으로 해석했다. 이 같은 해석이 틀린 것은 아니지만, 왜 김정은이 다른 자녀도 아니고 김주애의 사진을 그것도 새해 첫날 공개했는지, 왜 '화성-12형' 미사일과 KN-23 시찰 사진을 공개했는지에 대한 그들의 설명은 충분하지 않다.

북한이 새해 첫날 조선중앙TV를 통해 김정은이 김주애와 함께 핵탄두 탑재가 가능한 중거리탄도미사일 '화성-12형'과 KN-23 시찰 사진을 공개한 것은 크게 세 가지 의미가 있다.

첫째, 김정은의 '가장 사랑하는 자제' 김주애가 미래에 후계자가 될 것임을 북한 주민들에게 다시 한 번 간접적으로 각인시키기 위한 것으로 해석할 수

사진 10-7　김정은의 핵무기 탑재 가능 미사일 시찰에 동행한 김주애

주: IRBM '화성-12형' 시찰　　　　　주: KN-23 시찰
자료: 조선중앙TV 화면 캡처('위대한 우리 국가의 부강발전과 우리 인민의 복리를 위하여 더욱 힘차게
　　싸워나가자 조선로동당 중앙위원회 제8기 제6차 전원회의 확대회의에 관한 보도' 2024년 1월 1일
　　방영)

있다. 이를 위해 김여정이 부부장으로 있는 노동당 선전선동부가 새해 첫날
방송을 위해 미리 치밀하게 김정은과 김주애의 시찰 사진을 준비한 것으로
판단된다.

둘째, 김정은이 김주애를 ICBM 시험발사 현장 참관에 이어 핵탄두 탑재가
가능한 미사일 무기고 시찰에까지 동행하고 그 사진을 공개한 것은 북한이
'절대로' 핵무기를 포기하지 않을 것이며 북한의 핵과 미사일 개발은 김주애
시대에도 계속 이어질 것임을 시사하는 것이다. 그리고 김주애도 김정은의
그 같은 뜻을 계승할 것임을 보여주는 것으로 해석된다.

셋째, 김주애가 지금은 비록 '후계 수업' 단계에 있지만, 미래에 후계자로
공식 지명되어 김정은을 보좌하게 되고 결국 권력을 승계하게 되면 핵 버튼
까지도 물려받게 될 것이다. 따라서 김정은은 나중에 김주애가 북한의 가장
중요한 전략자산인 핵·미사일을 확고하게 지휘·통제할 수 있도록 지금부터
서서히 그에 대한 후계 수업을 시작한 것으로 볼 수 있다. 김정은이 미 본토
타격이 가능한 화성포-17형 ICBM 시험발사 현장에 김주애를 동행시킨 것을
시작으로, 괌과 일본 본토 타격이 가능한 화성-12형 중거리탄도미사일 그리
고 남한 전역 타격이 가능한 KN-23 시찰에까지 동행시킨 것은 결코 우연이

아니며 대미, 대일, 대남 군사전략에 대한 '후계 수업' 차원으로 해석하는 것이 맞다.

2) 존칭 '존귀하신'과 '존경하는'의 사용 의미

북한은 2022년 11월 27일 자 ≪로동신문≫을 통해 다시 김정은과 김주애가 손을 꼭 잡고 걷는 모습을 공개하고 김주애에 대해 '존귀하신' 자제분이라는 매우 특별한 존칭을 사용했다. ≪로동신문≫은 김정은 총비서가 신형대륙간 탄도미사일 '화성포-17'형 시험발사 성공에 기여한 공로자들과 함께 '역사에 길이 남을 뜻깊은 기념사진'을 찍었다고 보도했다.

북한의 『조선말대사전』에 의하면 '존귀하다'는 단어는 "① 매우 존엄있고 귀중하다, ② 지위나 지체가 높고 귀하다"를 의미한다(사회과학출판사, 2017: 418). ≪로동신문≫ 웹사이트에서 이 '존귀(尊貴)'라는 단어로 검색을 해보면, 이 용어는 김일성과 김정일과 같은 '선대 수령' 그리고 김정은과 같은 '현재 수령' 그리고 김일성의 부인 김정숙에게만 사용되어 왔다. 그런데 이처럼 북한의 절대권력자를 의미하는 '수령' 또는 수령급 인물에게만 사용된 용어를 김주애에게 사용한 것은 곧 그가 북한의 '후대 수령'이 될 것임을 시사하는 것이다. 참고로 '존귀'라는 표현은 김정은의 부인 리설주나 김주애 등장 이전까지 북한의 '사실상 2인자'로 간주되었던 김여정에게도 지금까지 단 한 번도 사용된 적이 없다.

또한 북한은 2022년 11월 19일 자 ≪로동신문≫에서 김주애에 대해 '사랑하는 자제분'이라는 표현을 사용했는데, 27일 자 ≪로동신문≫에서는 김정은이 '제일로 사랑하시는 자제분'이라는 표현을 사용해 김주애가 앞으로 김정은의 후계자가 될 것임을 보다 명확히 시사했다. 왕에게 여러 명의 자녀가 있을 경우 그가 가장 사랑하는 아이를 후계자로 선택하는 것은 당연하다.

사진 10-8 **신형 ICBM 화성포-17형 시험발사 공로자들과의 기념사진 촬영에 동행한 김주애**

자료: ≪로동신문≫(2022. 11. 27)

27일 자 ≪로동신문≫은 여기서 더 나아가 '백두혈통'인 김주애에 대한 충성 맹세까지 소개했다. 이 매체는 김정은이 신형대륙간탄도미사일 최종 시험발사 준비사업을 매일매일 구체적으로 지도해 주고 "발사 당일에는 직접 화선(火線)에까지 **자신께서 제일로 사랑하시는 자제분**과 함께 찾아오는"(강조는 필자) '남부러워할 특전'을 안겨줌으로써 신형 ICBM 최종 시험발사에서 완전 대성공할 수 있었다는 국방과학원 미사일 부문 과학자, 기술자, 노동자, 간부들의 '충성의 결의 편지'를 소개했다. 국방과학원 미사일 부문 관계자들은 이 편지를 통해 신형대륙간탄도미사일 최종 시험발사장에서 받아 안은 '남부러워할 특전'을 최상 최대의 영광, 크나큰 긍지와 자부로 소중히 간직하고 앞으로도 변함없이 '백두의 혈통만을 따르고 끝까지 충실할 것'을 맹세했다.

이와 함께 11월 19일 자 ≪로동신문≫은 2면과 3면에서 김정은과 김주애가 함께 있는 사진을 5~6장(팔만 나온 사진을 포함하면 6장) 공개했다. 그런데 27일 자 ≪로동신문≫은 1면과 2면에 김정은과 김주애가 함께 있는 사진을 무려 15장이나 게재했다. 북한 언론이 이처럼 김주애 띄우기에 적극적으로 나서고 있는 점을 고려할 때 김주애의 공개가 '즉흥적인 결정'일 것이라고 주장하는 것은 부적절하다.

북한과 같은 군주제적 스탈린주의체제에서 김정은의 자녀는 왕조체제에서 왕자나 공주와 같은 지위를 갖고 있다고 볼 수 있다. 그리고 김정은과 리설주의 얼굴을 합성해 놓은 것처럼 둘의 얼굴을 빼닮은 김주애의 사진이 당 기관지인 ≪로동신문≫ 1면과 2면, 3면에 전면적으로 게재된 이상 그가 일반적인 북한의 청소년처럼 평범하게 살아갈 수는 없을 것이다.

한편 2022년 11월 18일 김주애는 김정은과 함께 신형 ICBM 시험발사를 참관했을 때 흰색 겨울 패딩 점퍼를 입고 등장했다. 그런데 11월 26일 김주애는 기념사진을 찍기 위해 고급스러운 모피를 덧댄 검은 코트를 착용하고 리설주와 비슷한 옷차림을 했다. 2013년 초에 태어난 것으로 판단되는 김주애는 ICBM 시험발사 성공에 기여한 공로자들 앞에서 김정은과 함께 당당하게 박수를 침으로써 그녀의 특별한 위상을 과시했다.

≪로동신문≫이 공개한 사진들에서 김정은과 김주애는 계속 손을 꼭 잡고

사진 10-9 국방과학원 미사일 부문 관계자들의 충성의 결의 편지

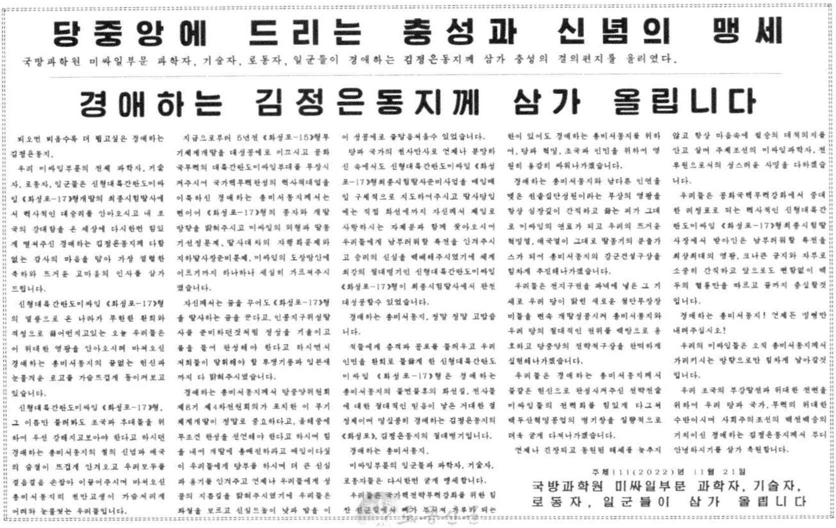

당중앙에 드리는 충성과 신념의 맹세

국방과학원 미싸일부문 과학자, 기술자, 로동자, 일군들이 경애하는 김정은동지께 삼가 충성의 결의편지를 올리였다.

경애하는 김정은동지께 삼가 올립니다

뵈오면 뵈올수록 더 뵙고싶은 경애하는 김정은동지.

우리 미싸일부문의 전체 과학자, 기술자, 로동자, 일군들은 신형대륙간탄도미싸일 《화성포-17》형개발의 최종시험발사에서 력사적인 대승리를 안아오시고 내 조국의 강대함을 온 세상에 다시한번 힘있게 떨쳐주신 경애하는 김정은동지께 다함없는 감사의 마음을 담아 가장 열렬한 축하와 뜨거운 고마움의 인사를 삼가 드립니다.

신형대륙간탄도미싸일 《화성포-17》형의 열풍으로 온 나라가 무한한 환희와 격정으로 끓어번지고있는 오늘 우리들은 이 위대한 영광을 안아오시며 바쳐오신 경애하는 총비서동지의 끝없는 헌신과 눈물겨운 로고를 가슴뜨겁게 돌이켜보고 있습니다.

신형대륙간탄도미싸일 《화성포-17》형. 그 이름만 불러봐도 조국과 후대들을 위하여 우선 강해지고보아야 한다고 하시던 경애하는 총비서동지의 철의 신념과 애국의 숨결이 뜨겁게 안겨오고 우리모두를 걸음걸음 손잡아 이끌어주시며 바쳐오신 총비서동지의 천만고생이 가슴저리게 어려와 눈물젖는 우리들입니다.

지금으로부터 5년전 《화성포-15》형무기체계개발을 대성공에로 이끄시고 공화국무력의 대륙간탄도미싸일부대를 무장시켜주시어 국가핵무력완성의 력사적대업을 이룩하신 경애하는 총비서동지께서는 련이어 《화성포-17》형의 종자와 개발방향을 밝혀주시고 미싸일의 외형과 발동기설정문제, 발사대차의 자행화문제와 지하발사장준비문제, 미싸일의 도상방안에 이르기까지 하나하나 세심히 가르쳐주시였습니다.

자신께서는 꿈을 꾸어도 《화성포-17》형을 발사하는 꿈을 꾼다고, 인공지구위성발사를 준비하던것처럼 정성을 기울이고 품을 들여 완성해야 한다고 하시면서 저희들이 발휘해야 할 투쟁기풍과 일본새까지 다 밝혀주시였습니다.

경애하는 총비서동지께서 당중앙위원회 제8기 제4차전원회의가 포치한 이 무기체계개발이 정말로 중요하다고, 올해중에 무조건 완성을 선언해야 한다고 하시며 힘을 내여 개발에 총매진하라고 매일이다싶이 우리들에게 당부를 하시며 더 큰 신심과 용기를 안겨주고 언제나 우리들에게 성공의 지름길을 밝혀주시였기에 우리들은 좌절을 모르고 신심드높이 낮과 밤을 이어 성공에로 줄달음쳐올수 있었습니다.

당과 국가의 천사만사로 언제나 분망하신 속에서도 신형대륙간탄도미싸일 《화성포-17》형최종시험발사준비사업을 매일매일 구체적으로 지도하여주시고 발사당일에는 직접 화선에까지 자신께서 제일로 사랑하시는 자제분과 함께 찾아오시어 우리들에게 남부러워할 특전을 안겨주시고 승리의 신심을 백배해주시였기에 세계최강의 절대병기인 신형대륙간탄도미싸일 《화성포-17》형이 최종시험발사에서 완전대성공할수 있었습니다.

경애하는 총비서동지, 정말 정말 고맙습니다.

적들에게 충격과 공포를 들씌우고 우리 인민을 환희로 들끓게 한 신형대륙간탄도미싸일 《화성포-17》형은 경애하는 총비서동지의 불면불휴의 화선길, 전사들에 대한 절대적인 믿음이 낳은 거대한 결정체이며 명실공히 경애하는 김정은동지의 《화성포》, 김정은동지의 절대병기입니다.

경애하는 총비서동지.

미싸일부문의 일군들과 과학자, 기술자, 로동자들은 다시한번 굳게 맹세합니다.

우리들은 국가핵전략무력강화를 위한 힘찬 진군길에서 뼈가 부서져 가루가 되는한이 있어도 경애하는 총비서동지를 위하여, 당과 혁명, 조국과 인민을 위하여 영원히 용감히 싸워나가겠습니다.

경애하는 총비서동지와 남다른 인연을 맺은 친솔집단성원이라는 무상의 영광을 항상 심장깊이 간직하고 끓는 피가 그대로 미싸일의 연료가 되고 우리의 뜨거운 혁명열, 애국열이 그대로 발동기의 분출가스가 되어 총비서동지의 강군건설구상을 힘차게 추진해나가겠습니다.

우리들은 전지구권을 과녁에 넣은 그 기세로 우리 당이 밝힌 새로운 첨단무장장비들을 련속 개발성공시켜 총비서동지와 우리 당의 절대적인 권위를 백방으로 옹호하고 당중앙의 전략적구상을 완벽하게 실현해나가겠습니다.

우리들은 경애하는 총비서동지께서 불같은 헌신으로 완성시켜주신 전략전술미싸일들의 전력화를 힘있게 다그쳐 백두산혁명공업의 병기창을 질량적으로 더욱 굳게 다져나가겠습니다.

언제나 긴장되고 동원된 태세를 늦추지 않고 항상 마음속에 필승의 대적의지를 안고 살며 주체조선의 미싸일과학자, 전투원으로서의 성스러운 사명을 다하겠습니다.

우리들은 공화국핵무력강화에서 중대한 리정표로 되는 력사적인 신형대륙간탄도미싸일 《화성포-17》형최종시험발사장에서 받아안은 남부러워할 특전을 최상최대의 영광, 크나큰 긍지와 자부로 소중히 간직하고 앞으로도 변함없이 백두의 혈통만을 따르고 끝까지 충실할것입니다.

경애하는 총비서동지! 언제든 명령만 내려주십시오!

우리의 미싸일들은 오직 총비서동지께서 가리키시는 방향으로만 힘차게 날아갈것입니다.

우리 조국의 부강발전과 위대한 전변을 위하여 우리 당과 국가, 무력의 위대한 수반이시며 사회주의조선의 백전백승의 기치이신 경애하는 김정은동지께서 부디 안녕하시기를 삼가 축원합니다.

주체111(2022)년 11월 21일

국방과학원 미싸일부문 과학자, 기술자,
로동자, 일군들이 삼가 올립니다

자료: ≪로동신문≫(2022. 11. 27)

있거나 김주애가 김정은의 어깨에 손을 얹고 있었다. 이는 국방과학원 미사일 부문 관계자들의 '충성의 결의 편지'에서 김주애에 대해 김정은이 '**제일로 사랑하시는 자제분**'이라는 표현을 사용한 것처럼 김정은이 김주애를 끔찍하게 사랑하고 있음을 쉽게 느끼게 하는 장면이다. 아들이 아닌 딸을 4대 지도자로 내세우는 것에 대해서는 김정은도 부담을 느낄 수 있다. 그래서 그는 신형 ICBM 시험발사 성공 현장에 김주애를 대동하고 나옴으로써 그에 대한 북한 간부와 주민의 충성심이 그의 딸에게까지 자연스럽게 이어지도록 치밀하게 준비한 것으로 판단된다.

또한 북한은 2023년 2월 8일 자 ≪로동신문≫에서부터 김주애에게 '존경하는 자제분'이라는 표현을 사용하고 있다. 10대의 어린 김주애에게 '존경하는'이라는 수식어를 사용한 것은 앞으로 서서히 김주애에 대한 우상화가 시작될 것임을 예고하는 것이다.

일부 전문가들은 "김주애는 최고지도자 김정은의 자녀로 백두혈통이기 때문에 격식이 있는 존칭과 의전은 당연하다"라고 주장한다. 그러나 김정일의 여동생 김경희나 김정은의 여동생 김여정도 백두혈통이지만 이들에 대해서는 '존경하는'이나 '존귀하신'이라는 수식어가 사용된 적이 없다. 김정철도 김정일의 아들로서 백두혈통이지만 그에게도 '존경하는'이나 '존귀하신'이라는 수식어가 사용된 적이 없고, 북한 매체에 그 모습이 소개된 적도 없다.

따라서 김주애가 김정은의 자녀이고 백두혈통이기 때문에 '존경하는'이나 '존귀하신'이라는 수식어를 사용하는 것이 '당연하다'는 주장은 다른 백두혈통의 사례와 비교할 때 전혀 타당하지 않다. 과거에 북한이 특정 인물에게 '존경하는'이라는 표현을 쓴 경우로는 김정은의 모친 고용희에게 '존경하는 어머님'이라는 표현을 쓴 경우, 김정은에게 '존경하는 청년대장 김정은 동지' 또는 '존경하는 김정은 대장 동지'라는 표현을 쓴 경우와 김정은의 부인 리설주에게 '존경하는 리설주 여사'라는 표현을 쓴 경우 정도이다.

'존경하는 어머님'이라는 표현은 2002년과 2003년 사이에 북한군에서 고용희에 대한 개인숭배 선전이 활발하게 진행되고 있을 때의 내부 자료에서 주로 발견된다. '존경하는 청년대장 김정은 동지'나 '존경하는 청년대장 동지'라는 표현은 후계 수업을 받고 있을 때의 김정은을 지칭하기 위해 북한군 내부 자료에서 주로 사용되었다. 그리고 2008년 말에 김정은이 북한에서 대내적으로 후계자로 공식 결정된 후 북한군 내부 자료 등에서 '존경하는 김정은 대장 동지'라는 표현이 본격적으로 사용되었다.[3] 그러다가 2010년 9월 노동당 제3차 대표자회를 계기로 김정은의 후계자 지위를 대외적으로 공식화하면서 '존경하는 김정은 대장 동지'라는 표현이 공개적으로도 사용되었다(백나

---

[3] 김정은 개인숭배를 위해 북한군이 2009년 5~6월경 내부적으로 배포한 문건의 제목은 「존경하는 김정은 대장 동지의 위대성 교양자료」였다.

리, 2010.12.5; ≪로동신문≫, 2010.12.22 참조). '존경하는 리설주 여사'라는 표현은 2018년 4월 리설주가 북한의 당과 정부 간부들과 함께 중국예술단의 공연을 관람할 때 일회적으로 사용되었고(≪로동신문≫, 2018.4.15), 이후 더 이상 사용되지 않고 있다.

그러므로 북한 매체에서 '존경하는'이라는 표현은 아무에게나 사용하는 표현이 아니며, 대체로 핵심 인사에 대한 개인숭배와 밀접한 관련이 있다. 그리고 현재 김주애에게 사용되는 '존경하는 자제분'이라는 표현은 후계 수업을 받던 시기의 김정은을 지칭했던 '존경하는 청년대장'이라는 표현과 비슷한 성격을 띠는 것으로 판단된다.

그런데 2023년 9월 9일 자 ≪로동신문≫은 전날 거행된 북한 정권 수립 75주년 기념 민방위 무력 열병식을 소개하면서 "경애하는 김정은동지와 존경하는 자제분을 모시고 리병철 원수, 박정천 원수와 군부의 지휘관들이 주석단 특별석에 자리잡았다"라고 보도했다. 여기서 주목할 점은 김정은에게는 '경애하는'이라는 수식어를, 그리고 김주애에게는 '존경하는'이라는 수식어를 사용한 점이다. 이는 김정은이 2010년 9월 말 노동당 제3차 대표자회에서 당중앙군사위원회 부위원장이라는 군대의 2인자 직책에 선출되기 직전에 작성된 북한군 내부 문건에서 김정일에게 '경애하는'이라는 수식어를, 그리고 김정은에게 '존경하는'이라는 수식어를 사용한 것과 매우 유사하다.

또한 북한 매체에서 "김정은 동지께서 가장 존경하는 혁명전우였던 현철해 동지", "존경하는 습근평(시진핑) 동지", "존경하는 푸틴 대통령 동지"라는 표현이 발견되기는 하지만, 이는 김정은이 이들을 개인적으로 존경한다는 의미이지, 북한 간부나 인민들이 존경하고 숭배하는 대상은 아니다. ≪로동신문≫을 보면 중국 국가원수가 김정일에 대해 '존경하는 김정일 동지'라는 표현을 쓴 것도 확인된다(≪조선중앙통신≫, 2010.10.2). 그러므로 북한에서 '존경하는'이라는 표현은 국가원수들 간에 상대방을 지칭할 때 자주 사용되는 수식어

사진 10-10 김정은과 김주애의 강동종합온실 준공 및 조업식 참석

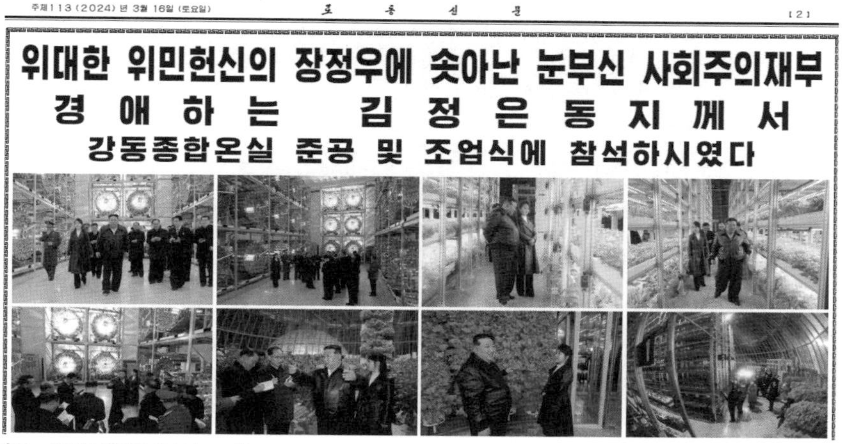
주체113(2024)년 3월 16일 (토요일) 로 동 신 문 [2]

위대한 위민헌신의 장정우에 솟아난 눈부신 사회주의재부
경 애 하 는 김 정 은 동 지 께 서
강동종합온실 준공 및 조업식에 참석하시였다

자료: ≪로동신문≫(2024. 3. 16)

이기도 하다. 이 같은 용례와는 다르게 김일성, 김정일, 김정은과 김주애 앞에 사용되는 '존귀하신' 또는 '존경하는'이라는 수식어는 간부와 인민들의 숭배의 대상에게 사용되는 표현이라는 점에서 주목할 필요가 있다.

이와 함께 2024년 3월 16일 자 북한 ≪로동신문≫은 강동종합온실 준공 및 조업식에 김정은과 함께 김주애가 참석한 사실을 보도하면서 '**향도의 위대한 분들**'이라는 표현을 사용했다. ≪로동신문≫이 김정은과 김주애에 대해 '**향도의 위대한 분들**'이라는 표현을 사용한 것은 이때가 처음이었다.

이 같은 김주애에 대한 개인숭배 수위는 김주애가 김정은을 이어 북한의 차기 지도자가 될 것임을 강력하게 시사하는 것이다. 북한의 『조선말대사전』에 의하면 '향도'는 "혁명투쟁에서 나아갈 앞길을 밝혀주고 승리의 한길로 이끌어나가는 것"을 의미한다. 그리고 '향도자'는 "혁명투쟁에서 인민대중이 나아갈 앞길을 밝혀주고 그들을 승리의 한길로 향도하여 주는 영도자"를 의미한다. 북한은 이처럼 주로 최고지도자나 후계자에게만 사용되는 '향도'라는 표현과 '위대한'이라는 수식어까지 이때 김주애에게 사용했다.

사진 10-11　북한군 창건 75주년 기념연회에 참석한 김주애

자료: ≪로동신문≫(2023. 2. 8)

3) 김주애에 대한 의전 격상과 2인자 대우

2023년 2월 8일 자 ≪로동신문≫은 김정은이 군 장령들의 박수를 받으며 김주애의 손을 잡고 다정하게 북한군 창건 75주년 기념연회장에 들어서는 사진을 1면 하단에 게재했다. 그리고 ≪로동신문≫ 2면 상단에서는 김정은이 김주애를 테이블의 정중앙에 앉히고 자신과 부인 리설주는 그 양옆에 앉아 군 고위 간부들을 병풍처럼 뒤에 세우고 찍은 사진을 공개했다. 이는 김정은이 북한 군간부들에게 앞으로 김주애가 자신의 뒤를 이어 최고사령관이 될 것이니 김주애를 잘 모시라는 메시지를 보낸 것으로 해석될 수 있는 것이다.

2월 9일 자 ≪로동신문≫은 "김정은 동지께서 **사랑하는 자제분과 리설주 여사**와 함께 광장에 도착하시였다"라고 보도함으로써 김주애를 퍼스트레이디인 리설주보다 먼저 호명했다. 예외가 있기는 하지만 북한에서 호명 순서는 대체적으로 호명되는 인사들의 위상이나 서열을 반영한다. 김정은이 김주애, 리설주와 열병식 행사장에 입장할 때 김정은은 김주애의 손을 잡고 나란히 걸어가고 리설주는 그 뒤에 따라 걸어갔다. 이후에도 북한의 각종 행사에서 김주애는 퍼스트레이디 리설주보다 높은 대우를 받고 있다.

≪로동신문≫은 또한 "조선로동당 중앙위원회 비서들인 리일환 동지, 김재

룡 동지, 전현철 동지가 **존경하는 자제분을 모시고** 귀빈석에 자리잡았다"라고 보도함으로써 귀빈석에 같이 앉은 퍼스트레이디 리설주의 존재는 무시하고 김주애만 언급했다. 북한의 당중앙위원회 비서들은 대부분 서열 20위 이내에 들어가는 당중앙위원회 정치국 위원들이다. 그런데 그런 당중앙위원회 비서들이 김주애를 '모시고' 귀빈석에 앉음으로써 그녀를 당중앙위원회 정치국 위원급 이상으로 대우한 것이다. ≪로동신문≫ 사진을 보면 김주애는 귀빈석의 가장 앞줄 가운데 자리를 차지하고 있어 가장자리에 앉은 리설주보다 중앙에 위치했다.

2월 9일 조선중앙TV는 전날 열병식에서 "조선로동당 중앙위원회 정치국 상무위원회 위원, 당중앙위원회 비서들이 **존경하는 자제분을 모시고** 귀빈석에 자리잡았습니다"라고 보도하면서 윗사람에게 사용하는 '모시고'라는 표현을 김주애에게 사용했다. 북한에서 당중앙위원회 정치국 상무위원들은 서열 2위~5위 안에 들어가는 최고위급 간부들이므로 이들이 김주애를 모셨다는 것은 김주애가 그들보다 우월적 지위에 있음을, 다시 말해 김정은 다음가는 위상을 차지하고 있음을 시사하는 것이다.

그리고 조선중앙TV는 2월 8일의 열병식에서 기마부대가 앞장선 열병 행렬 순서를 소개하면서 김정은의 '백두산 군마'와 바로 뒤의 김주애 백마를 보여주고 "**사랑하는 자제분**께서 제일로 사랑하시는 준마가 그 뒤를 따라 활기찬 열병의 흐름을 이끌어갑니다"라고 보도했다. 이는 김주애가 미래에 김정은의 후계자가 되어 북한을 이끌어갈 것임을 상징적으로 보여주는 것이었다.

열병식 참가자들은 "김정은 결사옹위! 백두혈통 결사보위" 구호를 계속 외쳤고, 북한 TV는 수시로 김주애를 비췄다(최유찬, 2023.2.11). 따라서 열병식 참가자들은 실제로 '김정은 결사옹위! 김주애 결사보위!' 구호를 외친 것이나 다름없다. 그런데 북한은 지금까지 최고지도자와 후계자 외의 인물에 대해 '결사보위' 구호를 외친 적이 없다. 따라서 김주애는 김정은의 단순히 '사랑하

사진 10-12　북한군 창건 75주년 열병식

주: 귀빈석에 앉은 김주애와 리설주

주: 김정은의 백두산 군마의 김주애의 준마
자료: 《로동신문》(2023. 2. 9)

는 자제분' 수준을 넘어서서 사실상 후계자 대우를 받고 있는 것이다.

거기에다 2023년 2월 14일 북한 조선우표사는 같은 달 17일 발행 예정인 새 우표의 도안 8종을 공개했다. 그런데 8종 가운데 5종의 우표에 김주애가 김정은과 미사일을 배경으로 손을 잡고 나란히 걷거나 팔짱을 끼고 포즈를 취한 모습, 인민군 병사들과 기념사진을 촬영하는 모습이 담겼다(김희원,

사진 10-13　김정은의 해군사령부 방문에 동행한 김주애(2023.8.27)

자료: ≪로동신문≫(2023.8.29)

2023.2.14). 이는 2010년 9월 김정일이 노동당 제3차 대표자회를 통해 후계자 김정은을 대외적으로 처음 공개한 후 북한 매체들이 김정일과 김정은 2인에게 포커스를 맞춘 사진을 계속 게재한 것을 연상시키는 것이었다.

또한 2월 10일 미국 자유아시아방송(RFA)은 북한 당국이 '주애'라는 이름으로 주민등록이 된 여성들에게 이름을 고치도록 강요하고 있다고 보도했다(손혜민, 2023.2.10). 그런데 만약 김주애가 후계자로 내정되지 않았다면 동명이인의 여성들에게 개명까지 요구하지는 않았을 것이다. 북한은 과거에도 김일성, 김정일과 같은 이름을 가진 남성들에게 개명을 요구했다.

한편 2023년 8월 27일 김정은이 해군사령부를 방문해 해군 명예위병대를 사열할 때 김주애는 레드카펫에서 약간 비켜난 위치에서 박정천 원수(元帥)와 강순남 국방상을 뒤에 세운 채 걸었다. 이에 대해 통일부 당국자는 "지난 2월 열병식 때는 (김 위원장을 포함해) 모두 다 단체로 레드카펫을 같이 걸었지만 해군사령부에서는 김주애 뒤에 박정천(원수)과 강순남(국방상)이 있다"라며 "공식적인 의전에 따라 사열과 비슷한 예우를 받은 것으로 보인다"라고 평가했다. 그리고 당국자는 특히 "주석단에 앉은 김주애 앞에만 김정은 연설문으로 보이는 원고가 있고 그것을 김주애 넘겨 가며 모니터링했다"라면서 "김주애가 주석단에서 김정은 바로 옆에 앉은 것만큼이나 의미가 있고, 의전규

사진 10-14 김정은과 함께 주석단 특별석에 앉은 김주애(2023.9.8)

자료: ≪로동신문≫(2023.9.9)

범을 만들어 가는 단계가 아닌가 한다"라고 해석했다(허백윤, 2023.9.6).

그리고 2023년 9월 9일 자 ≪로동신문≫은 전날 거행된 북한 정권 수립 75주년 기념 민방위 무력 열병식을 소개하면서 "**경애하는 김정은동지와 존경하는 자제분을 모시고** 리병철 원수, 박정천 원수와 군부의 지휘관들이 주석단 특별석에 자리잡았다"라고 보도했다. 군부의 1인자인 리병철 원수와 2인자인 박정천 원수가 김정은과 김주애를 '모시고' 주석단 특별석에 자리 잡았다는 것은 김정은뿐만 아니라 김주애도 그들이 모셔야 하는 대상임을 시사하는 것이다.

이에 앞서 2023년 2월에 개최된 북한군 창건 75주년 열병식 행사에서는 김주애가 김정은 뒤편의 '귀빈석'에 리설주와 같이 앉아서 열병식을 참관했었는데, 9월의 열병식 행사에서는 '주석단 특별석'에서도 정중앙에 배치된 2개 좌석에 김 위원장과 나란히 앉아 높아진 위상을 과시했다. 이에 대해 통일부 당국자는 "2월 열병식과 비교하면 딸의 위치가 김정은 쪽으로 더 가까워져 의식에서 예우가 격상된 것"이라고 평가했다. 특별석에는 김정은 부녀 외에 리병철 원수(당중앙위원회 비서), 박정천 원수(군정지도부장), 리영길 총참모장, 강순남 국방상, 정경택 총정치국장, 김정식 군수공업부 부부장이 자리했다(김명성, 2023.9.9).

사진 10-15 **김정은과 김주애의 공군 비행연대 시위비행 참관**

자료: ≪로동신문≫(2023. 12. 1)

    이 열병식 행사에서 특히 눈길을 끈 부분은 원수 계급의 박정천 군정지도
부장이 한쪽 무릎을 꿇고 김주애에게 귓속말로 얘기하는 장면이었다. 김주애
의 옆자리에 앉은 박정천이 앉아서도 대화를 나눌 수 있었지만 굳이 무릎을
꿇은 것은 매우 이례적이다. 북한 고위 간부가 김정은 앞에서 무릎을 꿇고 대
화를 나누는 장면은 여러 번 나왔지만, 김주애에게 무릎을 꿇는 장면이 공개
된 것은 이때가 처음이었다. 앞서 김정은의 해군사령부 방문 시에는 김명식
북한 해군사령관이 김주애에게 거수경례를 하고 허리를 숙이기도 했다(홍주
형, 2023. 9. 10).

    2023년 12월 1일 자 ≪로동신문≫은 김정은이 전날 항공절을 맞이해 공군
사령부와 제1공군사단 비행연대를 축하 방문한 사진을 공개했다. 그런데 이
들 사진들 중 하나에서는 김주애가 김정은보다 더 앞에, 더 부각되어 있었다.
김정은이 들어간 사진에서 다른 인물이 김정은의 모습을 가리고 더 부각된다
는 것은 지금까지 상상하기 어려운 것이었다. 따라서 이 사진은 한국 정보 당
국에게 상당히 큰 충격을 주었고, 김주애의 위상을 재평가하게 한 결정적 계
기가 되었다. 이후 조태용 국가안보실장은 KBS 시사 대담 프로그램 〈일요진
단〉에 출연해 김주애에 대해 "얼마 전까지는 '김주애가 후계자일까'라고 생
각했다면 지금은 '김주애가 후계자일 것 같은데 맞느냐'라고 따져보는 단계"

라고 말했고(김민서, 2023. 12. 4), 통일부 고위 당국자도 "세습 가능성이 굉장히 높아졌을 가능성이 있다"(목용재, 2023. 12. 6)라는 평가를 내린 데 이어, 2024년 1월 국정원도 김주애를 마침내 '유력한 후계자'(김학일, 2024. 1. 3)로 간주하게 되었다.

북한은 또한 2024년 1월 1일 자 《로동신문》 1면 상단에 신년경축대공연에 참석한 김정은과 김주애 사진을 실어 향후 김주애의 위상이 더욱 격상될 것임을 시사했다. 그리고 1월 5일 자 《로동신문》에서부터 김주애의 동행 사실을 다른 고위 간부들보다 앞서 별도로 소개하고 있고, 김주애의 동행에 대해서는 고위 간부들의 동행과는 다르게 높임말을 사용하고 있다. 1월 5일 자 《로동신문》의 김주애와 고위 간부들의 동행에 대한 보도는 다음과 같다.

> 존경하는 자제분께서 동행하시었다.
> 조춘룡동지, 조용원동지, 리일환동지, 김여정동지를 비롯한 당중앙위원회 간부들과 미싸일총국 지도간부들이 동행하였다.

여기서 주목할 부분은 북한이 김정은에 대해 '현지지도하시었다'라고 높임말을 쓴 것처럼, 김주애에 대해서도 '동행하시었다'라고 높임말을 사용한 점이다. 반면에 조용원과 김여정 등 다른 간부들에 대해서는 '동행하였다'라는 표현을 사용함으로써 김주애를 간부들과 명확하게 차별화했다. 그리고 《로동신문》은 김주애의 동행 사실을 당중앙위원회 정치국 상무위원이며 조직비서인 조용원과 당중앙위원회 부부장 김여정 등 핵심 간부들의 동행 앞에 별도의 문장으로 소개함으로써 최고위급 간부들에 대한 김주애의 우월적 지위를 분명하게 드러냈다.

김주애를 고위 간부들보다 먼저 별도로 호명하는 새로운 현상은 1월 8일 자 《로동신문》에서도 재확인되었다. 1월 8일 자 《로동신문》은 김정은의 광천닭공장 현지지도 사실을 보도하면서 김주애와 다른 간부들의 동행 사실

사진 10-16 김주애를 깍듯하게 의전하는 김여정

자료: 조선중앙TV 캡처(방영일: 2024.8.5)

을 다음과 같이 보도했다.

> 존경하는 자제분께서 동행하시였다.
> 조선로동당 중앙위원회 정치국 상무위원회 위원이며 내각 총리인 김덕훈동
> 지와 당중앙위원회 지도간부들인 리일환동지, 전현철동지, 오수용동지, 주철규
> 동지, 김용수동지, 김여정동지, 현송월동지가 동행하였다.

북한은 이번에도 김주애에 대해 '동행하시였다'라고 높임말을 사용하고, 김
덕훈 내각 총리와 김여정 등 다른 간부들에 대해서는 '동행하였다'라는 표현
을 사용했다. 그리고 김주애의 동행 사실을 당중앙위원회 정치국 상무위원이
며 내각 총리인 김덕훈 등 핵심 간부들의 동행 앞에 별도의 문장으로 소개함
으로써 최고위급 간부들에 대한 김주애의 우월적 지위를 재확인했다.

2024년 8월 4일 김주애는 김정은과 함께 신형전술탄도미사일무기체계 인
계인수기념식에 참석했다. 조선중앙TV는 이때 고모인 김여정 당 부부장이
조카 주애를 깍듯하게 의전하는 모습을 보여주었다. 김정은을 따라 단상으로

올라가는 김주애에게 김여정이 허리를 살짝 숙이고 팔을 뻗어 안내하고, 주애는 꼿꼿하게 서서 이를 바라보며 지나갔다(권남영, 2024.8.9). 김 총비서의 여동생이자 사실상의 2인자로 간주되었던 김여정이 행사에서 누군가를 이처럼 예우하는 것은 보기 드문 장면이다. 이런 장면은 김정은이 김주애를 자신의 후계자로 내정했고, 김여정이 이 같은 오빠의 결정에 복종하고 있음을 시사하는 것이다.

5. 4대 세습 전망과 남북 관계에의 함의

1) 북한이 '김주애 띄우기'에 나서는 이유는?

이처럼 2022년부터 북한이 '김주애 띄우기'에 나선 것과 관련해 우리 사회에서 다양한 해석이 제기되고 있다.

첫 번째 해석은 북한이 핵과 대륙간탄도미사일 개발을 통해서 '미래세대'의 안전을 담보한다는 것을 은유적으로, 상징적으로 표현하기 위해 김주애를 활용하고 있다는 것이다. 그러면서 김주애를 단순히 '미래세대의 상징'일 뿐이라고 해석한다(김환용, 2023.3.17 참조). 그런데 북한 ≪로동신문≫은 김주애를 김정은의 '사랑하는 자제분'으로 소개하는 수준을 넘어서서 퍼스트레이디인 리설주나 북한의 사실상 2인자로 간주되는 백두혈통 김여정에게도 사용하지 않는 '존귀하신'이라는 표현까지 사용하면서 김주애에 대한 개인숭배까지 진행하고 있다.

또한 ≪로동신문≫이 퍼스트레이디인 리설주보다 김주애를 먼저 호명하는 등 김주애에게 '미래세대의 상징' 이상의 위상을 부여하고 있어 이 같은 해석은 설득력이 부족하다. 만약 북한이 김주애를 '미래세대의 상징'으로 내세우고 있다면, 김주애가 자연스럽게 미래세대의 지도자도 될 수 있는 것이기 때문에 김주애 띄우기가 후계 문제와 관련이 없다고 할 수 없다.

두 번째 해석은 김정은의 여동생 김여정과 부인 리설주 간에 권력투쟁이 벌어지고 있는 것 아닌가 하고 의심하는 것이다. 이 같은 의구심을 표현하는 전문가는 김주애의 공개를 리설주가 김여정에게 '권력 승계는 너한테 가는 것이 아니고 우리 자식한테 가는 거니까 절대로 넘보지 마라'라고 경고하는 것으로 추정하고 있다(이선, 2023. 2. 1). 그런데 김여정이 북한 지도부에서 상당한 영향력을 가지고 있기는 하지만, 각종 정치행사에서 전면에 나서기보다는 김정은을 보좌하는 데 그치고, 주로 대남과 대미 관계에서 목소리를 내고 있기 때문에 이 같은 해석은 지나친 억측이다. 조선중앙통신을 통해 주로 공개되는 김여정의 대남, 대미 담화도 북한 주민들이 보는 ≪로동신문≫에는 게재되지 않는 경우가 많다.

세 번째 해석은 김정은의 건강에 이상이 있는 것 아닌가 의심하는 것이다. 2024년 7월 국정원은 국회 정보위원회에 "40대 중반인데 몸무게가 140kg에 달하고 체질량지수가 정상을 크게 초과한 초고도 비만이자 심장질환 고위험군에 해당한다"라며 "현 건강 상태를 개선하지 않으면 가족력인 심혈관계통 질환이 나타날 가능성을 면밀히 추적 중"이라고 보고했다(문광호·박하얀, 2024. 7. 29 참조). 김정은의 이 같은 초고도 비만 상태와 위험한 건강 상태를 고려할 때 그가 가까운 미래에 갑자기 쓰러진다고 해도 결코 놀라운 일이 아닐 것이다. 비록 김정은이 아직은 젊기 때문에 이 같은 질병들을 비교적 잘 관리하고 있다고 해도 그의 부친 김정일처럼 그에게 언제라도 건강 이상이 닥칠 수 있기에 그의 건강 문제가 김주애에 대한 후계 수업을 조기에 시작한 하나의 이유가 될 수는 있다.

그런데 김정은이 김주애에 대한 후계 수업을 조기에 시작한 데에는 이상에 언급된 이유들보다 김정일이 자신을 후계자로 내정하고도 이를 핵심 참모들

외에는 알리지 않아 외부 세계에서 오랫동안 후계 문제와 관련해 부적절한 억측이 널리 확산된 것으로 인한 마음고생이 중요하게 작용한 것으로 추정된다. 김정일의 비밀주의적 태도로 인해 황장엽 전 당중앙위원회 비서 같은 고위 간부도 1997년 한국에 망명하기 전까지 김정은을 단 한 번도 본 적이 없었다. 만약 김정일이 1992년에 김정은을 자신의 후계자로 '내정'한 후 이를 황장엽을 포함해 약 200명 정도 되는 북한의 당중앙위원회 위원과 후보위원에게까지만 공개했어도 북한 외부 세계에서 김정남이나 김정철이 후계자가 될 것이라는 부정확한 추측이 오랫동안 난무하지 않았을 것이다. 그리고 그 같은 억측이 없었다면 김정은이 2017년에 이복형인 김정남을 암살할 필요도 없었을 것이다.

김정은의 조기 후계자 내정 사실을 만약 외부 세계에서 일찍 알았다면, 2011년 12월 김정일 사망 직후 해외 전문가들이 김정은의 권력 장악력을 과소평가하면서 '장성택 중심의 군부집단지도체계'가 출범할 것이라는 근거 없는 전망도 내리지 않았을 것이다. 김정은이 자신의 후계자를 조기에 대내외에 공개하고 앞으로 10~20년 후에 후계자로 공식 지명한다면, 그의 후계자는 '준비된 지도자'로 간주되어 김정은처럼 외부의 선입견으로 인해 마음고생을 하지 않아도 될 것이다.

2023년에 동해로 목선을 타고 온 평양 거주 경험이 있는 탈북민 A 씨(23)는 2024년 6월 기자들과 만나 김주애에 대해 "정치적인, 핵 개발하고 발사하고 이런 데 막 나오기 시작해 '왜 저런 데 나오지, 어린애가'라고 생각했는데 핵 쪽으로 엄청난 천재라는 말을 들었고 후계자 아니겠느냐고들 했다"라고 증언했다(김예진, 2024.8.5 참조). 북한의 일반 주민들은 처음에는 김정은의 김주애 공개 의도에 대해 의아하게 생각하겠지만, 시간이 지날수록 그것이 4대 세습 준비 차원이라는 것으로 이해하게 될 것으로 판단된다.

2) 북한에서 여성은 차기 지도자가 될 수 없을까?

북한은 2012년 7월 7일 조선중앙TV와 ≪로동신문≫ 사이트를 통해 김정은 노동당 제1비서의 모란봉악단 시범공연 관람 동영상과 사진을 공개하면서 그의 옆에 미모의 여성이 앉아 있는 모습을 보여주었다. 당시 다수의 전문가들과 언론은 이 여성이 김 제1비서의 여동생 김여정일 것이라고 관측했다.[4] 일각에서는 김정은과 염문설이 나돈 보천보전자악단 출신 가수 현송월일 것이라고 추정했다.

그런데 김정은 제1비서가 모란봉악단 공연을 관람하기 위해 들어갈 때 이 여성이 같이 따라 들어가는 모습이나 공연장에서 김 제1비서 옆에 서서 함께 박수를 치는 모습, 그리고 퇴장할 때 따라 나가는 모습을 면밀히 분석해 보면 모두 '퍼스트레이디'로서의 모습이었다. 그래서 필자는 당시 언론과의 인터뷰에서 "7일 모란봉악단 공연에 김 제1비서 옆에 앉은 여성이 여동생 김여정이라는 관측이 있지만, 2011년 12월 21일 김정일의 장례행사에 모습을 드러낸 김여정과는 외모에서 뚜렷한 차이를 보이고 있다"라고 지적했다. 그리고 "공연장에서 김정은 옆에 서서 함께 박수를 치는 모습과 퇴장할 때 따라 나가는 모습을 보면 여동생의 모습이 아니라 '퍼스트레이디'의 모습"이라고 평가했다(안윤석, 2012.7.10).

또한 북한은 7월 8일 김일성 사망 18주기를 맞이하여 김정은이 모란봉악

---

[4] 당시 김연철 인제대 교수는 "최근 김 제1비서 옆에 있던 여성은 김정일 국방위원장 상례 때와 마찬가지로 김여정 씨일 가능성이 높다"라며 "북한 사회에서 부인을 공식 행사에 데리고 나오기는 어렵다고 본다"라고 말했다(김규원, 2012.7.9). 김흥광 NK지식인연대 대표도 "커트 머리 여성과 작년 12월 21일 김정일의 장례 행사에 공개된 여성[김여정]은 동일 인물"이라며 "두 여성의 사진을 컴퓨터로 비교한 결과 동일 인물이라는 결론을 얻었다"라고 말했다(조호진, 2012.7.9).

사진 10-17　북한 매체의 리설주 첫 공개

주: 김정은이 부인 리설주와 모란봉악단 시범공연에 참석해 박수를
　　치고 있는 모습
자료: ≪조선중앙통신≫(2012.7.9)

단 공연을 같이 관람한 여성과 함께 김일성 시신에 참배하는 모습도 공개함
으로써 이 여성이 누구인지에 대한 외부 세계의 관심을 더욱 증폭시켰다. 김
정은이 김일성 시신에 참배할 때 이 여성은 다른 간부들 바로 앞에 서서 그가
과거 김정일의 부인 고용희처럼 영부인으로서 특별한 지위를 가지고 있음을
과시했다. 이 여성은 특히 금수산태양궁전에서 매우 당당한 모습으로 걸음으
로써 조심스럽게 김정은 뒤를 따르는 군 고위 간부들과 대조적인 모습을 보
여주었다.

　　그리고 북한은 7월 15일 김정은이 다시 이 미모의 여성과 경상유치원을 방
문한 사진을 공개하면서도 이 여성이 누구인지에 대해서는 전혀 언급하지 않
았다(이준삼, 2012.7.15). 그러자 한국 정부는 이때부터 이 미모의 여성이 김정
은의 부인일 가능성에 무게를 두고 이를 확증하기 위한 정보 추적에 주력하
기 시작했다(이귀원, 2012.7.15). 이후 김정은은 7월 24일 준공을 앞둔 릉라인
민유원지를 시찰하면서 다시 이 여성과 동행했으나 당시에는 그 사진을 공개

사진 10-18 릉라인민유원지 준공식에 참석한 김정은과 리설주

자료: ≪조선중앙통신≫(2012.7.26)

하지 않고 나중에 공개했다. 북한은 마침내 7월 25일 릉라인민유원지 준공식을 보도하면서 "김정은 원수님께서 부인 리설주 동지와 함께 준공식장에 나오시었다"라고 밝힘으로써 그동안 외부 세계의 호기심을 불러일으켰던 여성이 바로 북한의 새 퍼스트레이디 리설주임을 공개했다. 결국 필자의 판단이 옳은 것으로 판명된 것이다. 북한이 김정은의 부인에 대해 외부 세계의 관심을 불러일으킨 후 그의 신분을 전격적으로 공개했기 때문에, CNN의 보도에 따르면 김정은-리설주 부부는 "할리우드 스타 브래드 피트와 앤젤리나 졸리 부부만큼 유명해졌다."

현재 한국의 북한 전문가들 상당수는 남존여비 사상이 강한 북한에서 여성이 후계자가 될 수 있겠는지 의구심을 표현하며 김정은의 장녀 김주애가 후계자가 될 가능성에 대해 부정적으로 평가한다. 그러나 북한의 후계자론에 의하면 후계자의 조건 중 가장 중요한 것은 '수령에 대한 충실성'과 자질이다. 북한의 후계자론에서 수령의 후계자가 남자인가 여자인가는 그렇게 중요하지 않다.

10대에 스위스에서 4년 반 조기 유학 생활을 보낸 김정은은 그의 아버지 김정일과는 다르게 남존여비 사상이 강하지 않을 것으로 판단된다. 물론 김정은도 비슷한 조건이라면 아들을 선호할 가능성이 높겠지만, 김정은에게 아들이 없는 것이 확실하다. 그러므로 김주애가 비록 여자이기는 하지만, 김정은처럼 배짱이 있고, 정치적 야심이 있으며, 김정은의 권력과 정책을 승계하고자 하는 의지가 강하다면 김정은으로서는 김주애를 자신의 후계자로 선택할 수밖에 없을 것이다.

김정일의 요리사로서 북한에서 11년간 일했던 일본인 후지모토 겐지는 2013년 필자와의 인터뷰에서 북한의 당과 군부 간부들이 김정일을 대하는 태도와 그의 여동생 김경희를 대하는 태도가 거의 비슷했다고 증언했다. 남존여비 사상이 강했던 북한에서 '백두혈통'인 김경희가 일반 간부들보다 우월한 지위에 있었던 것이다. 그런데 김정일 시대에는 그것이 대외적으로까지 표출되지는 않았다.

그러나 김정은 시대에 김여정은 백두혈통으로서 그의 공식적 직책인 당중앙위원회 부부장직을 넘어서는 영향력을 대외적으로 과시하고 있다. 김여정은 2018년 2월 북한 고위급 대표단의 일원으로 한국을 방문하면서 명목상의 단장인 김영남 당중앙위원회 정치국 상무위원 겸 최고인민회의 상임위원장을 제치고 문재인 대통령에게 김정은의 친서를 직접 전달했다. 그런 김여정이 2020년 6월 13일에는 담화를 발표해 자신이 "위원장 동지[김정은]와 당과 국가로부터 부여받은 나의 권한을 행사하여 대적사업(對敵事業) 연관 부서들에 다음 단계 행동을 결행할 것을 지시하였다"라고 밝히면서 "멀지 않아 쓸모없는 북남공동연락사무소가 형체도 없이 무너지는 비참한 광경을 보게 될 것"이라고 위협했다. 그리고 나서 북한은 같은 달 16일 4·27판문점선언의 중요한 성과 중 하나로 간주되었던 남북공동연락사무소를 폭파했다.

통일연구원에서 발간한 『북한인권백서 2022』는 2018년 이후 김여정(당중앙위원회 부부장), 최선희(현 외무상), 현송월(당중앙위원회 선전선동부 부부장)

등 여성들의 고위직 진출이 늘어난 점에 주목하고 있다. 최선희의 외무상 발탁은 북한에서도 여성이 고위직에 오를 수 있음을 보여주는 대표적 사례이다. 북한이탈주민의 증언에 의하면, 김정은 집권 이후 북한의 정치적·공적 영역에서 여성의 진출이 늘어나고 있는 것으로 파악되고 있다. 당증(黨證)을 가진 여성은 무조건 간부로 등용되며, 판사, 보위부, 보안원을 하는 여성들도 많고, 여성 군관도 많아졌으며, 여성 대의원도 늘어났다고 북한이탈주민들은 증언하고 있다. 또한, 기업소와 협동농장 등에서 지배인, 작업반장, 분조장을 하는 여성들이 많으며 능력만 있으면 다 할 수 있다는 증언도 다수 수집되고 있다.

이처럼 김정은 집권 이후 북한에서 여성의 지위가 눈에 띄게 높아지고 있고 여성이라도 '백두혈통'은 다른 간부들보다 우월적인 신분, 지위와 영향력을 가지고 있기 때문에 여성은 무조건 '수령의 후계자'가 될 수 없다는 평가는 북한의 현실과 괴리된 '남한 중심적' 편견일 수 있다. 북한과 비슷한 유교문화를 가진 한국에서도 박정희 대통령의 장녀인 박근혜가 대통령에 당선되었다는 점을 고려할 필요가 있다.

3) 북핵 문제와 남북 관계에의 함의

2022년 11월부터 2024년 10월 중순까지 김주애의 김정은 동행 관련 보도 건수는 30건이고, 그중 24건이 군사와 관련된 것이었다. 2023년 2월과 4월 내각과 국방성 직원들 간 체육 경기 관람도 군사와 관련된 것으로 간주할 수 있지만, 이것을 군사와 관련된 보도에서 제외해도 군사와 관련된 것이 22건이 된다. 이는 김주애를 '조선의 샛별 여장군'(자유아시아방송이 북한에서 김주애에게 이 같은 표현을 사용했다고 2023년 11월 27일 보도)으로 키우고자 하는 김정은의 의도를 보여주는 것이다.

군사와 직접적으로 관련되지 않은 김주애의 공개활동은 2023년 2월 평양시 서포지구 새거리 착공식에 참석해 김정은과 함께 착공의 첫 삽을 뜬 것과 2023년 12월 31일 신년경축대공연에 김정은과 함께 참석한 것 그리고 2024년 1월 7일 김정은의 광천닭공장 현지지도에 동행한 것, 3월 15일 강동종합온실 준공 및 조업식에 김정은과 함께 참석한 것, 5월 14일 김정은의 전위거리 준공식 참가에 동행한 것 등이다. 2024년 들어 10월 중순까지 김주애와 관련한 9건의 보도 중 5건이 비군사 분야라는 점을 고려할 때 김주애의 공개활동 범위가 군사 분야에서 비군사 분야로 확대되는 경향을 보여주고 있는 점은 주목된다.

과거 김정은의 후계체계 구축은 '내정(內定)과 후계 수업'(1992~2008), '대내적 공식화'(2005~2010), '대외적 공식화'(2010~2011)의 단계를 밟았다. 현재 김주애의 후계체계 구축은 기본적으로 '내정과 후계 수업' 단계에 있다고 볼 수 있지만, 김정은의 공개적 성격으로 인해 과거 김정은 후계체계 구축 과정의 '대내적 공식화'와 '대외적 공식화' 단계에서 나타났던 현상까지 일부 보여주고 있다. 이는 김주애가 아직 후계자 '내정과 후계 수업' 단계에 있지만, 미래에 그를 자신의 후계자로 내세우고자 하는 김정은의 의지가 그만큼 강력함을 시사한다.

북한은 사회주의체제를 표방하고 있지만, 1대 지도자인 김일성의 권력이 그의 아들 김정일에 의해 승계되었고, 2대 지도자인 김정일의 권력이 다시 그의 아들 김정은에 의해 승계되어 군주제적인 특징을 보여주고 있다. 따라서 최고지도자에게 어떠한 자녀들이 있고, 그들이 어떠한 자질들을 가지고 있는지는 외부의 주요 관심사가 되지 않을 수 없다.

2000년대 초중반에 필자는 북한 내부 자료 등을 근거로 북한이 3대 세습으로 갈 수밖에 없고, 김정일의 후계자는 김정일과 고용희 사이에서 태어난 김정철이나 김정은 중 하나가 될 것이라고 전망했다. 그런데 당시 상당수의 전문가들은 '21세기에 무슨 3대 세습이냐?'며 매우 부정적 태도를 보였다. 그리고 일부 전문가들은 김정일의 후계자는 그의 '장남' 김정남이 될 것이라고 전망했다. 그러나 김정일은 2008년 말에 그의 삼남 김정은을 자신의 후계자로 결정해 북한의 파워 엘리트들에게 통보하고 김정은과 북한을 공동 통치하기 시작했다.

한국의 북한 전문가들 대부분이 과거에 김정일의 후계 문제와 관련해 부정확한 평가를 내렸던 데에는 그들의 '희망적 사고'나 장남만이 권력을 승계할 수 있다는 유교적 고정관념이 크게 작용했다. 한국의 전문가들이 그와 같은 실수를 반복하지 않기 위해서는 김주애가 매우 어린 나이이고 딸이라는 사실에 대한 과도한 집착을 넘어서서 김주애가 어떠한 현장에 모습을 드러내고 있으며 북한 언론매체가 그에 대해 어떻게 선전하고 있는지 주의 깊게 관찰하는 것이 필요하다. 김정일이 그의 장남이나 차남을 제치고 자신의 성격을 가장 빼닮은 삼남 김정은을 매우 이른 시기에 후계자로 내정한 것처럼, 김정은도 자신을 가장 빼닮은 딸을 후계자로 염두에 두고 있을 수 있다.

북한은 2022년부터 김주애 공개를 통해 앞으로도 '절대로' 핵을 포기하지 않을 것이며, 핵과 미사일 개발은 김정은 이후 시대에도 계속될 것임을 분명히 하고 있다. 따라서 북한의 권력이 미래에 김주애에게 넘어간다고 하더라도 북한체제의 위협적 성격은 특별히 달라지지 않을 것이다. 김주애의 공개 활동이 군사 분야에 집중된 것을 고려하면, 김주애가 권력을 승계한 이후 미래의 북한은 지금보다 더욱 호전적으로 나올 가능성을 배제할 수 없다.

참고문헌

강태화·정영교·정진우·박현주. 2023. 3. 10. "[단독] "김정은 장남 미스터리…관저 들어간 이 장난감서 시작'". ≪중앙일보≫.

권남영. 2024. 8. 9. "北 후계자는 주애?…김여정, 조카인데 허리 숙여 '깍듯'". ≪국민일보≫.

김규원. 2012. 7. 9. "김정은 옆에 여성 대체 누구…동생? 혹은 부인?" ≪한겨레≫.

김명성. 2023. 9. 9. "김정은 딸에 무릎 꿇은 北 5성장군 …獨매체 "김주애, 후계자 훈련'". ≪조
선일보≫.

김민서. 2023. 12. 4. "김정은 아들 없나… 조태용 "주애, 후계자로 보여 확인 중'". ≪조선일
보≫.

김수연. 2023. 3. 7. "국정원 "김정은 첫째는 '아들'이라고 첩보상 확신… 셋째도 출산'". ≪세
계일보≫.

김예진. 2024. 8. 5. "김정은 딸 주애, 북한 매체서 석 달 만에 식별". ≪세계일보≫.

김유민. 1986. 『후계자론』. 동경: 신문화사.

김인숙. 2003. 『불요불굴의 항일의 녀성영웅 김정숙동지의 위대한 공적』. 평양: 사회과학출
판사.

김정우. 2017. 8. 30. "베일 벗는 김정은 자녀…7살·1살 아들·4살 딸 '4代 백두혈통'". ≪TV조
선≫.

김정일. 1997. 『김정일 선집 11(1991. 1-1991. 7)』. 평양: 조선로동당출판사.

김학일. 2024. 1. 3. "국정원 "공개활동·예우수준 종합분석결과 김주애 유력한 후계자로 보
여'". ≪노컷뉴스≫.

김현식·손광주. 1997. 『다큐멘터리 김정일』. 서울: 천지미디어.

김현정. 2023. 2. 27. "[CBS 김현정의 뉴스쇼] 권영세 "김주애, 딸이라 후계 불가? 다른 대안
없을 가능성도'". ≪노컷뉴스≫.

김환용. 2023. 3. 17. "북한 "김정은 위원장 참관 속 '화성-17형' 발사 훈련"…미 본토 타격 능
력 위협 메시지". ≪VOA≫.

김희원. 2023. 2. 14. "北 우표에 김주애 첫 등장… 김정은과 ICBM 관람 모습". ≪세계일보≫.

란코프, 안드레이(Andrei Lankov). 2022. 11. 24. "[란코프] 김주애 소녀의 등장". ≪자유아
시아방송≫.

≪로동신문≫, 2012. 11. 18; 2012. 12. 22; 2013. 1. 1; 2013. 2. 17; 2018. 4. 15.

목용재. 2023. 12. 6. "통일부 "노동당 '제1비서' 신설, 김주애 염두에 둔 것'". ≪자유아시아방
송≫.

_____. 2023. 12. 8. "[시사진단 한반도] 김정은 후계자, 정말 김주애?"≪자유아시아방송≫.

_____. 2023. 2. 15. "통일장관 "김정은 아들 있는지 확인된 바 없어…4대 세습의지는 확실'".
≪자유아시아방송≫.

문광호·박하얀. 2024. 7. 29. "국정원 "북 김주애 후계자 수업 중…선전 수위·노출 빈도 안

배"". ≪경향신문≫.

문재인. 2024. 『변방에서 중심으로 — 문재인 회고록: 외교안보 편 —』. 서울: 김영사.

박국희. 2013. 3. 20. "데니스 로드먼 "리설주, 딸 얘기만 해"…北정권 비밀 공개?" ≪동아일보≫.

박재영. 2017. 8. 30. "리설주 나이는 29살? "첫째 아들로 파악 7살" 둘째 이름은 '김주애' 딸".
≪서울경제≫.

박재우. 2023. 5. 24. "김정은 스위스 유학 절친 "아들 있단 얘기 못 들어"". ≪자유아시아방송≫.

_____. 2023. 5. 30. "전 로드먼 매니저 "북한서 주애 안아봤지만 아들 못 봐"". ≪자유아시아
방송≫.

백나리. 2010. 12. 5. "北, 국제회의서 "연평도포격은 자위적대응"(종합)". ≪연합뉴스≫.

사회과학출판사. 1970. 『정치용어사전』. 평양: 사회과학출판사.

_____. 1985. 『주체사상의 사회력사원리』. 평양: 사회과학출판사.

_____. 2017. 『조선말대사전 (증보판) 3』. 평양: 사회과학출판사.

손혜민. 2023. 2. 10. ""'주애' 이름 바꿔라" 북, 대 이은 개명 강요". ≪자유아시아방송≫.

안윤석. 2012. 7. 10. "김정은의 부인 공개석상 등장?…"함께 공연 관람한 여성"". ≪노컷뉴스≫.

≪온라인 중앙일보≫. 2012. 9. 7. ""北 이설주 출산에 대한 소문…" 드러난 사생활".

이귀원. 2012. 7. 15. "정부 소식통 "김정은 옆 여성, 부인 가능성 높다"". ≪연합뉴스≫.

이서진. 2018. 4. 27. "김정은 나이 '화제'… 2013년 태어난 딸 김주애 진실은? '논란 급부상'".
≪그린포스트코리아≫.

이선. 2023. 2. 1. "리설주와 김여정 '권력' 다툼?…"김정은, 딸 공개 이유는"". ≪YTN≫.

이영태. 2022. 11. 20. "[전문가진단] 정성장 "北 김정은, ICBM 발사현장에 딸 대동…후계자
염두"". ≪뉴스핌≫.

이준삼. 2012. 7. 15. "김정은 현지지도에 '미스터리 여인' 또 등장," ≪연합뉴스≫.

이한승. 2013. 9. 9. "로드먼 "김정은-리설주 딸 이름은 '김주애'"". ≪연합뉴스≫.

정성장. 1997. 「김일성체제의 이념적·문화적 기원과 성격」. ≪고황정치학회보≫, 제1권.

_____. 2011. 『현대 북한의 정치』. 파주: 한울엠플러스.

_____. 2024. 6. 13. 「김주애를 김정은의 첫째 아이로 보아야 하는 세 가지 이유」. ≪세종포
커스≫.

_____. 2024. 7. 1. 「김주애의 북한 내 위상과 4대 권력세습 전망」. ≪세종정책브리프≫,
No. 2024-07.

조선로동당출판사. 1991. 『조선로동당력사』. 평양: 조선로동당출판사.

≪조선중앙통신≫, 2010. 10. 2. "호금도주석 조선과의 관계발전을 고도로 중시한다고 강조,"

조호진. 2012. 7. 9. "김정은 옆의 커트머리 여성은 동생 김여정". ≪조선일보≫.

≪중앙일보≫, 1999. 9. 14.

최유찬. 2023.2.11. "열병식 초점은 김주애? 후계자설 시끌". ≪MBC뉴스≫.

통일부. 2023. 「북한 주요 인물정보 2023」. 서울: 통일부.

평양출판사. 1990. 『리론과 실천(2)』. 평양: 평양출판사.

허백윤. 2023.9.6. "김주애 공개활동 80% 軍 관련… '김정은 옆자리' 의전규범 만든 듯". ≪서울신문≫.

홍주형. 2023.9.10. "군부실세가 무릎 꿇고 '귓속말'… 김주애 위상 더 높아졌다". ≪세계일보≫.

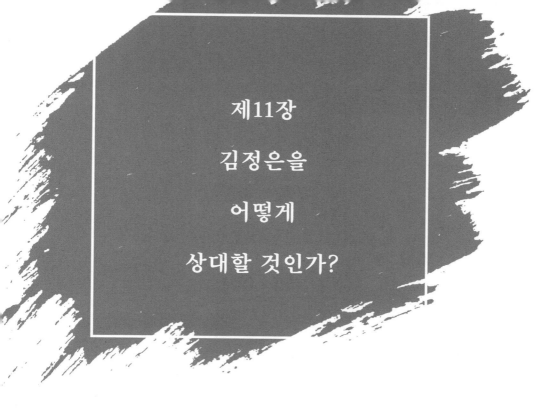

제11장

김정은을

어떻게

상대할 것인가?

1. 김정은의 리더십에 대한 과소평가와 대북 압박 정책의 실패

1) 한미의 '북한 급변사태' 논의와 북한의 대응

한국과 국제사회의 많은 전문가들은 김정은의 리더십과 북한의 당-국가체제에 대한 이해 부족으로 인해 2008년 8월 김정일의 뇌혈관계 이상이 알려진 후 김정일이 사망하면 북한에서 '급변사태' 또는 무정부 상태가 발생할 것이라고 주장했다. 이에 따라 당시 한국의 이명박 정부와 미국의 조지 W. 부시 행정부의 국방부는 김정일이 사망하면 북한이 붕괴할 수 있다고 판단하고 북한 '급변사태' 대비에 착수했다.[1]

2008년 10월 16일 개최된 제30차 한미군사위원회(MCM)에서 미국은 북한 급변사태에 대비한 '개념계획(CONPLAN) 5029'를 '작전계획(OPLAN)'으로 구체화하자고 제의했다. 그리고 다음 날 열린 한미안보협의회의(SCM)에서 양국 국방장관은 북한 급변사태에 대비한 양국 차원의 계획이 필요하다는 데 공감한 것으로 알려졌다.

그러자 북한은 그로부터 약 2주 후인 10월 29일 노동당 기관지인 ≪로동신문≫에 "우리의 힘을 오판하지 말라"라는 제목의 논평을 실어 한미연례안보협의회의에서 미국과 한국 군부 수뇌들이 '북한 급변사태' 준비에 대해 논의한 것을 비난했다. 북한은 미국이 말하고 있는 급변사태는 "저들의 무모한 전쟁책동을 합리화하기 위한 구실"에 지나지 않는다고 주장했다. 그리고 북한은 6자회담 합의에 따라 한반도 비핵화 과정이 추진 단계에 있는 상황에서 미국이 모든 대응 능력을 강화하겠다고 한 것은 한반도 비핵화에 대한 미국의 공약과 아주 완전히 다른 '전쟁 타령'이라고 강력하게 비난했다(김혜성, 2008. 10. 29).

2011년 12월 17일 김정일이 심장쇼크로 갑자기 사망하자 당시 상당수의 전문가들은 김정은으로의 순조로운 권력이양 가능성에 대해 회의적인 태도를 보였다(장용훈, 2011. 12. 19; 고현실, 2011. 12. 19). 그리고 미국 국제전략문제연구소(CSIS)의 빅터 차 한국 석좌를 비롯한 다수의 전문가들은 북한체제의 붕괴와 급변사태에 대비해야 한다고 주장했다(성기홍, 2011. 12. 19 참조).

그러나 2011년 김정일의 사망 이후 북한에서 '급변사태'는커녕 의미 있는 김정은 반대 시위 한 건도 발생하지 않았다. 김정은의 권력 장악력에 대해 정확하게 파악하지 못한 박근혜 정부도 김정은이 2013년 12월 고모부 장성택

---

1 이에 대한 상세한 분석은 정성장(2009: 5~8) 참조.

332   우리가 모르는 김정은

을 처형하자 북한이 내부 갈등으로 갑자기 붕괴할 수 있다고 판단하고 '통일 준비'에 착수했다. 그러자 김정은은 이에 반발해 핵과 미사일 개발에 더욱 박차를 가했다.

북한체제의 내구력과 김정은의 지도력에 대한 북한 외부의 상당수 전문가들의 예상이 계속 빗나갔음에도 불구하고 미국에서 가장 영향력 있는 한반도 전문가로 통하는 빅터 차 CSIS 한국 석좌는 2021년 1월 15일 자 ≪워싱턴포스트≫에 기고한 글을 통해 "북한 경제가 앞으로 1년 혹은 그 이상 폐쇄된 채 살아남을 수 있을까? 나는 그렇지 않다고 생각한다"라고 밝혔다. 그리고 "인구의 10%가 사망했던 1990년대 대기근에 버금가는 2020년 경제 침체를 기록하면서 북한경제가 심각한 타격을 입었다"라고 주장했다. 그런데 당시 북한이 국경 폐쇄로 인해 경제적 어려움을 겪고 있었던 것은 사실이지만 그렇다고 해서 대량 아사 사태가 발생하고 있다는 징후는 전혀 없었다. 그럼에도 불구하고 당시의 북한 경제 상황을 1990년대 중후반의 대기근과 비교하는 것은 지나친 억측이었다. 빅터 차는 심지어 "최악의 경우, 질병과 악화되는 경제의 결합은 핵무기에 대한 정부의 통제를 위험에 빠뜨릴 수 있는 내부 대혼란을 초래할 수 있다. 유출된 핵위기는 몇 번의 미사일 발사를 아무것도 아닌 것처럼 보이게 만들 수 있다"라고까지 분석했다(Victor Cha, 2021.1.15). 그러나 1990년대 중후반의 대기근 때에도 핵과 미사일에 대한 북한 당국의 통제력이 약화된 적이 없었는데, 북한의 경제 상황이 그때보다 훨씬 호전된 상황에서 '핵무기에 대한 북한 정부의 통제 상실 가능성'에 대해 언급한 것도 현실과 매우 동떨어진 평가이다.

이처럼 미국의 한반도 전문가들이 북한에 대해 끊임없이 잘못된 평가를 내리고 미 행정부에 부적절한 조언을 계속하면서 미국의 대북정책은 끊임없이 시행착오와 실패를 거듭했으며, 그동안 북한의 핵능력은 누구도 통제할 수 없는 수준에 도달하게 되었다. 따라서 미 행정부의 대북정책은 무엇보다도 북한체제의 내구력과 김정은의 지도력 및 북한 상황에 대한 냉정하고도 객관적인 분석에서 출발해야 할 것이다.

북한 정세에 대한 미국의 오판과 부적절한 대응이 북한의 불신을 초래하고 북한으로 하여금 핵개발에 더욱 집착하게 하며 이것이 다시 미국의 불신을 초래하는 악순환이 계속되어 현재 미국에서는 북한과 김정은을 악마화해서 보려는 경향이 지배적이다. 이는 다시 미 행정부로 하여금 유연하고 현실성 있는 대북정책 수립을 어렵게 하는 악순환을 초래하고 있다. 따라서 미 행정부가 미·북 간의 끊임없는 상호 불신과 대결의 악순환에서 벗어나기 위해서는 기존의 대북정책에 대한 전면적인 재검토가 이루어져야 하며, 그 과정에서 우선적으로 김정은의 권력 기반, 성향, 정책 방향 그리고 북한의 실상에 대한 정확한 분석이 진행되어야 할 것이다.

한국의 다수 전문가들도 북한과 김정은에 대해 부정확한 평가를 내림으로써 이명박, 박근혜 정부는 북한과의 대화와 협상 대신 북한 붕괴 대비와 '통일 준비'를 선택했다. 그러나 김정은은 리영호 총참모장, 장성택 당중앙위원회 행정부장, 현영철 인민무력부장 등 고위 간부들을 하나씩 숙청하면서 절대권력을 확립했다. 그리고 김정은은 체제 안전을 위해 핵과 미사일 개발에 더욱 매달렸고, 2017년에 수소폭탄 핵실험과 세 차례의 대륙간탄도미사일 시험발사까지 강행한 후 '국가핵무력 완성'을 선포했다. 그러므로 한국 정부가 적실성 있는 대북정책을 수립하고 한반도의 평화와 안정을 유지하기 위해서는 북한에 대한 '희망적 사고'를 넘어 북한체제의 내구력과 김정은의 지도력을 냉정하고도 객관적으로 이해하는 것이 매우 중요하다.

북한은 2021년 제8차 당대회에서 당규약을 개정하여 김정은의 '대리인'이 될 '당중앙위원회 제1비서'직을 신설하고, 당중앙위원회 정치국 상무위원회에 정책결정 권한을 부여하며, 당중앙군사위원회의 소집 요건을 간소화함으로써 유사시 권력 공백을 최소화하고 체제 안정성을 보장할 수 있는 근거를 마련했다. 따라서 북한의 현재 시스템에 비추어 볼 때 설령 김정은의 통치에 문제가 발생하더라도 그것이 정치 공백이나 '무정부 상태'로 연결될 가능성은 희박해 보인다.

2) 대북 전단 살포의 역효과

2008년 8월 김정일의 건강 이상 이후 일부 탈북민 단체들이 김정일 정권 전복을 선동하는 대북 전단을 북한 지역에 지속적으로 대량 살포하자 북한은 같은 해 10월 2일 남북군사회담을 통해 이는 남북 합의 위반이라고 주장하고 사과와 책임자 처벌, 재발 방지 약속 등을 요구했다. 그리고 삐라 살포가 계속될 경우 개성공단사업과 개성관광에 좋지 않은 영향을 미치고 군사분계선을 통한 남측 인원의 통행이 제대로 실현될 수 없으며, 개성 및 금강산 지구 내 남측 인원의 체류가 불가능해질 수 있다고 경고했다(유현민, 2008.10.2).

이에 이명박 정부는 탈북민 단체들에게 대북 전단 살포 자제를 요청했으나 그들은 정부의 요청을 무시하고 전단 살포를 계속 강행했다. 그러자 북한은 그에 대한 반발로 2008년 11월 12일 남북장성급군사회담 북측대표단 단장을 통해 같은 해 12월 1일부터 군사분계선 통행의 엄격한 제한과 차단을 남측에 통고했다(≪조선중앙통신≫, 2008.11.12). 그리고 12월 1일 마침내 개성관광 중단과 개성공단 체류 인원 감축 등의 조치를 단행했다.

이처럼 한국의 탈북민 단체들이 전례 없이 대북 전단을 대량 살포하고, 앞에서 살펴본 것처럼 미국과 한국 국방부가 '북한 급변사태' 대비에 착수하자 이에 불안감을 느낀 북한 지도부는 2009년에 장거리 로켓 발사와 제2차 핵실험을 강행하면서 체제 생존을 위해 핵과 미사일 개발에 더욱 매달렸다. 이 같은 상황 속에서 2009년 1월에 출범한 오바마 행정부는 임기 내내 북한의 핵과 미사일 능력 고도화에 직면하게 되었다.

2011년 12월 17일 김정일이 사망하자 한국의 탈북민 단체들은 또다시 "2천만 동포여 일어나라"라는 제목의 북한 주민 봉기를 선동하는 전단 등을 풍선을 통해 북한에 날려 보냈다(김태민, 2011.12.28). 그러자 북한 국방위원회는 같은 달 30일 성명을 발표해 30여 개의 우익보수반동단체들이 여러 차례에 걸쳐 김정은을 헐뜯고 소요를 선동하는 내용의 삐라를 살포했다고 강렬하게 비난했다. 그리고 이 같은 대북 전단 살포의 배후에는 북한 '급변사태'와 '체제 변화'를 유도해 보려는 이명박 정부가 있다고 주장했다(≪조선중앙통신≫, 2011.12.30).

일부 탈북민 단체들의 대북 전단 살포는 그동안 북한 주민의 알권리 향상에 기여했다기보다는 오히려 남북 관계를 경색되게 만들고, 미·북 비핵화 협상에 부정적으로 작용했다. 역대 한국의 진보 성향 정부들은 과거 서독이 동독에 대해 했던 것처럼 '접촉을 통한' 북한의 변화를 추구했다. 필자의 과거 남북 교류 경험에 의하면 한국에 한 번도 와보지 못한 대남 일군들은 매우 교조적이고 경직되어 있지만, 그들이 한국을 여러 차례 방문하면 할수록 남한에 대해 동경심과 북한이 변해야 한다는 생각을 갖게 되는 것을 확인할 수 있었다. 그렇기 때문에 대북 전단 살포보다는 남북 교류가 북한 주민들의 의식 변화에 더 큰 영향을 미칠 수 있을 것으로 판단된다.

한국의 국회가 2020년 12월 군사분계선 일대에서의 대북 전단 살포 등을 금지하는 「남북관계발전에 관한 법률」 일부개정법률안을 통과시키자 미국 사회 일각에서는 이를 강력하게 비난했다. 빅터 차 미 전략국제문제연구소 한국 석좌는 같은 해 12월 28일 ≪조선일보≫ 기고문을 통해 "인권 활동을 '심리전 수단'이라 한 것은 부적절한 용어를 쓴 것"이라고 주장했다. 그리고 "북한 동포들의 더 나은 삶을 위한 한국인들의 지지를 침묵시키려 한 것은 '자멸정책'일 뿐"이라고 강도 높게 비난했다(차, 2020.12.28).

정 박 브루킹스연구소 한국 석좌도 미 국무부 동아태 부차관보에 임명되기 전 브루킹스연구소가 발표한 「아시아의 민주주의」 보고서에 포함된 「한국 민주주의에 드리워진 북한의 긴 그림자」라는 글에서 문 대통령이 "자신의 대북 대화 정책을 옹호하기 위해 반(反)북한 연설이나 활동을 약화시키는 데 권력을 사용했다"라고 비판했다. 그리고 "특히 인권 문제에 대한 시민사회의 목소리를 조용히 시키려는 문의 시도는 사실 김(정은)에게 핵무기 프로그램을 해체해야겠다는 생각이 들게 만들기보다는 한국이 자기 요구에 따르도록 강압할 수 있다는 그의 인식을 부추기는 것일 수 있다"라고 주장했다(김진명, 2021. 1.26).

그런데 빅터 차나 정 박의 비판 모두 일부 탈북민 단체들이 살포하는 대북 전단이 어떠한 내용을 담고 있는지 그리고 그것이 남북 관계와 미·북 협상에 어떠한 영향을 미쳤는지 이해하지 못하고 내놓은 주장들이다. 빅터 차는 일부 탈북민 단체들이 보내는 대북 전단이 '심리전 수단'이 아니라고 주장한다. 하지만 김정은을 '위선자', '악마', '인간 백정'으로 묘사하면서 정권 타도를 위해 북한 주민들의 봉기를 선동하는 전단이 '심리전 수단'이 아니고 순수한 대북 정보 유입이라고 보기는 어려울 것이다.

정 박은 한국 의회의 대북전단살포금지법 채택으로 북한이 핵을 포기하기보다는 남한을 길들일 수 있다고 판단할 것이라고 주장한다. 하지만 일부 탈북민 단체들의 대북 전단 살포는 북한 군부와 지도부의 반발을 불러일으켜 남북 관계를 경색시키고 북한이 대외 협상에 더욱 소극적으로 나오게 하는 요인으로 작용하고 있다. 예를 들어 2008년 8월 김정일의 와병 이후 탈북민 단체들의 대북 전단 대량 살포가 당시 한미의 북한 급변사태 대비와 함께 남북 관계와 북미 관계 경색을 가져온 주된 원인이 되었던 것은 명백한 사실이다. 당시 이명박 정부도 탈북민 단체들의 대북 전단 살포를 제한하려 했으나 관련 입법이 없어 결국 통제하지 못하고 남북 관계가 계속 악화되는 것을 지켜봐야만 했다(조준형, 2008.10.28; 이상헌, 2008.10.30; 임주영, 2008.10.31).

탈북민 단체들의 대북 전단 살포가 북한으로 외부 정보가 들어가는 유일한 방법은 아니며 다른 방법에 비해 부정적인 효과가 큰 방법이라는 점을 한국과 미 행정부는 명확히 인식할 필요가 있다. 탈북민 단체들이 김정은 정권 전복을 위해 주민의 봉기를 선동하는 자극적인 전단을 보내지 않더라도 북한 주민들은 호기심으로 남한의 영화나 드라마가 들어 있는 USB를 장마당 등에서 비밀리에 구입해 돌려보고 있다. 그리고 남한 사회를 동경해 탈북하는 사람들이 나오고 있다. 그런데 이처럼 북한 주민들이 호기심에 의해 남한 정보를 입수하는 것은 남북 관계나 미북 대화에 직접적으로 큰 영향을 미치지 않는다. 반면에 대북 전단 살포는 정보 유입에 목적이 있기보다는 노골적으로 북한 정권을 흔들어 놓고자 하는 데 목적이 있기 때문에 북한의 안보 불안감을 자극해 단기적으로는 남북 관계, 중장기적으로는 미북 대화에도 부정적으로 작용한다.

3) 김정은에 대한 북한 주민들의 지지도

서울대학교 통일평화연구원의 탈북민 여론조사 결과는 북한을 '지옥'으로 묘사하는 일부 탈북민들의 '증언'이 북한 실상과 큰 괴리가 있음을 보여준다. 2013년 8월 서울대학교 통일평화연구원이 발표한 북한이탈주민 설문조사 결과에 따르면, 2012년 이후 북한을 탈출한 주민들을 대상으로 한 조사에서 김정은에 대한 북한 주민의 지지율이 50% 이상이라고 답한 사람은 61.7%에 달했다.[2] 통일평화연구원이 2011년에 실시한 조사에서 김정일의 지지율이 50% 이상이라고 답한 비율이 55.7%였던 점에 비추어 볼 때, 김정은에 대한

---

2 『김정은 1년, 북한주민의 의식과 사회변동: 2013년 북한이탈주민의식 및 사회변동 조사』, 서울대학교 통일평화연구원 학술회의 자료집(2013. 8. 29), 75쪽 참조.

지지도가 김정일에 대한 지지도보다 높게 나온 것이다.

김정은에 대한 북한 주민들의 지지도는 2014년 조사에서는 64.4%, 2015년 조사에서는 58.1%, 2016년 조사에서는 63%로 약간의 등락이 있기는 했지만,[3] 2013년부터 2019년까지의 조사 결과에서 평균 60% 이상을 차지했다. 특히 2018년과 2019년에는 70% 이상으로 매우 높은 수준을 유지했다.[4] 김정일 사망 직후 상당수의 전문가들은 김정은 체제가 오래가지 못할 것이라고 전망했지만, 이 같은 예상과는 반대로 김정은은 주민들로부터 그의 부친 김정일보다 더 높은 지지를 받고 있는 것이다(2019년 이후에는 코로나19 팬데믹의 영향으로 한국에 입국하는 탈북민 수가 급감해 북한 주민들의 의식 변화를 신뢰성 있게 파악하기 어렵다).

한국에서 1961년에 쿠데타를 일으켜 1979년까지 장기 집권한 박정희 대통령도 독재자였지만 그의 집권 시기에 한국이 고속 경제성장을 했기 때문에 한국의 국민들 다수가 그를 여전히 존경한다. 따라서 한 지도자를 평가하는 데 있어서 그가 민주적인 지도자인가 독재자인가뿐 아니라 그로 인해 주민들의 생활수준이 향상되었는지, 주민들이 그에 대해 어떻게 인식하고 있는지를 아는 것이 중요하다. 국제사회의 제재로 인해 북한이 여전히 어려움을 겪고는 있지만 김정은 집권 이후 북한에서 시장이 확대되고 모든 분야에서 경쟁이 확산되었으며, 주민의 생활수준도 김정일 시대에 비해 향상되는 등 긍정적인 변화들도 나타났다. 그러므로 김정은의 리더십을 평가하는 데 있어서 권력정치의 시각에서만 바라보는 것은 적절하지 않고 그의 집권 이후 북한의 정치와 경제, 사회문화 분야 등에서 나타난 변화들을 종합적으로 고려하는

---

3 『2016 북한 사회변동과 주민의식 변화: 김정은 정권 5년, 북한사회변화 어떻게 볼 것인가?』, 서울대학교 통일평화연구원 세미나 자료집(2016.8.24), 105쪽 참조.
4 「북한주민 통일의식 2019」, 서울대학교 통일평화연구원(2020), 108~110쪽 참조.

것이 필요하다.

4) 북한 인권과 민주화 문제에 대한 장기적·점진적 접근의 필요성

2008년 김정일의 뇌혈관계 이상이 외부 세계에 알려진 후 한국에서 북한 급변사태론이 급속히 확산되자 한국과 국제사회의 다수 전문가들은 김정일이 사망하면 북한에서 급변사태가 발생할 것이라고 주장했다. 그런데 당시 이를 가장 신랄하게 반박한 인사는 뜻밖에도 1997년에 한국에 망명한 최고위급 탈북자인 황장엽이었다. 황장엽 전 북한 노동당 비서는 당시 김정일 이후의 북한이 중국식 개혁·개방 정책을 펴도록 해야지 섣불리 자유민주화까지 요구하면 중국이 좌시하지 않을 것이라고 지적했다. 그리고 북한이 스스로 덩샤오핑(鄧小平)식 개혁·개방을 시작하면 결국 자유민주체제로 바뀌어 남한에 흡수될 수밖에 없다고 주장했다(함보현, 2008.9.15).

과거에 김일성과 김정일의 정책결정 과정에 깊게 참여했지만 김정일에 대해서는 매우 비판적이었던 황장엽 전 북한 노동당 중앙위원회 비서는 "김정일이 사망하더라도 김정일의 측근들이 이미 다 구축되어 있고 한배를 타고 있는 상황이기 때문에 내란 또는 무정부 상태로는 절대 가지 않을 것"(이상헌, 2008.9.16)이며, "북한에는 김정일을 대신할 사람이 100명도 넘는다"(함보현, 2008.9.15)라고 주장했다. 그리고 황장엽의 예상대로 김정일 사후 북한에서 내란이나 무정부 상태뿐만 아니라 작은 소요 사태도 발생하지 않았다.

황장엽이 말한 100명도 넘는 사람들은 기본적으로 북한의 노동당과 군대, 공안 기관, 국가 등을 이끌어가는 핵심 엘리트들인 당중앙위원회 위원들이다. 이들은 체제에 대한 충성심뿐만 아니라 자신의 분야에서 능력과 리더십을 인정받아 그 지위에 오른 인물들이다. 그러므로 황장엽은 이들 중 누가 지도자가 되더라도 북한을 이끌어가는 데 문제가 없고, 이들이 체제 유지를 위해 단합되어 있다고 본 것이다. 물론 1994년 김일성 사망 이후 2010년 제3차 당대회 개최 전까지 김정일은 당중앙위원회 위원 수가 줄어들어도 곧바로 충원하지 않았지만, 당중앙위원회 위원들과 바로 밑의 후보위원들이 북한을 이끌어가는 핵심 그룹이라는 점에는 큰 변화가 없었다.

황장엽 씨는 2010년 3월 미 싱크탱크 전략국제문제연구소(CSIS) 초청 강연에서도 "북한에는 군대, 경찰, 적위대 등 독재를 실시하는 사람들의 숫자가 일반 대중보다 훨씬 많다"라며 "다소의 변화 현상이 일어난다고 해서 큰 변화가 일어난 것처럼 생각해서는 안된다"라고 강조했다. 그리고 "북한이 자유민주주의화될 경우 그 바람이 압록강, 두만강 넘어 중국으로 불어오게 돼 분열을 초래하는 것을 중국은 우려한다"라며 "13억 인구를 통일시켜 유지하는 것이 중국의 가장 큰 이해관계"라고 지적했다. 황장엽 씨는 "이 때문에 중국에 북한을 중국식으로 개방하도록 유도하고, 수령 개인독재를 없애고 시장경제를 도입하라고 촉구하는 게 바람직하다"라며 "중국식 개방을 하도록 하는 것이 중국과 미국의 이익에 맞는 것"이라고 조언했다(성기홍, 2010. 4. 1).

현실적으로 한국과 미국이 핵무기와 ICBM이라는 위협적인 무기들을 가진 북한을 단기간 내에 민주화시킬 수 있는 방안을 전혀 가지고 있지 못한 상황에서 북한 주민들의 정치적 자유의 확대까지 기대하기는 어렵다. 그러므로 한국과 미국 정부는 단기적으로 북한 주민들의 정치적 자유보다 경제적·사회적 자유의 증대에 우선적으로 집중하는 것이 현실적이다. 북한 주민들을 중국이나 베트남 국민처럼 외부 인터넷에 접속할 수 있게 하고, 해외를 여행할 수 있도록 하며, 외국인의 북한 방문에 개방적 태도를 가지게 하고, 종교의 자유를 점진적으로 누릴 수 있도록 하는 것에 초점을 맞출 필요가 있다. 소련과 동유럽의 민주화도 흐루쇼프의 탈스탈린화와 개혁 이후 주민들의 경제적·사회적 자유가 증가하면서 가능해진 것이었기 때문이다.

한국과 미국은 민주주의 가치를 공유하는 동맹으로서 북한의 민주화와 인권 문제에 대해 공동의 전략을 가지고 현실적으로 접근해야 할 것이다. 빅터 차 전략국제문제연구소 한국 석좌는 2021년 2월 4일 '코리아소사이어티'가 2014년 2월 UN 북한인권조사위원회 보고서가 나온 것을 기념해서 개최한 온라인 화상회의에서 "그동안 미국의 대북정책에서 인권 문제가 핵 문제에 밀려 제대로 논의되지 않았다"라면서 "북한 인권 문제 해결 없이 비핵화 협상에서 진전을 이루는 것은 불가능하다"라고 주장했는데(배진영, 2021.2.5), 그렇지 않아도 북한이 미국과의 모든 고위급 접촉을 거부하고 있는 상황에서 북한이 매우 민감하게 반응하는 인권 문제를 전면에 내세운다면 미·북 협상 재개는 더욱 더 어려워질 것이다. 중국도 인권 문제와 관련해서는 매우 민감한 반응을 보이고 있기 때문에 만약 미 행정부가 북한 인권 문제를 전면에 내세운다면 중국도 북한을 협상 테이블에 불러오는 데 협조하기 어려울 것이다.

　미국과 북한은 아직도 적대 관계에 놓여 있기 때문에 미국이 전면에 나서서 북한 인권 문제를 본격적으로 제기하면 북한은 미국이 대북 적대시 정책 차원에서 인권 문제를 이용하고 있다고 간주할 것이다. 따라서 미국은 직접 나서기보다는 국제기구와 유럽연합 등을 통해 우회적으로 북한의 인권 개선을 꾸준히 촉구하는 것이 바람직하다. 그렇게 해야 북한의 인권상황에 대한 개선 촉구가 미·북 협상 재개에 부정적 영향을 주지 않을 수 있을 것이다.

2. 김정은의 '비핵화 의지'에 대한 오판과 한반도 비핵·평화 정책의 파탄

김정은에 대한 오판은 보수 정부에만 국한된 것은 아니다. 2018년에 김정은 국무위원장이 평창동계올림픽 참가를 결정하고 남북정상회담을 제안하자 이

사진 11-1　김정은의 남한 특사대표단 접견

자료: ≪로동신문≫(2018. 3. 6)

에 고무된 문재인 정부는 김정은의 '조건부 비핵화' 협상 의지를 확대해석해 마치 그가 '완전한 비핵화 의지'를 분명히 한 것처럼 주장했다.

　2018년 3월 5일부터 6일까지 1박 2일간 정의용 청와대 국가안보실장을 수석 특사로 한 특별사절단은 평양을 방문해 김정은을 만나 북핵 문제 및 남북 관계 발전과 관련해 중요한 '합의'에 도달했다고 발표했다. 정의용 실장은 귀환 후 브리핑을 통해 북한이 특사단 회동을 통해 '한반도 비핵화 의지'를 분명히 했으며, 북한에 대한 군사적 위협이 해소되고 북한의 체제 안전이 보장된다면 핵을 보유할 이유가 없다는 점을 명백히 밝혔다고 설명했다. 그리고 정 실장은 "특히 주목할 만한 것은 (김 위원장이) 비핵화 목표는 선대의 유훈이며, 선대의 유훈에 변함이 없음을 분명히 밝힌 점"이라고 언급했다(노효동 외, 2018. 3. 6).

　그런데 비핵화 목표가 '선대의 유훈'이라면 왜 김정은이 집권하자마자

2012년에 헌법을 개정해 북한의 핵보유국 지위를 명문화하고, 2017년 수소폭탄 핵실험과 ICBM 시험발사 완성 선포 때까지 북한이 국제사회의 제재에도 불구하고 핵질주를 계속했는지 설명이 되지 않는다. 만약 김정은이 '북한에 대한 군사적 위협이 해소되고 북한의 체제 안전이 보장된다면 핵을 보유할 이유가 없다'는 점을 명백히 밝혔다면, 이는 어디까지나 일정한 조건이 충족되면 핵을 포기할 수 있다는 '조건부 비핵화' 입장이다. 또한 김정은이 '비핵화 문제 협의 및 북미 관계 정상화를 위해 미국과 허심탄회한 대화를 할 수 있다는 용의를 표명'했다면 그것도 북미 협의의 결과에 따라 비핵화 여부나 수준을 결정하겠다는 것으로 해석될 수 있는 것이다.

그러므로 김정은이 '한반도 비핵화 의지'를 분명히 했다는 정의용 실장의 설명은 부적절한 것이었고, '비핵화 협상 의지'를 분명히 했다고 설명했어야 했다. 정 실장은 김정은이 사용한 '비핵화'의 개념이 한국이나 미국이 생각하는 '비핵화' 개념과 일치하는 것인가에 대해서도 제대로 답변하지 못했다.

정의용의 이 같은 부적절한 설명은 당시 국가안보실에 북핵 문제나 북한 문제에 정통한 고위급 관료나 전문가가 부재했던 상황을 그대로 반영하는 것이었다. 한반도 비핵화가 문재인 정부의 핵심 과제 중 하나였다면 국가안보실에 그 같은 과제를 담당할 전문가가 배치되고 우리 사회의 북핵, 평화체제, 대북 제재, 미국, 북한, 중국, 일본 등의 전문가들이 참여하는 '비핵·평화T/F'를 만들어 정교한 대북 협상전략을 수립하고 미국과의 긴밀한 협력 방안을 모색했어야 했지만(정성장. 2018a; 2018b; 2018c 참조), 그 어느 것도 이루어지지 않았다. 그리고 문재인 대통령도 대북 및 대미 협상 준비 차원에서 많은 전문가들과 만나 의견을 수렴해야 했지만, 문정인 연세대 명예교수 등 극소수의 '전문가'에게만 거의 전적으로 의존했던 것으로 알려지고 있다.

2018년 4월 27일 판문점 남북정상회담에서 김정은은 모두 발언을 통해 "오늘 현안 문제와 관심사에 대해 툭 터놓고 얘기하고 좋은 결과를 만들어 내

사진 11-2 4·27 판문점 남북정상회담

자료: ≪로동신문≫(2018. 4. 28)

겠다"라며 "원점으로 돌아가고 이행하지 못하는 결과보다는 미래를 보며 지향성 있게 손잡고 걸어가는 계기가 되자"라고 남북한 간의 허심탄회한 대화 의지를 보였다. 이어 "역사적인 이런 자리에서 기대하는 분도 많고 아무리 좋은 합의나 글이 나와도 발표돼도, 그게 제대로 이행되지 못하면 오히려 이런 만남을 갖고도 좋은 결과에 기대를 품었던 분들에게 더 낙심을 주지 않겠나"라고 반문하며 회담 합의에 대한 이행 의지도 피력했다. 또한 "정말 수시로 만나서 걸리는 문제를 풀어나가고 마음 합치고 의지 모아서 그런 의지를 갖고 나가면 우리가 [2007년 제2차 남북정상회담 이후] 잃어버린 11년이 아깝지 않게 우리가 좋게 나가지 않겠나"라고 문 대통령과 적극적인 소통 의지도 표명했다(임형섭·박경준, 2018. 4. 27).

이날 윤영찬 청와대 국민소통수석의 브리핑에 의하면, 문재인 대통령이 전통의장대와 행렬하던 중 김정은 위원장에게 "청와대에 오시면 훨씬 좋은 장면을 보여드릴 수 있다"라고 말하자, 김 위원장은 "아 그런가요. 대통령께서 초청해주시면 언제라도 청와대에 가겠다"라고 답했다고 한다(이정진, 2018. 4. 27). 그동안 남북정상회담이 두 번이나 평양에서 개최되었지만 북한 최고지도자의 서울 답방은 이루어지지 않았기 때문에 김정은의 이 같은 파격적인 답변은 이후 그의 남북 대화 의지에 큰 기대감을 갖게 하는 것이었다.

문재인과 김정은 간의 제2차 남북정상회담은 2018년 5월 26일 오후 3시부터 5시까지 판문점 북측 통일각에서 전격적으로 진행되었다. 북한은 트럼프 대통령의 5월 24일 북미정상회담 취소 통보 후 약 8시간 30분 만에 25일 오전 김계관 외무성 제1부상 명의의 담화를 발표해 북미정상회담 계속 추진 의지를 밝혔다. 그리고 25일 오후 남측에 김 위원장과 문 대통령의 제2차 남북정상회담을 제안해 26일 오후 판문점에서 정상회담이 개최되었다. 김정은 위원장의 이 같은 매우 유연하고도 신속한 대응은 그가 당시 북미정상회담 개최를 얼마나 중시하고 있었는지 잘 보여주는 것이다. 결국 문 대통령의 적극적

사진 11-3   5·27 판문점 남북정상회담

자료: ≪로동신문≫(2018. 5. 28)

인 지원으로 2018년 6월 싱가포르에서 역사적인 첫 북미정상회담이 성사되었다.

김 위원장은 9월 18일 남북 평양정상회담 모두 발언에서 "역사적인 조미대화 상봉[북미정상회담]의 불씨를 문 대통령께서 찾아줬습니다. 조미상봉의 역사적 만남은 문 대통령의 덕이라고 해도 과언이 아닙니다"라고 말했다. 그러고는 "이로 인해 주변지역 정세가 안정되고, 더 진전된 결과가 예상됩니다. 문 대통령께서 기울인 노력에 다시 한 번 사의를 표합니다"라고 밝혔다(뉴미디어국 뉴스편집부, 2018. 9. 18).

9월 19일 평양정상회담에서 문재인 대통령과 김정은은 한반도에서의 전쟁위험 제거와 적대 관계 해소, 한반도 비핵화 진전을 위한 노력(동창리 미사일 엔진시험장과 발사대 폐기 및 미국의 상응조치 시 영변 핵시설 영구 폐기), 김정은 위원장의 조기 서울 방문 등을 주요 내용으로 하는 「9월평양공동선언」(이하부터 '평양공동선언'으로 표기)에 서명했다. 남북 정상은 평양공동선언을 통해 "남과 북이 한반도를 핵무기와 핵위협이 없는 평화의 터전으로 만들어나가야 하며, 이를 위해 필요한 실질적인 진전을 조속히 이루어나가야 한다는 데 인식을 같이 하였다"라고 밝혔다. 그리고 "북측은 동창리 엔진시험장과 미사일 발사대를 유관국 전문가들의 참관 하에 우선 영구적으로 폐기하기로 하였다"

사진 11-4 　 남북 정상의 「9월평양공동선언」 발표

자료: ≪로동신문≫(2018.9.20)

라고 밝혔다. 또한 "북측은 미국이 6·12 북미공동성명의 정신에 따라 상응조치를 취하면 영변 핵시설의 영구적 폐기와 같은 추가적인 조치를 계속 취해나갈 용의가 있음을 표명하였다"라고 명기했다. 마지막으로 "남과 북은 한반도의 완전한 비핵화를 추진해나가는 과정에서 함께 긴밀히 협력해 나가기로 하였다"라고 언급했다.

　남북 정상 간의 이 같은 합의는 한국 내에서 뜨거운 찬반 논쟁을 불러일으켰다. 보수 진영에서는 '평양공동선언'에 대해 "비핵화와 관련한 구체적인 내용은 고작 '유관국 전문가 참관하에' 동창리 엔진시험장과 미사일 발사대를 영구 폐쇄한다는 것뿐"이라며 "영변 핵시설은 미국의 상응조치라는 전제조건을 달았다. '비핵화 진전'이라는 표현조차 아까운 내용을 가지고 종전선언과

홍정한 것"이라고 비판했다(김선엽, 2018.9.19). 반면에 진보 진영에서는 영변에는 핵물질을 추출하는 원자로, 농축시설, 핵연료봉 제조시설, 재처리 및 연구시설 등이 밀집해 있기 때문에 영변 핵시설의 영구적 폐기는 결코 가볍게 여기거나 큰 의미가 없는 조치가 아니라며 '평양공동선언'을 옹호했다(홍민, 2018.10.1).

물론 영변 핵시설의 영구적 폐기가 비핵화 과정에서 하나의 중요한 부분을 차지하는 것은 맞지만, 북한의 핵무기와 대륙간탄도미사일 폐기를 포함하는 비핵화의 전(全) 과정에 대한 총론적인 합의 없이 문재인 대통령이 김정은과 부분적인 조치에만 합의한 것은 북한의 살라미 전술에 말려든 것이었다. 결국 김정은이 영변 핵시설 폐기 외에 다른 비핵화 과정에 대해서는 논의할 의사를 가지고 있지 않음은 2019년 2월 하노이 북미정상회담을 통해 분명하게 확인되었다.

2018년 9월 평양정상회담에서 김정은은 문재인 대통령의 '신뢰'를 얻기 위해 놀라울 정도의 파격과 대담성을 보여주었다. 9월 19일 저녁 평양 5·1경기장에서 김정은은 문 대통령에게 평양 시민들을 대상으로 직접 연설할 기회를 주었는데, 이는 김정일 시대에는 상상도 할 수 없는 일이었다. 이에 감격한 문 대통령은 평양 시민들을 대상으로 한 연설에서 "우리 두 정상은 한반도에서 더 이상 전쟁은 없을 것이며 새로운 평화의 시대가 열렸음을 8,000만 우리 겨레와 전 세계에 엄숙히 천명했습니다"라고 밝혔다. 그리고 "오늘 김정은 위원장과 나는 한반도에서 전쟁의 공포와 무력 충돌의 위험을 완전히 제거하기 위한 조치들을 구체적으로 합의했습니다. 또한 백두에서 한라까지 아름다운 우리 강산을 영구히 핵무기와 핵 위험이 없는 평화의 터전으로 만들어 후손들에게 물려주자고 확약했습니다"라고 말했다(≪뉴스1≫, 2018.9.20).

그러나 이후 북미 대화가 순조롭게 진행되지 못하고, 2019년 2월 하노이 북미정상회담도 노딜로 끝나자 김정은은 서울 답방을 비롯해 문재인 대통령

사진 11-5   남북 정상의 평양 5·1경기장 연설

자료: ≪로동신문≫(2018. 9. 20)

과의 일체 만남을 거부했고, 심지어 무시하는 태도까지 보였다. 김정은은 동
년 4월 12일 최고인민회의 제14기 제1차 회의에서의 시정연설을 통해 문재
인 대통령에 대해 "추세를 보아가며 좌고우면하고 분주다사한 행각을 재촉하
며 **오지랖 넓은 '중재자', '촉진자' 행세를 할 것이 아니라** 민족의 일원으로서
제정신을 가지고 제가 할 소리는 당당히 하면서 민족의 이익을 옹호하는 당
사자가 되여야 합니다"라고 비판했다(≪로동신문≫, 2019. 4. 13, 강조는 필자).
북한 외무성의 권정근 미국 담당 국장도 6월 27일 개인 명의의 담화를 발표해
"조미[북미]대화의 당사자는 말 그대로 우리[북한]와 미국이며 조미 적대관계
의 발생 근원으로 보아도 남조선 당국이 참견할 문제가 전혀 아니다"라고 남
한 정부와의 대화 거부 입장을 분명히 밝혔다. 권정근은 이어서 "우리가 미국
에 연락할 것이 있으면 조미 사이에 이미 전부터 가동되고 있는 연락통로[채
널]를 이용하면 되는 것이고 협상을 해도 조미가 직접 마주앉아 하게 되는 것
만큼 남조선 당국을 통하는 일은 절대로 없을 것"이라고 철저한 남한 배제 입
장을 재확인했다(≪조선중앙통신≫, 2019. 6. 27).

2019년 6월 30일 판문점에서 김 위원장과 트럼프 대통령이 만날 때 김정은
이 문 대통령에게 형식적으로만 인사하고 그 이상의 대화는 원치 않아 남북
한 정상 간에 약식 정상회담도 이루어지지 못했다. 이 같은 사실은 김정은이

사진 11-6 　 김정은의 정상외교 화보집에서 사라진 문재인 대통령의 모습

2019년 7월 1일 자 ≪로동신문≫ 3면 사진 　 　 김정은의 정상외교 화보집 사진

자료: 왼쪽) ≪로동신문≫, 2019. 7. 1.
오른쪽) 『대외관계발전의 새시대를
펼치시어』(평양: 외국문출판사, 2021).

필요하다고 판단될 때에는 간이라도 빼줄 것처럼 상대방이 듣고자 하는 달콤
한 약속을 하지만, 이해관계에 따라 언제라도 자신의 과거 약속을 무시해 버
릴 수 있는 매우 냉정하고 계산적인 타입이라는 점을 잘 보여주는 것이다.

2021년 5월 12일 북한이 공개한 김정은의 2018~2019 정상외교 화보집『대
외관계발전의 새시대를 펼치시어』를 보면 북미정상회담의 성사에 크게 기여
한 문재인 대통령의 얼굴은 그 어느 곳에서도 찾아볼 수 없다. 북한이 대외관
계에 남북 관계를 포함하고 있지 않다고 해도 2019년 6월 판문점에서 김정은
위원장과 트럼프 대통령이 만나는 자리에 문재인 대통령도 분명히 함께 있었

다. 그런데 이 화보집은 김 위원장과 트럼프 대통령, 문 대통령이 걸어가는 모습 사진에서 문 대통령 부분을 의도적으로 삭제했다. 이는 화보집에 수록된 사진과 2019년 7월 1일 자 ≪로동신문≫ 3면에 게재된 동일한 두 개의 사진을 비교해 보면 명확하게 확인된다. 이 같은 사실은 문 대통령에 대한 김정은의 파격적인 대우와 적극적인 소통 의지가 트럼프 대통령과의 정상회담을 성사시키기 위한 것이었고, 그 같은 목적이 달성되자 김정은은 문 대통령을 더는 거들떠보지 않게 되었음을 다시 확인시켜 주는 것이었다.

2019년 8월 16일에는 북한이 한미연합군사훈련 재개를 이유로 문재인 대통령의 광복절 경축사와 문 대통령을 신랄하게 비난하기에 이르렀다. 북한은 이날 조국평화통일위원회 대변인 담화를 발표해 "남조선 당국자의 말대로라면 저들이 대화 분위기를 유지하고 북남협력을 통한 **평화경제를 건설하며 조선반도 평화체제를 구축하기 위해 노력하고 있다는 소리인데 삶은 소대가리도 앙천대소**[5]**할 노릇이다**"라고 문 대통령을 조롱했다(강조는 필자). 그리고 "우리 군대의 주력을 90일 내에 '괴멸'시키고 대량살륙무기[대량살상무기] 제거와 '주민생활안정' 등을 골자로 하는 전쟁시나리오를 실전에 옮기기 위한 합동군사연습이 맹렬하게 진행되고 있고 그 무슨 반격훈련이라는 것까지 시작되고 있는 시점에 뻐젓이 **북남사이의 '대화'를 운운하는 사람의 사고가 과연 건전한가 하는 것이 의문스러울 뿐이다. 정말 보기 드물게 뻔뻔스러운 사람이다**"라고 비난했다(강조는 필자). 이어서 "두고 보면 알겠지만 우리는 남조선 당국자들과 더 이상 할 말도 없으며 다시 마주앉을 생각도 없다"라고 남한 정부와의 대화 거부 입장을 재확인했다(≪조선중앙통신≫, 2019.8.16). 북한의 조국평화통일위원회는 남한 통일부와의 당국 간 대화기구이므로 문재인 대

---

5   하늘을 쳐다보고 크게 웃는다는 뜻으로 "너무 우스워 껄껄거리거나 하도 어이가 없어 하는 것"을 이르는 말[『조선말대사전(증보판) 4』, 평양: 사회과학출판사, 2017, 884~885쪽].

통령을 인격적으로 모독하는 이 같은 조평통 담화가 김정은의 승인 없이 나왔다고 보기는 어렵다.

2019년 6월 트럼프와의 판문점 회담 이후 김정은은 미국과의 실무협상을 추진하다가 진전이 없자 연말에 개최된 당중앙위원회 제7기 제5차 전원회의에서 "국가의 안전과 존엄 그리고 미래의 안전을 그 무엇과 절대로 바꾸지 않을 것"이라고 밝힘으로써 더는 미국과의 북한 비핵화 협상에도 나서지 않겠다는 입장을 분명히 했다. 결국 문재인 대통령이 추구했던 한반도 비핵·평화 정책은 이렇게 파탄이 났지만, 문재인 정부는 실패한 기존의 대북정책에 계속 매달렸다. 그리고 북한과의 비핵화 협상이 여전히 가능한 것처럼 '희망적 사고'에서 끝까지 벗어나지 못했다.

2020년 6월 15일 6·15 남북정상선언 발표 20주년을 맞이해 문재인 대통령은 청와대 수석·보좌관회의에서 "한반도 정세를 전환하고자 한 김정은 위원장의 결단과 노력을 잘 안다"라며 "기대만큼 북미 관계와 남북 관계 진전이 이뤄지지 않아 나 또한 아쉬움이 크다"라고 말했다. 그리고 문 대통령은 "여건이 좋아지기만 기다릴 수 없다. 남북이 스스로 결정하고 추진할 사업을 적극적으로 찾기를 바란다"라며 "국제사회의 동의를 얻는 노력도 하겠다"라고 말했다(임형섭, 2020.6.15). 문 대통령은 당일 북한에 대북 특사 파견을 제안했으나 거절당한 것으로 알려졌다.

문 대통령의 대화와 특사 파견 제안을 거부하고 6월 16일 개성의 남북공동연락사무소를 난폭하게 폭파한 북한은 6월 17일 조선중앙통신을 통해 "15일 남조선 당국이 특사파견을 간청하는 서푼짜리 광대극을 연출했다"라면서 "우리의 초강력 대적 보복공세에 당황망조[6]한 남측은 문재인 '대통령'이 우리 국

---

6 당황하여 어떤 행동이나 조치를 취하여야 할지 모름.

사진 11-7 북한의 개성 남북공동연락사무소 폭파

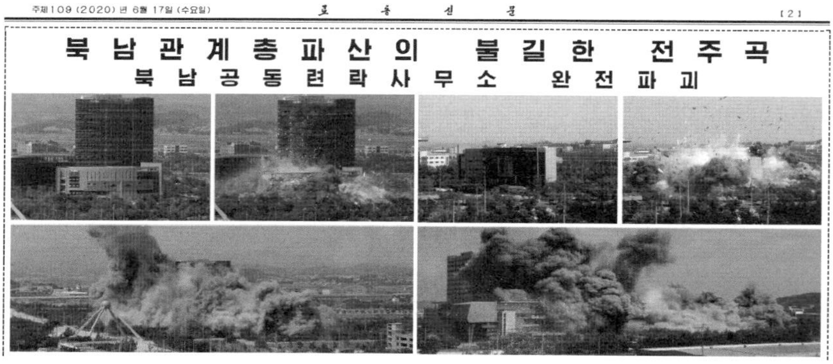
주체109(2020)년 6월 17일 (수요일) 로 동 신 문 [2]

북남관계총파산의 불길한 전주곡

북남공동련락사무소 완전파괴

자료: ≪로동신문≫(2020.6.17)

무위원장 동지(김정은)께 특사를 보내고자 하며 특사는 정의용 국가안보실장과 서훈 국가정보원장으로 한다면서 방문시기는 가장 빠른 일자로 하며 우리측이 희망하는 일자를 존중할 것이라고 간청해왔다"라고 밝혔다. 그리고 "이렇듯 참망한 판단과 저돌적인 제안을 해온데 대해 우리는 대단히 불쾌하게 생각한다"라면서 남측이 신종코로나바이러스감염증(코로나19) 사태로 북한 국경이 봉쇄됐음에도 특사를 보내겠다는 '불경스러운 태도'를 보였다고 비난했다(정아란, 2020.6.17).

문 대통령에 대한 북한의 비난은 여기서 그치지 않았다. 김여정 당중앙위원회 제1부부장도 17일 "철면피한 감언리설을 듣자니 역스럽다"는 제목의 담화를 발표해 문 대통령의 15일 청와대 수석·보좌관회의 발언과 6·15선언 20주년 행사 영상 메시지를 두고 "자기변명과 책임회피, 뿌리깊은 사대주의로 점철된 남조선 당국자의 연설을 듣자니 저도 모르게 속이 메슥메슥해지는 것을 느꼈다"라고 비난했다. 그리고 "북과 남의 의지만으로 마음껏 달려가는 상황이 아니다, 더디더라도 국제사회의 동의를 얻어가는 노력도 꾸준히 하겠다고 지루한 사대주의타령을 한바탕 늘어놓는 순간 변할 수 없는 사대의존의 본태가 여지없이 드러났다"라고 주장했다. 이어서 "제 손으로 제눈을 찌르는 미련한 주문을 한두 번도 아니고 연설때마다 꼭꼭 제정신 없이 외워대고 있는 것을 보면 **겉으로는 멀쩡해 보이는 사람이 정신은 잘못 된 것이 아닌가** 하는 걱정이 든다"라고 문 대통령을 조롱했다(≪조선중앙통신≫, 2020.6.17, 강조는 필자).

앞에서 살펴본 것처럼 2018년 4월 27일 판문점 정상회담에서 김정은은 문재인 대통령에게 "정말 수시로 만나서 걸리는 문제를 풀어나가고 마음 합치고" 나아가겠다고 말했다. 그런 김정은이 이처럼 본인은 뒤에 숨고 북한의 대남기구나 김여정을 통해 문 대통령에 대해 도를 넘어선 비난을 퍼부었다. 그럼에도 문 대통령은 김정은이 관심도 갖고 있지 않은 '종전선언'을 계속 추진하면서 아무런 법적 구속력도 없는 정치적 선언에 불과한 '종전선언'이 비핵화로 나아가는 '입구'가 될 것이라는 모순되고 비전략적·비현실적인 입장을 드러냈다.

김여정 당중앙위원회 부부장은 2024년 1월 2일 "대한민국 대통령에게 보내는 신년메쎄지"라는 제목의 담화를 발표해 문재인 전 대통령에 대한 북한 지도부의 부정적 시각을 다시 노골적으로 드러냈다. 이 담화에서 김여정은 문 전 대통령에 대해 "참 영특하고 교활한 사람이였다"라고 평가하면서 "어리숙한체하고 우리에게 바투 달라붙어 평화 보따리를 내밀어 우리의 손을 얽어 매여놓고는 돌아앉아 제가 챙길 것은 다 챙기면서도 우리가 미국과 그 전쟁사환군들을 억제하기 위한 전망적인 군사력을 키우는데 이러저러한 제약을 조성한 것은 문재인이다"라고 주장했다. 그리고 "우리와 마주 앉아 특유의 어룰한[어눌한] 어투로 '한피줄[한핏줄]'이요, '평화'요, '공동번영'이요 하면서 살점이라도 베여줄 듯 간을 녹여내는 그 솜씨가 여간이 아니였다"라고 평가했다.

김여정은 위의 담화에서 "우리에게는 핵과 미싸일발사시험의 금지를 간청하고 돌아서서는 미국산 'F-35A'를 수십 대씩 반입하고 여러 척의 잠수함들을 취역시켰으며 상전에게 들어붙어 미싸일사거리 제한조치의 완전 철폐를 실현시키는 등 할 짓은 다한 것이 바로 문재인이다"라고 문 전 대통령을 비난했다. 그리고 "문재인의 그 겉발린 '평화의지'에 발목이 잡혀 우리가 전력 강화를 위해 해야 할 일도 못하고 적지 않은 시간을 허비한 것은 큰 손실이었다"라고 지적했다(≪조선중앙통신≫, 2024. 1. 2). 북한이 이처럼 문재인 대통령에 대해 '교활한 사람'으로 평가하고 있으므로 앞으로 그의 대북정책을 계승하여 남북 화해협력을 추구하는 진보 정부가 출범한다고 해도 북한이 대화에 나설 가능성은 희박해 보인다.

3. 김정은의 셈법을 바꾸기 위한 한국의 선택

앞에서 살펴본 바와 같이 핵과 미사일 능력의 고도화로 한반도와 동북아시아에서 힘의 균형을 파괴하고 현상타파를 추구해 온 김정은에게 한국의 보수 정부 대응은 희망적 사고에 기초해 북한 '급변사태'를 대비하거나 대북 압박 정책에 의존하는 것이었다. 그리고 한국 진보 정부의 방식은 '북한에 체제 안전을 보장하면 북한이 핵을 포기할 수 있을 것'이라는 다른 유형의 희망적 사고에 기초해 선의를 가지고 북한이 큰 관심을 갖고 있지도 않은 '종전선언'을 추진하면서 비핵·평화정책을 추구하는 것이었다.

　그러나 이 같은 두 가지 방식의 대북정책이 모두 실패했다면 한국의 정치 지도자는 남북한 간의 힘의 균형을 회복하고 한반도에 지속가능한 안정을 가져올 새로운 대북·안보정책을 모색해야 할 것이다. 새로운 대북·안보정책에서 핵심은 한국이 자체 핵 보유를 통해 남북 핵균형을 이루고, 한반도 문제의 주인이 되며, 한·미·일 또는 한·미·일·영·호 안보협력 확대로 동북아시아에서도 더욱 안정적인 질서를 구축하는 것이다. 그러나 한국이 수시로 인접한 북한의 핵위협을 받고 있음에도 불구하고, 보수적인 정치지도자는 미국의 반대가 두려워서 그리고 진보적인 정치지도자는 미국뿐만 아니라 북한이나 중국의 반대가 두려워 자체 핵 보유 추진에 부정적인 태도를 보여왔다. 이에 북한의 김정은과 김여정은 한국의 보수 및 진보 정치지도자들 모두 '사대주의'에 빠져 있다고 조롱하면서 핵을 갖지 못한 한국은 그들의 상대가 되지 못한다고 무시해 왔다.

한국의 일부 전문가들은 한국의 현무 미사일 100개 또는 1,000개 또는 1만개면 전술핵무기급 위력을 발휘할 수 있다고 주장하는데, 이는 사실과 부합하지도 않을뿐더러 이 같은 주장은 그만큼 재래식 무기의 한계를 보여주는 것이다. 재래식 무기로 핵무기에 상응하는 위력을 발휘할 수 있다면 왜 미국과 소련, 중국, 영국, 프랑스가 NPT체제를 구축하고 그들 이외의 다른 국가들의 핵개발을 저지해 왔을까? 그리고 핵무기를 왜 재래식 무기와는 구분되는 '전략무기'로 분류하겠는가?

인도와 파키스탄 그리고 북한의 핵개발로 이미 금이 간 국제비확산체제는 2022년 2월 러시아의 우크라이나 침공 이후 더욱 크게 흔들리고 있다. 비확산에 대한 강대국들 간의 협조체제가 붕괴되어 북한이 미 본토를 타격할 수 있는 ICBM을 수차례 시험발사해도 더 이상 유엔안보리에서 대북 제재가 채택되지 못하고 있고, 러시아는 기존의 대북 제재를 무시하면서 북한과 노골적으로 협력하고 있다. 동북아에서는 북한과 중국이 기하급수적으로 핵무기를 늘리고 있어, 2030년에 북한이 최대 300개의 핵탄두를 보유하게 될 수 있다는 분석이 나오고 있다. 그리고 중국도 2030년에는 약 1,000개 그리고 2035년에는 약 1,500개 정도의 핵탄두를 보유하게 될 것으로 전망되고 있다.

이처럼 러시아의 우크라이나 침공 이후 기존의 국제질서에 심각한 균열이 발생하고 있고, 한반도와 동북아에서 힘의 균형이 계속 무너지고 있다. 또 미국도 그 같은 변화를 감당하기 버거워하는 상황에서 한국의 안보를 미국의

'핵우산'에 계속 의존하는 것이 과연 바람직한지 이제는 심각하게 고민할 때이다. 특히 동맹보다 미국의 국익을 더 중시하는 트럼프 2기 행정부가 출범하면 한국은 방위비 분담금의 대폭 증액 요구, 주한미군의 감축, 한미연합훈련의 축소, 미국 전략자산의 한반도 전개 축소에 직면하게 될 가능성이 크다.

2024년 10월 15일 트럼프 전 대통령은 블룸버그통신 존 미클스웨이트 편집국장과의 대담에서 "내가 거기(백악관)에 있으면 그들(한국)은 (주한미군 주둔 비용으로) 기꺼이 연간 100억 달러(13조 6,100억 원)를 지불할 것"이라며 "그들은 머니 머신(Money Machine)"이라고 말했다. 100억 달러는 2024년 한국과 미국이 타결한 2026년 방위비 분담금(1조 5,192억 원)의 아홉 배에 달하는 금액이다. 트럼프는 대통령 재임 시절 자신이 한국에 50억 달러의 분담금을 요구했고 한국이 난감해하자 일단 20억 달러를 내게 하고, 이후에 다시 50억 달러로 만들려 했다고 주장했다(임성수·박민지, 2024. 10. 17).

트럼프가 첫 임기 동안에 주한미군을 철수하고 싶어 했다는 사실에 대해서는 많은 증언들이 있다. 도널드 트럼프 1기 행정부의 마지막 국방장관이었던 마크 에스퍼는 2022년 5월 조선일보와의 인터뷰에서 "그가 실제 '명령(orders)'을 내린 것은 아니다. 다만 (회의 석상에서) 완전 철수 혹은 일부 철수가 필요하다는 이야기를 종종 꺼냈다. 미군의 해외 주둔 문제가 회의 주제가 됐을 때마다 이야기를 불쑥 꺼냈다. 철수 대상은 한국일 때도 있었고, 아프리카나 독일일 때도 있었다. 그는 전 세계에서 미군을 빼고 싶어 했다"라고 밝혔다. 그리고 "(그가 당선되면) 특히 주한미군 주둔에 훨씬 공격적인 접근법을 취할 가능성이 크다. 한반도에 주둔하는 미군의 재배치를 지시할 것이라고 본다. 이는 한반도의 방어 능력을 악화시킬 것이다. 매우 주요한 안보 우려 사항이다"라고 지적했다(이민석, 2022. 5. 23).

마크 에스퍼는 회고록 『성스러운 맹세(A Sacred Oath)』와 ≪워싱턴포스트(WP)≫와의 인터뷰에서 트럼프 전 대통령이 아시아에서 미국의 주요 동맹국인 한국을 자주 폄하하고, 주한미군 2만 8,500명을 모두 철수시키라고 반복적으로 위협했다고 밝혔다. 에스퍼와 다른 고위 관리들은 트럼프의 철수 명령을 단념시키거나 지연시키려고 노력했고, 트럼프는 명령을 내리지 않았지만 그 생각을 포기하지 않았다. 그래서 한번은 마이크 폼페이오 당시 국무장관이 "주한미군 철수는 두 번째 임기 우선순위로 하시죠"라고 하자 트럼프는 미소를 지으면서 "그렇지, 맞아, 두 번째 임기"라고 말했다고 에스퍼 전 장관은 밝혔다(하만주, 2022. 5. 11).

주한미군에 대한 트럼프의 이 같은 입장에 비추어 볼 때 주한미군 철수나 감축이 그의 두 번째 임기 우선순위가 될 가능성을 배제하기 어렵다. 그런데 트럼프가 방위비 분담금의 대폭 증액 요구 수준을 넘어서서 주한미군의 감축이나 철수를 추진한다면 한국 내에서 자체 핵무장 요구는 정부가 감당하기 어려울 정도로 커질 것이다. 그 경우에도 한국 정부는 트럼프의 요구를 무조건 수용하면서 주한미군의 현 수준 주둔을 위해 필사적으로 매달릴 것인가?

트럼프는 한미연합훈련에 대해서도 엄청난 예산 낭비라는 부정적 견해를 가지고 있었다. 허버트 맥매스터 전 백악관 국가안보보좌관의 회고록 『우리 자신과의 전쟁: 트럼프 백악관에서의 나의 임무 수행』에 따르면 취임 첫해인 2017년 11월 중국을 방문한 트럼프는 시진핑 중국 국가주석과 가진 양자회담에서 "한미연합군사훈련은 도발적이고 돈 낭비"라고 말했다. 맥매스터는 "트럼프가 (중국의 비핵화 구상인) 쌍중단(雙中斷, 북한 도발과 한미연합훈련 동시 중단)을 권유하는 시 주석에게 동의하는 듯한 태도를 보였다"라고 주장했다. 실제로 트럼프는 2018년 6월 싱가포르 미북정상회담 뒤 연합훈련을 중단하겠다고 밝혔고, 그해 8월 훈련이 취소되었다(이지윤, 2024. 8. 28).

2019년 하노이 북미정상회담 결렬 직후 가진 기자회견에서도 트럼프 대통령은 한미연합훈련에 대한 부정적인 입장을 드러냈었다(백나리, 2019. 3. 1). 그러프로 재집권하면 김정은과 잘 지낼 것이라고 공언한 트럼프가 미북정상회담이 재성사되면 한미연합훈련도 중단하거나 대폭 축소할 가능성이 크다.

북한과 러시아 간의 군사협력은 냉전시대보다 월등하게 높은 수준으로 발전하고 있고, 북한의 핵무기가 기하급수적으로 늘어나고 있는 상황에서 주한미군의 철수나 감축 및 한미연합훈련의 축소 등은 한국의 안보에 상당히 심각한 불안 요인이 될 것이다. 그런데 글로벌리스트들을 혐오하고 국제규범보다 미국의 국익을 더 중시하는 트럼프의 재집권은 한국이 자체 핵무장을 통해 남북한 간에 핵균형을 실현하고 한반도와 동북아에서 지속가능한 안정을 이룩할 수 있는 기회가 될 수도 있다. 물론 이를 위해서는 무엇보다도 한국 정치지도자의 자강에 대한 확고한 의지와 정교한 국제사회 설득 전략 및 초당적 협력 등이 필요하다.

북한의 제4차 핵실험 이후인 2016년 당시 미국 공화당 대선 후보였던 도널드 트럼프는 한국과 일본이 북한과 중국으로부터 보호받기 위해 미국의 핵우산에 의존하는 대신 스스로 핵을 개발하도록 허용할 것이라면서 현재와 같은 미국의 나약함이 계속된다면 결국 일본과 한국은 핵무기를 보유하고자 할 것이라고 지적했다. 그리고 트럼프는 한국과 같은 동맹국들이 주한미군 주둔 비용을 100% 부담하지 않으면 자체 핵개발을 통해 안보 문제를 스스로 책임져야 한다고 주장했다(Sanger and Haberman, 2016. 3. 26).

트럼프는 최근까지도 한국과 일본의 핵무장에 명시적으로 반대한 적이 없다. 2024년 앨리슨 후커 전 백악관 국가안전보장회의 아시아 담당 선임보좌관, 존 볼턴 전 국가안보보좌관, 빅터 차 미국 전략국제문제연구소 아시아 담당 부소장, 폼페이오 전 국무장관 등의 발언을 종합해 보면, 트럼프 2기 임기 중에 한국이 핵무기 개발에 나선다면 미 행정부는 이에 상대적으로 강하게 반대하지 않고 한국에 대한 경제제재 조치도 그다지 세게 취하지 않을 것으로 예측된다(송의달, 2024: 93~95쪽 참조).

빅터 차 미국 전략국제문제연구소 아시아 담당 부소장 겸 한국 석좌는

2024년 3월 18일 동아일보와의 인터뷰에서 "트럼프 전 대통령은 한국이 장거리 미사일을 구축하길 원하든, 핵무장을 원하든 신경 쓰지 않을 것"이라고 발언했다. 미국의 핵우산을 통한 대북 억지에 방점을 둔 조 바이든의 행정부와 달리 한국의 독자 핵무장을 용인할 수도 있다는 관측이다(조은아, 2024. 3. 19).

트럼프 1기 행정부에서 미·북 협상을 담당했던 마이크 폼페이오 전 국무부 장관도 2024년 5월 22일 서울 신라호텔에서 열린 아시안리더십콘퍼런스 (ALC)에서 "더 견고한 민수 원자력 능력이든, 더 나아간 복잡한 핵 프로그램이든 한국인들이 어떤 핵 능력을 증진하기로 결정한다면 미국이 반대할 이유는 없다"라고 말했다. 폼페이오 전 장관은 대담자인 윤영관 전 외교부 장관으로부터 "미국이 확장억제 제공을 중단하거나 미군 철수를 할 경우 한국이 핵무장을 해야 한다고 믿는 한국인도 많은데 어떻게 보나"란 질문을 받고 이같이 답했다. 그리고 그는 "한국의 북쪽에 고도화된 핵무기 국가가 있다는 점을 고려할 때 그 편이 한국인들에게는 합리적인 일일 것 같다"라고 덧붙였다. 폼페이오 전 장관은 "핵연료 재처리나 농축이 일본에는 허용되어 있지만 한국은 하지 못하고 있는데 트럼프 집권 2기 때 협상이 가능한가"란 질문에도 "왜 안 되겠나(Why not)?"라고 대답했다. 한미 원자력 협정 개정을 통해 한국에 핵연료 재처리와 20% 이상 우라늄 고농축을 허용하거나, 더 나아가 핵무장을 논의해 볼 수 있다는 취지로 볼 수 있는 것이다(김진명, 2024. 5. 23). 이처럼 다수의 전문가들이 트럼프의 한국 핵무장 용인 가능성을 높게 보고 있으므로 한국 정부는 한국이 핵보유국이 되어 북한의 핵위협에서 벗어날 수 있는 이 같은 절호의 기회를 결코 놓쳐서는 안 될 것이다.

우리 사회 일각에서는 한국이 핵확산금지조약(NPT)에서 탈퇴하면 국제사회의 심각한 제재에 직면할 것이라고 주장하는데, 이는 명백히 사실과 다르다. NPT 제10조 1항은 "각 당사국은 당사국의 주권을 행사함에 있어서 본 조약상의 문제에 관련되는 비상사태가 자국의 지상이익을 위태롭게 하고 있음

표 2-1 한국의 자체 핵무장 로드맵

단계	실행 과제
1단계	**핵자강을 위한 컨트롤타워 구축 및 핵 잠재력 확보** • 대통령실 국가안보실의 제2차장실이나 제3차장실에서 북핵 대응 문제를 전담 • 대통령이 독자적 핵무장 결정을 내릴 경우, 이를 신속하게 실행에 옮기기 위한 Plan B 수립 (핵자강 로드맵 구체화, 핵개발에 필요한 예산 확보, 조직 신설 등) • 민간 원자력 발전소에 사용할 농축우라늄 생산 및 공급을 위한 한·미·일·영·호 국제 컨소시엄 구축 • 일본과 같은 수준의 핵잠재력을 확보하기 위해 한미원자력협정 개정 (트럼프 2기 행정부가 방위비 분담금의 대폭 증액을 요구할 경우 반대급부로 한미원자력협정 개정 요구) • 미국의 동의와 협력하에 또는 한미일 컨소시엄을 구성해 원자력추진잠수함 건조 (트럼프 2기 행정부의 조선업 분야 협력 요청에 응하면서 원잠 건조에 대한 미국의 협조를 유도) • 극비리에 핵실험 장소 물색 및 (대규모 지하 탄약 저장 시설 건설 등의 명목으로) 핵실험장 5~6곳 정도 건설 • 핵무장에 필요한 핵공학자와 기술자 등 인력과 시설 등 파악 및 확보 방안 수립 • 한국의 독자적 핵무장에 대한 국내외 여론 변화 추이 분석
2단계	**NPT 이행정지(또는 탈퇴) 및 핵 개발** • 북한의 추가 핵실험시 또는 주한미군의 감축이나 철수시 한반도비핵화공동선언의 폐기 및 NPT 이행정지(또는 탈퇴) • 한국의 NPT 이행정지(또는 탈퇴) 및 핵무장에 반대하는 국가들을 설득하기 위한 정교한 외교전략의 수립과 홍보 전개 (미국, 유럽, 일본, 중국, 러시아 설득 방안 구체화 & 대미 의회외교 활성화 방안 수립 등) • 핵무장에 우호적인 국내외 전문가들, 정치인들과의 긴밀한 네트워크 구축 및 이들에 대한 지원 방안 수립 • 핵무장에 우호적인 여론을 형성하기 위한 홍보전략 수립 및 해외 공공외교 지원 • 핵무장 추진시 야당 설득 및 초당적 협력 방안 수립 • 일본과의 동시 핵무장 가능성 타진 (한일이 공동으로 핵무장하면 국제사회가 한국에 대해 제재 불가능) • 대미 설득 및 미국의 묵인 하에 핵개발 시작 (한국 또는 한일의 핵무장이 미국이 대중 견제에도 도움이 된다는 점을 강조) • 핵개발 기간 중 북한의 선제공격을 피하기 위해 대북 평화/대화 공세 • 원자력추진잠수함 개발 가속화
3단계	**핵개발 완료 후 '사실상의 핵보유국' 지위 공고화** • 핵무기 개발 완료 및 배치 후 핵무장 여부에 대해 긍정도 부정도 하지 않는 NCND (Neither Confirm Nor Deny) 정책 추진 (고농축우라늄으로 핵무기를 개발할 경우 핵실험이 필요 없어 은밀하게 핵개발 완료 가능) • 핵무장 사실을 공표할 경우 북한이 핵을 포기하면 우리도 핵을 포기한다는 '조건부 핵무장' 입장과 '핵 선제 불사용((NFU·No First Use)' 원칙 천명 (우리의 핵무기가 생존용 및 협상용이라는 것을 강조). -• 한미 NCG(핵협의그룹)를 NPG(핵기획그룹)로 확대 발전시킴 • 한미 전략사 간의 협력 확대 • 한미일 핵추진잠수함 공동 운용

- 중국 및 북한과의 핵감축 협상 제안(북한의 핵무기가 감축되는 데 상응해 대북 제재 완화, 한미연합훈련의 축소 조정, 북미 및 북일 관계 정상화, 금강산 관광 재개, 개성공단 재가동, 남북중 철도·도로 연결, 평화협정 체결 등 추진)

자료: 정성장(2023: 121)의 표를 대폭 보완해 작성

을 결정하는 경우에는 본 조약으로부터 탈퇴할 수 있는 권리를 가진다. 각 당사국은 동 탈퇴 통고를 3개월 전에 모든 조약 당사국과 유엔 안전보장이사회에 행한다"라고 규정하고 있다(이창위, 2019: 309 참조). 그런데 전 세계 어디에도 한국처럼 인접한 국가(북한)로부터 상시적으로 핵위협을 받고 있는 나라는 없다. 그러므로 한국은 북한의 노골적인 핵위협을 이유로 조약 탈퇴를 통고할 수 있다. 그리고 탈퇴가 발효되는 3개월 후에 미국과의 협의 결과를 토대로 핵무장 추진 여부를 결정하면 될 것이다. 과거에 북한도 NPT에서 탈퇴했지만 그것 때문에 유엔안보리의 제재를 받지는 않았다.

한국의 자체 핵무장은 핵자강(자체 핵무장)을 위한 컨트롤타워 구축 및 핵잠재력 확보의 1단계 → NPT 이행 정지(또는 탈퇴) 및 핵 개발의 2단계 → 핵개발 완료 후 '사실상의 핵보유국' 지위를 공고화하는 3단계로 나누어 진행될 수 있을 것이다. 자체 핵무장에 대한 최고지도자의 의지가 확고하고 준비가 치밀하게 이루어진다면 한국 정부는 비교적 단기간 내에 국내외의 반대를 최소화하면서 핵개발을 완료할 수 있을 것이다. 그러나 지도자의 의지가 확고하지 않고, 컨트롤타워도 구축하지 못한 상태에서 초당적 협력도 이루어지지 않는다면 한국의 자체 핵무장은 많은 어려움에 직면하게 될 것이다(정성장, 2023: 96~166 참조).

만약 남북한 간에 핵균형이 이루어지게 되면 한국은 북한의 핵위협에 대한 공포에서 벗어날 수 있게 되어 한반도 정세가 지금보다 훨씬 안정되고 남북 교류도 재개될 수 있을 것이다. 그리고 북한은 멀리 있는 미국의 핵이 아니라 가까이에 있는 한국의 핵을 더욱 의식해야 하기 때문에 미 본토는 더욱 안전

해질 것이다. 또한 북한도 더는 한국의 군사력을 무시하지 못하게 될 것이며, 핵전쟁을 막기 위해 남북 군비통제 협상에 나서게 될 것이다(박용수, 2022: 118~126; 이창위, 2019: 17~48). 한국이 자체 핵무기를 보유함으로써 북한의 핵을 더 이상 두려워하지 않을 수 있게 된다면, 북일 수교나 북미 수교를 굳이 반대할 이유가 없고, 오히려 북한의 국제사회 편입을 위해 지원해 줄 수도 있다.[7] 그러므로 한국의 자체 핵 보유가 김정은에게도 나쁜 것만은 아니다.

그래서 진정으로 한반도 평화와 안정 및 남북 관계의 정상화를 원한다면 한국의 외교·안보·대북 정책을 대전환해서 한국의 자체 핵보유를 통한 남북 핵 균형을 추구해야 한다. 이를 위해서는 자강에 대한 확고한 의지와 외교·안보 분야에서의 당파적 분열을 넘어서서 초당적 협력을 추구하는 담대하고도 통합적인 정치지도자가 반드시 필요하다.

미국에서는 4년마다 대통령 선거가 있고, 대선에서 고립주의와 미국우선주의를 표방하는 정치인이 대통령에 당선되면 한국에 대한 방위 공약은 약화될 수밖에 없다. 그러므로 한국의 운명을 4년 또는 8년마다 대통령이 바뀌는 미국에 거의 전적으로 의탁하는 것은 바람직하지 않다. 그리고 북한의 오판에 의한 핵 사용과 핵전쟁을 막기 위해 한국의 자체 핵 보유가 필요하다. 한국이 자체적으로 핵무기를 보유하게 되면 남북한 간에 '공포의 균형'이 이루어지기 때문에 북한은 정권 생존이 위협받는 극단적인 상황이 아니고는 한국에 핵무기를 사용할 수 없다. 하지만 한국이 핵무기가 없는 조건에서는 남북

---

7 2008년 11월 11일 정몽준 당시 한나라당 의원은 MBC 라디오 〈손석희의 시선집중〉에 출연, "6자회담에서 북한 핵 문제가 잘 풀리면 북한이 일본이나 미국하고 수교하는 것은 아주 바람직한 일"이라면서 "그 전 단계로 정상회담이 여러 번 열려도 좋은 것"이라고 밝혔다. 정 의원은 "80년대 우리 정부는 우리가 중국, 소련하고 수교를 할 테니 북한은 일본, 미국과 수교를 했으면 좋겠다는 소위 강대국 동시교차 승인을 추구했다"라면서 이같이 말했다(황재훈, 2008.11.11).

한 간의 무력충돌 시 북한이 재래식 무기에서의 열세를 만회하기 위해 핵무기를 사용할 수도 있다. 그러므로 핵무기를 가지고 북한과 전쟁하기 위해서가 아니라 북한이 핵무기를 사용하지 못하게 하기 위해 한국의 자체 핵 보유가 반드시 필요하다.

참고문헌

고현실. 2011. 12. 19. "힐 "김정은, 독립적 결정권 아직 없어"." ≪연합뉴스≫.
김선엽. 2018. 9. 19. "[평양정상회담] 나경원 "비핵화는 그대로, 퍼주기는 급발진"." ≪뉴스핌≫.
김정은. 2019. 4. 13. 김정은, "현 단계에서의 사회주의건설과 공화국정부의 대내외정책에 대하여 ― 조선민주주의인민공화국 최고인민회의 제14기 제1차회의에서 한 시정연설, 주체108년(2019) 4월 12일". ≪로동신문≫.
김진명. 2024. 5. 23. ""한국도 日처럼 핵 재처리 할 수 있나" "트럼프 2기 땐 협상 가능"." ≪조선일보≫.
_____. 2021. 1. 26. ""文대통령, 반북활동 약화시키는 데 권력 사용"." ≪조선일보≫.
김태민. 2011. 12. 28. "김정일 장례 맞춰 "동포들이여 일어나라"."≪뉴데일리≫.
김혜성. 2008. 10. 29. "우리의 힘을 오판하지 말라". ≪로동신문≫.
노효동·이상헌·김승욱·박경준. 2018. 3. 6. "남북정상회담 4월 말 개최…김정은 "비핵화 북미 대화 가능"(종합2보)". ≪연합뉴스≫.
뉴미디어국 뉴스편집부. 2018. 9. 18. "김 위원장 "조미상봉의 역사적 만남은 문 대통령 덕"." ≪MBC뉴스≫.
≪뉴스1≫. 2018. 9. 20. "[남북 정상 연설 전문] 文대통령 "전쟁없는 新평화시대 선언"."
박민희. 2024. 5. 14. ""주한미군 철수 조건으로 '핵개발 허용' 요구하면 트럼프 설득될 수도"." ≪한겨레≫.
박용수. 2022. 「한국의 핵무장 가능성」. ≪아세아연구≫, 제65권 2호.
배진영. 2021. 2. 5. ""북한 인권문제 해결 없이 비핵화 불가능"(빅터 차 미국 CSIS 한국 석좌)". ≪월간조선≫, http://monthly.chosun.com/client/mdaily/daily_view.asp?idx=11693&Newsnumb=20210211693 (검색일: 2024. 12. 1).
백나리. 2019. 3. 1. "[하노이 담판 결렬] 트럼프 대통령 기자회견 문답(종합2보)". ≪연합뉴스≫.
사회과학출판사. 2017. 『조선말대사전(증보판) 4』. 평양: 사회과학출판사.

서울대학교 통일평화연구원. 2020. 「북한주민 통일의식 2019」.

서울대학교 통일평화연구원 세미나 자료집. 2016. 8. 24. 『2016 북한 사회변동과 주민의식
  변화: 김정은 정권 5년, 북한사회변화 어떻게 볼 것인가?』

서울대학교 통일평화연구원 학술회의 자료집. 2013. 8. 29. 『김정은 1년, 북한주민의 의식과
  사회변동: 2013년 북한이탈주민의식 및 사회변동 조사』.

성기홍. 2010. 4. 1. "황장엽 "北, 中지지하는 한 급변사태 없어"." ≪연합뉴스≫.

_____. 2011. 12. 19. "<김정일 사망>"北체제 분수령…급변 대비해야"."≪연합뉴스≫.

송의달. 2024. 『신의 개입: 도널드 트럼프 깊이 읽기』. 나남. 93~95쪽 참조.

유현민. 2008. 10. 2. "새정부 첫 군사회담 종료..北 '전단'문제 거론 주목(종합)". ≪연합뉴스≫.

이민석. 2022. 5. 23. "에스퍼 "트럼프, 툭하면 미군 철수 얘기… 또 당선땐 한국 방위력 약해
  질 것"." ≪조선일보≫.

이상헌. 2008. 10. 30. ""'삐라' 남북관계 부정적 영향줄수 있어"." ≪연합뉴스≫.

_____. 2008. 9. 16. "황장엽 "김정일 사후 軍아닌 黨이 장악"." ≪연합뉴스≫.

이정진. 2018. 4. 27. "金 "언제라도 청와대에" 文 "北통해 백두산"…'수시 만남' 의지". ≪연합
  뉴스≫.

이지윤. 2024. 8. 28. ""시진핑 만난 트럼프 '한미훈련은 돈낭비'라고 말해"." ≪동아일보≫.

이창위. 2019. 『북핵 앞에 선 우리의 선택: 핵확산의 60년 역사와 실천적 해법. 서울: 궁리출
  판.

임성수·박민지. 2024. 10. 17. "트럼프 "한국은 머니머신… 방위비 100억 달러 내게 할 것"."
  ≪국민일보≫.

임주영. 2008. 10. 31. "대북 전단 단체들, 정부 자제요청 거부". ≪연합뉴스≫.

임형섭. 2020. 6. 15. "문대통령 "김정은과 8천만 겨레앞 평화약속 돌릴 수 없어"(종합)". ≪연
  합뉴스≫.

임형섭·박경준. 2018. 4. 27. "김정은 "새 역사 쓰는 순간…출발선에서 신호탄 쏜다는 마음"
  (종합2보)". ≪연합뉴스≫.

장용훈. 2011. 12. 19. "<김정일 사망> 김정은 후계구도 유지될까". ≪연합뉴스≫.

정성장. 2009. 「한·미의 북한 급변사태 논의와 대북 군사전략 과제」. ≪정세와 정책≫, 2009년
  3월호.

_____. 2018a. 「북한 고위급 대표단의 방남 평가와 남북정상회담 추진 방향」. ≪세종논평≫,
  No. 2018-9

_____. 2018b. 「북한 고위급 대표단의 방남과 한국정부의 대북전략 과제」. ≪세종논평≫,
  No. 2018-7

_____. 2018c. 「대북 특별사절단의 남북 합의 평가: 북핵 위험 관리와 남북 정치적·군사적

신뢰구축」. ≪세종논평≫, No. 2018-12.

_____. 2023. 『왜 우리는 핵보유국이 되어야 하는가: 패권경쟁 시대, 전쟁을 막을 최선의 안보 전략』. 서울: 메디치미디어.

정아란. 2020.06.17. "북 "남, 특사 제의했으나 김여정 거절…특사놀음 안통해"(종합)". ≪연합뉴스≫.

≪조선중앙통신≫, 2019.06.27. "조선민주주의인민공화국 외무성 미국담당 국장 권정근의 담화".

_____. 2019.8.16. "조국평화통일위원회 대변인담화".

_____. 2020.06.17. "철면피한 감언리설을 듣자니 역스럽다".

_____. 2024.01.02. "김여정 조선로동당 중앙위원회 부부장 담화 - 대한민국 대통령에게 보내는 신년메쎄지 - ".

_____. 2008.11.12. "북남장령급군사회담 북측단장 군사분계선통행차단을 통고".

_____. 2011.12.30. "민족의 대국상앞에 저지른 리명박역적패당의만고대죄를 끝까지 결산할것이다—조선민주주의인민공화국 국방위원회 성명".

조은아. 2024.3.19. "빅터 차 "트럼프 재선시 주한미군 철수 가능성…韓 핵무장도 신경 안 쓸 것"." ≪동아일보≫.

조준형. 2008.10.28. "〈정부, 민간의 대북 삐라살포 '고민'〉(종합)". ≪연합뉴스≫.

차, 빅터. 2020.12.28. "[朝鮮칼럼 The Column] '대북 전단 금지'는 자멸 정책". ≪조선일보≫.

천현빈. 2024.5.29. "수미 테리, '한국 독자핵무장론'에 "트럼프 당선시 가능성 있다"." ≪아시아투데이≫.

하만주. 2022.5.11. "트럼프 재선 후 주한미군 철수 추진…2024년 당선시 재추진 가능성". ≪아시아투데이≫.

함보현. 2008.9.15. "황장엽 "中, 北급변사태 허용치 않아". 〈조갑제닷컴〉," ≪연합뉴스≫.

홍민. 2018.10.1. 「평양 남북정상회담 이후 한반도 비핵화 전망과 과제」. Online Series, CO 18-41.

황재훈. 2008.11.11. "〈정몽준 "북핵해결후 북미, 북일수교 바람직"〉". ≪연합뉴스≫.

Cha, Victor. 2021.1.15. "North Korea could become one of Biden's biggest challenges — and not just because of its nukes," *The Washington Post*.

Sanger, David E. and Maggie Haberman, 2016.3.26. "In Donald Trump's Worldview, America Comes First, and Everybody Else Pays," *The New York Times*.

제12장
맺음말

앞에서 필자는 한국과 국제사회가 북한의 지도자 김정은과 그의 가계, 그의 권력과 파워 엘리트 장악 능력에 대해 부정확하게 이해하고 있는 부분들을 지적하고, 그의 통치 스타일, 군사강국 건설 전략과 대미 협상 전략, 4대 권력 세습 전망 등에 대해 분석했다. 그리고 한국의 보수와 진보 정부가 대북정책에서 보인 편향들을 지적하고 김정은의 셈법을 바꾸기 위한 한국의 정책 방향을 제시했다.

대다수 전문가들이 김정은을 이해하는 데서 많은 오류를 범한 것은 그들이 한국 사회를 보는 시각으로 북한체제를 이해하려고 했기 때문이다. 김정은이 2010년 제3차 당대표자회에서 대외적으로 처음 모습을 드러냈을 때 그의 나이는 만 26세였다. 한국 기준으로 보기에는 국가의 제2인자 또는 차기 지도자 지위에 오르기에는 너무 젊은 나이다. 그래서 당시 한국의 전문가들 대부분은 김정은이 "아직 어리고 미숙하고 경험이 부족하다"라고 성급한 평가를 내렸다. 그리고 그의 고모부 장성택이 실세로서 북한 국정을 주도하고 있을 것이라고 오판했다.

북한은 한국과는 질적으로 다른 정치문화를 갖고 있기 때문에 이러한 '남한 중심적' 시각은 북한체제를 정확하게 파악하는 데 많은 문제점을 유발한다. 북한에서 모든 간부들은 최고지도자의 '충신과 효자'가 될 것을 강요받고 있다. 북한은 정치적으로 사회주의적인 당-국가 시스템을 갖추고 있으면서도 최고지도자와 간부들 간의 관계가 조선시대와 같이 '왕'과 '신하'와 같은 관계가 되어버린 매우 특이한 '군주제적 사회주의체제(君主制的 社會主義體制)'인 것이다. 이런 체제에서 최고지도자의 후계자는 '왕세자'와 같은 특별한 지위를 갖는다. 그리고 최고지도자가 사망하면 후계자가 권력을 승계하는 것을 당연시하는 문화가 아직도 지배하고 있다.

군주제 국가에서 왕의 즉위 나이는 문제가 되지 않는다. 500여 년간 이어진 조선왕조를 보면 헌종은 8세에 즉위했고, 순조는 11세에 왕위를 물려받았다. 군주의 약 절반가량이 20세 이하의 나이에 즉위했고, 성군인 세종대왕은 22세에 왕위에 올랐다. 그런데 김정은이 김정일의 권력을 승계할 때 나이는 만 27세였다. 그러므로 북한이 여전히 왕조 체제를 유지하고 있다고 본다면 김정은이 어린 나이에 최고지도자가 되었다고 섣불리 평가할 수는 없는 것이다.

김정은이 만 8세가 되었을 때부터 김정일은 그의 측근들에게 "앞으로 내 후계자는 정은이다"라고 말하기 시작했다. 이는 김정은에게 그의 나이 또래의 보통 아이들과는 다른 '비범한' 측면이 있었기 때문일 것이다. 스위스 유학 시절 김정은의 학업 성적이 우수하지 않았다고 해서 정치 분야에서의 능력도 비슷할 것이라고 간주할 수는 없다. 집권 후 김정은이 보여준 권력과 파워 엘리트 장악 능력 그리고 과감한 군부와 경제 개혁, 핵과 미사일 분야에서의 급속한 기술적 진전, 트럼프 미국 대통령과의 세 차례 정상회담 개최와 북·러

군사동맹 관계 복원 등을 보면, 그는 부친 김정일보다 훨씬 능숙하게 북한을 통치해 왔다고 평가할 수 있다.

김정은이 '비범한' 정치력을 갖고 있다는 것이 그가 북한을 올바른 방향으로 이끌어왔다는 의미는 결코 아니다. 북한은 여전히 김일성 시대 그리고 김정일 시대와 같은 숨 막힐 듯한 억압과 감시 체제를 유지하고 있다.

그런데 보수적인 전문가들은 인정하고 싶지 않겠지만, 김정은 집권 이후 북한 주민들의 생활수준은 꾸준하게 향상되어 왔다. 필자는 김정은 집권 이후 거의 매년 북한을 방문했던 외국의 외교관들과 언론인들을 접할 기회가 있었다. 그리고 그들로부터 평양을 방문할 때마다 이 도시가 발전하고 있는 모습을 볼 수 있었다고 들었다. 또한 그들이 직접 찍은 평양 사진도 받아서 볼 수 있었다.

필자도 김정은 집권 이후 최소한 2년에 한 번 이상은 북·중 접경지역을 답사하면서 북한 지역의 주민들 모습을 멀리서나마 망원 카메라로 촬영해 왔다. 이를 통해 북한 주민들의 옷차림이 매우 누추한 상태에서 한국의 70~80년대 수준으로 서서히 변화하는 것을 확인할 수 있었다. 또한 북한 지역에서 과거에는 볼 수 없었던 현대식 아파트들이 들어서는 것도 목격할 수 있었다. 물론 북한의 경제발전 수준은 한국과 비교할 바가 되지 못하고 특히 의료 수준은 아직도 매우 낙후한 수준에 머물러 있다.

2017년 세 차례의 대륙간탄도미사일 발사 이후 국제사회의 제재로 북한 경제가 한 때 큰 타격을 입었고, 코로나19 팬데믹으로 인해 또다시 큰 충격을 받았다. 그럼에도 불구하고 김정은 집권 이후 북한 경제가 김정일 집권 말기에 비해 훨씬 나아졌다는 점에 대해서는 의문의 여지가 없다.

김정은 집권 이후 북한 경제는 계획과 시장이 공존하는 하이브리드 체제로 변모했다. 그리고 거의 모든 생산 단위에서 성과급 제도가 도입되고, 경쟁이 장려되었다. 과거에 중국에서 수입하던 소비품의 상당수도 국산화되었고, 북한 상품의 질도 상대적으로 개선되었다. 북한 경제에서 아직도 시장의 비중은 중국에 비하면 매우 제한적이지만, 김정은은 그의 부친 김정일보다는 상대적으로 경제 분야에서 주목할 만한 성과를 거두고 있다.

그러므로 국제사회의 제재로 북한의 핵 포기나 붕괴를 끌어낼 수 있다고 판단한다면 이는 엄청난 오산이다. 그렇다고 해서 국제사회가 북한의 정책 변화를 가져올 수 있는 기회가 아예 없었던 것은 아니다.

2017년의 제3차 ICBM 시험발사 직후 북한은 '국가핵무력 완성'을 선포하면서 한때 승리감에 도취되어 있었다. 그러나 곧 국제사회의 초고강도 제재로 인해 북·중 교역이 급감하면서 북한은 자칫하면 수백만 명이 굶어 죽었던 1990년 중반의 '고난의 행군' 시기와 같은 극심한 경제난에 직면하게 될 수도 있다는 위기감에 빠지게 되었다. 2018년 1월 김정은이 신년사를 통해 갑자기 평창동계올림픽 참가를 선언하고 남북정상회담에 나서면서 대외정책을 기존의 초강경 입장에서 초유화(超宥和) 입장으로 바꾼 것은 이 때문이었다.

김정은이 2018년에 남북 및 북미 대화에 나서면서 당시 가장 당황했던 것은 북한과의 대화에 전혀 준비되어 있지 않았던 중국공산당 지도부였다. 그런데 김정은은 남북 및 북미 정상회담 전에 베이징을 방문해 시진핑 총서기와 정상회담을 먼저 개최함으로써 중국공산당 지도부의 '차이나 패싱' 불안감을 달래고 중국을 국제사회의 대북 제재 대열에서 이탈시키는 노련함을 보였다.

당시 중국은 북한의 한국 및 미국과의 관계 개선을 지지하는 입장이었기 때문에 한국과 미국이 공동의 정교한 대북 전략을 수립해 북한을 설득하고 압박했다면 비핵화 또는 북핵 관리에서 일정한 성과를 거둘 수 있었을 것이다. 그러나 당시 한국 정부는 단기적인 대북 설득 방안에만 계속 매달렸고, 미 행정부는 북한 비핵화라는 최종 목표에만 집착함으로써 심각한 이견을 보였다. 그 결과 2019년 2월 하노이 북미정상회담이 실패로 끝났고, 이후 김정은은 중국 및 러시아와의 관계 복원을 통해 과거의 대미·대남 강경 정책으로 돌아갔다.

북한에서 '국가핵무력 완성'이 김정은의 최대 업적으로 간주되고 있는 상황에서 김정은에게 핵 포기, 북한의 비핵화를 기대한다는 것은 불가능한 일이다. 그렇다면 한국과 미국은 한반도의 지속가능한 평화를 위해 한국의 자체 핵 보유를 통한 '남북 핵 균형'이라는 새로운 해법을 추구해야 한다. 그것이 김정은의 셈법을 바꾸고 그가 한국 및 미국과의 대화에 나서게 하는 최선의 방법이다.

김정은의 장녀 김주애에 대한 우리 사회에서의 논란을 보면 김정은이 처음 등장했을 때 당시 많은 전문가들이 범했던 오류들을 재발견하게 된다. 김주애의 등장 초기에는 그녀가 후계자 내정과는 아무런 관계가 없는 것처럼 '전문가들'과 정부 당국이 성급하게 평가를 내렸지만, 김주애의 위상이 지속적으로 높아지면서 그러한 평가는 오래 유지되지 못했다.

하지만 아직도 우리 사회에서는 김주애 위에 마치 '오빠'가 있는 것처럼 실상과 다른 주장들이 계속 제기되고 있고, 북한에 대해 상당한 정보를 갖고 있는 정보 당국조차도 이에 대해 명확하게 입장 정리를 하지 못하고 있다. 이는 정보의 부족보다는 정부의 분석 능력 부족에 기인하는 바가 더 크다.

김정은이 김주애를 매우 이른 시기부터 후계자로 내정하고 후계 수업을 시키고 있는 것은 김주애 역시 비범한 아이이기 때문일 것이다. 김주애는 태어날 때부터 다른 아이보다 컸지만, 현재 그의 나이가 믿기지 않을 정도로 같은 나이 또래의 여아들보다 훨씬 크고 성숙한 모습을 보이고 있다. 그리고 김정은의 공개활동에 동행하면서 간부들을 대하는 태도를 보면 그 나이 또래의 아이들에게서는 발견하기 어려운 당당함이 보인다.

신뢰할 만한 대북 소식통에 의하면, 김정은은 거의 매일 새벽 4~5시까지 자지 않고 컴퓨터로 세계의 군사, 특히 러시아 무기 관련 정보를 검색한다고 한다. 군사와 무기에 대한 김정은의 이 같은 밀덕(밀리터리 마니아) 수준의 관심 덕분에 그의 집권 이후 북한은 핵과 미사일 등의 분야에서 주목할 만한 발전을 보였다. 그런데 그런 김정은의 옆에서 김주애도 거의 새벽 4시까지 잠을 자지 않는 것으로 알려져 있다. 만약 김주애도 김정은처럼 군사와 무기 분야에 대해 밀덕 수준의 관심을 갖고 있다면, 북한의 군사정책과 대외정책이 먼 미래에도 바뀌지 않을 것이다.

북한 지도부 내에서 김정은이 후계자로 지명된 2008년부터 북한은 대외적으로 초강경 정책을 펴다가도 갑자기 단기간 내에 초유화 정책으로 전환하고, 다시 초강경 정책으로 전환하는 모습을 보여주었다. 초강경 정책이 외부 세계에서 강력한 반발을 불러일으키면, 그것을 돌파하기 위해 초유화 정책을 폈다가 그것이 기대했던 결과를 가져오지 않으면 다시 초강경 정책으로 전환했던 것이다. 김정은이 이처럼 이해관계에 따라 수시로 초강경에서 초유화로, 다시 초유화에서 초강경으로 정책을 전환해 왔기 때문에 북한이 초유화 정책으로 나온다고 해서 좋아할 일이 아니고, 초강경 정책으로 나온다고 해서 비관할 일도 아니다.

그동안 북한의 의도와 전략에 대한 정확한 파악이 이루어지지 못했던 것은 보수 정부와 진보 정부 모두 각기 다른 희망적 사고를 가지고 북한에 대해 보고 싶은 부분만을 보려 했기 때문이었다. 여야가 5년마다 권력을 차지하기 위해 다투는 대통령제하에서 일관성 있는 중장기적 대북정책과 초당적 협력을 기대하기 어렵다면, 향후 단임제 대통령제의 중임제로의 개편이나 여소야대가 없는 의원내각제로의 개편 및 초당적 대북정책의 수립을 위한 제도적 보완이 반드시 이루어져야 할 것이다. 그리고 전문가 그룹에서의 지속가능한 초당적 대북정책과 대전략 수립을 위한 진지한 모색도 매우 중요하다. 북한의 의도와 전략에 대한 정확한 파악이 이루어지고 한국 정부의 초당적인 대북정책 및 대전략(大戰略)이 수립되어야 비로소 김정은의 셈법을 바꾸고 북한과 평화 공존하는 것이 가능해질 것이다.

지은이

정성장(鄭成長)

경희대학교 정치외교학과 졸업
파리 낭테르대학교 정치학 석·박사
현재 세종연구소 한반도전략센터장, 한국핵안보전략포럼 대표
청와대 국가안보실 정책자문위원회 위원 역임
외교부 자체평가위원회 위원 역임
통일부 정책자문위원회 위원 역임
국방부 정책자문위원회 위원 역임

주요 저서
『日韓同時核武裝の衝撃』(2024)
『왜 우리는 핵보유국이 되어야 하는가』(2023)
『차기정부의 국정과제: 외교·안보·통일』(공저, 2017)
『김정은 리더십 연구』(공저, 2017)
『김정은 정권의 대내전략과 대외관계』(편저, 2014)
『북한 김정은 후계체제: 구축과정·엘리트·정책·안정성』(공저, 2011)
『현대 북한의 정치: 역사·이념·권력체계』(2011)
『북한은 변하고 있는가?: 1997 vs. 2007』(편저, 2008)
『북한의 대외관계』(공저, 2007)
『현대 북한연구의 쟁점 1』(공저, 2005)
『국가연합 사례와 남북한 통일과정』(공저, 2004)
『북한의 국가전략』(공저, 2003)
Idéologie et système en Corée du Nord (1997) 외 다수

한울아카데미 2562

우리가 모르는 김정은
그의 정치와 전략

© 정성장, 2024

지은이 | 정성장
펴낸이 | 김종수
펴낸곳 | 한울엠플러스(주)
편집책임 | 조수임
편집 | 정은선

초판 1쇄 인쇄 | 2024년 12월 20일
초판 1쇄 발행 | 2024년 12월 30일

주소 | 10881 경기도 파주시 광인사길 153 한울시소빌딩 3층
전화 | 031-955-0655
팩스 | 031-955-0656
홈페이지 | www.hanulmplus.kr
등록번호 | 제406-2015-000143호

Printed in Korea.
ISBN 978-89-460-7562-7 93340(양장)
        978-89-460-8358-5 93340(무선)

※ 책값은 겉표지에 표시되어 있습니다.